KB263674

생명의 빛, 그 경이와 환희에 잠기다

남정웅 지음

생명의 빛, 그 경이와 환희에 잠기다

지은이 | 남정웅
초판 1쇄 찍은 날 | 2005년 7월 6일
초판 1쇄 펴낸 날 | 2005년 7월 13일
펴낸이 | 김승태
편집 | 김규혜, 박지영
표지 | 김혜진
등록번호 | 제2-1349호(1992. 3. 31.)
펴낸 곳 | 예영커뮤니케이션

(110-616) 서울 광화문우체국 사서함 1661호
출판유통사업부 T. (02)766-7912 F. (02)766-8934 e-mail: jeyoungsales@chol.com
출판사업부 T. (02)766-8931 F. (02)766-8934 e-mail: jeyoungedit@chol.com
홈페이지 www.jeyoung.com

값 12,000원

■ 잘못 만들어진 책은 언제든지 교환해 드립니다.

요한복음 강해 제 2집

생명의 빛, 그 경이와 환희에 잠기다

남정웅 지음

예영커뮤니케이션

서 문

    요한복음의 줄거리를 하나의 주제로 이해하는 것은 좀처럼 쉽지 않은 일입니다. 요한복음의 초두에서 "빛이 어두움에 비취되 어두움이 깨닫지 못하였다"(요 1:5)는 표현은 하나님이 사람들에게 직접 찾아 오셔서 행하셨던 일들이 얼마나 난관이었는지를 분명하게 증명해주고 있는 대목입니다.

    본 강해서의 주제를 '생명의 빛' 으로 삼은 이유도 예수님의 행적이 어두움에 속한 세상으로부터 반대에 부딪치면서 이루어졌던 구원사로 이해하려는 신학적 의도 때문입니다. 그러므로 이 책에서는 우리가 흔히 신앙생활에서 얻고자 하는 교훈적 가치보다는 인간사를 통해 이루시는 하나님의 계획의 과정과 역사를 이해하는데 초점을 맞추고 있습니다.

　또한, 이러한 구원의 역사는 하나님께서 행하시는 일임에도 불구하고 그 계획을 이루시는 과정은 역시 인간의 복잡하고 변화무쌍한 현실의 국면들과의 싸움이었다는 것을 파악함으로써 오늘 우리가 받은 구원이 얼마나 기적이며 영광의 은혜인가를 다시금 느끼도록 하는데 주안점을 두었습니다.

　예수님께서 날 때부터 앞을 보지 못하는 소경의 눈을 뜨게 해주셨다는 것은 소경의 입장에서는 경이와 환희로 출발하는 인생일 수밖에 없습니다. 성경은 하나님에 대하여 눈을 뜬 자들의 감동과 환희를 기록함과 동시에 눈을 뜨게 하신 자가 다름 아닌 구속주 하나님이시라는 것을 골자로 이야기를 전하고 있습니다.

　생명의 빛에 초대된 성도들에게 있어서 눈을 뜬 자의 경이와 환희는 그것이 십자가의 열정을 가지고 이루어 내신 하나님의 사랑이 빚어낸 것임을 깨닫게 될 것 입니다. 이러한 하나님의 사랑을 삶의 주제로 삼게 된다면 우리 모두 하나님에 관하여 능란한 이야기꾼들이 될 것으로 기대합니다.
　하나님께 영광을 돌립니다!

2005년 7월 주아내 교회 서재에서

남 정 웅 목사

차 례

제 7장 생수의 강이 되신 예수 그리스도

제 5장
아버지처럼 일하시는 예수 그리스도

네가 낫고자 하느냐

(요 5:1-9)

" 그 후에 유대인의 명절이 있어 예수께서 예루살렘에 올라가시니라 예루살렘에 있는
양문 곁에 히브리말로 베데스다라 하는 못이 있는데 거기 행각 다섯이 있고
그 안에 많은 병자, 소경, 절뚝발이, 혈기 마른 자들이 누워 〔물의 동함을 기다리니
이는 천사가 가끔 못에 내려와 물을 동하게 하는데 동한 후에 먼저 들어가는 자는
어떤 병에 걸렸든지 낫게 됨이러라 〕 거기 삼십팔 년 된 병자가 있더라
예수께서 그 누운 것을 보시고 병이 벌써 오랜 줄 아시고 이르시되 네가 낫고자 하느냐
병자가 대답하되 주여 물이 동할 때에 나를 못에 넣어 줄 사람이 없어 내가 가는 동안에
다른 사람이 먼저 내려가나이다 예수께서 가라사대 일어나 네 자리를 들고 걸어가라 하시니
그 사람이 곧 나아서 자리를 들고 걸어가니라 이날은 안식일이니"

예수님은 갈릴리에서 예루살렘으로 다시 오셨습니다. 명절을 보내기
위함이었습니다. 어떤 명절인지 확실치 않으나 유월절, 오순절, 수장절
중에 하나였을 것입니다. 어느 날 예루살렘에 양문 곁에 있는 베데스다
라는 못에 오셨습니다.

베데스다는 은혜의 집, 자비의 집이라는 뜻입니다. 그 은혜와 자비의
뜻이라는 이름을 가진 연못가에 병자들이 모여 있었습니다. 연못이 동
할 때에 어느 누구든지 제일 먼저 뛰어 들어가는 자는 병을 고친다는
전설이 있었습니다. 예루살렘에는 일경 간헐천이라 하여 이따금씩 물
이 치솟아 오르는 온천이 있었다고 합니다.

베데스다 연못이 끓어오를 때면 사람들은 생명의 못으로 여겼고 그래서 먼저 뛰어 들어가는 자는 병을 고치는 효험이 있다고 믿고 있었습니다. 여기에 어떤 환자가 모였습니까? 소경과 절름발이와 혈기 마른 자입니다. 혈기 마른 자는 일반적으로 중풍병자입니다. 눈먼 사람은, 앞을 보지 못하므로 그는 뛰어 들어 갈 수가 없습니다. 절름발이와 중풍병자는 재빨리 움직일 수가 없는 자입니다. 여기 모인 자들은 눈이 멀어서 보지 못하고 다리가 없어서 뛸 수 없는 자들입니다. 이토록 딱한 사람들이 은혜의 집 베데스다 못가에 모여들었습니다. 물이 끓어오르면 제일 먼저 들어가려고 모여든 것입니다.

물이 동할 때에 재빨리 들어갈 수 있는 환자라면 물이 동하기를 기다릴 필요가 없는 건강한 자입니다. 그러나 여기 세 종류의 환자는 물이 동한다 할지라도 제 힘으로 들어갈 방법이 없는 자들입니다. 누군가가 와서 도와주어야 합니다. 힘겹고 참으로 답답한 곳에 예수께서 오셨습니다.

거기 마침 38년 된 병자가 자리를 깔고 누워 있었습니다. 38년이란 긴 세월을 한결같이 누워 있는 채 병자로 살고 있던 사람입니다. 누군가 와서 자기를 도와줄 것을 기다리며 막연한 날들을 보내고 있었습니다. 38년이란 긴 세월동안 환자로 지냈다면 그 가족들도 그를 이미 버렸을 것입니다. 환자 자신도 육체적으로나 정신적으로 깊은 절망에 빠져 있었을 것입니다.

여기 절망의 처지에서 누군가와 도와 줄 것을 기다리면서 하루 이틀 보내고 있는 환자에게 찾아 오셔서 주님이 질문을 던지셨습니다. 병 낫기를 위해 연못이 끓어오르는 순간만을 기다리고 있는 환자에게는 더 이상 반가운 질문이 아닐 수 없습니다. 환자의 처지에서는 당연한 대답으로 낫기를 고대한다고 했어야 합니다. 그런데 환자의 반응이 엉뚱합니다.

6절과 7절, "네가 낫고자 하느냐?" "주여 물이 동할 때에 나를 물에 넣어 줄 사람이 없어 내가 가는 동안에 다른 사람이 먼저 내려가나이다"- 자신의 절박한 사정을 하소연합니다. 물에 왜 들어가야 합니까? 바로 낫기 위해서 입니다. 물에 넣어 줄 사람이 없다는 푸념을 털어놓을 이유가 없습니다. 병이 나을 수만 있다면 그에게 매달렸어야 합니다.

38년 된 병자는 그 앞에 서 있는 분이 하나님이신 줄 모르고 있습니다. 그의 병을 고쳐주실 메시아임을 전혀 알지 못하고 있습니다. 다만 물이 동할 때에 자신을 물에 넣어 줄 조력자로 구하고 있습니다. 이 때 예수께서 명령을 내리십니다.

8절, "일어나 네 자리를 들고 걸어가라"-예수님의 말씀이 떨어지자마자 그는 일어나 걷기 시작하였습니다. 38년 동안 한 번도 걸어 보지 못한 사람이, 그렇게 한 번이라도 걷기를 원했었지만 이제는 체념해 버렸던 사람이, 예수님의 말씀을 듣는 순간 일어나 걸었습니다, 기적이 일어난 것입니다. 하나님이 은혜를 베풀어주신 것입니다. 환자에게는 상상도 할 수 없었던 말씀이었습니다. "일어나 네 자리를 들고 걸어가라."

하나님은 병자의 소원대로 그를 물에 넣어 주신 것이 아닙니다. 그것보다 근원적인 문제, 일어나 걷게 해 주셨습니다. 한 인간을 완전하게 고쳐 주셨습니다. 불구자의 소원대로가 아니라 하나님의 말씀으로 고치셨습니다. 병든 자의 방식으로가 아니라 하나님의 능력으로 온전케 하신 것입니다. 행위로서가 아니라 오직 은혜로 나음을 얻게 하여 주셨습니다.

베데스다, 여기는 은혜의 집, 자비의 집입니다. 은혜는 우리의 노력으로, 우리의 정성으로 얻는 것이 아닙니다. 주는 쪽에서 베푸는 선물입니다. 구하는 자의 열심의 산물이 아니라 주시는 자의 값없는 선물입니다.

6절, "네가 낫고자 하느냐" 이 질문을 받고 있는 자는 병에 체질화된 자입니다. 자신의 병에 대하여 낫기를 체념한 자입니다. 병에 대하여 무감각하며 낫겠다고 하는 의지마저 상실한 자입니다. 또한, 이 질문은 병들어 있는 불구된 자신을 다시 돌아보게 하는 말씀입니다. 일어나 걷고 싶다는 치유의 은총을 갈망케 해 주는 도전입니다.

세상에서 가장 무서운 병은 문둥병과 같이 아프다는 감각을 잃어버리는 것입니다. 참으로 고칠 수 없는 병은 사회 문화적으로 볼 때 동화성입니다. 닮는다는 것, 나도 모르는 사이에 내가 처한 환경에 동화되어 버립니다. 그래서 문화는 속성상 우리로 하여금 그 세력 아래 굴복케 하는 힘을 갖게 합니다. 우리는 어느새 이미 각종 문화의 형태와 유행을 따라 사는 자가 되었습니다. 유행의 변화에 따라 내가 바꾸어 산다는 것은 무엇입니까? 나만의 가치와 아름다움이 없다는 것입니다. 변화라는 이름으로 나의 빈곤과 텅 빈 가난을 감춰보자는 심사입니다. 우리는 이렇게 모두 내가 아닌 다른 나, 문화의 옷을 입고 오늘을 삽니다.

아무리 좋지 않은 냄새라도 처음 맡을 때 힘들지 시간이 지나면 냄새 맡는 감각기관이 마비되어 버립니다. 맨 처음 주일 성수 하는 것을 깨뜨렸을 때에 가슴이 떨리지, 한두 번 거듭되면 빠지는 것을 보통으로 여기게 됩니다. 모든 경험이 동일하지 않다는 것은 법칙입니다. 그럼에도 불구하고 우리는 반복되는 경험을 통해서 습관이라는 것을 만들어 가고 있습니다. 습관 속에서 실제의 다양한 경험을 놓쳐 버린 채 무덤덤해진 날들을 살고 있습니다. 뜨거운 물에 처음 들어갈 때와 두세 번째 들어갈 때는 같은 환경이지만 느낌이 서로 다릅니다. 그러나 나중에는 뜨거운 물에 익숙해집니다. 이렇게 무엇이든지 반복되는 경험들이 환경에 대해 마비 증상을 일으킵니다. 내 자신이 없어지고 나의 의식이 함몰되어집니다. 우리는 내가 처한 환경에 대해 점점 면역이 되어 내가 누군지를 잃어 가는 불감증 환자가 되어가고 있습니다.

예수님이 오셔서 이 세상을 향해 규정짓는 말씀은 "이 악하고 음란한 세대여, 믿음이 없는 패역한 세대여"였습니다. 복음서에서 흔히 들을 수 있는 심판적인 언사입니다. 도덕과 윤리가 땅에 떨어졌기 때문에 내린 결론이 아닙니다. 하나님 나라와 그 나라의 복음을 전하였는데 듣지 않고 돌아서지 않는 세대를 향하여 모든 말씀의 결론으로 규정짓는 심판적인 선언입니다.

"이 악하고 믿음 없는 패역한 세대여!" - 하나님의 말씀에 대해 느낌이 없는 세상에 대해 질책하시던 말씀입니다. 그 대표적인 예로써 이러한 비유를 들으셨습니다.

> "더러운 귀신이 사람에게서 나갔을 때에 물 없는 곳으로 다니며 쉬기를 구하되 얻지 못하고 이에 가로되 내가 나온 내 집으로 돌아가리라 하고 와 보니 그 집이 비고 소제되고 수리되었거늘 이에 가서 저보다 더 악한 귀신 일곱을 데리고 들어가서 거하니 그 사람의 나중 형편이 전보다 더욱 심하게 되느니라 이 악한 세대가 또한 이렇게 되리라" (마 12:43-45).

예수님께서 누구를 상대로 이 비유를 들어 말씀하셨습니까? 바리새인과 서기관들입니다. 유대인들은 율법에 운명을 건 사람들이다. 우상숭배는 물론 귀신은 더더욱 가까이 하지 않습니다. 살인하지 않고 간음, 도적질, 거짓말을 절대로 하지 않습니다. 율법을 지킨 것으로 굉장한 자부심을 가지고 예수님 앞에서도 "내가 어려서부터 율법을 다 지켰나이다" 하고 떳떳하게 나서는 자들입니다.

유대인들은 종교의식을 행하고 수천 마리의 양과 염소를 잡아 제사를 드리고 하는 등 정성이 극진하였습니다. 안식일에는 온 종일 근신하며 범죄지 아니하려고 부단히도 노력을 쏟고 있었습니다.

세리와 창기, 병든 자들, 그리고 이방인들과는 자리를 같이 하지 않았습니다. 율법주의, 유대주의의 선민사상에 심취하고 있었습니다. 예수님은 이런 사람들을 향하여 패역하고 악한 세대, 일곱 귀신들린 자들로 규명하셨습니다. 하나님의 법을 지켰다는 것, 그 법들을 어기지 않았다는 것 때문에 저들은 더 큰 범죄를 하고 있다는 말씀입니다. 율법을 가졌고 율법을 지켰다는 것으로부터 그들은 타인에 대하여 극도의 자만, 편견, 독선을 품고 있었습니다. 그 교만, 독선이 예수님을 십자가에 못 박는 데까지 이르게 한 것입니다.

일곱 귀신 들린 상태는 복음을 배척하는 강퍅한 마음입니다. 더 이상 하나님의 음성이 들려지지 아니하는 심령입니다. 누구든지 자기의 의에 잡혀 있고 자기 편견에 기울어져 있는 한 회개할 수 없습니다. 하나님의 말씀이 들리지 아니하면 십자가의 은혜와 부활의 영광에 대한 감격과 눈물을 체험할 수 없습니다.

악하고 음란한 세대의 특징은 하나님 말씀을 왜곡시켜 자기 편견대로 만들어 낸 종교적인 전통과 관습에 얽매인 나머지 성령과 말씀의 역사하심에는 무감각해지는 것입니다. 요즈음은 의외로 나의 머리, 나의 성품, 나의 정직함, 내 도덕성, 나의 의를 들고 나와서 오늘 교회와 우리의 신앙을 개혁하려는 사람들이 많습니다. 가장 골치 아픈 신자들입니다.

정신적 노예들의 특성은 자신이 노예임을 모르고 있는 것입니다. 정신병이나 정신박약아는 자신이 불행하다는 것을 모른다고 합니다. 예수 안에서 내가 누구이며 나의 해야 할 일이 무엇인가를 아는 것은 참으로 중요합니다. 신앙생활에 있어서 자칫 범할 수 있는 오류 중에 하나는 우리의 세상적 가치, 다시 말하면 사회 문화적 잠재력을 가지고 하나님의 일을 할 수 있으리라는 자기 자신의 잠재적 가능성을 가지고 교회나 복음 증거를 위한 모든 일에 뛰어 드는 것입니다.

우리가 한 순간이라도 잊지 말아야 할 것은 어느 누구라도 과거에는 다 죄의 속성과 그 문화 속에서 잘 길들여진 죄인이었다는 사실입니다. 우리 자신의 내면에서 꿈틀거리는 것들이 하나님의 역사에 씌어질 가치가 없는 무용지물임을 인식한다는 것은 신앙생활에서 빼놓을 수 없는 핵심임을 뼈에 사무치도록 간직해야 합니다.

내가 누구인 줄 모르면서 신앙개혁이나 교회 부흥을 시도하는 것은 허무맹랑한 것입니다.

● ● ● ● ● ● ● ● ●

우리가 하나님의 은혜로 영광의 구원을 받았지만 적어도 하나님의 요구 앞에서는 나 자신의 무능함과 연약함을 아는 자리에서 더욱 은혜를 구하고 성령의 지혜와 권능을 절실하게 간구해야 되는 입장임을 깨우쳐야 합니다. 영적인 일의 풍성한 열매를 거두기 위해서는 영으로 심고 영으로 깊어지는 길, 인격과 삶의 뿌리를 하나님의 말씀 속에 뻗어 내리도록 해야 합니다.

38년 된 병자

(요 5:1-9)

> "그 후에 유대인의 명절이 있어 예수께서 예루살렘에 올라가시니라
> 예루살렘에 있는 양문 곁에 히브리말로 베데스다라 하는 못이 있는데 거기 행각 다섯이 있고
> 그 안에 많은 병자, 소경, 절뚝발이, 혈기 마른 자들이 누워 〔물의 동함을 기다리니
> 이는 천사가 가끔 못에 내려와 물을 동하게 하는데 동한 후에 먼저 들어가는 자는 어떤 병에
> 걸렸든지 낫게 됨이러라〕거기 삼십팔 년 된 병자가 있더라
> 예수께서 그 누운 것을 보시고 병이 벌써 오랜 줄 아시고 이르시되 네가 낫고자 하느냐
> 병자가 대답하되 주여 물이 동할 때에 나를 못에 넣어 줄 사람이 없어 내가 가는 동안에
> 다른 사람이 먼저 내려가나이다 예수께서 가라사대 일어나 네 자리를 들고 걸어가라 하시니
> 그 사람이 곧 나아서 자리를 들고 걸어가니라 이날은 안식일이니"

베데스다 연못가에 물이 동하도록 기다리는 38년 된 병자에 관한 이 야기를 통해서 은혜를 나누고 있습니다.

성경에서 38년 된 병자를 등장시킨 배경에는 이스라엘 백성이 겪었던 광야생활을 연상케 하는 경우와 일치하고 있습니다. 자리를 깔고 누워 있는 병자의 삶은 광야의 이스라엘과 같은 생활이요, 그와 동일한 기간이었습니다. 40년 중 처음 2년은 모세가 시내 산에서 계명을 받기 이전의 기간이었습니다. 홍해를 건넌 후 2년 만에 모세가 시내 산에서 하나님께로부터 율법을 받았고 '가네스바네아' 에 이르렀을 때 가나안 땅에 정탐꾼을 보내었습니다.

정탐꾼의 보고가 하나님에 대해 불신이었기 때문에 형벌을 받아 모두 광야에서 38년 동안 배회하는 생활을 하게 되었습니다. 끝내 그 불신으로 말미암아 모두 가나안 입성에 실패하고 말았습니다.

가나안 땅은 내가 나의 힘으로 쟁취하는 땅이 아닙니다. 하나님이 주시기로 약속하신 은혜의 땅입니다. 정탐꾼을 보낼 때에 믿음으로 가나안 땅으로 진군해야 했었습니다. 하나님께서 약속하신 복지라면 정탐꾼을 보낼 필요도 없었습니다. 그런데 이스라엘은 자기 편견과 주장과 의견을 가지고 들어갔다가 그만 포기하고 말았습니다. 이스라엘은 율법적인 생각, 인간적인 사고방식에 얽매여 있었습니다. 자기 의견대로 하나님의 약속을 얻으려 했습니다. 자신들이 갖고 있는 모든 가능한 잠재력을 총동원해서 견주어 보았더니 안 되겠다는 이야기를 합니다. 우리가 가서 보니 거기 네피림이 있고 아낙 자손이 있고 그들이 장대하여 우리는 그들 앞에 서니 마치 메뚜기 같더라고 말합니다.

"갈렙이 모세 앞에서 백성을 안돈시켜 가로되 우리가 곧 올라가서 그 땅을 취하자 능히 이기리라 하나 그와 함께 올라갔던 사람들은 가로되 우리는 능히 올라가서 그 백성을 치지 못하리라 그들은 우리 보다 강하니라 하고 이스라엘 자손 앞에서 그 탐지한 땅을 악평하여 가로되 우리가 두루 다니며 탐지한 땅은 그 거민을 삼키는 땅이요 거기서 본 모든 백성은 신장이 장대한 자들이며 거기서 또 네피림 후손 아낙 자손 대장부들을 보았나니 우리는 스스로 보기에도 메뚜기 같으니 그들이 보기에도 그와 같았을 것이니라" (민 13 : 30 - 33).

자기 머리로 재어 보니 원수가 장대하고 자신들은 그 앞에서 메뚜기 같이 보잘 것 없어 보였습니다. 결국 자기 손과 발로 뛰다가 멸망해 간 역사가 광야 38년의 생활입니다. 하나님께서 약속하신 땅은 우리의 지식으로 우리의 힘으로 얻을 수 없습니다.

하나님의 나라는 우리의 능력으로 완성할 수가 없습니다. 적어도 우리는 영적으로 소경된 자들이요, 절뚝발이 된 중풍병자들입니다. 하나님의 약속에 대해서는 전신이 마비된 자들입니다. 38년 된 병자는 우리 모두를 대신하여 등장된 인물이라 할 수 있습니다. 뿐만 아니라 38년 동안 하나님의 언약을 상실하고 광야의 힘겨운 땅을 배회하는 이스라엘과도 같다고 할 수 있겠습니다.

광야 38년의 생활은 건너 온 애굽 땅을 그리워하면서 겪는 고통의 세월이었습니다. 애굽의 종살이에서 풀려난 것은 하나님의 약속하신 풍요와 번영의 땅에 들어가기 위한 첫 출발에 불과합니다. 풀려난 것 자체로 거기서 눌러 앉아 살 수 있는 곳이 아닙니다. 떠나왔으면 가야 할 목적지는 단 한 곳, 가나안의 복지입니다. 우리 살고 있는 여기 우리의 현주소는 천국을 가기 위한 절차이지 안주하는 곳이 아닙니다. 그러므로 여기 육체로 사는 이 땅은 미래에 도착할 천국에 대한 환상과 묵시로 영원을 준비하는 기간이지 머물러 정착할 땅이 아닙니다.

예수를 믿고 교회 생활을 하면서 많은 부분에서 세상의 가치와 의미를 가지고 행사합니다. 우리가 예수를 믿는다고 하지만 아직도 세상에 대하여 더욱 친숙한 경우가 많기 때문에 각성할 필요가 있습니다. 내가 알고 있는 것, 내가 경험하여 얻는 지혜는 대체적으로 세상에서 배운 것들입니다. 하나님의 말씀보다는 세상 지식에 더욱 자신이 붙은 경우가 많습니다.

교회에 와서 나의 영혼이 배부르도록 영의 양식으로 잘 채워야 합니다. 영의 양식을 잔뜩 먹어 만족해야 합니다. 세상과 나를 버리는 훈련을 쌓아야 합니다. 세상과 단짝이던 내가 이제는 하나님과 함께 사는 경험과 지식을 쌓아 가는 것입니다. 신령한 말씀, 기도와 성령의 교제로 하나님을 배우고 하나님의 뜻에 대하여 풍성한 이해와 분별력을 갖추어 갑니다.

예수 믿고 '이제는 세상과는 단절이다, 죄 짓지 말자' 그렇게 결심해서 하늘나라 갈 사람 아무도 없습니다. 이 죄악의 세상에 살면서 죄를 짓지 않고 깨끗하게 삶으로서 거룩하게 될 거라는 생각은 착각입니다. 죄를 안 짓고 율법을 지킨 것으로 신앙심이 깊어지고 거룩해지는 것이 아닙니다. 우리의 목표는 죄를 안 짓는 것이 아니라 거룩한 길을 계속 가는 것입니다. 죄와 함께 살아가야 하는 상황에서 죄를 짓지 않겠다고 "주여, 힘을 주시옵소서" 그렇게 기도하여 능력 받는다고 해서 죄를 짓지 않는 방법은 없습니다.

신앙생활은 지금 무엇을 많이 보고 있느냐에 대한 싸움입니다. 나 자신이 지금 세상과 하늘나라 중 어느 쪽어 기울여져 있느냐, 나의 세상과 교회 생활 중 어느 편에 기울어져 있느냐 하는 것입니다.

이스라엘 백성은 안식일을 거룩하게 지키기 위해 일을 하지 않고 아무것도 하지 않았습니다. 가만히 있는 것으로 안식을 채웠습니다. 그런데 가만히 앉아 있으면 있을수록 마음속으로부터 꿈틀거리는 죄를 억누를 수가 없었습니다. 그래서 수많은 율법을 만들기 시작했습니다. 그 부피가 우마차로 24대분이나 된다 합니다. 이스라엘 백성들은 결국 자기들이 만들어 놓은 율법과 전통에 얽매인 노예가 되어 버렸습니다. 율법이 자신을 죽이는 법이 되었고 자신들을 괴롭히는 악령이 되어 자유를 잃어 버렸습니다.

죄를 짓지 않기 위해 가만히 있으면 더욱 죄가 그리워지는 법입니다. 그래서 주님께서 말씀하시기를 도적질하지 않기 위해서 이제는 남을 구제하기 위해 일하라고 하셨습니다. 예수님께서 보이신 본은 예수님께서 십자가에서 죽기까지 하나님의 뜻에 복종하신 것입니다. 가만히 앉아서 도를 닦아서 이루신 구원이 아니라 목숨을 버리는 고통을 치르면서 이루신 구원입니다.

신앙생활은 나 자신을 죽음에 던지는 복종이, 그리고 나를 쳐서 하나님께 복종케 하는 필사적인 싸움이 따를 때에 모든 것으로부터 승리할 수가 있습니다. 기도하고 싶은 만큼 한다면 우리가 일년에 몇 번이나 하겠습니까? 새벽기도, 철야기도, 수요기도가 없다면 얼마나 더 많은 기도 시간으로 배려할 수 있겠습니까? 어쩌면 기도 없이 많은 세월을 보내게 될 수도 있을 것입니다. 우리에게 통제된 간섭이 없다면 우리는 그만큼 하나님과 신령한 교통을 이룰 수 없습니다.

교회가 제공하는 신령한 프로그램들, 예배, 새벽기도, 철야기도, 수요기도, 여러 가지 친교 모임, 전도 사역, 그 사명으로 불타는 가슴과 가슴이 서로 얽혀 모여서 함께 어울리지 아니하면 어찌 자신의 구원과 신앙을 지킬 수 있겠습니까? 형식이다, 하나의 제도이다, 그것은 교권이다 하고 반대한다면 남는 것은 나 자신밖에는 없는 셈인데 내가 스스로 나 자신을 어떻게 지킬 수 있겠습니까? 하나님은 우리로 교회를 섬기도록 요구하시지만 사실은 우리가 교회를 지키는 것이 아니라 이러한 수고와 섬김의 자리에서 교회가 우리를 지킨다는 것을 명심해야 합니다.

우리의 핑계와 구실이 뭡니까? 억지로 되나, 나를 제도에 묶는다고 되나, 모든 것은 진심과 마음의 문제이지, 이렇게 우리는 본성적으로 견제나 통제하는 것에 대하여 저항심을 갖고 있습니다. 그러나 어디에 대한 진심이며 양심입니까? 하나님에 대한 진심입니까? 나의 죄성에 대한 진심입니까? 결국 나의 죄성에 대한 양심고백이 아닙니까? 그냥 버려두면 우리는 자연스럽게 자존심 쪽으로 가는 사람들입니다. 진심, 양심이라는 이름을 가지고 나중에는 내가 만들어 놓은 율법에 얽매입니다. 나의 독단, 나의 편견과 고집으로 나아갑니다. 나의 편리함대로 만들어진 신앙의 관습에 내가 매인단 말입니다.

나의 영혼의 집이 비어 있으면 나갔던 귀신이 더욱 악한 귀신 일곱을 데리고 들어와서 우리를 괴롭게 합니다. 그 기회를 제공하지 마십시오. 나의 세상에서 익숙해 온 것으로 신앙 체계를 세우면 다시 돌이킬 수 없는 편견과 아집에 잡혀 그 사람의 나중 형편이 더욱 심하게 됩니다.

나의 영혼의 집에 귀신의 악령이 자리 잡지 않도록 하나님의 약속을 앞에 놓고 나를 그 앞에 녹이는 싸움을 해야 합니다. 날마다 성령 충만 받아야 하고 성령의 검 곧 하나님의 말씀을 내 영혼의 양식으로 받아야 합니다. 이제는 죄를 짓지 않는 것으로 자랑할 것이 아니라 하나님의 뜻을 이루어 나가는 씨름을 해야 합니다. 그래서 얻어 놓은 구원을 빼앗기지 않으려고 노력했다면 이제는 더욱 완성해 나가야 할 구원을 위해 싸워야 합니다. '사탄아 물러가라' 고 소리칸 지를 것이 아니라 '성령이여 내게 충만케 하옵소서, 하나님의 의의 병기가 되게 하옵소서, 하나님의 손에 붙잡히는 종으로 살게 하옵소서' 의 간절한 기도가 적극적으로 드려져야 할 것입니다.

율법은 죄와 사망의 법입니다. 죄를 범한 인간에게 율법은 죄와 사망의 법이 되어 그 사람을 죽이고 멸망시키는 역할을 합니다. 아직도 율법에 매여 있으면 법을 어긴 상태에서 언제나 그로 두려움과 불안, 거짓과 위선으로 자신을 장식하게 합니다.

우리는 모두 은혜의 집에 초대된 자들입니다. 예수님이 병자들이 모인 곳에 오셨습니다. 오셔서 율법을 완성하셨습니다. 우리의 방법이 아닌 은혜의 방법으로 우리를 구원해 주셨습니다. 은혜 아래에 있는 자는 베푸신 자의 사랑과 관심이 배려되는 곳에서 언제나 고맙고 황공한 마음으로 하나님의 법을 지킵니다. 감사와 기쁨으로 온 삶을 하나님이 기뻐하시는 의의 병기가 되어 드립니다. 기꺼이 주님의 대장되심에 대하여 나를 신하로 드리게 됩니다.

은혜를 입은 자, 십자가의 은혜를 아는 자는 성령의 생명의 법을 따라 삽니다. 이제는 도적질을 하지 않는 데에 그치는 것이 아니라 적극적으로 남을 구제하기 위해 일을 합니다. 이제는 남을 미워하지 않기 위해 법을 지키는 것이 아니라 사랑함으로 지킵니다. 용서를 베풀면서 지킵니다. 하나님의 요구에 자신을 헌신하면서 하나님의 법을 지킵니다. 그리스도의 법을 세우는 일, 곧 내가 죽고 남을 살리는 역사에 나 지신을 하나님 앞에 드리기를 인색치 아니하고 영혼 구원의 사명에 불타는 가슴으로 살아가게 됩니다.

"네가 낫고자 하느냐" 병에 습관이 된 자, 하나님의 언약에 대하여 꿈을 상실한 자, 이제 더 이상 낫겠다는 의지조차 마비된 자에게 병든 자임을 깨치는 질문입니다.

● ● ● ● ● ● ● ● ● ●

"네가 낫고자 하느냐?" – 오늘 우리 자신이 반드시 돌이켜 보아야 할 신앙생활의 제도화 내지는 화석화 현상들을 안타까워하시면서 우리가 이미 상실해 버린 은혜와 영성의 풍성함을 회복시키고자 하시는 말씀임을 가슴에 담으시기 바랍니다.

탐욕의 수단이 된 안식일

(요 5:10-16)

> "유대인들이 병 나은 사람에게 이르되 안식일인데 네가 자리를 들고 가는 것이 옳지
> 아니하니라 대답하되 나를 낫게 한 그가 자리를 들고 걸어가라 하더라 한대 저희가
> 묻되 너더러 자리를 들고 걸어가라 한 사람이 누구냐 하되 고침을 받은 사람이
> 그가 누구신지 알지 못하니 이는 거기 사람이 많으므로 예수께서 이미 피하셨음이라 그 후에
> 예수께서 성전에서 그 사람을 만나 이르시되 보라 네가 나았으니 더 심한 것이 생기지 않게
> 다시는 죄를 범치 말라 하시니 그 사람이 유대인들에게 가서 자기를 고친 이는
> 예수라 하니라 그러므로 안식일에 이러한 일을 행하신다 하여
> 유대인들이 예수를 핍박하게 된지라"

베데스다는 은혜의 집입니다. 그 연못가에는 병이 낫기를 애타게 기
다리는 병자들이 모여 있습니다. 물이 동할 때 제일 먼저 뛰어 들어가
는 자가 병고침을 받는다는 전설 때문에 물이 솟구쳐 오를 때를 기다리
며 제일 먼저 뛰어가기 위해 기다리고 있습니다. 거기에 소경과 절름발
이와 혈기 마른 자가 있었습니다. 모두가 다 물이 동한다 할지라도 자
기 힘으로 뛰어 들어갈 수 없는 전신이 마비된 자들입니다. 그럼에도
불구하고 자기 힘으로, 또 누군가 와서 도와주기를 기다리며 가망이 없
는 날들을 보내고 있었습니다.

예수님께서 오셔서 38년 된 중풍병자를 향하여 "일어나 네 자리를

들고 걸어가라" 명령하심으로 고쳐 주셨습니다. 병자들의 소원하는 방법대로가 아니라 예수님이 베푸시는 은혜의 방법으로 고쳐 주셨습니다. 38년 된 병자에게는 꿈에도 없었던 일이 일어난 것입니다. 그는 단순히 물에 넣어 줄 조력자를 바라고 있었는데 그의 평생에 있어 근원적인 문제를 해결하고 일어나 걷는 결과를 보게 된 것입니다. 세상을 다 준다 해도 이보다 더 큰 기쁨과 감격이 없었을 것입니다.

그러나 요한복음에서 주목해야 할 대목은 "빛이 어두움에 비취되 어두움이 깨닫지 못하더라"(요 1:5) 는 사실을 전제하면서 예수님의 사역이 곳곳에서 사람들로부터 극심한 오해와 반대에 부딪치고 있는 장면들을 만나게 해줍니다.

날 때부터 한번도 걸어 본적이 없는 38년 동안이나 앉은뱅이로 지내던 자를 일어나 걷게 하셨다면 마땅히 사람들로부터 경의와 환영을 한 몸에 받으셔야 할 터인데 사건의 진행은 정반대로 오해와 경멸의 십자가로 가고 있습니다.

9절과 10절, "이날은 안식일이니 유대인들이 병 나은 사람에게 이르되 안식일인데 네가 자리를 들고 가는 것이 옳지 아니하니라" – 여기서 유대인들은 유대민족 전체를 가리키는 것이 아닙니다. 특별히 요한이 유대인으로 표현할 때마다 그들은 예루살렘을 본거지로 하고 있는 유대인들로서 관원들입니다. 일차적으로 예수님과 갈등을 겪게 되는 부류들입니다. 그들은 세상을 다스리는 권세자들입니다.

유대인들의 입장에서는 앉은뱅이가 일어났다는 것이 문제가 아닙니다. 병을 고쳐 준 이가 예수라는 데에 심각한 문제가 있었습니다. 민심이 모두 예수께로 몰리고 있었고 민심이 떠나게 되면 자신들의 정치적인 지지기반이 흔들리는 위험이 따르기 때문입니다.

앉은뱅이가 일어나는데 문제는 자리를 들고 일어났다는 것이 시빗거리가 된 것입니다. 우리는 여기서 당시 유대인들이 규정해 놓은 안식일

제도에 대하여 몇 가지 실례를 알아볼 필요가 있습니다. 출애굽기 16장 29절에는 이렇게 되어 있습니다.

> "볼지어다 여호와가 너희에게 안식일을 줌으로 제 육일에는 이틀 양식
> 을 너희에게 주는 것이니 너희는 각기 처소에 있고 제 칠일에는 아무도 그
> 처소에서 나오지 말지니라 그러므로 백성이 제 칠일에 안식하니라"
> (출 16 : 29, 30).

안식일에는 처소에서 나오지 말아야 되는 규례가 있습니다. 이 계명에서 안식일에 있어 여행의 거리는 어느 정도여야 하는 것이 서기관들의 고민이었고 이것을 비약시켜 여행거리를 천 야드(약900m)로 부가하여 정했던 것입니다. 짐을 나르는 일에 대한 규정은 이렇습니다.

> "안식일에 너희 집에서 짐을 내지 말며 아무 일이든지 하지 말아서 내가
> 너희 열조에게 명함같이 안식일을 거룩히 할지어다" (렘 17 : 22).

그 짐이 무엇입니까? 예를 들면 손수건도 짐입니까? 손수건을 따로 가지고 다니면 짐이 되지만 옷에 꿰매어 지니면 짐이 아닙니다. 2층에 있는 손수건을 아래층으로 가져올 때 손에 들고 오면 짐이 되고 목에 감고 오면 짐이 안 됩니다. 유대인들은 안식일을 지키는 법을 이렇게 재해석하여 옭아매고 말았습니다.

본문에서 38년 된 앉은뱅이가 깔고 누워있던 자리를 들었다는 것은 여지없이 안식일을 범한 중한 죄가 되고도 남습니다. 이토록 유대인들은 안식일을 지키는 법을 39가지 이상이나 되는 세목으로 정해놓음으로써 안식일이 오히려 고통의 날이 되었던 것입니다. 예수님께서 38년 된 병자를 고쳐주신 날을 안식일로 선택하신 것은 유대인들의 형식주의에 대한 올바른 가르침을 주시려는 의도에서 행하신 일이였음을 지

나쳐서는 안 됩니다.

예수님도 안식일에 밀밭 사이로 지나가실 때 제자들이 시장해서 밀이삭을 잘라 비벼먹은 사건 때문에 안식일로 인하여 시비가 되었던 적이 있었습니다. 배고픈 사람이 밀 이삭을 잘라먹는 것까지는 용납이 되지만 먹을 때 손으로 비벼 먹는 것은 일종의 노동에 속한 일로 간주하여 '안식일에 일하지 말라' 는 계명에 어긋난 것으로 정죄했던 것입니다. 그들의 관습대로 하면 이삭을 비벼 털면 추수에 해당되는 노동이었기에 제자들의 행동에 즉각 반기를 든 것입니다.

이에 대한 예수님의 대답은 이렇습니다.

"예수께서 가라사대 다윗이 자기와 그 함께 한 자들이 시장할 때에 한 일을 읽지 못하였느냐 그가 하나님의 전에 들어가서 제사장 외에는 자기나 그 함께 한 자들이 먹지 못하는 진설병을 먹지 아니하였느냐 또 안식일에 제사장들이 성전 안에서 안식을 범하여도 죄가 없음을 너희가 율법에서 읽지 못하였느냐 내가 너희에게 이르노니 성전보다 더 큰 이가 여기 있느니라 나는 자비를 원하고 제사를 원치 아니하노라 하신 뜻을 너희가 알았더면 무죄한 자를 죄로 정치 아니하였으리라 인자는 안식일의 주인이니라 하시니라" (마 12 : 3-8).

우리는 예수님의 안식일 준수에 관한 유대인들의 잘못을 지적하는 대목에서 몇 가지 교훈을 받아낼 수 있습니다.

첫째로 다윗왕의 경우, 예수님의 논평은 참으로 중요한 신앙의 원리를 제공해 줍니다. 다윗은 이스라엘의 왕으로 기름 부음을 받은 희대의 군왕이었습니다. 하나님이 세우신 왕입니다. 그런데 아들 압살롬의 반역에 쫓기어 예루살렘 성전에 들어가서 배가 고픈 나머지 거기에 놓여 있던 진설병을 먹었습니다. 성전 규례에 의하면 성전에는 아무나 못 들어갑니다. 진설병은 제사장들만 먹는 빵입니다. 그런데 다윗이 배가 고파 먹었는데도 죽지 않고 살았습니다.

하나님이 인정하신 것입니다. 무슨 뜻입니까? 하나님은 진설병에 관한 율법보다 다윗을 기름 부어 왕으로 세우신 일을 더 크게 보신다는 것입니다. 하나님이 세우신 왕을 배척하면서 희막 안의 작은 규례만을 주장하는 것은 위선이요 가증된 일임을 지적해주는 사건입니다.

지금 바리새인들과 서기관들이 누구를 배척하느냐 하면 기름 부은 받은 메시아이신 인자를 거부하고 있습니다. 그러면서도 안식일에 밀이삭을 비벼먹는 작은 일을 시비 삼고 있는 자들의 가증스러운 종교적인 형식을 책망하신 것입니다.

요즘도 하나님의 뜻으로부터 멀리 떠나 있으면서 예배형식을 인간의 고안으로 형식화하는 것은 하나님을 모독하는 행위가 됩니다. 주님은 성전보다 더 크셨습니다. 주님을 배척하였으면 아무리 율법을 조밀하게 굳게 지킨다 해도 안식일을 범하는 것임을 깨성케 하는 대목입니다.

두 번째 원리로 "나는 자비를 원하고 제사를 원치 아니하노라"(마 12:7)고 말씀하신 뜻이 무엇인지 너희가 알지 못한다고 지적하셨습니다.

유대인들은 자신들이 만들어 놓은 율법의 해석서를 엄격히 지키면서 그 규례를 따라 예수님을 죽이려는 데에 혈안이 되어 있었습니다. 그들은 자기들이 고안해 낸 율법으로 종교적인 형식과 의식 그리고 절차를 따라 무고한 예수를 죽이는 데에 가공할 범죄를 저질렀습니다. 하나님은 율법의 형식보다 더 긴요하고 아름다운 것이 자비임을 말씀하셨지만 반대로 유대인들은 하나님이 주신 율법을 응용하여 자신들의 권력과 유익을 위하여 쓰고 있었습니다.

예수님이 친히 보여주신 모범으로 안식일에 병든 자를 치료해 주셨습니다. 마태복음 12장에서도 안식일에 손 마른 자를 고쳐주심으로 긍휼에 풍성하신 하나님의 뜻을 전달하셨습니다. 이러한 행동을 보임으로써 유대인들의 거짓되고 가증스러운 율법주의 행위를 나무라셨던 것입니다.

세 번째 원리는 예수님이 친히 진술하신 대로 그들이 정한 좋은 규례가 작던 크던 간에 안식일의 주인은 예수님 자신이라는 것입니다. 예수님은 안식일 규례를 통하여 인간 자신이 취하는 영광이나 자존심이 있다면 신앙생활의 근본이 깨어지는 큰 낭패가 아닐 수 없습니다.

예수님이 안식일의 주인이시요 우리의 경배와 예배를 받으시기에 합당하신 분이심을 명심해야 합니다. 예수 그리스도의 주되심을 나타내는 날이 안식일입니다.

우리가 행하는 의식이나 행위에서 오는 결과 우리에게 명예나 기쁨이나 감격이나 자랑이 있다면 다시 각성해야 합니다. 안식일의 주인이 예수 그리스도이심을 한시라도 잊어서는 안 됩니다. 나의 기쁨, 나의 자랑, 나의 영광도 주의 것입니다. 교회의 영광은 하나님이 받으셔야 합니다. 그 섬김과 헌신의 공로를 나의 영광으로 바꾸면 큰 죄에 해당됩니다.

요한복음 5장은 베데스다 연못가에서 은혜의 영광이 나타났었음과 동시에 매우 어두운 문장으로 사건을 끝맺고 있습니다.

9절, "이날은 안식일이니" 그리고 16절 "그러므로 안식일에 이러한 일을 행하신다 하여 유대인들이 예수를 핍박하게 된지라" - 그들은 안식일을 거룩하게 지킬 것을 생각하면서도 한편 예수를 잡아 죽이려는 이기심과 탐욕을 잉태하고 있었습니다. 안식일을 외투 삼아 안으로는 자신들의 권력과 이익을 보호하고 있었습니다. 그들은 자기들의 유토피아를 파괴하는 자로 예수를 지목하고 결사적으로 죽이기로 모의하고 있었습니다. 예수를 해치울 수 있다면 무엇이던지 동원하였습니다. 끝내 무모하게도 인자되신 하나님을 죽이는 데에 성공하고 말았습니다. 예수님을 역사의 밖으로 쫓아 버렸습니다.

그러나 예수님은 죽은 자 가운데서 다시 살아나셨습니다. 아이러니컬하게도 주님의 다시 사심은 그 날이 유대인들이 음모용으로 사용했던 죽음의 안식일이 아니라 새 생명의 날로 역사의 문을 여신 것입니다.

더 이상 사망의 권세가 이기지 못하는 영원한 승리의 축제인 안식일을 출발시키시면서 하나님의 나라의 첫 발자국을 내딛으신 것입니다. 안식 후 첫날 곧 부활의 날입니다. 한 주간의 마지막 날이 아니라 이제는 한 주간의 첫날로서 새 생명의 날을 선포하신 것입니다.

나도 일한다

(요 5:14-18)

일생을 앉은뱅이로 살던 사람이 일어나 걷게 되었다면 당사자는 말할 것도 없거니와 그 가족들 뿐 아니라 온 동리 사람들이 다 기쁨을 감출 수가 없었을 것입니다. 이러한 기쁨과 감동이 넘치는 날에 성경은 어둡고 불길한 사건을 동시에 거론하고 있습니다.

15절, "그 사람이 유대인들에게 가서 자기를 고친 이는 예수라 하니라" 이어서 16절, "그러므로 안식일에 이러한 일을 행하신다 하여 유대인들이 예수를 핍박하게 된지라"고 하였습니다.

안식일에 병을 고친 것이 유대인들에게는 예수를 제거할 구실을 제공하게 된 것입니다. 안식일에 어떻게 이런 일을 할 수 있느냐 하는 것입니다. 소위 종교적인 율법문제에 부딪치게 된 것입니다. 이에 대한 예수님의 대답이 우리의 신앙을 바로 정리해주는 각성의 기회가 됩니다.

17절, "예수께서 저희에게 이르시되 내 아버지께서 이제까지 일하시니 나도 일한다 하시매" – 아버지께서 이제까지 일하시니 나도 일한다는 것입니다. 이는 예수님의 신성을 강력하게 나타내시는 말씀입니다. 안식일에 병을 고치신 것은 내가 한 일이 아니라 하나님 아버지께서 행하신 일로 못 박습니다. 다시 말하면 '아버지와 나는 하나다'는 것을 천명한 것입니다. 유대인들에게는 폭탄과 같은 발언입니다.

유대인들의 즉각적인 반응을 보입니다.

> "유대인들이 이로 인하여 더욱 예수를 죽이고자 하니 이는 안식일만 범할 뿐 아니라 하나님을 자기의 친아버지라 하여 자기를 하나님과 동등으로 삼으심이러라"(요 5 : 18).

예수님의 행적은 모두가 다 하늘에 계시는 아버지의 뜻을 설명하는 것이었습니다. 우리 인간의 눈으로는 볼 수 없는 하나님을 우리의 이성으로 똑똑히 보여주시는 계시의 역사입니다.

지금 38년 된 병자를 고쳐 주신 것은 아버지를 사람들 앞에 보여주시는 계시적 사건입니다. 17절, "내 아버지께서 이제까지 일하시니 나도 일한다"는 것은 하나님 아버지께서 창조 이래에 한 번도 쉬지 아니하시고 일하시고 계시는데 그러므로 주님 자신도 그 일을 계속 할 수밖에 없다는 것입니다. 동시에 오늘 우리 자신도, 우리 교회도 그와 동일한 일을 열심을 다해 이루어 나가야 할 것을 요구하는 대목입니다. 그 일의 내용이 무엇입니까? 안식일에 이루어진 일이기 때문에 안식일의 문제를 풀지 아니하면 답을 얻을 수 없습니다. 다시 말하면 안식일과 깊은 관련이 있는 내용입니다.

안식일 계명은 창조의 역사가 끝난 이후 곧바로 주어진 계명입니다.

"천지와 만물이 다 이루니라 하나님의 지으시던 일이 일곱째 날이 이를
때에 마치니 그 지으시던 일이 다하므로 일곱째 날에 안식하시니라 하나
님이 일곱째 날을 복주사 거룩하게 하셨으니 이는 하나님이 그 창조하시
며 만드시던 모든 일을 마치시고 이 날에 안식하셨음이더라"(창 2:1-3).

하나님은 일곱째 날을 복되게 하셨을 뿐 아니라 그 날을 거룩하게 사
용하도록 다른 날과 달리 떼어 두셨습니다. 하나님이 창조하신 후에 쉬
신 것은 사실이지만 만드신 피조물을 거룩으로 보존하시고 지키시는
일은 쉬신 적이 없으십니다. 창조하신 것을 방치하신 적이 없습니다. 인
간과 피조물의 역사를 섭리하시고 통치하시는 일을 중단하지 않으십니
다. 그 핵심이 하나님의 거룩과 영광을 지키시고 보존하시기 위함이었
습니다.

비록 마귀가 인간을 꾀어내어 하나님의 영광을 짓밟아 버렸다 하더
라도 하나님은 짓밟히고 빼앗긴 자신의 영광과 거룩만은 보존하시는
일은 줄기차게 행하셨습니다. 십자가를 바라보십시오. 하나님께서 인
간의 실패로 빼앗긴 거룩과 영광을 다시 찾으시는데 있어서 그 열성이
얼마나 강렬하냐 하는 것의 증표입니다. 그 결과 우리를 죄와 사망의 심
판에서부터 구원하신 것입니다. 구원을 생각하면 하나님의 은혜를 떠
올리지 않을 수 없습니다. 우리의 구원을 위하여 동원하신 하나님의 사
랑과 인자와 긍휼을 헤아릴 수 없어서 바울은 '값없는 은혜'라고 하였
습니다.

주님은 지금 아버지의 일을 계속하시는 방편으로 38년 된 앉은뱅이
를 일으키신 것입니다. 그것도 안식일에 행하신 것은 안식일이 하나님
의 거룩을 보존하고 지키는 제도로서 이를 지키는 자에게 약속대로 복
이 되게 하려는 것입니다. 인간의 탐욕을 채우는 방편일 수가 없다는 것
을 지적하시는 내용을 담아 안식일에 병자를 고치신 것입니다.

우리가 반드시 명심해야 할 것은 하나님이 행하신 일의 내용은 전부가 다 사랑이라는 것입니다. 목적은 하나님의 거룩과 영광이지만 그 일을 이루시는 속성은 사랑입니다. 사랑으로 천지를 만드셨고 사랑으로 피조물들이 복된 자리에서 풍요롭게 살도록 그 필요를 채우시고 공급하십니다. 사랑으로 38년 된 병자를 일으켜 주셨습니다. 그 사랑의 역사를 중단하신 적이 없습니다. 제 칠일에도 여전히 태양을 가득히 비춰 게 하시고 바람을 불게 하시고 비를 내리십니다. 뿐만 아니라 아버지 하나님은 물질세계만을 붙들고 계시는 것이 아니라 인간의 지각을 밝혀 양심과 도덕성을 유지하는 일을 간섭하십니다.

우리를 놀라게 하는 것은 우리의 죽어 있던 영혼을 살리는 일에는 우리의 상상을 초월하는 능력과 지혜를 동원하셨습니다. 우리를 세상과 죄와 사망의 심판에서 구원하시는 지혜와 능력은 우리의 머리로서는 도저히 상상할 수 없는 아름다움과 감동을 담고 있습니다. 사랑과 용서 그리고 자비와 오래 참으심의 역사는 신묘막측神妙莫測합니다. 만일 법대로 하셨다면 우리는 이미 우리의 인생을 지키지 못했을 것입니다.

하나님의 나라의 역사를 맡기실 일꾼들을 등용하시는 데에 열두 제자들을 부르신 것은 우리의 상상을 초월하는 지혜가 번득입니다. 우리가 보통 생각하듯이 그들이 가진 세상의 것들을 전혀 사용하지 않고 오히려 세상에서 가장 비천하고 보잘것없는 것으로 온 세상을 부끄럽게 하는 능력과 영광을 나타내셨습니다. 그들에게 세상의 힘으로는 도저히 감당할 수 없는 삶의 힘과 행복이, 감동과 기쁨이 끊임없이 공급되고 있었습니다. 옥중에서도 기도와 찬미로 일관하게 하셨습니다.

바울의 고백은 더욱 실감이 갑니다.

"그러나 무엇이든지 네게 유익하던 것을 내가 그리스도를 위하여 다 해로 여길 뿐더러 또한 모든 것을 해로 여김은 내 주 그리스도 예수를 아는 지식이 가장 고상함을 인함이라 내가 그를 위하여 모든 것을 잃어버리고 배설물로 여김은 그리스도를 얻고 그 안에서 발견되려 함이니… "
(빌 3:7-9 상반절).

바울이 가지고 있었던 것들은 적어도 인간적인 측면에서 보면 학문과 명예와 권력과 부귀와 같은 것들입니다. 세상이 이런 것들을 위하여 싸움하고 있는데 바울은 이런 것들을 기꺼이 버린다고 합니다. 왜일까요? 그리스도의 복음을 위해서는 오히려 없는 것이 낫다는 것입니다. 참으로 세상이 감당할 수 없는 사람들이었습니다. 하늘나라가 갖는 영광이 얼마나 감격하였기에 세상을 기꺼이 버릴 정도냐 하는 것입니다. 고통 중에 죽어가면서 저희들이 쏟아놓는 기쁨을 세상이 막을 길이 없었습니다.

고리도전서 4장 9절에 "내가 생각건대 하나님이 사도인 우리를 죽이기로 작정한 자같이 미말에 두셨으매 우리는 세계 곧 천사와 사람에게 구경거리가 되었노라"라고 말씀하고 있습니다. 하나님이 사도들을 어디에 두셨는가? 미말微末에 두시고 찌꺼기같이 취급당하도록 하셨습니다. 천사들과 사람들이 다 함께 사도들을 구경하고 있는데 어떤 생각을 가지고 있느냐 하면 저래서 어떻게 복음을 땅 끝을 향하여 전할 수 있을까 의심스러웠다는 것입니다.

조롱과 멸시하는 시각이 아닙니다. 하나님이 하시는 일이 너무나 오묘하고 기이하여 호기심을 가득하였다는 것입니다. 천사들에게 놀랍고 흥미진진한 역사가 되고 있었습니다. 하나님의 나라를 세워가는 모습을 보니 기가 막힐 지혜로 가득하다는 이야기입니다.

"이는 이제 교회로 말미암아 하늘에서 정사와 권세들에게 하나님의 각
종 지혜를 알게 하려 하심이니"(엡 3:10).

하나님이 일하시는 모습 속에서 천사들과 사람들이 하나님의 능력과

지혜의 아름다움을 보고 감탄하고 있습니다. 그렇다면 교회는 우리가 예수를 믿는 것을 보는 사람들이 하나님이 어떤 분이시기에 저토록 힘 있게 살까? 감사와 기쁨으로 살까? 하고 감탄하면서 구경하는 곳이어야 합니다.

물질의 힘을 의지하고 사는 사람들의 입장이 가련하고 부끄럽게 되는 모습을 보여주어야 마땅할 것입니다. 물질의 힘은 우리를 감동하게 하지 못합니다. 오히려 물질 때문에 싸움이 일어나며 물질로는 우리를 행복하게 할 수 없습니다.

사도들의 자랑은 무엇입니까? "은과 금은 내게 없거니와 내게 있는 것으로 네게 주노니 곧 나사렛 예수 그리스도의 이름으로 걸으라 하고"(행 3:6) 명령하면서 그들의 자랑과 영광이 나사렛 예수의 이름임을 밝혔습니다. 교회의 자랑과 영광이 돈과 세상의 권력이라면 사도들로 하여금 은과 금은 없다고 단정하지 않았을 것입니다. 사람을 감동케 하는 능력은 나사렛 예수의 이름이었습니다. 이름은 그분의 성품과 인격입니다. 그 속에 지극한 사랑이있습니다. 사랑 안에 신성이 가득합니다.

사도들은 하나님의 지극하신 사랑의 설득으로 감동되어 주님께 항복한 자들입니다.

"금이나 은같이 없어질 보배로 속죄함 받은 것 아니요 거룩한 하나님 어린 양 예수의 그 피로 속죄한 얻었네"(찬송가 189장, 「마음에 가득한 의심을 깨치고」).

하나님은 사랑 자체이십니다. 사랑이 생명을 만들어냅니다. 사랑이 우리를 죄에서 구원하였습니다. 사랑이 우리를 끝까지 지킵니다.

"누가 우리를 그리스도의 사랑에서 끊으리요 환난이나 곤고나 핍박이나 기근이나 적신이나 위험이나 칼이랴… 이 모든 일에 우리를 사랑하시는 이로 말미암아 우리가 넉넉히 이기느니라"(롬 8 : 35, 37).

생명이란 사랑이 그 내용입니다. 서로 떨어질 수 없는 관계가 사랑입니다. 당신이 있는 곳에 내가 있고 내가 있는 곳에 당신이 있습니다. 고통 중에서도 함께, 기쁨 중에서도 함께, 좌절할 때에도 함께, 일어설 때에도 함께 언제나 떨어질 수 없는 관계가 사랑입니다. 죽음에도 같이 내려갑니다. 주님이 나와 함께 가심으로 나는 죽음이 두렵지 않습니다. 죽음이 나를 붙들 수 없습니다.

"네가 물 가운데로 지나갈 때에 내가 함께 할 것이라 강을 건널 때에 물이 너를 침몰치 못할 것이며 네가 불 가운데로 행할 때에 타지도 아니할 것이요 불꽃이 너를 사르지도 못하리니"(사 43 : 2).

사랑은 신비로운 능력과 지혜를 발휘합니다. 끝까지 자신을 줍니다. 보상을 요구하지 아니합니다. 자신을 남의 유익을 위하여 희생시킵니다. 그렇게 해서 이루어진 것이 구원입니다.

십자가의 희생을 통하여 우리를 구원하셨다는 것을 놓치지 마십시오. 희생이 없는 사랑은 우리에게 감동을 줄 수 없습니다. 교회나 가정이나 희생하는 자가 있을 때에 우리에게 기쁨과 감동이 넘치는 축복을 안겨다 줍니다. 사랑은 수고와 피와 땀을 동반할 때 사랑다워집니다. 거기에서 생명의 기쁨을 느끼게 합니다.

사랑하는 사람에게는 시간이 어떻게 가는지 의식하지 못합니다. 행복하기 때문입니다. 밤인지 낮인지 분간이 안 됩니다.

갈릴리 호수에서 풍랑을 만나 괴로이 노를 젓고 있을 때 바다 위를 걸어오시는 주님을 맞이한 제자들의 상황을 "이에 기뻐서 배로 영접하니 배는 곧 저희의 가려던 땅에 이르렀더라"(요 6:21) 하는 것은 풍랑 그대로 위협하고 있었으나 제자들은 이미 항구에 도착한 것이나 다름없는 평안을 누리고 있었다는 것입니다. 우리가 지금도 하나님의 불꽃같은 눈길을 받으면서 이 고난의 세월을 보내고 있습니다. 하나님의 사랑이 우리를 환난에서 건지십니다. 사랑하는 자가 시간의 흐름을 잊은 채 행복 속에 살게 됩니다.

야곱의 경우는 더욱 실감이 납니다.

> "야곱이 라헬을 위하여 칠 년동안 라반을 봉사하였으나 그를 연애하는 까닭에 칠 년을 수일같이 여겼더라"(창 29 : 20).

●●●●●●●●●●

아버지께서 일하시니 주님도 그렇게 일하셨습니다. 병든 자들을 고치시고 소외되고 억눌린 자들의 벗이 되어주시며 가난하고 비천한 자들에게 위로와 소망이 되어 주셨습니다. 주님의 행하신 일은 모두가 다 아버지께서 하신 일로 증거하셨습니다.

"아버지께서 일하시니 나도 일한다" 우리도 주님께서 일하심 따라 이웃을 사랑하고 주님의 몸인 교회를 사랑합니다. 사랑하는 자가 누리는 행복과 감동을 놓치지 맙시다. 칠 년을 하루 같이, 일생을 하루같이, 오직 풍성한 감동과 행복이 넘칠 것입니다.

(요 5:17)

"예수께서 저희에게 이르시되 내 아버지께서 이제까지 일하시니 나도 일한다 하시매"

베데스다 연못가에 자리를 깔고 누워 있던 38년 된 병자를 고쳐주신 예수님은 유대인들로부터 심한 반대에 부딪치셨습니다. 안식일에 병을 고쳤다는 것이 시비가 된 것입니다. "아버지께서 일하시니 나도 일한다" 로 답변하심으로 유대인들의 증오는 더욱 커졌습니다. 하나님을 친아버지로 부르면서 하나님과 동등 됨을 주장한다는 것입니다. 이윽고 예수를 죽이고자 하는 불꽃같은 적개심으로 발전하게 된 것입니다. 여기서 우리는 안식일과 일하시는 것에 관련된 뜻을 살필 필요가 있습니다.

태초에 하나님이 천지를 창조하셨습니다. 창조하신 것은 과거사로서 창조를 다 끝내고 다시는 창조하는 일을 하지 않는다는 것이 아니라 지금까지 계속 창조하는 일을 중단하지 않으신다는 동사의 시제입니다. 창조하신 것을 버려두지 않으시고 계속 간섭하시고 통치하신다는 것입니다. 지금도 옛날처럼 태양을 비추시고 바람을 불게 하시고 비를 내리시고 생명을 태어나게 하시고 태어난 생명을 자연대로 사는 것만으로 버려두지 않으시고 영혼을 중생 시키시고 하나님의 뜻을 이루는 일에 등용하사 영혼구원의 재창조의 역사를 계속하고 계십니다.

6일 동안 창조의 역사를 마치시고 7일째 되는 날에 쉬셨다는 것은 창조를 실현하셨다는 뜻이지 더 이상 할 일이 없다는 것이 아닙니다. 6일 동안 만물을 만드시고 이제는 창조의 아름다운 완성을 놓고 보며 즐기고 누리는 날들만 남아 있습니다. 하나님께서 복을 주어 생육하고 번성하라는 명령을 따라 이제는 생육과 번성의 축복만이 남아있는 최고의 행복한 삶이 준비되어 있습니다.

그런데 불행하게도 인간이 마귀의 꾐에 넘어감으로 천지창조의 질서가 허물어지고 말았습니다. 아름답고 신성하여 하나님이 보시기에 좋으셨던 피조세계가 이제는 부패하고 타락하여 썩어 냄새나기 시작했습니다. 피조세계 안에 죽음이 오게 되었고 고통과 파괴의 역사가 뒤따르게 되었습니다.

하나님의 영광과 기쁘심은 창조의 목적이었는데 인간이 마귀에게로 돌아가 버림으로써 만드신 창조주의 생명에서 떠나 피조세계는 사망과 형벌과 고통으로 황폐한 곳이 되고 말았습니다. 하나님 편에서 보실 때 인간의 행위가 가증스러운 배교와 배역이지만 그렇다고 하여 꾸짖고 죽음 아래로 버리신 것이 아니라 두려워 떨고 있는 인간을 찾아 가셔서 구원에 이르는 길을 일러 주시면서 위로하시고 격려하신 분도 역시 하나님 자신이셨습니다. 하나님은 마귀에게 빼앗기고 짓밟혔던 하나님의 영광은 반드시 되찾으시는 재창조의 역사를 시작하신 것입니다.

재창조의 역사는 죄를 대속하시는 예수 그리스도의 십자가와 부활로 이어지는 생애입니다. 죄로 더러워진 세상을 불태워 없애 버리는 것이 아니라 예수 그리스도를 통하여 생명과 의의 역사를 만드시는 것입니다.

우리는 여기서 안식일 계명이 주님의 일하심과 어떤 관계가 있는가에 관심을 기울일 필요가 있습니다. 제 7일째 쉬셨다는 것은 더 이상 창조에 관하여는 할 일이 없다는 것을 선포하는 날입니다.

"이날을 거룩하게 구별하여 안식하라" – 하나님을 창조주로 알고 고백하는 날로서 이날을 거룩하게 안식하는 삶의 형식을 갖추도록 분부하신 것입니다. 다시 말하면 하나님을 창조주로 알게 하시려는 뜻을 메시지화한 날입니다.

죄로 말미암아 하나님과의 화평이 깨어지고 사망과 형벌로 더러워진 땅에서는 더 이상 안식을 유지할 방법이 없습니다. 저주와 형벌 그리고 사망이 흐르고 있는 곳에서 안식은 불가능합니다. 하나님은 이제 당연히 쉬어야 할 날을 새로운 일의 시작으로서 출발시키지 않으면 안 되셨습니다. 이제는 더 이상 물질과 세상을 고치는 창조가 아닙니다. 심령의 창조가 필연적으로 일으켜져야 합니다. 하나님과의 단절로 시작된 사망과 어두움을 내어 쫓는 일은 하나님과 화평케 하는 생명을 만드시는 것입니다. 기존의 세상을 개조, 변혁, 확대하는 방법이 아니라 죽어 있는 영혼을 살리는 생명의 창조를 시작하신 것입니다.

"너는 기억하라 네가 애굽 땅에서 종이 되었더니 너의 하나님 여호와가
강한 손과 편 팔로 너를 거기서 인도하여 내었나니 그러므로 너의 하나님
여호와가 너를 명하여 안식일을 지키라 하느니라" (신 5 : 15).

모세가 유언을 남기면서 안식일 계명을 명하는 내용입니다. 출애굽기에서 안식일 계명을 주실 때에는 6일 동안 창조를 마쳤으니 7일째 되

는 날 안식하라고 되어 있는데 여기 신명기에서는 애굽의 종살이에서 풀려났기 때문에 이날을 기념하여 안식일을 지키라고 되어 있습니다.

안식일을 거룩하게 지켜야 되는 이유가 처음 창조의 완성에서부터 구속의 완성으로 발전되어 감을 알 수 있습니다. 이토록 안식일은 언제나 끝이 아니라 새로운 시작의 날로서 출발하지 않으면 안 되는 날입니다. 처음 안식일은 창조주 하나님을 기억하고 다른 날과 달리 안식하는 날로 지키다가 죄로 말미암아 안식이 불가능하게 되므로 이제는 구속주 하나님을 기념하며 지키는 날로 그 의미가 점점 확대되어 가고 있었습니다. 그러니까 구약시대 백성들은 안식일을 지킬 때마다 창조주 하나님을 기념함과 동시에 앞으로 오실 구속주 메시아를 기다리는 준비 기간으로 지켜야 했던 것입니다. 안식일은 새로운 시작임과 동시에 또 새로운 완성을 기다리는 절기입니다.

안식 후 첫날 이른 아침에 부활하신 것은 구약 백성들이 기다리던 구속의 완성을 이루는 날입니다. 이토록 하나님은 창조하신 후에 한번도 쉬신 적이 없이 피조세계를 장중에 붙드시고 보존하시고 지키고 계셨던 것입니다.

"아버지께서 일하시니 나도 일한다"－ 구속주 하나님은 안식일이 갖고 있던 원래의 뜻을 완성하는 열심으로 한 영혼을 구원하는 일에 여념이 없으셨습니다. 당시 유대인들의 안식일에 대한 그릇된 생각을 지적하시면서 안식일의 주인으로서 자신의 하나님 되심을 증거하셨던 것입니다.

주님은 십자가에서 "다 이루었다" 고 하시고 운명하셨습니다. 그것 때문에 오셨습니다. 쉴 틈이 전혀 없으셨습니다. 계속 일하셨습니다. 예수님의 일하심을 통하여 수많은 반대가 일어났지만 아버지의 뜻을 이루어 가는 일은 중단하신 적이 없습니다. 그토록 많은 기적에도 불구하고 그 몸을 대속물로 주러 오신 처음 목적대로 십자가의 길을 계속 가고 계셨던 것입니다.

안식일을 정하여 지키라고 하신 것은 하나님께서 우리를 죄로부터 구원하시고 구원하신 우리의 날들을 약속하신 대로 하나님의 나라로 이끌어 가시는 열심과 관심이 깊이 배려된 날입니다. 이 날을 다른 날과 구별하여 달리 지킴으로 우리의 마음속에 무엇을 담고 있어야 합니까? 우리의 구원이 어떻게 이루어진 것이며 이 구원의 영광을 위하여 행하신 하나님의 사랑과 은혜가 얼마나 큰가에 대하여 생각하는 것은 당연한 일입니다. 동시에 다시 오실 재림주를 기다리는 날로서 하나님이 이끌어 가시는 말씀의 역사를 사실로 하여 거기에 나를 준비시키는 일을 각성하는 것은 마땅한 일입니다.

하나님은 그의 백성들에게 자신의 창조주와 구속주와 심판주 되심에 대한 교훈과 가르침을 한번도 중단하신 적이 없으십니다. 지금도 열심히 일하고 계십니다. 우리를 그리스도 안에 존재케 하사 언제나 진리와 생명의 길을 가도록 염려하시고 천국의 약속을 바라보게 하시는 간섭을 놓치신 적이 없으십니다.

우리는 안식일을 지키면서 마땅히 하나님의 은혜에 대하여 찬양과 경배를 돌려야 합니다. 모든 것이 하나님이 베푸신 은혜로 누리고 있는 현상들입니다. 내 생명도, 가정도, 교회도, 약속의 천국도 모두 은혜의 산물들입니다. 이 은혜를 아는 자가 맞이하는 안식일은 감격과 기쁨으로 충만해집니다. 안식일에 은혜를 망각하고 율법의 자랑만을 놓고 시비하는 유대인들의 가증스러운 행동에 대하여 애석하여 전하신 말씀, "아버지께서 일하시니 나도 일한다" 는 것이었습니다.

오늘 우리의 현실이 매우 안타깝습니다. 우리는 교회가 무엇이며 교회가 신앙의 기본으로 지켜야 할 계명이 무엇인가를 너무나 잘 알고 있습니다. 그토록 말씀에 대한 풍요한 지식을 가지고 있으면서도 하나님께서 열심으로 이루어진 생명과 진리 그리고 능력과 영광, 기쁨과 소망의 약속에 대하여 기대하지 않는 인색하고 가난한 영성이 역력하여 가슴 아픕니다. 최소한 실수하지 말자, 죄를 짓지 말자, 시험에 들까 두렵다는 식의 자기 겸양지덕謙讓之德을 중심으로 믿는 버릇이 생겨 났습니다.

●●●●●●●●●

　베데스다에서 38년 된 병자를 고치시고 그 치유의 기쁨을 절망한 자에게 선사하시고 주님은 어디로 가셨습니까? 그를 죽이고자 덤벼드는 무지한 자들을 뚫고 하나님의 뜻을 이루는 일을 계속 이루어 나가셨습니다. 그분의 안타까운 눈물이 담긴 사건입니다. "아버지께서 일하시니 나도 일한다" 고 말씀하신 깊은 뜻을 생각한다면 은혜를 망각한 백성들의 모습을 한없이 민망해 하셨던 주님의 마음을 헤아리는 각성이 일어나야 할 것입니다.

(요 5:24-27)

"내가 진실로 진실로 너희에게 이르노니 내 말을 듣고
또 나 보내신 이를 믿는 자는 영생을 얻었고 심판에 이르지 아니하나니
사망에서 생명으로 옮겼느니라 진실로 진실로 너희에게 이르노니
죽은 자들이 하나님의 아들의 음성을 들을 때가 오나니 곧 이 때라 듣는 자는 살아나리라
아버지께서 자기 속에 생명이 있음같이 아들에게도 생명을 주어 그 속에 있게 하셨고
또 인자 됨을 인하여 심판하는 권세를 주셨느니라"

하나님의 은혜를 망각하고 자기 의를 자랑하고 있는 유대인에게 한없는 긍휼과 민망하심을 보이신 예수님의 말씀 —"아버지께서 일하시니 나도 일한다" 였습니다. 아버지와 동등한 권위와 진리를 가지신 분으로 예수님은 무지한 유대인들을 깨우치고 계셨던 것입니다.

19절부터 23절까지의 말씀은 '아버지와 아들이 하나다' 는 것을 설파하는 내용입니다.

"내가 진실로 진실로 너희에게 이르노니 아들이 아버지의 하시는 일을
보지 않고는 아무 것도 스스로 할 수 없나니 아버지께서 행하시는 그것을

아들도 그와 같이 행하느니라 아버지께서 아들을 사랑하사 자기의 행하시
는 것을 다 아들에게 보이시고 또 그보다 더 큰 일을 보이사 너희로 기이히
여기게 하시리라 아버지께서 죽은 자들을 일으켜 살리심 같이 아들도 자
기의 원하는 자를 살리느니라" (요 5 : 19 - 21).

예수님은 자신을 가리켜 아들이라 하고 아들은 아버지와 동일한 하
나님이시며 실제로 구원의 원천이시며 그를 통해서만 아버지를 알고
아버지의 행하시는 일을 볼 수 있다고 말씀하십니다. 그리고 아들도 원
하는 자를 소생시킨다는 말씀으로 그가 원하는 자가 누군가에 대하여
"내 말을 듣고 나 보내신 자를 믿는 자" 라고 설명하고 있습니다.

24절, "내가 진실로 진실로 너희에게 이르노니 내 말을 듣고 또 나 보
내신 이를 믿는 자는 영생을 얻었고 심판에 이르지 아니하나니 사망에
서 생명으로 옮겼느니라" – 예수님이 원하는 자는 친히 살리신다고 합
니다. 그 대상이 누구냐 하면 내말을 듣고 나 보내신 이를 믿는 자 입니
다. 예수님은 "나를 믿는 자" 라 하지 않고 "나 보내신 이를 믿는 자" 라
고 하셨습니다. 아버지께서 나를 보내신 것과 아들은 아버지께로부터
보내심을 받은 자라는 것을 신앙의 근거로 제시하고 있는 내용입니다.

"내 말을 듣고" – 누구의 말입니까? 곧 아버지께서 행하지 아니하신
것을 할 수 없다는 그 아들의 말입니다. 예수님을 하나님과 동등이심을
증거하시면서 내말을 듣고 나 보내신 이를 믿는 자를 대상으로 영생을
약속하고 있습니다. 아들의 말을 듣는 것과 하나님을 믿는 것을 같은 격
으로 연결시키고 있습니다.

24절, "내 말을 듣고 또 나 보내신 이를 믿는 자는 영생을 얻었고 심
판에 이르지 아니하나니 사망에서 생명으로 옮겼느니라" 여기서 '영생
을 얻었다' 는 것은 과거 시제가 아니라 현재시제입니다. 현재 생명을
소유하고 있는 상태를 말합니다. 다시 말하면 생명을 가진 자가 듣고 믿
는다는 시제입니다. 듣고 믿는 것이 영생의 조건이 아니라 이미 생명을

가진 자가 듣고 믿는 다는 것을 지적해 주는 말씀입니다. 이를 반증해 주는 구절이 요한복음 6장 44절입니다.

> "나를 보내신 아버지께서 이끌지 아니하면 아무라도 내게 올 수 없으니 오는 그를 내가 마지막 날에 다시 살리리라"(요 6:44).

아버지께서 이끌어 주신 자는 이미 생명을 가진 자입니다. 그가 예수님의 말씀을 듣습니다. 생명을 먼저 가지고 난 후에 예수님의 말씀을 듣게 됩니다. 듣고 믿어서 생명을 가지는 것이 아니라 아버지로부터 생명을 얻은 자가 듣고 믿습니다.

사도행전 7장 2절 이하의 스데반이 설교하는 대목에서도 이를 반증하고 있습니다.

> "스데반이 가로되 여러분 부형들이여 들으소서 우리 조상 아브라함이 하란에 있기 전 메소보다미아에 있을 때에 영광의 하나님이 그에게 보여 가라사대 네 고향과 친척을 떠나 내가 네게 보일 땅으로 가라 하시니"(행 7:2, 3).

스데반이 진술한 대로 영광의 하나님이 아브라함에게로 찾아오셨습니다. 그 다음에 아브라함이 하나님의 말씀을 따라 행동으로 옮기게 된 것입니다. 아브라함이 자기 스스로 판단하여 하나님의 말씀을 따라 떠난 것이 아니라 하나님이 먼저 나타나셔서 자신의 뜻을 보이시고 설득하심으로 드디어 아브라함이 고향을 떠나 하나님이 지시하시는 땅으로 발걸음을 옮기게 된 것입니다. 에서와 이삭의 경우에도 하나님은 이미 이삭을 선택하셨습니다. 생명의 원천은 하나님 자신이심을 성경은 강조하고 있습니다.

예수님은 사람의 모양을 취하신 하나님 자신이십니다. 하나님과 사람들 사이를 이어주는 중보자로서 인자가 되실 수밖에 없으십니다. 인자의 말을 듣는 자는 이미 생명을 가진 자입니다. 그런데 인자의 말을 듣는 자가 없습니다. 그렇게 하나님과 동등 됨을 증명할 만한 기적과 표적에도 불구하고 인자를 하나님으로 알고 회개하는 자가 없습니다. 이토록 하나님 아버지로부터 보냄을 입고 오신 인자임에도 불구하고 그의 행하시는 일은 인간들로부터 반대에 부딪치는 역경이었고 결국은 조롱과 멸시의 상징인 십자가를 지게 된 것입니다.

그렇다면 하나님께서 왜 인자를 이곳에 보내셨는가? 하는 것입니다. 이스라엘을 모든 민족 중에 선발하시고 그들에게 율법을 주어 하나님을 섬기게 하시고 그 중에 사사들을 일으키시고 선지자들과 제사장들을 파송하셔서 하나님의 뜻을 위하시던 하나님이 예수 그리스도를 또 이 땅에 인자로 오게 하신 이유는 무엇일까요?

본문 25절 "진실로 진실로 너희에게 이르노니 죽은 자들이 하나님의 아들의 음성을 들을 때가 오나니 곧 이때라…"- 죽음은 영적으로 생명이 없는 상태입니다. 육적 생명만을 가지고 살아가는 자는 하나님의 음성을 들을 수가 없습니다. 그러나 하나님의 아들의 음성을 들을 때가 있습니다. 죽은 자들마저도 들을 수 있는 음성입니다. 하나님의 아들이 와서 외치는 목소리를 직접 들을 때가 다가오고 있습니다. 바로 지금입니다. 하나님이 우리의 모양과 삶을 가지고 증거하는 모든 말씀이 죽은 자를 살리는 생명의 말씀입니다. 죽은 자들조차도 듣고 살아나는 생명의 말씀입니다. 그 구원의 때가 활짝 열린 것입니다. 바로 지금이 구원의 때입니다.

본문이 안고 있는 역사적인 배경을 이해하면 더욱 뜻이 분명해 집니다.

출애굽기 20장 18절 이하에서 보면 모세가 시내 산에 올라가서 하나님께로부터 십계명을 받아 내려오는 장면이 나옵니다. 그때 모세가 하나님을 만나 십계명을 받는 장면을 보고 있던 백성들의 반응이 이렇습니다.

> "뭇 백성이 우뢰와 번개와 나팔소리와 산의 연기를 본지라 그들이 볼 때에 떨며 멀리 서서 모세에게 이르되 당신이 우리에게 말씀하소서 우리가 들으리이다 하나님이 우리에게 말씀하시지 말게 하소서 우리가 죽을까 하나이다"(출 20 : 18-21).

하나님이 영광과 권능 중에 모세와 말씀하시는 데 그 소리가 우뢰와 번개와 나팔소리 같이 들려서 무서워 벌벌 떨고 있었습니다. 모세가 백성들에게 올 때 드리는 간청이 어떠냐 하면 하나님의 음성을 직접 듣기를 무서워해서 모세가 하나님의 음성을 듣고 대신 전해 주기를 애원하고 있습니다.

"하나님이 직접 오셔서 말씀하시는 날에는 우리가 죽을까 하나이다" – 이유는 우리가 죄인이기 때문입니다. 하나님을 대면하는 날, 하나님이 내리시는 심판으로 인해 죽어 마땅한 죄인임을 알기 때문입니다. 백성들의 간곡한 애원은 "당신이 우리에게 말씀하소서 우리가 들으리이다" 였습니다. 그리고 우리의 관심을 끄는 대목은 모세가 유언으로 남기는 말씀 중에 이 본문과 관련된 내용입니다.

> "...너희 지파의 두령과 장로들이 내게 나아와 말하되 우리 하나님 여호와께서 그 영광과 위엄을 우리에게 보이시며 불 가운데서 나오는 음성을 우리가 들었고 하나님이 사람과 말씀하시되 그 사람이 생존하는 것을 오늘날 우리가 보았나이다 이제 우리가 죽을 까닭이 무엇이니이까"(신 5 : 23-25 상반절).

하나님을 직접 만나 서로 말을 나누었는데 죽지 않고 살아 있는 자는 모세밖에 없습니다. 하나님의 음성을 들으면 듣는 자는 다 죽었습니다. 하나님의 거룩하심 앞에 죄인의 자리를 지킬 자가 하나도 없습니다. 그런데 모세는 살아서 돌아왔습니다.

하나님이 백성들에게 직접 말씀하시지 않으시고 모세를 중보자로 하여 십계명을 전하신 것은 하나님이 스스로 취하신 은혜의 역사입니다. 하나님께서 우리를 구원하시는 데 있어 큰 난관은 하나님이 직접 만나시는 날, 구원 할 자들이 그 앞에서 심판을 받아 다 죽는다는 데에 있습니다. 구원의 대상들이 죄인이라는 데에 심각한 문제가 발생한 것입니다. 그러나 모세의 유언에서 그 해결책을 발견할 수 있습니다.

> "네 하나님 여호와께서 너의 중 네 형제 중에서 나와 같은 선지자 하나를 너를 위하여 일으키시리니 너희는 그를 들을지니라" (신 18 : 15).

나와 같은 선지자는 어떤 사람입니까? 하나님의 말씀을 듣고도 죽지 않을 자입니다. 네 형제 중에서 나와 같은 선지자입니다. 아브라함과 다윗의 자손으로 나타나실 예수 그리스도이십니다. 이렇게 하나님은 구원을 위하여 중보자를 세우실 수밖에 없으셨습니다.

그런데 예수님이 우리를 만나 구원의 말씀을 전하기 위해서 하나님으로서 드러내지 않아야 할 것이 있는데 그것이 심판권입니다. 심판권을 가지신 채, 죄인을 만나시면 구원을 베푸실 수가 없습니다. 반드시 감추셔야 할 것은 심판권입니다. 심판권이 없이 죄인에 오시기 위하여 예수님은 친히 죄인의 몸을 입으실 수밖에 없으셨습니다. 그래서 인자의 모습입니다. 하나님이 인간이 되신 것입니다. 하나님으로서 갖는 영광, 존귀, 거룩하심을 버리신 모습입니다.

하나님이 예수님을 우리에게 보내신 것은 심판하실 의사가 전혀 없다는 뜻입니다. 오직 구원을 베푸시러 오신 것입니다. 그런데 유대인들은 인자를 어떻게 대했습니까? 이사야의 예언대로였습니다. "그는...

고운 모양도 풍채도 없은즉 우리의 보기에 흠모할 만한 아름다운 것이 없도다”(사 53:2)함과 같이 온갖 조롱과 멸시를 퍼부었습니다. 빌라도의 법정에서 뺨을 주먹으로 치는 놈도 있었고 침을 뱉고 가시면류관을 눌러 씌우는 놈도 있었습니다. 한편 강도마저 “뛰어내려라”하고 조롱을 퍼부었습니다.

우리는 옛날 법궤가 달구지에서 떨어지려 할 때 손을 댔다가 ‘웃사’라는 사람이 그 자리에서 죽고 말았던 사건을 기억하고 있습니다. 그토록 거룩하신 자를 지금 유대인들이 모멸하고 조롱하고 십자가의 고통을 아무런 느낌도 없이 주고 있습니다. 법궤를 만지기만 해도 그 거룩함 때문에 즉사하였던 일을 생각하면 지금 십자가의 고통을 가하고 있는 인간을 보면서 인간의 죄인 됨이 얼마나 극악한지 다시 한번 느끼게 됩니다.

예수님의 인자되심은 우리를 구원하시려는 말할 수 없는 긍휼과 사랑의 다른 표현입니다. 지금은 구원의 때요 은혜의 때입니다. 그렇다고 맘껏 조롱하고 경거망동해도 좋다는 얘기는 아닙니다. 하나님은 지금도 세상 곳곳으로부터 조롱과 모욕들, 그리고 오만한 자로부터 반대와 거절을 감내하고 계십니다.

● ● ● ● ● ● ● ● ● ●

그러나 기억해야 합니다. 27, 28절, “또 인자됨을 인하여 심판하는 권세를 주셨느니라 이를 기이히 여기지 말라” – 하나님이 친히 받으신 조롱과 모욕과 고통에 대하여 보응하시려고 심판권을 행사 하실 때가 있습니다. 하나님이 어디 계시느냐? 계신다면 지금 무엇을 하고 있느냐? 수많은 질문에 대하여 확실한 증거로 보여 주실 때가 다가오고 있습니다. 이는 두고 봐라, 심판의 날이 올 것이라는 데에 초점이 있는 것이 아니라 구원을 받으라는 권유의 역설적 표현입니다. 회개하고 돌이켜 하나님께로 돌아오라고 하는 메시지입니다. “인자됨을 인하여 심판하는 권세를 주셨느니라”

(요 5:30-36)

> "내가 아무것도 스스로 할 수 없노라 듣는 대로 심판하노니
> 나는 나의 원대로 하려 하지 않고 나를 보내신 이의 원대로 하려는 고로 내 심판은
> 의로우니라 내가 만일 나를 위하여 증거하면 내 증거는 참되지 아니하되
> 나를 위하여 증거하시는 이가 따로 있으니 나를 위하여 증거하시는 그 증거가
> 참인 줄 아노라 너희가 요한에게 사람을 보내매 요한이 진리에 대하여 증거하였느니라
> 그러나 나는 사람에게서 증거를 취하지 아니하노라 다만 이 말을 하는 것은 너희로 구원을
> 얻게 하려 함이니라 요한은 켜서 비취는 등불이라 너희가 일시 그 빛에 즐거이 있기를
> 원하였거니와 내게는 요한의 증거보다 더 큰 증거가 있으니 아버지께서 내게 주사
> 이루게 하시는 역사 곧 나의 하는 그 역사가
> 아버지께서 나를 보내신 것을 나를 위하여 증거하는 것이요"

예수님께서 행하시는 일 중에 가장 어려운 점은 예수님 자신이 하나님이심을 증거하는 것입니다. 우리가 외형으로 볼 때 그리스도는 한 평범한 인간에 불과합니다. 나사렛 동네에 사는 가난한 목수의 아들입니다. 헤롯의 잔인한 칙령에 의하여 목숨을 건지려고 아기시절 애굽으로 피신하는 연약한 인간의 모습 그대로 사셨습니다. 그런데 그렇게 보이신 예수님이 지금 유대인들에게 자신이 하나님이라고 가르치십니다. 당시 종교 지도층에서 볼 때에는 크나큰 충격이 아닐 수 없었습니다.

그리스도의 신성에 대한 논쟁은 38년 된 병자를 고쳐 주심으로부터

시작되었습니다. 이날이 안식일이었습니다. 유대인들의 시비는 왜 안식일에 병자를 고쳤느냐 하 는 것입니다. 이에 대한 예수님의 대답 "아버지께서 일하시니 나도 일한다"(요 5:17) 였습니다. 안식일에 병자를 고친 것은 아버지의 뜻이라는 것을 강변합니다. 유대인들은 즉각적으로 예수님의 이와 같은 발언을 논죄하기에 이르렀습니다. 아버지와 동등하다는 것에 대하여 '신성 모독죄'를 적용시켰습니다. 사건이 이쯤 되었을 때 예수님은 한 걸음 더 앞서서 "하나님이 나를 보내셨고 나는 나 홀로 일하지 아니한다" 는 증거를 가지고 유대인들의 추적을 따돌립니다.

30절에서 32절의 말씀은 유대인들로 하여금 더욱 당황케 하는 대목입니다.

> "내가 아무것도 스스로 할 수 없노라 듣는 대로 심판하노니 나는 나의 원대로 하려 하지 않고 나를 보내신 이의 원대로 하려는 고로 내 심판은 의로우니라 내가 만일 나를 위하여 증거하면 내 증거는 참되지 아니하되 나를 위하여 증거하시는 이가 따로 있으니 나를 위하여 증거하시는 그 증거가 참인 줄 아노라"(요 5 : 30 - 32)

예수님의 말씀 중에 30절, "내가 아무것도 스스로 할 수 없노라" 는 것은 유대인들에게는 크나큰 도전이 아닐 수 없습니다. '아버지와 나는 절대적으로 하나이다' 는 것입니다. 아버지의 뜻이 곧 나의 뜻이며 나의 행한 일은 다 아버지의 뜻을 따라 행한 것이라는 것입니다. 그리고 이런 결론을 내리셨습니다. 32절, "나를 위하여 증거하시는 이가 따로 있으니… 그 증거가 참인 줄 아노라" 아버지의 증거 이외에 더 이상 진리가 없다는 것으로 끝맺습니다. "나는 아버지와 하나다, 아버지께서 일하시니 나도 일한다" 등의 증거는 예수님 자신이 하나님이심을 증명하는 표현들입니다.

이러한 예수님의 말씀에 유대인들이 드디어 격분하게 됩니다. 이스라엘 백성들이 성경을 기록하다가 여호와란 명칭이 나오면 쓰던 붓을 깨끗이 씻은 후에 다시 썼습니다. 그토록 경외스러운 이름이 여호와 하나님입니다. 여호와라는 이름이 나오면 성경을 읽다가도 그대로 하나님의 명칭인 '여호와'를 부르기조차 어려워했던 사람들인데 지금 예수님은 그 하나님을 '아도나이(주)'라고도 하지 않고 '아버지'라고 부르고 있으니 유대인의 입장에서는 참람하고도 남는 버릇입니다.

지금 예수님이 "나는 아무것도 스스로 할 수 없노라"고 하셨습니다. 이 말은 나는 아버지께서 하라 하신대로 행한다는 것입니다. 이를 듣는 자의 느낌 그대로 보면 이렇게 들립니다. "나는 내가 할 수 있는 일이 많지만 하나님 아버지의 뜻이기 때문에 자제한다"는 것입니다. 예수님은 나는 아버지께로부터 보냄을 받았다는 것에 그치지 않고 '나는 나의 뜻으로가 아니라 아버지의 뜻 안에서 일한다'로 대답하심으로 유대인들을 더욱 당혹케 하고 있습니다.

예수님의 하나님이심을 참람죄로 걸어오는 자들이 논죄하려는 이유와 빌미를 훨씬 뛰어 넘어 다른 대답으로 더욱 당혹케 하고 있는 장면입니다. 질문 공세자들이 한없이 쫓다가 스스로 지쳐 넘어지는 모습을 보는 것과 같습니다. 예수님의 신성이 돋보이는 대목입니다.

인간이 하나님에 대하여 저항을 느끼고 있는 말씀 중 대표적인 구절이 "태초에 하나님이 천지를 창조하시니라"(창 1:1) 입니다. 그래서 만들어 낸 대안이 진화론입니다. 하나의 가설을 가지고 하나님의 창조주 되심을 거부해 온 수많은 조롱과 모욕적인 언사들이 아닌지 생각해봅니다.

그럼에도 불구하고 하나님은 그 오만한 인간의 질문에 일일이 대답하지 않으시고 일체의 변명도 없으신 채 그 모욕을 감내하고 계십니다. 그럼에도 불구하고 하나님은 지금도 예언하신 말씀대로 역사를 움직이시고 간섭하시며 보존하시는 데에 열심이시며 성실하십니다. 인간의 요구에 대답하시거나 변명하실 만큼 유약하거나 가난하지 않으시는 모습이 자랑스럽습니다. 한마디로 인간의 오만한 질문을 따돌리시는 권위 있으신 모습입니다.

예수님은 십자가에 못 박히시는 곳에서 "내가 다 이루었다" 하시면서 떠나셨습니다. 예수님을 따라 다니면서 이분이 혹 엘리야, 모세, 세례요한과 같은 사람이 아닐까? 혹 이스라엘을 회복시킬 메시아가 아닐까? 하고 따라 다니던 수많은 사람들, 유대관원들, 아니 제자들까지 그들이 품고 있던 의혹에 대하여 대답하신 마지막 말씀이 너무나 권위 있으십니다.

"내가 다 이루었다" 그것으로 모든 질문에 대답하신 것입니다. 예수님은 사람들이 도저히 따라 잡을 수 없는 곳으로 앞서 가셨습니다. 그러나 예수님을 따라 가보면 그제야 우리의 상상을 뛰어넘는 풍성한 은혜가 있고 상상에도 없던 깨우침이 있고 새로운 길이 있고 평강이 있고 지혜와 영광이 있습니다.

성경에 대해서 시비를 걸어오는 사람들의 이야기는 성경은 비과학적이라는 것입니다. 성경에 과학적인 질문을 하는 것은 맞지 않습니다. 하나님을 논증의 대상으로 삼는 것 자체가 비과학적인 발상입니다. 하나님이 안 계신다는 것을 이성으로 풀 수 없어서 비과학적이라면 안 계시는 것 그 사실도 과학적으로 증명할 수 있어야 할 것입니다. 생명과 진리 그리고 영혼의 문제를 과학적으로 입증해야 한다는 주장이 너무나 어리석은 소치입니다. 지금 예수님이 유대인들을 향하여 저들의 질문을 능가하는 답을 주고 계십니다. 상상에도 못할 세계로 이끌어 가고 계십니다.

예수님께서 이 땅에 오신 것은 그 목적이 자신의 영광이나 권위나 존귀함을 증명하려는 것이 아니라 하나님의 뜻을 행하려고 오신 것입니다. 그래서 예수님 자신도 마음대로 모든 일을 할 수 없다는 것입니다. 우리에게도 심각한 대답이 아닐 수가 없습니다. 우리도 예수님처럼 부름 받았음을 삶의 원리로 살아야 할 것입니다.

마태복음 4장에서 주님이 마귀의 시험을 받으시는 대목이 나옵니다. 성령에 이끌리어 광야로 나가 마귀의 시험을 받으실 때의 장면에서 주님의 오신 목적이 아버지의 뜻에 있음을 역력히 볼 수 있습니다. 40일 동안 금식하시고 주려 있는 상태에서 마귀가 와서 시험하는 내용이 "네가 만일 하나님의 아들이어든 명하여 이 돌들이 떡 덩이가 되게 하라"(마 4:3) 는 것이었습니다. 예수님은 "사람이 떡으로 살 것이 아니요 하나님의 입으로 나오는 모든 말씀으로 사느니라"(마 4:4)고 물리치셨습니다. 두 번째 시험은 예수님을 성전 꼭대기에 세우고 "네가 만일 하나님의 아들이어든 뛰어 내리라… 저가 너를 위하여 그 사자들을 명하시리니 저희가 손으로 너를 받들어 발이 돌에 부딪치지 않게 하리로다…"(마 4:6) 였고 세 번째는 "만일 내게 엎드려 경배하면 이 모든 것을 네게 주리라"(마 4:9) 는 것이었습니다. 여기서 주님께서 마귀의 시험을 이기시는 방법이 우리와는 사뭇 다름을 엿볼 수 없습니다. 우리 생각으로는 사탄을 납작하게 만들어 주는 방법으로 예수님이 하나님이심을 보이시면 더 통쾌할 것 같은데 예수님은 하나님의 입으로 나오는 말씀으로 다 물리치셨습니다.

마귀의 시험은 하나님과 예수님 자신을 이간시키려는 목적을 두고 접근하는 시험입니다. 예수님의 오신 목적은 아버지께서 주신 자는 하나도 잃어버리지 아니하고 모두 구원하는 것입니다. 돌을 떡으로 만드는 것은 예수님의 하실 일이 아니었습니다. 물론 돌을 명하여 떡이 되게 하실 수 있으신 분이시며 이런 표적을 통하여 예수님의 하나님이심을 증거하는 보증으로는 가능한 일이기는 하지만 예수님의 오신 목적은 아닙니다.

아버지의 뜻을 이루시는 한 가지 목적 이외에는 하실 수가 없으신 분이십니다.

34절, "나는 사람에게서 증거를 취하지 아니하노라 다만 이 말을 하는 것은 너희로 구원을 얻게 하려 함이니라"고 하였습니다.

"요한은 켜서 비취는 등불이라 너희가 일시 그 빛에 즐거이 있기를 원하였거니와 내게는 요한의 증거보다 더 큰 증거가 있으니 아버지께서 내게 주사 이루게 하시는 역사 곧 나의 하는 역사가 아버지께서 나로 보내신 것을 나로 위하여 증거하는 것이요"(요 5 : 35, 36)

한 때 요한의 증거에서 사람들은 빛을 보았습니다. 이스라엘을 구원할 메시아에 대한 열망을 가지고 광야로 모여들었습니다. 메시아가 내 뒤에 오실 것이라는 소식에 더욱 기대가 부풀어 있었습니다. 모두들 로마의 압제로부터 해방시켜 줄 메시아를 고대하고 있었습니다.   그러나 메시아로서 예수님이 오셨을 때 발하신 말씀은 사람들의 기대와는 엇갈리는 것이었습니다. "회개하라 천국이 가까웠느니라"(마 4:17), "심령이 가난한 자는 복이 있나니 천국이 저희 것임이요"(마 5:3)였습니다. 그리고 애통하는 자, 의에 주리고 목말라 하는 자를 요구하셨을 때 사람들은 저어기 실망하고 있었습니다. 메시아에 대한 기대가 한꺼번에 무너지면서 사람들의 기쁨도 사라져 버렸습니다.

요한의 증거는 끝까지 견디지 못하고 사라지는 빛이었습니다. 잠시 나타나서 기쁨을 주었던 빛이었습니다. 너희들이 원하는 것은 그 일시적으로 비취는 빛 가운데 있기를 원하는 것이었으나 나는 요한의 증거로 나의 하나님이심을 나타내려 하지 않는다는 것입니다. 광야로, 광야로 수없이 몰려갔던 때의 유대 백성들이 가졌던 기쁨과 소망으로는 예수님의 신성을 증거할 수 없습니다.

아버지께서 내게 주사 이루시는 역사 곧 나의 하는 그 역사가 아버지께서 나를 보내신 것을 친히 증거 합니다. 그 역사는 십자가입니다. 아버지께서 아들에게 주신 죽음의 역사입니다. 이것이 예수님의 하나님이심을 증거하는 역사입니다. 그러나 제자들마저도 십자가의 뜻을 알지 못했습니다. 능력과 권능이 무한하시던 주님이 십자가에 못 박혀 돌아가셨습니다. 모든 꿈이 사라지는 순간이었습니다. 허탈감에 쌓이는 순간, 평소에 자신을 하늘에서 내려온 자, 하나님이시라 하더니 십자가에 못 박혀 저토록 허무하게 죽다니, 그들은 실망을 안고 모두 옛 고기잡이로 돌아가 버렸습니다.

그러나 예수님의 말씀이 언제 증명되었습니까? 부활하신 후 성령강림이 있자마자 저들의 눈이 활짝 열리면서 외친 소리가 무엇입니까? "예수님이 다시 사셨다"는 것이었습니다. '아, 그때 그분이 하나님이셨구나' '바로 선지자의 입을 의탁하사 말씀하시던 메사아가 바로 그 분이셨구나' 그제야 깨닫게 된 것입니다. 마침내 저들에게 참 빛이 비취었습니다. 이 모든 일이 성경이 기록된 대로였구나! 북 바쳐 오르는 감격, 환희를 감당할 길이 없었습니다.

● ● ● ● ● ● ● ● ● ●

예수님이 자신을 증명하시는 방법은 우리의 상상을 뛰어 넘습니다. 아버지께서 내게 주사 이루시는 역사 곧 나의 하는 그 역사입니다. 이제 우리 그리스도인으로서 삶의 형식과 윤리의식은 어떠해야 되는 것입니까? 우리는 나의 정당성을 변호하기 위하여 얼마나 많은 경우 남을 비판하고 정죄하였습니까? 나를 증명하기 위하여 동원하고 있는 방법이 어디서 나온 것들입니까? 십자가의 방법입니까?

주님은 십자가만큼이나 저렇게 당하고도 대답이 없고 저런 모욕 중에도 한마디 변명이 없으셨던 방법으로 자신의 신성을 증거하셨습니다. 오늘 우리에게도 오직 아버지의 뜻에 자신을 맡기시던 주님의 발자취를 따르는 결심이 요구됩니다.

어찌 나를 믿겠느냐

(요 5:37-47)

> "또한 나를 보내신 아버지께서 친히 나를 위하여 증거하셨느니라
> 너희는 아무 때에도 그 음성을 듣지 못하였고 그 형용을 보지 못하였으며 그 말씀이 너희
> 속에 거하지 아니하니 이는 그의 보내신 자를 믿지 아니함이니라 너희가 성경에서 영생을
> 얻는 줄 생각하고 성경을 상고하거니와 이 성경이 곧 내게 대하여 증거하는 것이로다
> 그러나 너희가 영생을 얻기 위하여 내게 오기를 원하지 아니하는도다 나는 사람에게 영광을
> 취하지 아니하노라 다만 하나님을 사랑하는 것이 너희 속에 없음을 알았노라
> 나는 내 아버지의 이름으로 왔으매 너희가 영접지 아니하나 만일 다른 사람이 자기 이름으로
> 오면 영접하리라 너희가 서로 영광을 취하고 유일하신 하나님께로부터 오는 영광은
> 구하지 아니하니 어찌 나를 믿을 수 있느냐 내가 너희를 아버지께 고소할까 생각지 말라
> 너희를 고소하는 이가 있으니 곧 너희의 바라는 자 모세니라
> 모세를 믿었더면 또 나를 믿었으리니 이는 그가 내게 대하여 기록하였음이라
> 그러나 그의 글도 믿지 아니하거든 어찌 내 말을 믿겠느냐 하시니라"

예수님은 자신의 신성을 증명하는 어려움에 직면하여 사람의 증거를 사용치 아니하셨습니다. 세례요한의 증거로 사람들이 잠시 기쁨 중에 있었으나 곧 사라져 버렸습니다. 결국 예수님의 하나님과 동등 되심을 증거하는 일에는 효과가 없었습니다.

36절, "아버지께서 내게 주사 이루시는 역사 곧 나의 하는 그 역사가 아버지께서 나를 보내신 것을 나를 위하여 증거하는 것이요" – 예수님 자신이 십자가에 죽으시고 부활하신 후 제자들에게 그 몸을 보이시고 승천하사 약속대로 보혜사 성령을 보내셨을 때 비로소 제자들도, 사람들도 '그분이 바로 하나님이셨구나'를 깨닫게 되었습니다. 아버지의 증

거로 예수님을 본 모든 사람들에게 메시아이심이 판명된 것입니다.

> "또한 나를 보내신 아버지께서 친히 나를 위하여 증거하셨느니라 너희
> 는 아무 때에도 그 음성을 듣지 못하였고 그 형용을 보지 못하였으며 그 말
> 씀이 너희 속에 거하지 아니하니 이는 그의 보내신 자를 믿지 아니함이니
> 라"(요 5 : 37, 38).

예수님은 아버지의 뜻을 따라 사신 것 이외는 다른 할 일이 없으신
분이십니다. 예수님의 행하시는 일에 반박하는 유대인들에게 예수님이
직접 자신을 증거하려는 모든 가능성을 동원하지 아니하셨습니다. 예
수님은 처음부터 배척당하고 인정을 받지 못할 것을 알고 섬기러 오셨
고 자신을 대속물로 십자가에 못박히시러 오셨습니다. 묵묵히 아버지
의 증거를 의지하고 십자가의 길을 걸으셨습니다.

오늘 본문에서 예수님은 계속하여 자신의 하나님 되심 곧 신성을 증
거하고 변호하시는 장면이 진행되고 있습니다. 내가 아무리 자신을 증
명하여도 너희는 믿지 않는다는 결론입니다. 이토록 믿지 아니하는 유
대인들에게 던지신 책망의 말씀이 이어집니다.

38절, "그 말씀이 너희 속에 거하지 아니하니라" 40절, "너희가 내게
오기를 원하지 아니하도다" 42절, "하나님을 사랑하는 것이 너희 속에
없음을 알았노라" 43절, "너희가 나를 영접지 아니하도다" 47절, "너희
가 믿지 아니하는 도다" 그리고 예수님 자신에 대한 마지막 증거로 전
하신 말씀이 이렇습니다.

39절 "너희가 성경에서 영생을 얻는 줄 생각하고 성경을 상고하거니
와 이 성경이 내게 대하여 증거하는 것이로다" 예수님의 마지막 증거입
니다. 지극히 중요한 내용입니다. 요한도 이미 죽었고 예수 그리스도의
말씀도 더 이상 직접 들을 수 없습니다. 아버지의 목소리도 더 이상 들

리지 않습니다. 다만 성경만이 남아 있습니다. 성경의 증거가 모든 증거의 절정이며 진실이며 신령한 언어들입니다.

지금 논쟁은 예수님이 하나님이신가? 라는 것입니다. 예수님은 "내가 하나님과 같다, 하나다"는 것을 역설하시지만 믿는 자가 없습니다. 예수님은 자신을 증거하는 과정에서 유대인들에게 책망하시는 어조로 39절, "너희가 성경을 상고하거니와 이 성경이 내게 대하여 증거하는 것이로다"하셨습니다. 왜 성경을 상고하느냐? 영생을 얻고자 하는 게 아니냐? 바로 영생에 관한 말씀이 곧 나를 가리켜 한 것이라, 그러나 너희들은 나를 믿지 아니 하는구나 에 대한 꾸짖음이십니다. 그 이유가 무엇입니까? 42절, "다만 하나님을 사랑하는 것이 너희 속에 없음을 알았노라" 입니다.

그리고 무섭게 지적하는 말씀, 44절입니다. "너희가 서로 영광을 취하고 유일하신 하나님께로부터 오는 영광을 구하지 아니하니 어찌 나를 믿을 수 있느냐" 는 것입니다. 여기서 영광이란 칭찬과 칭송입니다. 유대인들은 성경을 연구하면서 영생을 얻고자 하는 열심으로가 아니라 자신의 헛된 영광과 야망을 위하여 전념하고 있었습니다. 예수님을 믿지 않는 이유가 무엇입니까? 유대인들의 내면에 깊숙하게 흐르고 있는 자기 영광에 대한 욕망 때문입니다. 유대인들이 원하는 메시아는 적어도 자기들보다 더 위풍당당하고 권력과 지위를 한꺼번에 휘두를 수 있는 자였습니다. 예상했던 대로 위풍과 권세가 당당한 분이였다면 그를 따르는 것이 영광이었을 것입니다.

당시 유대인들은 인간으로부터 나오는 박수와 갈채를 한 몸에 받기를 원했습니다. 하나님의 영광을 구하지 아니했습니다. 하나님으로부터 오는 칭찬과 상급에는 관심이 없었습니다. 하나님으로부터 받는 칭찬은 하나님의 말씀대로 사는 열심이어야 하는데 말씀을 상고하면서 그것을 이용하여 사람들의 칭찬과 환영에 고무되기를 바라고 있었습니다. 성경을 상고하기는 하는데 여기서 영생을 얻고자 하지 않고 스스로 차지할 영광만을 구하고 있었으니 "어찌 나를 믿겠느냐?" 는 지적입니다.

구약은 역사적인 사건을 기록한 내용입니다. 하나님의 말씀대로 살던 사람들이 어떤 복을 받았으며 누구의 보호 아래 살았으며 얼마나 평강을 누렸는가?에 대한 얘기입니다. 이것이 아브라함과 이삭과 야곱 족장들의 이야기를 통하여 전하고 싶으신 내용들입니다. 동시에 하나님의 명령을 거역하여 살 때 어떤 형벌을 받으며 살았는가? 하나님의 진노가 어떠했는가? 형벌 아래 있던 자들의 이야기도 실어 놓고 있습니다. 이스라엘 백성이 하나님의 말씀대로 순종치 아니할 때에 지진이 일어나 죽기도 하고 열병으로 14,000명이 죽기도 하고 문둥병에 걸리기도 하고 적군들의 침공을 받아 전화의 그통을 치르기도 하고 포로로 잡혀가는 압박과 서러움에 처하기도 하였습니다.

그런데 구약 이스라엘의 역사를 결론지으면 그래도 하나님을 공경치 아니하였다는 것입니다. 하나님으로부터 선택받은 왕 같은 제사장 나라로서 이스라엘은 하나님의 말씀을 이용하여 선민사상 곧 유대주의라는 것을 만들어 특권을 행사하고 있었습니다.

주님의 지적은 "너희들이 성경을 상고하였느냐?" 진실로 영생을 얻기 위하여 그러했다면 여기 내가 누구인 줄 알았을 것이요 내가 너희에게 영생을 주었을 것이라는 것입니다. 그러나 너희들은 근원적으로 구원을 얻기 위한 목적이 나니라 너희의 자랑과 영광을 위하여 성경을 상고하고 있었다는 것을 무섭게 꾸짖고 계십니다.

율법을 묵상하고 연구하였다면 그 엄격하시고 거룩하신 하나님의 의로우심 앞에 벌써 무릎을 꿇고 회개하였을 것입니다. 자신의 무능함과 죄로 말미암아 더러워진 존재임과 외롭고 갈 길이 없는 고아와 같음을 알고 벌써 예수님께 매달렸어야 합니다.

44절, "너희가 서로 영광을 취하고 유일하신 하나님께로부터 오는 영광을 구하지 아니하니 어찌 나를 믿을 수 있느냐" 여기서 하나님께로부터 오는 영광으로 논쟁이 발전되는 이유가 무엇입니까? 우리는 모두 절망의 존재들이요 본질상 진노의 자녀들입니다. 서로 보고 칭찬할 것도 자랑할 것도 없는 죄인입니다. 우리에게는 구원의 조건도 공로도 없는 절대 무용지물과 같은 죄의 신분입니다.

이제 하나님이 예수 그리스도를 우리에게 보내셨습니다. 우리의 요구도 간청도 있었던 것이 아닙니다. 하나님이 보시기에 가련하고 불쌍하셔서 우리를 죄로부터 구원하시려고 메시아를 보내셨습니다. 하나님 스스로 죄의 값을 치르시고 죄에 대한 진노를 진정시키시고 하나님의 온전하신 의의 역사를 만드시기 위하여 인자를 보내셨습니다.

성경을 상고해 보면 메시아로 오신 하나님을 만나는 순간 이 어찌 감사와 감격이 아닐 수 있겠느냐는 것입니다. 진실로 하나님으로부터 오는 영광이 아닐 수가 없습니다. 하나님이 준비하셔서 보내신 메시아를 우리의 영생을 위하여 십자가에 대속물로 내어 주시는데 이것을 아는 자라면 하나님께 영광을 돌리지 아니할 수 없습니다.

그런데 지금 유대인의 상황은 어떠합니까? "너희가 서로 영광을 구하고 아버지께로부터 오는 영광을 구하지 아니하니 어찌 나를 믿을 수 있겠느냐?"는 지적을 받는 입장입니다. 예수님의 말씀이 한탄하는 어조로 들립니까? 아니면 안타까움으로 들립니까? 우리가 기억해야 할 것은 예수님은 지금 자신을 옹호하려는 의도가 없으십니다. 설명을 한다 해서 저들이 믿고 순복하리라는 기대가 없으십니다. 예수님은 십자가에 죽는 길 이외에는 사람들의 죄를 깨우칠 방법이 없음을 알고 오셨습니다. 십자가의 죽으심, 부활, 승천, 그리고 성령을 보내실 때에 비로소 주의 하나님 되심과 구속주 되심을 알게 될 것임을 알고 오셨습니다. 보혜사 그가 나의 하는 일을 알게 하실 것을 예언하셨습니다. 지금은 오직 아버지의 뜻에 자신을 맡기실 뿐입니다.

45절과 46절 상반절에 "내가 너희를 아버지께 고소할까 생각지 말라 너희를 고소하는 이가 있으니 곧 너희의 바라는 자 모세니라 모세를 믿었더면 또 나를 믿었으리니" - 모세는 자신의 유언을 통해 다음과 같이 예언하고 있습니다.

> "네 하나님 여호와께서 너의 중 네 형제 중에서 나와 같은 선지자 하나를 너를 위하여 일으키시리니 너희는 그를 들을지니라" (신 18 : 15).

이 예언대로 모세의 말을 듣지 아니하던 유대인들을 주님은 얼마든지 아버지께 고소할 권리가 있으십니다. 그러나 주님의 대답은 그렇게 생각지 말라 "그의 글도 믿지 않거든 어찌 내 말을 믿겠느냐?"는 논조를 펴십니다. 무슨 뜻입니까? 인간은 누구도 하나님을 믿을 만큼 순조롭지를 않습니다. 모두 자신들의 욕망대로 사는 존재들입니다. 죄가 시키는 대로 자신의 영광을 취하는 일에만 지혜롭습니다. 끝없이 뻗어 가는 자존심에 의에 마지막 하나님까지도 굴복케 하고 싶은 욕망들로 가득 차 있습니다.

우리의 예수를 믿으면 천국을 간다고 알고 있으며 반대로 믿지 않으면 사망 중에 있고 그 끝은 영원한 지옥입니다. 안 믿는 것 자체로 형용할 수 없는 저주와 형벌과 고통의 지옥입니다. 이 심각한 문제를 놓고도 인간은 하나님께로부터 오는 영광을 구하지 아니하고 자기 영광과 자기 정욕과 자존심에 붙들려 살기를 원합니다. 이토록 고개 숙이고 낮아지기를 끝까지 거부하고 항거하는 죄인들인 것입니다.

● ● ● ● ● ● ● ● ● ●

그러나 예수 그리스도의 역사, 곧 아버지의 역사가 자신을 증거할 것을 아시고 묵묵히 십자가의 길을 가셨던 예수님의 순종으로 우리가 지금 구원을 얻었습니다. 구원의 자리에 초대된 우리는 마땅히 하나님의 영광을 구하는 자로 성숙해야 할 것입니다.

제 6장
생명의 떡이 되신 예수 그리스도

오병이어의 기적 (1)

"그 후에 예수께서 갈릴리 바다 곧 디베랴 바다 건너편으로 가시매
큰 무리가 따르니 이는 병인들에게 행하시는 표적을 봄이러라 예수께서 산에 오르사
제자들과 함께 거기 앉으시니 마침 유대인의 명절인 유월절이 가까운지라
예수께서 눈을 들어 큰 무리가 자기에게로 오는 것을 보시고 빌립에게 이르시되 우리가
어디서 떡을 사서 이 사람들로 먹게 하겠느냐 하시니 이렇게 말씀하심은 친히 어떻게
하실 것을 아시고 빌립을 시험코자 하심이라 빌립이 대답하되 각 사람으로 조금씩 받게
할지라도 이백 데나리온의 떡이 부족하리이다 제자 중 하나 곧 시몬 베드로의 형제 안드레가
예수께 여짜오되 여기 한 아이가 있어 보리떡 다섯 개와 물고기 두 마리를 가졌나이다
그러나 그것이 이 많은 사람에게 얼마나 되겠삽나이까 예수께서 가라사대
이 사람들로 앉게 하라 하신대 그 곳에 잔디가 많은지라 사람들이 앉으니 수효가 오천쯤
되더라 예수께서 떡을 가져 축사하신 후에 앉은 자들에게 나눠 주시고 고기도 그렇게
저희의 원대로 주시다 저희가 배부른 후에 예수께서 제자들에게 이르시되 남은 조각을
거두고 버리는 것이 없게 하라 하시므로 이에 거두니 보리떡 다섯 개로 먹고 남은 조각이
열두 바구니에 찼더라 그 사람들이 예수의 행하신 이 표적을 보고 말하되
이는 참으로 세상에 오실 그 선지자라 하더라 그러므로 예수께서 저희가 와서
자기를 억지로 잡아 임금 삼으려는 줄을 아시고 다시 혼자 산으로 떠나가시니라"

오병이어의 기적에 관한 기사는 4복음서마다 다 함께 기록하고 있습
니다. 물고기 두 마리와 보리떡 다섯 개를 가지고 남자만 헤아려 오천
명을 먹이신 사건은 복음서마다 특징을 가지고 소개하고 있습니다. 마
태와 누가는 이적 자체에 비중을 두고 예수님의 사랑과 긍휼을 묘사하
고 있습니다. 그러나 요한은 사건의 영적 의미를 깊게 다루고 있습니다.
그때가 예수님이 유대인들로부터 핍박을 받던 시기로서 십자가를 향하
는 전환기였습니다.

요한복음만이 그 때가 유월절임을 밝히고 있으며 그 떡이 어린 소년
의 것으로서 보잘것없는 보리떡임을 또한 강조하고 있습니다. 먹고 남

은 조각을 버리지 말고 먹으라고 하신 것과 기적 이후에 일어난 군중들의 반응에 대한 상세한 내용도 요한복음 이외에는 기록해 놓고 있지 않습니다. 요한이 기록한 오병이어는 예수님의 신성을 강조하기 위하여 초월한 능력을 돋보이게 하는 데에 목적이 있지 않습니다. 굶주린 자들에게 먹을 것을 주셨다는 현실 문제를 다루고 있는 것도 아닙니다. 이 기적 속에 예수님은 자신이 지실 십자가의 고난을 예표하고 있습니다. 요한은 지금 오병이어를 예수님 자신의 살로서 상징하고 죽음 아래 허덕이는 인간에게 생명의 떡을 주시겠다고 하는 메시지를 담고 있습니다.

1절 말씀에 보면 "그 후에 예수께서 갈릴리 바다 곧 디베랴 바다 건너편으로 가시매" 라고 되어 있는데 "그 후에" 라는 말은 5장에 있었던 사건 이후에 입니다. 안식일에 병을 고치시던 일 때문에 유대인들로부터 핍박을 받으시던 일련의 사건이 있은 후 입니다. "아버지께서 지금까지 일하시니 나도 일한다"라는 발언 때문에 예수님 자신이 하나님과 동등됨을 주장한다는 이유로 유대인들이 드디어 예수님을 죽이고자 하는 증오의 불길이 극심하게 되었고 이 때를 피하여 예루살렘과 유대를 떠나셨습니다. 그리고 갈릴리 바다 건너편으로 가셨습니다.

그것은 마치 4장에서 기록된 일과도 같습니다. 니고데모 사건 이후에 자신의 증거를 받지 않고 거부하는 자들을 떠나서 갈릴리로 가시는 도중에 사마리아 땅의 수가라는 동네로 들어가시는 경우와 흡사합니다. 예수님은 자신의 증거를 받지 아니하는 자들에게 등을 돌리셨습니다. 친히 산상보훈에서 말씀하셨듯이 진주를 돼지에게 던지지 말라고 하신 것처럼 천국 복음을 배척하는 미련하고 우준한 자들에게는 감추어 두신 채 하나님의 계시를 받는 자들을 향하여 발걸음을 옮겨 가셨습니다.

이러한 경우는 바울의 경우에도 살필 수가 있습니다. 바울도 복음을 전할 때마다 그의 발걸음 속에는 하나님께서 구원을 예비해 놓으신 자들을 찾아가는 열심이 불타고 있었음을 엿볼 수 있습니다. 그러나 유대인들이 복음을 거부하자 마음으로 무한히도 애석하게 생각하면서 그들과 더불어 싸우지 않고 이방인을 향하여 발걸음을 재촉하여 갔습니다.

그의 사역을 보면 마치 탱크가 적진을 향하여 진군하는 것과 같습니다. 가다가 반대에 부딪치고 또 장애물이 나타나면 방향을 바꾸어 계속 전진하였습니다. 바울은 물이 그 머리를 낮은 데를 향하여 줄기차게 흐르듯이 복음을 받을 준비가 되어 있는 곳을 향하여 계속 가고 있었습니다. 이토록 쉬지 않고 구원할 자를 찾아 나서는 발걸음이 하나님의 인도하심을 선히 보는 것과 같아서 감동을 자아내고 있습니다.

2절, "큰 무리가 따르니 이는 병인에게 행하시는 표적을 봄이러라" – 요한복음이 특별히 강조하고 있는 내용 중에 우리가 눈여겨보아야 할 것은 하나님이 인자의 모습으로 오셔서 행하시는 일들이 사람들로부터 큰 오해를 불러 일으켜 본래의 뜻을 전하는 데에는 언제나 난관에 부딪친다는 것입니다. 큰 기적을 보면 볼수록 사람들은 예수님을 병 고치는 의사나 혹은 흥행사나 마술사로 보는 시각을 가지고 예수님을 따라 다니고 있었습니다. 흥미와 관심이 어디에 있습니까? 혹 이 사람이 이스라엘의 국권을 회복할 메시아가 아닐까? 혹 이 사람이 우리를 경제적인 가난에서부터 부요한 국가로 이끌어 줄 위대한 지도자가 아닐까? 하는 데에 모아지고 있었습니다. 그러나 예수님을 영혼구원의 메시아로 깨닫는 자가 없었습니다.

성경은 예수님이 오신 목적대로 십자가에 달려 죽으시는 방법 이외에는 인간의 이토록 우둔하고 죄인 됨을 깨우칠 방법이 없다는 것을 보여 주고 있습니다. 지금 그 장면들이 펼쳐지고 있습니다. 예수님의 하나님 되심을 먼 훗날, 주님이 죽으신 이후에나 증명될 것입니다만 예수님의 공생애에서 베풀어지는 기적들은 고두가 다 그 증거를 위한 준비물로서 진행되고 있다는 데에 관심을 모아야 합니다.

기독교가 오해되고 있는 현상은 예나 지금이나 도처에서 반복되고 있습니다. 십자가의 복음이 영혼구원 보다 육체적인 구원에 적응되는 경우를 흔히 보게 됩니다. 현실적으로 병 고치는 곳에 사람들이 많이 모입니다. 영혼의 문제는 뒤로 밀려나 있는 현상이 뚜렷해지는 현실을 쉽게 찾아볼 수 있습니다. 우리의 신앙을 한번 짚어보게 하는 대목이 아닐 수가 없습니다.

그리고 본문 3절입니다. "예수께서 산에 오르사 제자들과 함께 거기 앉으시니" - 이적으로 말미암아 많은 사람들이 주님을 따라 다녔습니다. 그 이유를 주님은 다 알고 계셨습니다. 주님은 제자들과 함께 아버지와 신령한 교제를 늦추지 않으셨습니다. 군중들의 탐욕스런 분위기를 피하실 필요가 있었습니다. 성부 하나님과 신령한 교제가 더욱 절실하셨습니다. 제자들과 함께 따로 조용한 산으로 가서서 영성을 회복하시는 모습은 오늘 우리들에게 기도의 필요성을 강조해 주는 메시지가 아닐 수가 없습니다.

신앙생활에 있어서 기도가 멈춰지게 되면 영성이 고갈됩니다. 심령이 메말라져서 육체의 것만을 가진 상태에서 그 사람의 신앙 형편이 몹시도 추악하게 보이기도 합니다. 기도는 늘 살아 있어서 우리 심령 속에 하나님을 놓치지 않는 신성으로 충만해지게 하는 신앙생활의 한 통로입니다.

본문 4절, "마침 유대인의 명절인 유월절이 가까운지라"에서 오병이어의 기적이 유월절에 맞추어 베풀어지고 있음을 눈여겨보아야 합니다. 유월절은 출애굽시의 제일 마지막 있었던 기적을 기념하는 절기입니다. 애굽의 맏태생은 사람이든 짐승이든 간에 다 천사의 칼날에 쓰러져 죽던 날 밤에 고센 땅에 사는 이스라엘 백성들의 집에는 문설주에 어린 양의 피를 발라 둠으로서 천사의 칼이 지나가게 하는 그 하나님의 섭리와 그 은혜를 기념하는 절기입니다. 이 유월절은 어린 양 예수 그리스도의 십자가를 통하여 하나님의 심판으로부터 구원할 것을 예표해 주는 내용을 담고 있습니다. 유월절은 이스라엘에게 최고의 축제가 있는 날입니다. 동시에 하나님 앞에서 죄를 자복하는 회개의 날이기도 합니다. 구원을 생각하면 한없이 기쁘기는 하지만 지은 죄를 생각하면 구원해 주신 하나님 앞에서 자신의 잘못을 되돌아보지 않으면 안 되는 참회가 일어납니다. 유월절은 구원의 기쁨과 감격을 회상함과 동시에 영적으로는 새로운 각성과 부흥을 결심하는 절기입니다.

그리고 5절 말씀, "예수께서 눈을 들어 큰 무리가 자기에게로 오는 것을 보시고 빌립에게 이르시되 우리가 어디서 떡을 사서 이 사람들로 먹게 하겠느냐 하시니" 라고 묻고 계십니다. 무리들은 다만 호기심을 가지고 예수님을 따르고 있었습니다. 예수님이 보시기에는 헛된 욕망을 품고 따르고 있습니다. 예수님의 마음이 몹시도 답답하십니다. 그럼에도 불구하고 무리들의 허기진 모습을 민망히 여기셨습니다. 무리들이 배고픔을 호소하거나 요구하지도 않았습니다. 그러나 주님은 저들로 배불리 먹게 할 오병이어를 기억하셨습니다. 기적을 베푸신 것입니다.

마태복음 14장 14절에는 이렇게 기록되어 있습니다. "예수께서 나오사 큰 무리를 보시고 불쌍히 여기사"— 불쌍히 여기셨다는 겁니다. 궁휼히 보았다는 겁니다. '불쌍히 여기다', '궁휼의 마음을 품다' 이것은 단순한 연민의 정이 아닙니다. 타인의 고통을 함께 나누는 심정입니다. 예수님은 무리들의 배고픔을 함께 나누고 있었습니다. 그렇게 따라다니던 사람들의 심정을 깊이 헤아리셨습니다. 동시에 그들이 갖는 고통의 삶에 뛰어드셨습니다. 그리고 함께 그 배고픔을 나누는 심정으로 오병이어를 생각하셨습니다.

기독교를 이해하는데 중요한 대목입니다. 타종교는 그 출발이 한결같이 인간 자신들임에 반해서 기독교는 하나님이 친히 찾아오심으로서 우리로 한없는 풍요와 부요에 이르게 하는 초자연의 역사임을 잊어서는 안 됩니다. 종교는 다 같지 않습니다. 단순히 기존의 것을 개발하여 선을 추구하는 괘도수정 정도로만 이해할 수 없는 것입니다.

구원의 필요성이 우리에게는 처음부터 없었습니다. 사망과 형벌 아래 있어서 그 마지막이 저주의 처참한 불 못인 데도 불구하고 아무 생각도 느낌도 없이 그럭저럭 한평생 살 뻔했던 인생들입니다. 그런데 하나님이 찾아오시므로 마침내 구원의 영광을 알게 된 것입니다. 그토록 구원의 필요성조차도 느끼지 못하고 살던 시체와 같던 자들에게 언제 어떻게 구원이 일으켜졌습니까? 예수 그리스도가 십자가에 죽으신 이후에 입니다. 대속의 죽음이 있은 후에 입니다. 부활하시고 승천하사 약속대로 보혜사 성령을 보내실 때에야 비로소 '아, 그렇구나, 그분이 인자셨구나, 구속주셨구나,' 이를 알게 된 것입니다. 우리 스스로가 깨우친 것이 아닙니다. 모두가 다 하나님이 친히 이루신 역사일 뿐, 우리는 단지 그 하나님으로부터 받는 긍휼과 사랑의 대상이었음을 한시라도 잊어서는 안 됩니다.

7절, "빌립이 대답하되 각 사람으로 조금씩 받게 할지라도 이백 데나리온의 떡이 부족하리이다" 이런 빌립의 모습에서 우리는 재빠르게 계산하는 자의 불신앙을 엿볼 수 있습니다. 이백 데나리온은 엄청난 거액입니다. 한 데나리온은 하루 품값입니다. 빌립은 이백 명의 품값이나 되는 거액을 보고한 것입니다. 이렇게 거대한 요구 앞에 내놓은 것이 오병이어입니다. 이 엄청난 요구 앞에 오병이어는 더욱 보잘 것 없습니다. 해결책으로는 도저히 가능성이 없어 보이는 참으로 쓸모없는 것에 불과합니다. 한사람의 연봉에 해당되는 거액을 오병이어로 감당하기에는 불가능합니다. 안드레가 내민 오병이어가 어떤 생각으로 주님께 바쳐졌습니까?

9절, "여기 한 아이가 있어 보리떡 다섯 개와 물고기 두 마리를 가졌나이다 그러나 그것이 이 많은 사람에게 얼마나 되겠삽나이까" - 안드레는 오병이어를 보이면서 불가능을 고백합니다. 이토록 불가능한 상황 속에서 오병이어의 기적이 베풀어집니다.

11절, "예수께서 떡을 가져 축사하신 후에 앉은 자들에게 나눠 주시고 고기도 그렇게 저희 원대로 주시다" 이렇게 하여 주님이 베푸신 기적으로 인하여 무리들은 배가 부르도록 먹는 크고 놀라운 만족을 얻었고 그렇게 실컷 먹고 남은 것을 거둬들였더니 남은 조각이 열두 바구니에 가득하는 풍족함을 누렸던 것입니다. 예수님은 앞으로 대속물로 자신을 십자가에 주신 일을 기억하시면서 보잘것없는 오병이어로 흘러넘치는 식사를 제공하셨던 것입니다.

예수님은 먹을 것이 필요한 우리 앞에, 그토록 엄청난 대가와 막대하게 지불되어야 하였지만 오병이어라는 초라한 존재로 계십니다. 예수님은 세상보기에 아무것도 아닌 존재로 보였고 또 그렇게 살아 가셨습니다. 한 알의 밀알처럼 파묻힌 모습이셨습니다. 보이지 않는 누룩처럼 비천하게 오셨고 밭에 감춰진 보화처럼 그렇게 겸비한 모습으로 일생을 사셨습니다.

예수님은 유월절 절기에 맞추어 오병이어를 기억하시면서 적어도 일만 명도 더 넘는 사람들의 한 끼 식사문제를 꺼내놓으시고 제자들로 하여금 고민하게 하신 후, 한 아이가 가지고 온 오병이어를 받아 드시고 축사하신 후에 거기 모인 모든 사람들이 실컷 먹고도 부스러기가 열두 광주리가 남는 참으로 풍성한 잔치를 배설해 주셨습니다. 천국잔치는 이렇게 준비되어 있습니다.

● ● ● ● ● ● ● ● ● ●

이토록 하나님의 신비로운 간섭으로 준비된 천국 잔치에 초대된 자는 누굽니까? 오늘 우리가 벳세다 광야에 앉아 있던 사람들처럼 이 생명의 떡을 먹고 이미 배부른 자로 살고 있습니다. 십자가에서 흘리신 예수님의 피와 살로 빚어 만드신 신령한 양식을 배불리 먹은 자들입니다.

"내가 온 것은 양으로 생명을 얻게 하고 더 풍성히 얻게 하려는 것이라"
(요 10:10 하반절).

(요 6:1-15)

"그 후에 예수께서 갈릴리 바다 곧 디베랴 바다 건너편으로 가시매
큰 무리가 따르니 이는 병인들에게 행하시는 표적을 봄이러라 예수께서 산에 오르사
제자들과 함께 거기 앉으시니 마침 유대인의 명절인 유월절이 가까운지라
예수께서 눈을 들어 큰 무리가 자기에게로 오는 것을 보시고 빌립에게 이르시되 우리가
어디서 떡을 사서 이 사람들로 먹게 하겠느냐 하시니 이렇게 말씀하심은 친히 어떻게
하실 것을 아시고 빌립을 시험코자 하심이라 빌립이 대답하되 각 사람으로 조금씩 받게
할지라도 이백 데나리온의 떡이 부족하리이다 제자 중 하나 곧 시몬 베드로의 형제 안드레가
예수께 여짜오되 여기 한 아이가 있어 보리떡 다섯 개와 물고기 두 마리를 가졌나이다
그러나 그것이 이 많은 사람에게 얼마나 되겠삽나이까 예수께서 가라사대
이 사람들로 앉게 하라 하신대 그 곳에 잔디가 많은지라 사람들이 앉으니 수효가 오천쯤
되더라 예수께서 떡을 가져 축사하신 후에 앉은 자들에게 나눠 주시고 고기도 그렇게
저희의 원대로 주시다 저희가 배부른 후에 예수께서 제자들에게 이르시되 남은 조각을
거두고 버리는 것이 없게 하라 하시므로 이에 거두니 보리떡 다섯 개로 먹고 남은 조각이
열두 바구니에 찼더라 그 사람들이 예수의 행하신 이 표적을 보고 말하되
이는 참으로 세상에 오실 그 선지자라 하더라 그러므로 예수께서 저희가 와서
자기를 억지로 잡아 임금 삼으려는 줄을 아시고 다시 혼자 산으로 떠나가시니라"

오병이어의 기적에 대한 내용이 계속됩니다. 예수님의 권세 있는 기
적과 말씀을 좇아 수많은 군중이 따르고 있었습니다. 동일한 사건을 놓
고 마태복음에는 저녁이 되자 제자들이 주님께 안타까움을 호소함으로
써 기적이 시작되는 것으로 묘사하고 있습니다.

"저녁이 되매 제자들이 나아와 가로되 이곳은 빈 들이요 때도 이미 저물
었으니 무리를 보내어 마을에 들어가 먹을 것을 사 먹게 하소서 예수께서
가라사대 갈 것 없다 너희가 먹을 것을 주어라 제자들이 가로되 여기 우리
에게 있는 것은 떡 다섯 개와 물고기 두 마리 뿐이니이다" (마 14 : 15 - 17).

남자만 헤아려 오천 명이니까 여자와 아이들을 합하면 적어도 일만 명이 넘는 한 끼 식사 문제를 염려하며 안타까워하는 제자들이 양식을 구하러 마을로 들어가고자 주님께 청을 드리는 것으로부터 오병이어가 등장하고 이윽고 주님이 베푸시는 기적이 일어나게 됩니다. 마태는 주님이 베푸시는 기적의 사실만을 기록하고 있습니다. 그러나 요한은 주님이 의도적으로 일으키신 사건처럼 묘사하고 있어서 다른 복음서와는 다른 독특한 의미를 가지고 있습니다.

요한복음은 특별히 이렇게 묘사하고 있습니다.

"예수께서 눈을 들어 큰 무리가 자기에게 오는 것을 보시고 빌립에게 이르시되 우리가 어디서 떡을 사서 이 사람들로 먹게 하겠느냐 하시니 이렇게 말씀하심은 친히 어떻게 하실 것을 아시고 빌립을 시험코자 하심이라 빌립이 대답하되 각 사람으로 조금씩 받게 할지라도 이백 데나리온의 떡이 부족하리이다 제자 중 하나 곧 시몬 베드로의 형제 안드레가 예수께 여짜오되 여기 한 아이가 있어 보리떡 다섯 개와 물고기 두 마리를 가졌나이다 그러나 그것이 이 많은 사람에게 얼마나 되겠삽나이까" (요 6:5-9).

지금 일만 명이 족히 될 많은 사람들의 저녁식사를 해결하기에는 오병이어로는 불가능합니다. 문제의 해결책으로는 아무런 가치가 없습니다. 지금 이백 데나리온의 돈이 있다 하여도 이곳은 빈들이며 이미 날이 저문 상태입니다. 이것보다 더 절박한 상황이 없습니다.

예수님은 지금 이 절박한 지경에서 제자들에게 우리가 어디서 떡을 사서 이 사람들로 먹게 할 수 있겠느냐 하시고 먼저 양식문제를 친히 꺼내 놓으신 것입니다. 예수님은 일만 명의 양식문제를 일으키시고 제자들이 어떻게 할 것을 미리 아시고 시험하고자 한 것으로 묘사하고 있습니다. 다시 말하면 오병이어의 기적은 제자들에게 하나님의 나라에 대한 비밀을 가르치시고자 시험하기 위해 일으키신 사건으로 특별히 서

술하고 있습니다. 그렇다면 주님이 제자들로 하여금 이 문제를 놓고 걱
정하게 하시고 궁리하게 하신 의도가 무엇인가라는 문제가 대두됩니
다. 우리가 오병이어의 사건을 다루면서 놓치고 있는 부분 중에 하나입
니다. 우리는 흔히 아무리 작은 것이라도 주님께 바치면 주님이 많은 것
으로 풍족하게 하신다는 내용으로 오병이어에 관하여 많은 설교를 들
어왔습니다.

오늘 본문에서 우리가 놓치고 있는 부분 중에 가장 중요한 문제는 주
님께서 가지신 관심사입니다. 주님의 관심은 지금 일만 명의 양식문제
에 있는 것보다는 제자들에게 집중되어 있음을 놓쳐서는 안 됩니다. 예
수님은 일만 명이 넘는 양식문제로 이백 데나리온이나 되는 거액이 요
구되는 사건 앞에 제자들을 불러 세우신 것입니다. 제자들로서는 오병
이어 밖에 없는 절망의 상태요, 그것도 어떤 가능성이 있는 해결책도 아
닌 것으로서 절대 불가능의 벽에 부딪치게 된 것입니다.

이렇게 절박한 상황에 직면하자 성경은 사건의 실마리를 이렇게 풀
어가고 있습니다.

"예수께서 떡을 가저 축사하신 후에 앉은 자들에게 나눠 주시고 고기도
그렇게 저희의 원대로 주시다 저희가 배부른 후에 예수께서 제자들에게 이
르시되 남은 조각을 거두고 버리는 것이 없게 하라 하시므로 이에 거두니
보리떡 다섯 개로 먹고 남은 조각이 열두 바구니에 찼더라" (요 6 : 11-13).

제자들의 불가능의 처절한 상황이 이렇게 풍족한 양식으로 역전되었
습니다. 남자만 오천 명이나 되는 거대한 무리들이 원대로 실컷 먹고도
열두 광주리가 남을 정도로 풍족한 잔치가 베풀어진 것입니다. 무리에
게 있어 오병이어는 아무런 가치가 없는 것으로서 불가능을 보고했더
니 "너희가 주어라" 하시는 예수님의 명령이 떨어졌습니다. 그 명령을

복종하여 나누어 주었더니 광주리에 채워지는 떡과 물고기를 감당할 길이 없게 되었습니다. 제자들이 주님의 베푸시는 기적을 보고 바구니에 담아 나눠주면서 그 마음이 어떠했을까요? 이 떡을, 이 생선을 나눠주면서 채워지고 다시 가득 채워지는 그 풍성함을 보고 제자들의 심정은 놀라움과 환희를 억제 할 수 없었을 것입니다. 제자들도 배가 고파 지친 무리 중에 한 사람이었습니다. 다같이 잔디밭에 앉아 있던 오천 명과 함께 나눠 먹어야 하는 입장입니다.

그러나 제자들은 더 이상 받아먹는 자가 아니었습니다. 이제는 나누어 주는 자로서 주님이 베푸시는 기적성에 대하여 그 감동과 기쁨으로 이미 배부른 자가 된 것입니다. 자신들이 따라 다니던 하나님의 아들이 베푸신 놀라운 기적에 대한 경이로움과 감동을 어느 누구보다도 더 깊고 더 풍성하게 경험하고 있었을 것입니다. 여기 앉아서 받아먹는 자들보다 나누어주는 자로서의 배부름과 희열을 아십니까?

제자들은 주님이 베푸시는 기적성에 대해 갖는 감동과 경탄을 어느 누구보다도 더 긴밀하게, 더 가까이, 더 깊게 아는 자로서 은혜가 넘치고 있었습니다. 주님의 도전은 오천 명이 아니라 제자들이었습니다. 이백 데나리온의 요구 앞에 제자들로 하여금 좌절케 하신 후 제자들의 상황을 역전시켜 열두 광주리가 남는 풍성함을 누리게 해주셨습니다.

우리 모두 하나님의 일에 부름 받고 있습니다. 교회가 감당해야 할 엄청난 요구 앞에 우리는 참으로 자신이 없습니다. 오병이어의 보잘것없는 존재요 그것으로는 해결책도 안 되는 자리에 초라하게 서 있습니다. 각 교회들마다 예배당을 건축하거나 확장해야 하고 미자립 교회를 돌아보고 전도와 해외선교 및 사회봉사 활동 등 참으로 해야 할 일이 한이 없을 정도로 무거운 짐을 지고 있습니다. 이 엄청난 요구 앞에 우리로서는 줄 것이 없습니다. 나의 물질을 모아서 교회의 일을 할 수 없고 나의 사랑을 주어서 저들을 구원할 수 없습니다.

우리의 힘과 조직력을 모아 그리고 우리의 진심과 열심을 담아 이웃을 구제하고 여러 가지로 도움을 준다 하여도 저들의 생명을 구원할 수가 없고 세상을 만족케 할 방법이 없습니다. 동시에 우리의 것으로는 교회의 모습을 진리와 생명으로 인도하는 빛으로, 길로 만들어 갈 수 없습니다.

제자들은 자신들의 것으로는 도저히 감당할 수없는 절망과 좌절의 벽에 부딪칠 수밖에 없었습니다. 주님이 베푸신 것을 오직 주의 명령 따라 복종하였을 뿐입니다. 하나님께서 이루어 놓으신 풍성한 양식을 자기 바구니에 담아 주었을 뿐, 다른 할 일이 없었습니다. 그리고 그 하나님이 일으키시는 기적성에 대하여 누리는 자로서 그 풍성함을 가장 밀접하게, 깊게 소유하는 자로 초대되어 있었음을 감격하였을 뿐입니다.

우리는 하나님께서 행하시는 일에 부름 받고 있습니다. 우리에게는 하나님께서 하시고자 하시는 일에 비밀이 없으십니다. 다 알게 해주셨습니다. 세상에는 감춰진 천국의 비밀을, 그 깊은 곳에서 누리는 풍성함을 다 허락해 주셨습니다. 우리는 하나님께서 내게 일으켜 놓으신 구원의 은혜가 근거가 되어 나의 실수와 허물에도 불구하고 천국으로 인도되고 있습니다.

이제는 이 구원 하나만으로도 천국으로 가는 길에 나의 것을 다 준다 해도 아까울 것이 없는 사람들입니다. 더 이상 슬퍼할 것도 좌절할 것도 없습니다. 여기 이 땅에서 아무리 또 무슨 취급을 받는다 할지라도 하나님은 오늘 나를 향하여 세상의 빛이라 하셨습니다. 우리는 세상이 우리의 충고와 권면을 필요로 하는 빛과 소금의 신분으로 존재하며 사는 영광의 존재들입니다.

여기 교회에 우리 하나하나를 불러서 어떤 이는 목사가 되게 하고 어떤 이는 장로가 되게 하고 또 집사가 되게 하심은 우리를 교회의 일에 쓰이는 희생 제물로 삼으려는 것이 아니라 하나님이 친히 이루시는 영광의 기적성에 대한 감동과 경이로움과 그 풍성함을 펼쳐 보이고 싶으신 것입니다. 교회에서 관중으로 있으면 하나님이 일으키시는 기적성을 맛볼 수가 없습니다. 받아먹기만 하는 오천 명으로만 있으면 하나님의 은혜를 배울 기회를 잃게 됩니다. 교회의 일에 방관자로 있으면 하나님의 영광을 볼 수 없습니다. 교회생활을 그 주변 언저리에서 맴돌며 불평하며 비판하고 평가하는 자리는 하나님의 나라를 소유할 수가 없습니다.

주님의 관심은 제자들에게 있었습니다. 하나님이 일으켜 놓으신 문제들을 앞에 놓고 걱정하며 끙끙거리며 기도하는 자리에 제자들을 불러 세우신 것입니다. 그 문제 앞에 절망하고 좌절하고 불가능의 벽에 부딪쳐 본 자들만이 그제야 하나님의 명령을 들을 수가 있습니다. "갈 것 없다 너희가 먹을 것을 주어라" 이 말씀이 얼마나 풍요로운 응답입니까? 제자들의 고민을 해결하시는 다른 표현으로 요한복음에서는 "이 사람들로 앉게 하라" 하셨습니다. "앉게 하라"는 말은 기대어 눕게 하라는 뜻인데 유대인들이 식사할 때의 자세를 취하게 하는 말씀입니다. 제자들은 이제 주님이 베푸시는 기적의 양식을 나누어 주기만 하면 됩니다. 제자들의 것이 아닌 하나님의 것을 주는 자의 풍성함을 누리게 하실 것이라는 뜻입니다.

하나님이 베푸시는 풍성한 양식을 받아 넉넉하게 된 자가 드디어 모든 이에게 줄 수가 있습니다. 나의 것을 버리고 부정하고 십자가를 지고 주를 따르는 자만이 예수님의 생명을 즐 수가 있습니다. 이렇게 예수 그리스도로 충만한 자들의 교회가 될 때에 모든 사람들로 하여금 우리를 보고 따라 오려는 갈망을 느끼게 합니다. 우리를 본 자들로 하여금 영혼의 갈증이 일어나도록 해줄 것입니다. 그렇게 할 만큼 우리 자신의 자리가 복되며 넘치며 풍성하게 될 것입니다.

성경상의 모든 인물들은 자기 자신의 것으로는 하나님의 일에 대하여 불가능함을 처절하게 고백한 후에야 하나님께서 예비해 놓으신 풍성한 복을 누릴 수가 있었음을 설명하는 증인들입니다. 하나님이 이루어 놓으신 승리로 함께 승리를 외치며 그 영광으로 함께 그 입술에 증거

를 담아 찬양하면서 한없는 기쁨 속에 살아갔습니다. 모든 것을 다 주어
도 아니 목숨까지라도 아깝지 아니할 만큼 더 주고 싶은 심령으로 능력
있게, 풍족하게 살았습니다.

베드로가 걸어가야 했던 길은 좌절과 실의의 넘어지는 길들이었습니
다. 그는 그 스스로 얼마나 한심한 존재인가를 아는 데까지는 수없이 많
은 실수와 좌절을 경험함과 동시에 주님께로부터 오는 위로와 격려의
은혜도 남달리 경험하였던 것입니다. 그가 대사도가 될 수 있었던 것은
그의 나누어준 오병이어가 자신의 것이 아니었음을 깨닫고부터였습니
다. 언제입니까? 성령강림 이후입니다. 오병이어는 예수님의 능력과 권
능에 의해 자기 손에 들려진 것이요, 자신은 오직 전달자의 기쁨과 영광
을 가졌을 뿐이었습니다.

바울의 경우도 동일한 고백으로 일관하였습니다. "내가 약할 그 때에
곧 강함이니라"(고후 12:10) 고 고백할 때까지 그는 많은 경우에 좌절과
갈등을 경험하였습니다. 바울의 고백은 오직 주님이 베푸신 은혜뿐이
었습니다. 자신이 기존으로 갖고 있던 것으로는 오히려 그리스도를 아
는 일에 배설물과 같다고 하였습니다.

● ● ● ● ● ● ● ● ●

네 가진 것이 무엇이냐? 네가 할 수 있는 일이 있더냐? 그 하나님의
일이 돈으로, 네 실력으로 되는 일이 있더냐? 오늘 주님이 우리 앞에 시
험하기 위해 꺼내 놓으신 문제를 안고 나의 힘으로는 도저히 해결할 수
없는 불가능의 깊은 절망과 좌절을 고백하는 자가 드디어 주의 음성을
듣습니다. "갈 것 없다 너희가 먹을 것을 주어라" "이 사람들로 앉게 하
라."

오병이어의 기적 (3)

"그 후에 예수께서 갈릴리 바다 곧 디베랴 바다 건너편으로 가시매 큰 무리가 따르니 이는 병인들에게 행하시는 표적을 봄이러라 예수께서 산에 오르사 제자들과 함께 거기 앉으시니 마침 유대인의 명절인 유월절이 가까운지라 예수께서 눈을 들어 큰 무리가 자기에게로 오는 것을 보시고 빌립에게 이르시되 우리가 어디서 떡을 사서 이 사람들로 먹게 하겠느냐 하시니 이렇게 말씀하심은 친히 어떻게 하실 것을 아시고 빌립을 시험코자 하심이라 빌립이 대답하되 각 사람으로 조금씩 받게 할지라도 이백 데나리온의 떡이 부족하리이다 제자 중 하나 곧 시몬 베드로의 형제 안드레가 예수께 여짜오되 여기 한 아이가 있어 보리떡 다섯 개와 물고기 두 마리를 가졌나이다 그러나 그것이 이 많은 사람에게 얼마나 되겠삽나이까 예수께서 가라사대 이 사람들로 앉게 하라 하신대 그 곳에 잔디가 많은지라 사람들이 앉으니 수효가 오천쯤 되더라 예수께서 떡을 가져 축사하신 후에 앉은 자들에게 나눠 주시고 고기도 그렇게 저희의 원대로 주시다 저희가 배부른 후에 예수께서 제자들에게 이르시되 남은 조각을 거두고 버리는 것이 없게 하라 하시므로 이에 거두니 보리떡 다섯 개로 먹고 남은 조각이 열두 바구니에 찼더라 그 사람들이 예수의 행하신 이 표적을 보고 말하되 이는 참으로 세상에 오실 그 선지자라 하더라 그러므로 예수께서 저희가 와서 자기를 억지로 잡아 임금 삼으려는 줄을 아시고 다시 혼자 산으로 떠나가시니라"

계속해서 오병이어의 기적을 가지고 은혜를 나누고 있습니다. 예수님의 행적 중 가장 선명하게 그리스도의 몸을 떼어 주는 의미로서 추적해야 할 영적 뜻이 깊은 사건입니다.

예수님을 따라다니던 무리들의 허기에 지친 모습을 보시고 불쌍히 여기신 나머지 저녁식사를 위하여 제자들에게 해결책을 요구하셨습니다. 언뜻 우리가 보기에는 납득이 안 가는 대목입니다. 하늘에서 만나를 내려 주신 분이 자신의 신성을 증명할 기회토서 또다시 광야에서처럼 만나를 내리게 하거나 돌로 떡덩이가 되게 하거나 무슨 방법으로 하든지 없는 것을 있게 하실 수도 있을 것입니다. 그럼에도 불구하고 오병이어를 많은 사람들 앞에 가지고 나오도록 유도하시고 그것으로 저녁 한 끼 식사를 해결하는데 사용하도록 하셨습니다. 우리는 여기서 예수님이 행하신 일에 대하여 그 의미와 성격을 연구하여 우리의 신앙생활에 적용할 원리를 배울 필요가 있습니다.

오병이어의 기적에서 등장하는 인물들 중에 첫 번째로 연구할 대상은 빌립입니다.

5절에서 7절, "예수께서 눈을 들어 큰 무리가 자기에게로 오는 것을 보시고 빌립에게 이르시되 우리가 어디서 떡을 사서 이 사람들로 먹게 하겠느냐 하시니 이렇게 말씀하심은 친히 어떻게 하실 것을 아시고 빌립을 시험코자 하심이라 빌립이 대답하되 각 사람으로 조금씩 받게 할지라도 이백 데나리온의 떡이 부족하니이다"라 하였습니다.

우리가 주목해야 할 것은 주님께서 왜 하필이면 빌립에게 식사문제를 꺼내셨을까 하는 것입니다. 빌립은 여기 벳세다 출신입니다. 어느 누구보다도 벳세다 지역에 대해서는 빌립만큼 아는 자가 없습니다. "어디서 떡을 사서 이 많은 사람들로 먹게 하겠느냐?" 아주 자연스런 질문입니다. 빌립은 이곳 출신으로서 여기 사정에 밝은지라 아무것도 구할 수 없음을 잘 알고 있는 장본인입니다. 그렇다면 이 불가능의 문제를 제의받은 입장에서 예수님의 하나님 되심을 참으로 안다면 모든 문제를 주님께 맡겨야 했습니다.

요한복음의 기록에서 특이한 것은 이 식사문제는 처음부터 빌립을 시험코자 하는 의도였다는 데에 주안점이 있습니다. 벳세다 광야의 사정에 밝은 빌립을 지적하신 주님은 오늘 우리가 쉽게 넘어지고 있는 이유로 이미 우리 자신이 갖고 있는 고정관념이나 편견을 지적해 주시는 뜻으로 보아집니다. 이런 관점에서 빌립은 벌써 주님의 시험에서 낙제하고 있음을 엿볼 수가 있습니다.

오늘 빌립처럼 우리에게도 여러 가지 시험적인 상황을 만나면서 예수 그리스도의 하나님 되심을 배우고 있음을 잊어서는 안 됩니다. 신앙생활에서 만나는 시험들은 모두가 다 물질 문제와 관련됩니다. 우리는 영으로 사는 입장입니다. 하나님께서 명령하신 것은 복음증거와 영혼구원의 사업입니다. 이렇게 하나님의 나라에 관한 일을 맡고 있는 입장에서는 물질문제가 언제나 시험이 될 수밖에 없습니다.

빌립은 벳세다 동네의 사정을 너무나 잘 알고 있었다는 선입견 때문에 자연스럽게 물질문제를 제기하면서 재빠르게 계산에 착수하기 시작하였습니다. 여기 남자만 헤아려 약 오천 명 그리고 여자와 아이까지 적어도 일만 명으로 추산되는 이 거대한 사람들의 한 끼 식사 분으로 이백 데나리온의 값을 보고 하였습니다.

7절, "각 사람으로 조금씩 받게 할지라도 이백 데나리온의 떡이 부족하리이다"라고 대답하였습니다. 빌립이 예수님을 하나님으로 믿고 있었다면 이런 대답이 나올 수 있었겠습니까? "조금씩 받게 할지라도"라는 단서까지 붙입니다. 누구 앞에서 "조금씩 주더라도"라고 합니까? 전지전능하신 하나님 앞에서입니다. 이 불신앙을 보십니까? 그는 참으로 불신앙의 제자였습니다.

오늘 우리의 신앙도 우리가 만나고 있는 현실문제에 대하여 주님을 의지하기보다는 너무도 자연스럽게 나의 세상실력으로 해결하려는 영향력 아래 있음을 반성해야 할 것입니다. 특히 우리는 교회의 일도 돈의 세력에 맡기려는 시험을 배제할 수가 없습니다. 우리 한국교회도 80년대 후반부터 물질이 많아지자 특유의 영력이 사라지기 시작했습니다. 교회마다 돈으로 건축하고 돈으로 수양관을 짓고 돈으로 선교를 하고 농어촌교회를 돕고 돈만 있으면 무엇이든지 하는 분위기가 팽배해졌습니다. 돈의 힘에 의존하는 영향 때문에 하나님이 더 이상 하실 일이 없으신 현상이 뚜렷해지기 시작했습니다. 돈이 없으면 아무것도 할 수 없다는 생각은 거대한 맘몬 신에 붙잡힌 우상숭배입니다. 기독교 신앙은 하나님을 창조주요, 구속주요, 심판주로 고백하고 전인격과 삶을 하나님의 말씀대로 따르며 의지하는 믿음으로 사는 것입니다. 이 믿음이 삶의 힘이지 물질이 힘으로 작용할 일이 아닙니다.

빌립을 시험코자 꺼내 놓으신 양식문제는 빌립이 그곳 사정을 너무나 잘 알고 있었다는 사전 지식과 편견 때문에 급기야는 재빠르게도 돈의 문제로 비약하면서 그는 실족하고 말았습니다. 오늘 우리의 신앙생활에서 갖춰야 할 원리로서 모세가 일찍이 이스라엘 자손들에게 유언으로 남긴 말씀이 생각납니다.

> "사람이 떡으로만 사는 것이 아니요 여호와의 입에서 나오는 모든 말씀
> 으로 사는 줄을 너로 알게 하려 하심이니라"(신 8:3 하반절).

두 번째로 등장하는 인물은 소년입니다. 예수님의 질문에 대하여 빌립의 대답이 나오고 그 다음으로 등장하는 인물이 한 아이입니다.

8절과 9절 상반절, "제자 중 하나 곧 시몬 베드로의 형제 안드레가 예수께 여짜오되 여기 한 아이가 있어 보리떡 다섯 개와 물고기 두 마리를 가졌나이다" 지금 이백 데나리온의 떡으로도 부족한 상황입니다. 조금씩 나눠 준다 해도 어려운 상황과 필요성을 확인시켜 놓으시고 누가 올라오느냐 하면 어린아이가 등장됩니다. 그리고 그 아이가 가지고 있던 보리떡 다섯 개와 물고기 두 마리입니다.

어린아이는 남자만 헤아려 오천 명이나 되는 무리에 비하면 계수에 끼어들지 않는 관심 밖의 존재입니다. 이백 데나리온의 거대한 요구 앞에 그 아이는 무의미한 가치로서 아무것도 아닙니다. 그리고 그가 가지고 있던 도시락 속에 보리떡은 모든 떡 중에 가장 비천하고 가난한 자의 음식입니다. 멸시받는 떡입니다. 그럼에도 불구하고 요한이 오병이어와 소년을 클로즈업하는 것은 그토록 거대한 요구 앞에 보잘것없는 소년이 갖고 있던 오병이어는 아무것도 없는 상황보다는 그것이라도 있었다는 데에 강조점을 둔 것입니다. 다시 말하면 아예 처음부터 없는 것

보다 그것이라도 있다는 것이 문제해결을 위하여 훨씬 필요하다는 것을 강조하고 싶은 내용입니다.

그리고 이어지는 안드레의 결론은 이렇습니다. 9절에서 "그러나 그것이 이 많은 사람들에게 얼마나 되겠삽나이까" 라고 불가능을 호소한 것입니다. 그러나 예수께서 불신앙의 안드레나 빌립을 나무라지 아니하시고 10절, "가라사대 이 사람들로 앉게 하라" 그런 후에 떡을 가져 축사하신 후 나누어 주셨더니 실컷 먹고도 부스러기만 열두 광주리가 될 정도로 풍족한 잔치를 배설해 주셨습니다. 참으로 놀라운 일입니다. 상상에도 없었던 일이 일어난 것입니다.

우린 모두 어린아이와 그가 가지고 있던 오병이어로 존재합니다. 세상적인 안목에서는 거창한 모양이 없습니다. 거대한 필요성에 비해서 해결책으로는 전혀 방법이 아닌 것들을 가지고 있습니다. 어린아이와 같습니다. 그러나 반드시 염두에 두어야 할 것은 해결책은 아니지만은 아무 쓸모없어 보이는 오병이어를 가지고 있다는 것입니다. 아무것도 없는 것이 아니라 그것이라도 내게 있다는 것이 신앙고백이어야 합니다.

우리가 예수를 믿고 구원을 받았으면 세상이 필요로 하는 금과 은은 없더라도 내게 있는 것은 적어도 나사렛 예수의 이름이어야 합니다. 구원과 함께 사는 입장이기 때문에 우리에게는 무의미한 것이 없습니다. 우리는 이미 가진 자입니다. 지난날의 실수와 잘못된 것들마저도 아직도 세상 사람들에게는 그 나의 경험들이 가장 필요한 용도로 작용합니다. 우리의 권고와 충고를 필요로 하는 자들은 우리 주변에 몰려온 저쪽 세상 사람들입니다. 사업에 실패해 본 경험이 오늘 우리에게는 복음 증거에 있어서 필요한 자료가 되고 병을 앓고 죽음에까지 가본 경험이 비로소 나사렛 예수의 이름으로 병든 자들에게 가장 절실한 소망의 벗이 되어 줄 수 있게 합니다.

우리는 어느 누구도 세상의 실력과 가치로 부름을 받지 않습니다. 예수님의 손에 드려지는 가치로서 나의 것은 모든 경우 오병이어와 같음을 잊어서는 안 됩니다. 어린 소년, 그는 아마 도시락을 가지고 몇날 며칠 예수님의 뒤를 쫓아 다녔을 것이 분명합니다. 제자들의 틈 사이에 끼여 가능한 한 예수님 가까이에서 턱을 고인 채 말씀 듣기를 열심히 하였던 소년같이 보입니다. 어머님이 싸 준 도시락을 가지고 다닌 것을 보면 예수님에 대하여 상당한 믿음을 가진 가정이란 생각이 듭니다. 제자들의 눈에 뜨일 만큼 그 소년은 예수님 주변을 맴돌고 있었으리라는 추측이 가능합니다.

이렇게 어린아이와 오병이어는 보잘 것 없는 것이었지만 모든 이로 하여금 배불리 먹고도 남는 풍족한 양식 한 끼를 해결할 뿐 아니라 하나님의 베푸시는 기적성을 나타내는 일에 유일한 도구가 되었다는 것은 놀라운 일이 아닐 수 없습니다. 우리의 모든 것이 한 아이와 오병이어의 가치임을 각성해야 할 것입니다.

세 번째로 연구해야 할 사람은 안드레입니다. 예수님께서 첫 번째로 등장시킨 인물은 빌립입니다. 빌립에게서 만족한 대답을 얻지 못했다면 그 다음으로 등장하는 인물은 안드레여야 할 터인데 의외로 어린아이가 등장되고 제일 마지막에 안드레가 따라 나옵니다. 빌립과 안드레는 먹을 것을 가지고 있지는 않았습니다. 그런 점에서는 같은 입장입니다. 안드레도 예수님의 전지전능하심에 대하여 망각한 채 오병이어를 소개하면서도 냉소와 절망을 호소했던 불신앙의 사람이었습니다. 그 정도의 상태에 머물러 있었습니다. 그러나 우리가 눈여겨보아야 할 것은 어린아이는 오병이어를 가지고 있었고 이것을 기꺼이 주님의 요구 앞에 내어놓았습니다.

안드레를 생각하면서 우리는 한 가지 교훈을 얻을 수 있습니다. 그는 비록 아무것도 가진 것이 없었지만 어린아이를 예수께로 인도하였다는 데에 우리의 관심을 끌고 있습니다. 특히 교회일은 안드레와 같이 요구

됩니다. 비록 나는 가진 것이 없고 해결할 능력이 없다할지라도 교회 요구 앞에 필요한 것을 가진 자가 누구이며 어떤 종류의 은사가 필요하다는 것 정도는 구분할 수가 있습니다.

어린아이는 다른 소년들과 같이 군중들의 틈에 끼어 예수님의 말씀을 듣고 있었을 것입니다. 그 아이는 참으로 제자들의 틈 사이에 있다가 안드레에게 발견되어 주님의 베푸시는 놀라운 기적에 동참하는 축복을 받았던 것입니다. 아이의 편에서는 자신이 갖고 있던 오병이어가 그토록 요긴하게 그리고 웅장하게 쓰임 받을 줄은 상상에도 없었을 것입니다. 안드레는 이 아이의 오병이어를 얻었고 이것을 주님께 전달하는 데에 성공적인 역할을 하는 장본인입니다.

안드레의 역할을 통하여 그 소년은 일평생 그날의 일들을 잊지 못했을 것입니다. 오늘 우리는 오늘의 나를 있게 한 수많은 만남과 관계를 기억 속에 떠올릴 때마다 내게 신앙의 영향을 끼친 사람들이 있었음을 일평생 잊을 수가 없을 것입니다. 우리는 제자로서 언제나 기도 속에서 그렇게 감동을 주었던 분들과 만나며 살게 될 것입니다.

우리는 세상이 판단할 수 없는 자들입니다. 우리가 세상을 판단할 만큼 온 만물의 창조주되신 하나님께로부터 인정받는 사람들입니다. 우리는 모두 구원이 삶의 근거인 자들입니다. 구원이 자랑과 영광으로 시작되었는데 지난날 우리의 잘못된 과거에 붙잡혀 있을 수가 없습니다. 이제는 구원을 얻었기 때문에 하나님의 언약하신 천국의 상급을 차지해야 할 영광의 날들이 남아 있는 자들로서 열심을 분발시킬 가치가 있는 인생입니다. 이것이 바로 구원을 주신 이유입니다. 구원 때문에 살 가치가 있고 구원 때문에 살 권리가 있고 살아서 해야 할 사명이 있고 죽어서 받을 면류관이 있는 하나님의 택성입니다.

여기 교회에서는 모두가 다 예수 그리스도를 공통분모로 해서 동질의 가치로 부름 받았습니다. 서로가 서로에게 필요한 존재들입니다. 그리고 서로가 기도해야 할 기도의 동역자들이며 함께 하나님의 일을 도

모할 자들로서 여기 가장 유익한 분들이 교회란 이름으로 내 곁에 함께 앉아 있습니다. 사랑과 섬김을 배울 기회로서, 그 관계로서 훈련받아야 할 수많은 제자로서의 도전 앞에 서 있습니다. 오병이어를 등장 시켜 놓으시고 우리에게 하고 싶으신 말씀, "너희가 거저 받았으니 거저 주어라"(마 10:8 하반절) 는 것입니다.

●●●●●●●●●

나의 것을 내어 놓을 줄 아는 믿음이 예수님으로부터 베풀어지는 능력과 권능의 기적성을 누리게 하였다는 사실을 기억하시고 한 소년을 가슴에 떠올리시기 바랍니다. 우리의 가능성이 하나님께로부터 임을 안다면 나의 것을 기꺼이 주님께 드리는 믿음으로 살 것임을 마땅히 결심해야 할 것입니다.

왕이 되소서

"그 사람들이 예수으 행하신 이 표적을 보고 말하되
이는 참으로 세상에 오실 그 선지자라 하더라
그러므로 예수께서 저희가 와서 자기를 억지로 잡아 임금 삼으려는 줄을 아시고
다시 혼자 산으로 떠나가시니라"

우리는 지금 오병이어 사건의 마지막 부분에 이르고 있습니다. 오병이어의 기적은 당시 유대인들로서는 그것이 개인적이던 민족적이던 간에 모든 기대를 불러일으키고도 남을 만큼 가슴 벅찬 사건이었습니다. 오병이어의 기적을 통하여 예수님은 무리들로부터 왕이 되어달라는 추대를 받게 됩니다. 그러나 예수님은 왕을 삼고자 하는 무리들의 환호하는 소리를 피하시려고 산으로 홀로 가셨습니다. 따라다니던 군중들은 왜 예수님을 자기들의 왕으로 추대하려고 했는가? 또 예수님은 왜 그들을 피하셨을까? 그 원인을 앎으로써 본문의 사건을 통하여 보다 깊은 은혜와 신앙의 기준을 찾을 수가 있을 것입니다.

무리들이 왕 삼으려는 근거는 14절 말씀입니다. "그 사람들이 예수의 행하신 이 표적을 보고 말하되 이는 참으로 세상에 오실 그 선지자라 하더라" 여기서 그 선지자라고 한 배경을 이해해야 합니다.

"네 하나님 여호와께서 너의 중 네 형제 중에서 나와 같은 선지자 하나를 너를 위하여 일으키시리니 너희는 그를 들을지니라 이것이 곧 네가 총회의 날에 호렙 산에서 너의 하나님 여호와께 구한 것이라 곧 네가 말하기를 나로 다시는 나의 하나님 여호와의 음성을 듣지 않게 하시고 다시는 이 큰 불을 보지 않게 하소서 두렵건대 내가 죽을까 하나이다 하매 여호와께서 내게 이르시되 그들의 말이 옳도다 내가 그들의 형제 중에 너와 같은 선지자 하나를 그들을 위하여 일으키고 내 말을 그 입에 두리니 내가 그에게 명하는 것을 그가 무리에게 다 고하리라" (신 18 : 15 - 18).

이스라엘 백성이 알고 있던 선지자는 어떤 사람입니까? 이스라엘 백성들이 기다리고 있던 선지자는 모세입니다. 모세는 출애굽의 역사를 이끈 주인공이었습니다. 이스라엘 역사상 모세만큼 존경받는 위대한 지도자가 없습니다. 특히 이스라엘을 구원할 메시아로서 기대되는 정치적인 영웅이었습니다. 언젠가는 모세와 같은 선지자가 나타날 것에 대한 기대가 어느 때보다 한껏 부풀어 있을 때입니다.

지금 예수님을 왕으로 옹위하고자 하는 것과 이 사람들이 참으로 이 세상에 오실 그 선지자로 환호했던 무리들의 기대와는 어떤 관계가 있는가? 우리는 여기서 왕 삼고자 하는 아우성에 대하여 이스라엘 역사에서 왕권제도가 시작될 때의 상황을 눈여겨볼 필요가 있습니다. 이스라엘이 왕을 세워달라고 졸라서 된 그 첫 번째 왕이 사울 왕입니다.

이스라엘에는 왕이 있기 전에 백성들을 다스리는 방법으로 사사들이 있었습니다. 이스라엘이 위기에 처할 때마다 하나님이 직접 세우셔서 위기를 극복케 하고 이스라엘 백성을 다스리게 하셨던 사사시대가 있었습니다. 그 때에는 사법권을 가지고 있는 재판관의 형태로 통치하던 때였습니다. 왕은 하나님이셨습니다. 그런데 주변 국가들이 강성하는 모습을 보고 우리도 왕을 세워 달라고 졸라대었습니다. 그래서 세워진 왕이 사울이었습니다. 백성들의 요구로 세워진 사울 왕이 누구이며 하나님 편에서 보실 때 어떤 의미가 있는가 하는 것은 이스라엘 전 역사를 이해하는 데에 핵심적인 내용이 됩니다. 오늘 오병이어 사건 이후에 왕 삼고자 하는 무리들의 아우성과 무관하지 않습니다.

이스라엘 국가는 소위 신정국가인데 왕을 요구한다는 것은 자신들의 의사대로 국가를 경영하겠다는 아우성과 같습니다. 오늘날 교회들이 귀담아 들어야 할 메시지가 아닐 수 없습니다. 대략 이스라엘 백성이 왕을 요구한 경우는 이렇습니다.

이스라엘 백성이 몽매에도 그리던 가나안 입성을 앞두고 모세가 이렇게 유언을 남깁니다.

> "네 하나님 여호와께서 그들을 네게 붙여 너로 치게 하시리니 그 때에 너는 그들을 진멸할 것이라 그들과 무슨 언약도 말 것이요 그들을 불쌍히 여기지도 말 것이며 또 그들과 혼인하지 말지니 네 딸을 그 아들에게 주지 말 것이요 그 딸로 네 며느리를 삼지 말 것은 그가 네 아들을 유혹하여 그로 여호와를 떠나고 다른 신들을 섬기게 하므로 여호와께서 너를 진노하사 갑자기 너희를 멸하실 것임이니라" (신 7:2-4).

가나안에 들어가는 날에 그곳 원주민들을 진멸하라, 몰아내라, 연혼관계를 맺지 말라, 참으로 잔인한 명령이 주어집니다. 왜 하나님께 이스라엘에게 그곳 원주민을 치라, 진멸하라, 없애버리라고 하셨을까요? 여호와 하나님을 섬기는 데 있어서 그곳 풍속과 이방신과 혼합하여 섬길 가능성이 있기 때문입니다.

그런데 사사기 1장에 가보면 가나안 땅에 들어가서 이 엄격한 명령을 어떻게 지켰는가에 대한 기록이 나옵니다.

사사기의 내용은 하나님의 명령대로 쫓아내지 못하였다는 것을 후렴처럼 기록해 놓고 있습니다. 그 이유를 이렇게 둘러대고 있습니다. 그 골짜기 사람들에게는 철병거가 있었기 때문이라는 것입니다.

그러나 사사기 2장으로 넘어가면 가나안 족속들을 몰아내지 못한 이유가 모세가 염려했듯이 아주 심각하게 묘사하고 있습니다. 이스라엘 백성들이 여호와 하나님의 명령대로 살지 아니함으로 여호와 하나님께서도 경고 하신대로 불순종하는 백성들에게 진노를 발하시고 맙니다.

여기 중요한 핵심은 가나안 전쟁은 처음부터 무기의 힘 곧 무력으로 싸워 이기는 전쟁이 아니었습니다. 여리고성을 함락할 때에도 칼과 창으로 무너뜨린 것이 아닙니다. 여리고성은 가장 험한 난공불락의 요새인데 하나님의 명령을 따라 그 성 주위를 행렬을 갖춰 빙글빙글 도는 의식을 통하여 무너뜨린 성이었습니다. 그럼에도 불구하고 이스라엘이 지금 쫓아내지 못한 이유를 뭐라고 둘러 대고 있느냐 하면 험한 산이기 때문입니다. 철병거로 무장하고 있기 때문이라는 것입니다. 이렇게 수많은 핑계와 구실을 대고 있습니다.

성경은 이스라엘이 그곳 원주민이 두려워서 쫓아내지 못한 것이 아니라 그곳 풍속과 이방신을 섬기는 관습이 하나님 섬기는 것보다 더 좋았더라고 지적하고 있습니다. 철병거가 있고 험한 산지 난공불락이어서가 아닙니다. 이스라엘 백성들은 처음부터 그곳 이방신을 섬기는 악습이 좋았고 그 정욕을 부추기는 그곳 사람들의 풍습이 더 좋았더란 얘깁니다. 그래서 당하는 고통의 역사가 사사기를 중심으로 흐르는 이스라엘의 역사입니다. 그 후 그들 주변국가들 곧 불레셋, 암몬, 모압, 미디안 등의 수많은 나라들로부터 수 없이 공격을 받아서 고통의 세월들을 보내게 됩니다.

이스라엘이 병력이 없고 경제력이 없어서가 아닙니다. 하나님이 내리신 형벌이었습니다. 하나님의 명령에 불순종하다가 당하는 상처들입니다. 그렇다면 이러한 고통의 문제를 해결하는 길은 단 한 가지뿐입니다. 그것은 말할 것도 없이 하나님께로 돌아가는 것입니다. 회개하는 것입니다. 그런데 이스라엘 백성들은 하나님께로 돌아오는 방법을 택하지 않고 "우리에게도 왕을 세워 달라"고 아우성칩니다.

주변 열강들처럼 힘센 왕이 있어야 되겠다는 것입니다. 그래서 등장한 왕이 사울입니다. 그러니까 사울 왕은 이스라엘의 고통을 해결하는 방법으로 세워진 인물입니다. 그런데 이스라엘은 오히려 자신들의 정욕을 발산하는 길을 계속 고집하면서 그 해결방법으로 왕을 세우겠다고 아우성입니다. 고통당하는 것을 싫어하면서도 하나님께로 돌아오지 않고 고통을 해결하는 방법으로 왕을 세워달라고 졸라대고 있었습니다.

"왕을 세워 달라" 이 말은 다시 풀이하면 우리의 마음대로 가고 싶은 길을 가도록 우리의 요구와 욕심을 다 채워줄 수 있는 자를 달라는 것입니다. 이 얼마나 신앙인으로서 어리석은 지혜입니까? 하나님께서 형벌을 가하신 것은 잘못을 뉘우치고 돌아서라고 드신 채찍인데 지금 이스라엘은 채찍에 맞더라도 아프지 않도록 갑옷을 입혀 달라고 요구하는 것과 같습니다. 맞아서 아프면 회개할 것이라는 교훈으로 드신 회초리인데 회개할 생각이 전혀 없습니다.

오늘 예수님이 일으키신 오병이어의 기적을 본 자들이 왕 삼고자 달려들고 있음을 주님은 피하실 수밖에 없으십니다. 하나님 앞으로 항복하고 돌아오라고 일으키신 권능인데 사람들은 오히려 그 권능을 이용해서 자신들의 육체의 것을 더욱 채워 달라고 요구하는 것을 주님은 들어주실 수가 없으십니다.

오늘 본문에서 무리들이 호기심을 가지고 그리고 그 내용으로 이는 참으로 세상에 오실 그 선지자라고 환호하고 있습니다. 그 선지자는 모세입니다. 모세와 같은 선지자로 이해되고 있는 예수 그리스도, 우리의 관심을 끄는 것은 모세와 같은 선지자와 예수 그리스도에게는 공통분모가 있다는 것입니다. 모세는 생애에 있어서 자기 동족으로부터 환영을 받거나 같은 동족으로 취급을 받은 적이 없습니다. 모세는 동족이면서 동족 대우를 받지 못하였고 지도자이면서 늘 원망의 소리를 듣는 대상이었습니다. 그의 생애 40년 동안은 애굽의 왕실에서 자라났고 그 이후 40년은 미디안으로 쫓겨나서 미디안 광야의 이드로의 집에서 양치기의 사위로 살았던 세월이었습니다. 그리고 80세에 동족의 뿌리로 돌아왔습니다.

모세는 이스라엘의 지도자로서 무엇에 대한 상징입니까? 이스라엘 편에서 보면 모세는 어디에서 온 자입니까? 이스라엘인입니까? 애굽인입니까? 모세를 통하여 배울 수 있는 것, 다시 말하면 예수 그리스도와 같은 신분과 위치에 선 자는 어떤 존재인가 하는 것입니다.

이스라엘의 지도자는 동족의 길에 대한 이해와 자식이 있는 자여서는 안 된다는 것에 대한 상징입니다. 다시 말하면 자기들이 세운 왕이 되어서는 안 된다는 것입니다. 이스라엘 입장에서 보면 모세는 애굽의 왕실에서 온 자입니다. 같은 노예생활을 하던 동족이 아닙니다. 자기들의 손으로 뽑은 지도자가 아닙니다. 하나님이 파송하신 자입니다.

예수 그리스도는 모세와 같습니다. 사람들의 요구로 온 자가 아니라 하나님이 파송하셨습니다. 하나님의 뜻을 가지고 보내심을 입은 인자입니다. 사람들의 요구를 들어 주려고 오지 않으시고 하나님의 뜻을 이루려 오신 자이십니다. 이렇듯이 하나님의 백성을 다스리고 지도하는 자는 자기 백성 가운데서 자기들의 마음에 맞는 자를 스스로 선택할 수가 없습니다. 그들이 왕을 뽑으면 안 됩니다. 그들의 요구에 의해서 세워진 왕은 안 된다는 것입니다. 모두가 같은 생각을 품고 있는 자들입니다. 하나님의 뜻보다는 자신들의 정욕으로 모든 것을 요구할 것이기 때문에 하나님의 뜻과는 반대 방향으로 가게 될 것입니다.

하나님의 백성을 다스릴 지도자는 하나님께서 선택하셔서 하나님의 뜻으로 간섭하는 자가 되어야 합니다. 내부에서 선출하는 방법이 아닌 외부에서 보내심을 받은 자라야 합니다. 안에서 자라난 자가 지도자가 되면 타협의 가능성이 매우 높습니다.

우리가 원하는 왕은 우리의 문제를 해결하되 우리의 하고 싶은 일을 만족케 할 사람입니다. 우리가 가고 싶은 길이 있고 우리가 하고 싶은 일이 있습니다. 우리의 정욕과 자존심을 만족케 할 지혜와 능력을 가진 자가 왕이 되어야 합니다. 이것이 우리의 욕심입니다. 우리의 속성은 우리 자신을 복종시켜 나를 바치고 나를 헌신할 경배의 대상은 싫어합니다.

오병이어의 사건에서도 우리 자신을 드리기로 항복한 것이 아니라 이 사람이면, '아! 이 사람이면 바로 그 선지자가 아니던가!' 자신들의 욕구를 대변해 줄 자로 추대하고 있었습니다. "이 분이 참 그 선지자가 아니냐"이러한 예수라면 우리의 문제를 충분히 해결할 수 있다고 판단하여 왕 삼고자 달려들고 있었습니다. 사람들의 이와 같은 정욕을 아시는 한 주님은 군중들을 피할 수밖에 없으십니다.

오늘 우리의 신앙도 어떻습니까? 하나님을 아버지로 모십니까? 나의 주인으로 섬기고 있습니까? 아니면 이것은 하나님의 것, 이것은 내 것 또는 이것은 나의 힘으로, 저것은 하나님의 능력으로 구분하여 나의 일에 하나님을 동업자로 여기는 모습이 만연합니다. 어느 사이엔가 우리의 신앙은 나의 문제를 꺼내놓고 하나님을 설득하는 열심히 신앙을 대신해 버렸습니다. 우리의 소원은 나의 욕심대로 정해 놓은 것이 이루어지면 그것으로 신앙 수준을 평가해 버리는 악습이 흥행하고 있습니다. 이것은 나의 문제를 해결하는 방법으로 예수님을 왕 삼고자 하는 것과 다를 바 없습니다.

이러한 모든 괴리와 충돌에 대하여 성경의 결론은 이렇습니다. 우리의 심령을 따갑게 때려주는 장면입니다. 15절 "그러므로 예수께서 저희가 와서 자기를 억지로 잡아 임금 삼으려는 줄을 아시고 다시 혼자 산으로 떠나가시니라"

또 마가복음의 표현은 이렇습니다.

"예수께서 즉시 제자들을 재촉하사 자기가 무리를 보내는 동안에 배 타고 앞서 건너편 벳새다로 가게 하시고 무리를 작별하신 후에 기도하러 산으로 가시다" (막 6 : 45).

"다시 혼자 산으로 떠나가시니라" "기도하러 따로 산으로 가시다" 어떤 생각이 드십니까? 어리석은 무리들을 위하여 답답한 심령으로 성부 하나님께 나아가시는 주님의 모습에서 오늘 우리의 우준함을 되새겨 봅니다. 우리는 모두 어리석고 미련한 소행만을 고집하였습니다. 주님의 행하신 기적을 보고 나의 아쉬운 것만을 요구하기에 서슴지 않았고 바보 같은 기대와 소원만을 소리치면서 살아왔습니다.

15절, "저희가 와서 자기를 억지로 잡아 임금 삼으려는 줄을 아시고 다시 혼자 산으로 떠나가시니라" 하였습니다. 참으로 면목이 없는 장면이 아닐 수 없습니다.

●●●●●●●●●

예수님은 이토록 어리석은 무리들을 위해 십자가에 대속물로 죽으실 수밖에 없으셨습니다. 빛이 어두움 가운데 왔으되 어두움이 깨닫지 못하는 상황에서 다른 길이 없으셨습니다. 주님은 자신이 오병이어의 보잘 것 없는 존재로 오셨지만 아버지의 뜻을 이루는 일에는 그 몸을 대속물로 기꺼이 바치고 있었습니다. 지금 그 몸을 드려 우둔한 백성들을 실컷 먹이시고 계십니다. 오병이어는 예수님의 몸입니다. 그 베푸신 기적을 보고 예수님을 하나님으로 깨닫는 자는 영생의 떡을 배불리 먹게 될 것입니다.

이제 우리의 삶의 가치와 목표는 세상 적일 수 없음을 마땅히 깨우쳐야 할 것입니다. 지금이야말로 영으로 깊어질 때이며 하나님만을 기쁘시게 해 드리는 신앙의 분발이 요청되는 때입니다.

바다 위를 걸으심

> "저물매 제자들이 바다에 내려가서 배를 타고 바다를 건너 가버나움으로 가는데 이미
> 어두웠고 예수는 아직 저희에게 오시지 아니하셨더니 큰 바람이 불어 파도가 일어나더라
> 제자들이 노를 저어 십여 리쯤 가다가 예수께서 바다 위로 걸어 배에 가까이 오심을 보고
> 두려워하거늘 가라사대 내니 두려워 말라 하신대
> 이에 기뻐서 배로 영접하니 배는 곧 저희의 가려던 땅에 이르렀더라"

예수님이 바다 위를 걸으신 사건은 4복음서마다 기록하고 있는 내용
으로서 그 의미가 중하고 깊습니다. 복음서마다 본문의 사건을 기록한
시각이 약간씩 다릅니다. 요한복음에는 빠져 있지만 마태복음에는 예
수님의 바다 위를 걸으시는 것을 보고 베드로가 청하여 바다 위를 걷다
가 빠지는 내용이 소개되어 있고 또 마가복음에는 예수님의 바다 위를
걸으시는 것과 오병이어의 기적과 깊이 연관시켜 묘사하고 있습니다.

요한복음은 사건의 연대별 기록보다는 그 사건이 갖는 의미를 중심
으로 연결하고 있어 다른 복음서와 특이합니다. 오병이어의 기적 이후
에 곧바로 본문을 연결시킴으로써 마가복음에서 관련지어 놓은 뜻과

일맥상통하는 의미가 있습니다. 예수님이 바다 위를 걸으시는 것과 오병이어의 기적과의 관계를 보다 깊게 이해하고 은혜를 나누기 위해서는 마가복음의 본문을 도입할 필요가 있습니다.

"예수께서 즉시 제자들을 재촉하사 자기가 무리를 보내는 동안에 배타고 앞서 건너편 벳새다로 가게 하시고 무리를 작별하신 후에 기도하러 산으로 가시다 저물매 배는 바다 가운데 있고 예수는 홀로 뭍에 계시다가 바람이 거스리므로 제자들의 괴로이 노 젖는 것을 보시고 밤 사경 즈음에 바다 위로 걸어서 저희에게 오사 지나가려고 하시매 제자들이 그의 바다 위로 걸어오심을 보고 유령인가 하여 소리 지르니 저희가 다 예수를 보고 놀람이라 이에 예수께서 곧 더불어 말씀하여 가라사대 안심하라 내니 두려워 말라 하시고 배에 올라 저희에게 가시니 바람이 그치는지라 제자들이 마음에 심히 놀라니 이는 저희가 그 떡 떼시던 일을 깨닫지 못하고 도리어 그 마음이 둔하여졌음이러라"(막 6 : 45 - 52).

이렇듯 마가복음 6장 45절에서 52절까지는 대충 이렇습니다. 왕을 삼고자 하는 무리들을 피하여 예수님은 제자들로 하여금 갈릴리 바다 건너편으로 재촉하여 가게 하신 후에 홀로 기도하러 산으로 가십니다. 그 동안에 풍랑을 만나 위험에 처한 제자들에게 바다 위를 걸어오시는데 제자들이 유령인가 하여 놀라 큰 비명을 지르는 사태가 벌어집니다. 그리고 내린 결론이 52절 말씀입니다. "이는 저희가 그 떡 떼시던 이를 깨닫지 못하고 도리어 그 마음이 둔하여졌음이러라"는 오병이어의 기적과 관련 있는 사건으로 그 의미를 되돌아보게 하는 내용이 뚜렷합니다.

성경은 천국 복음을 소개할 때에 제일 먼저 회개를 요구합니다. "회개하라 천국이 가까웠느니라"(마 3:2) 하고 축복을 들어 천국을 증거하지 아니하고 회개를 들어 천국을 외칩니다. 기존의 것을 그대로 두고 축복을 약속하지 않습니다. 예수님의 외침도 "회개하라" 였습니다. 예수님은 회개를 요구하시는데 사람들은 세상과 물질의 축복을 바라더라는 얘기를 가장 잘 설명해 주는 사건이 오병이어입니다.

예수님은 무리들의 허기에 지친 모습이 보시기에 민망하고 측은하여 오병이어로 남자 어른들만 헤아려 오천 명이나 되는 사람들을 먹이고도 부스러기가 열두 광주리가 남는 기적을 베풀어 주셨습니다. 이를 본 군중들은 예수님을 왕으로 추대하고자 열렬한 지지를 보냅니다. 오병이어의 기적은 예수님을 정치적, 경제적 메시아로 추대할 만큼 놀랍고 충격적인 사건입니다. 가난에 시달린 백성들에게는 자기 배를 채워줄 왕이 되고도 남습니다. 억눌려 있는 자들에게는 자유와 평화를 보장해 줄 사랑과 긍휼이 넘치는 지도자가 되기에 참으로 충분합니다. "우리의 왕이 되소서" 군중들의 함성이 하늘을 찌를 듯 하였습니다.

예수님은 세상의 왕을 요구하는 그 민심을 피하실 수밖에 없으셨습니다. 영혼의 구원문제를 놓고 행하신 기적인 데 사람들은 영혼문제에는 관심이 없습니다. 하나님 앞에서 죄인임을 알라고 보이신 기적인데 사람들은 이 땅에 속한 축복을 요구합니다. 예수님은 결국 제자들로 하여금 갈릴리 바다 건너편으로 가게 하시고 군중들을 피하시고 산으로 따로 가셨습니다.

오늘 본문은 기독교가 현세적 요구를 채워 주는 종교가 아님을 설명해 주는 사건으로서 내용이 신중하고 깊습니다. 오병이어의 기적으로 오해되는 것을 풀어주고 진실로 기독교 신앙이 무엇인가를 증명해 주는 내용이라 할 수 있습니다.

풍랑이 일고 있는 바다 위를 조그마한 배를 타고 항해하고 있었습니다. 주님의 명령을 따라 제자들이 바다 건너편으로 가고 있었습니다. 거기에 탄 제자들은 갈릴리 바다에서 생업을 갖고 있던 어부들이었습니다. 그 바다에 관한 한 잔뼈가 굵어진 전문가들입니다. 그 바다에서 일어나는 일에 대하여는 자신이 붙은 곳입니다.

본문에서 그 갈릴리 바다에 익숙하던 뱃길어서 제자들이 감당치 못할 위기에 봉착하게 됩니다. 폭풍이 휘몰아치고 있는데 제자들이 감당할 수가 없습니다. 이대로라면 물에 빠져 죽을 수밖에 없습니다. 뱃사공으로서 할 수 있는 모든 잠재력을 다 발휘하였지만 불가능합니다. 곧바로 죽음의 위기에 부딪친 것입니다.

> "이미 어두웠고 예수는 아직 저희에게 오시지 아니하셨더니 큰바람이 불어 파도가 일어나더라 제자들이 노를 저어 십여 리쯤 가다가 예수께서 바다 위로 걸어 배에 가까이 오심을 보고 두려워하거늘" (요 6:17-19 하반절).

바다에 익숙하다는 것, 그리고 훌륭한 뱃사공이라는 것은 어떤 사람을 가리키는 겁니까? 폭풍이 일 때는 배를 띄우지 않는 것입니다. 바람이 부는 날 배를 띄우면 위험하다는 것을 아는 풍부한 경험과 지혜를 갖춘 자입니다. 이런 사람이 훌륭한 사공입니다. 그러나 아무리 훌륭하고 실력이 있는 사공이라도 이미 항해 중에 일고 있는 폭풍을 비켜가거나 잠재울 수는 없습니다. 폭풍이 불면 어쩔 수 없이 풍랑 속에서 위기에 직면할 수밖에 없습니다.

우리는 모두 제자들의 처지에서 살아가고 있습니다. 벳세다 광야의 축복과 영광의 기적이 계속되지 않습니다. 우리의 삶에서 더 많은 경우, 오병이어의 기적보다 바람과 파도와 싸워야 되는 힘겨운 역경들을 만나야 합니다. 우리들의 이야기 속에는 지난날의 영광보다는 고난과 아픔에 대한 내용이 줄거리입니다.

기독교의 신앙에서 축복과 영광 그리고 기적과 표적만을 전부로 이해해서는 안 됩니다. 반드시 기억해야 할 것은 그리고 뼈 속 깊이 새겨둬야 할 것은 우리가 우리의 인생을 마음대로 조작할 수 없다는 것입니다. 우리가 인생의 주인일 수가 없습니다. 우리가 현실과 역사의 주인일 수 없습니다.

성경의 한결같은 주장은 하나님이 창조주시오, 하나님이 만물과 역사의 주권자라는 것입니다. 하나님이 정하신 뜻을 따라 역사를 섭리하십니다. 우리의 하루도 하나님의 손길에 의해서 흘러간다는 것입니다.

우리는 하나님이 허락하사 지나가게 하시는 여러 가지 빛깔의 고난들을 어쩔 수 없이 만나야 합니다. 어쩌면 하나님의 그 기쁘신 뜻대로 허락하신 길인데도 불구하고 현실은 너무나 혹독하고 냉엄합니다. 이를 일찍이 경험한 다윗의 시편은 큰 위로가 됩니다.

> "여호와께서 사람의 걸음을 정하시고 그 길을 기뻐하시나니 저는 넘어지나 아주 엎드러지지 아니함은 여호와께서 손으로 붙드심이로다 내가 어려서부터 늙기까지 의인이 버림을 당하거나 그 자손이 걸식함을 보지 못하였도다 저는 종일토록 은혜를 베풀고 꾸어 주니 그 자손이 복을 받는도다" (시 37 : 23 - 26).

의인이 걷는 걸음에 하나님이 함께 하십니다. 하나님의 백성들의 고난을 하나님이 친히 외면하지 아니하십니다. 주의 기쁘신 뜻대로 그 정한 길을 가는 데도 불구하고 때로는 넘어지고 자빠지고 엎드러지는 경우가 있지만은 그렇게 아주 엎드러지지 아니함은 여호와께서 손으로 붙드시기 때문입니다. 참으로 위로의 말씀이 아닐 수 없습니다. 신약의 마지막 약속도 "볼찌어다 내가 세상 끝 날까지 너희와 항상 함께 있으리라"(마 28:20 하반절)였습니다. 그리고 마가복음 6장 45절에서 52절의 본문에서 그 마지막 절은 우리의 우준함을 깨우치는 말씀으로 가슴 아픈 일이 아닐 수 없습니다.

> "이는 저희가 그 떡 떼시던 일을 깨닫지 못하고 도리어 그 마음이 둔하여졌음이러라" (막 6 : 52).

주님이 바다 위를 걸으신 기적이 오병이어의 기적과 연결되어 있음을 알 수 있는 내용입니다. 오병이어의 기적으로 오해되고 있는 부분을 바로 잡아주고 있는 사건으로서 바다 위를 걸으시는 표적이 등장하고 있습니다. 방금 전에 오병이어의 기적 속에 제자들은 무엇을 보았고 배웠습니까? 제자들도 무리들과 함께 주님의 베푸시는 풍족한 양식을 먹는 배부름을 경험하였었습니다.

그래서 오병이어의 주인이 예수님 자신임을 깨달았다면 마땅히 엎드려 나의 하나님, 나의 주로 고백하고 회개했어야 합니다. 그 주님이 선지자의 입을 의탁하사 말씀하시던 하나님이 코내신 메시아임을 알고 엎드려 경배했어야 합니다. 그러나 자신을 정치적, 경제적 메시아로 요구하는 군중들을 피하신 주님의 마음을 제자들은 이토록 깨닫지 못하고 있었습니다. 제자들도 무리들과 함께 먹고 배부르다는 이유로 따라다니고 있었던 것입니다.

오병이어로 배불리 먹는 오천 명의 군중들보다 주님의 명을 받들어 나누어 주는 자로서 주님의 베푸시는 기적을 그토록 가까이에서 가장 뚜렷하게 긴밀하게 감동적으로 경험하고 누리는 그 영광을 간직했던 제자들이었습니다. 그러나 이제 하루도 채 못 되어 풍랑을 만나자 말할 수 없는 두려움과 혼돈에 빠지고 말았습니다. 오병이어의 권능과 영광을 까마득히 잊어 버렸습니다. 그 기적의 주인이신 주님이 가라 하셔서 건너던 항해였습니다. 그곳에 주님이 계시지 않는다 하더라도 그 오병이어의 기적을 베푸시던 주님이 이 풍랑의 위협도 다스리시는 분이심을 믿어야 했었습니다.

그때 주님께 향해 가졌던 믿음도 확신도 뿌리째 뽑혀 나가 풍랑 속으로 침몰하고 있었습니다. 이 가련한 제자들의 신앙을 우리는 지금 보고 있습니다. 오늘 우리와 얼마나 비슷합니까? 이 나라를 복주시던 하나님은 지금 우리가 겪고 있는 고난과 역경에도 함께 계시는 하나님이십니다. 우리는 어려움이 닥치면 마치 하나님이 안 계시는 것처럼 얼마나 깊은 절망과 불안 그리고 회의와 갈등을 호소합니까? 예수님을 믿는다는 것이 무엇입니까? 오병이어로 배부른 까닭에 오늘 이토록 열심히 믿습니까? 나의 세상을 채워달라는 요구와 함께 여기 이 자리에 온 겁니까? 마음 붙일 곳이 없어 어디 정신수양이나 구도의 선을 찾고자 신앙생활을 합니까?

예수님 안에서 우리가 누리는 현세적 축복이 엄청납니다. 우리는 음부의 권세가 주장치 못하는 자로서 이 땅에서 풀면 하늘에서도 풀리는 자들입니다. 물질과 장수의 복 그리고 이 땅에서 번성한 자손에 대한 축복과 형통이 약속되어 있는 자들입니다. 그러나 기억해야 할 것은 이런 것들은 우리가 누리고 있는 축복의 부수적인 것들이라는 것입니다. 따라오는 부속물에 불과합니다. 언약의 본질은 아닙니다. 이 세상이 전부가 아니라는 것입니다.

우리는 이 세상의 형통과 축복만을 위하여 존재하지 않습니다. 우리는 더 낫고 영구한 사업, 곧 하나님이 예비해 놓으신 하늘나라가 있음을 놓쳐서는 안 됩니다. 하늘나라는 궁극적으로 이 생명 여기서 끝나면 반드시 들어가는 곳이기는 하지만은 그 나라는 아직도 미래의 것이요, 믿음으로 바라보는 나라입니다. 그 나라는 일차적으로 오늘 여기 내안에, 내 가정 안에, 내 삶의 대지 위에 그리고 이 교회 안에 건설되어져야 합니다. 문제는 여기 내가 사는 곳에 하늘나라가 있느냐 하는 것입니다. 그리스도 안에서 이미 성취된 것들입니다. 물질로 이루어지는 행복이 아니라 하늘의 신령한 능력과 권세로 누리는 평강이며 희락입니다. 심령으로 이루어지는 행복과 은혜의 세계입니다.

"영생은 곧 유일하신 참 하나님과 그의 보내신 자 예수 그리스도를 아는 것"(요 17:3) 이라 했습니다. 안다는 것은 부부 사이에서 서로를 비밀 없이 아는 사이입니다. 책을 보고 배워서 아는 것이 아니라 인격적으로 사귀고 함께 생활해서 생산되는 지식입니다. 떼어놓을 수 없는 만남, 그것은 흠도 티도 없는 온전한 관계입니다. 사랑의 관계입니다. 생명적 관계입니다. 예수님은 우리에게 생명을 주시는 정도가 아니라 생명을 함께 나누는 관계에서 예수님 안에 사랑이 있습니다.

생명은 사랑이 내용이라는 뜻입니다. 예수님이 계신 곳에 우리가 있고 우리가 있는 곳에, 그곳이 비록 누추하고 냄새난다 할지라도 거기에 예수님이 함께 계십니다. 비록 우리가 죽음에 내려갈지라도 예수님이 함께 계시므로 죽음이 우리를 붙들 수가 없는 관계입니다. 주님과 우리는 이렇게 떼 놓을 수 없는 생명적 관계요 그 내용이 사랑이기 때문에 둘이 하나가 되는 관계로서 모든 경이롭고 아름다움의 절정을 이루는 최선의 조화와 그 완성이라는 뜻으로서 영생입니다. 영생은 영원토록 존속한다는 의미 이전에 이토록 더 이상 다듬거나 보태거나 덧붙일 것이 온전함의 상태입니다.

우리가 이토록 이 물질세계 속에서 일어나는 수많은 역경과 함께 진행되는 현실을 살지만은 예수 그리스도와 더불어 살아가는 영생의 풍성함만은 놓쳐서는 안 될 것입니다. 예수를 믿는다는 것은 이제부터 세상 줄 다 끊고 정리하고 난 후 이제는 끝이다 하고 하늘나라의 공상에 잡혀 살아간다는 뜻이 아닙니다. 믿음은 예수 그리스도와 하나된 자리입니다. 그것이 이미 영생이며 천국입니다. 그러나 아직도 예수님과 나란히 그 분의 품성과 능력과 지혜의 수준에서 함께 사는 데에는 훨씬 못 미치는 입장에서 언제나 나의 무능과 연약을 호소하고 애통해 하는 처지에서 살아갑니다.

● ● ● ● ● ● ● ● ●

우리는 영생의 풍성함과 온전함을 목표로 싸우며 나아가는 입장이지 완전히 이루어진 완성의 자리는 아닙니다. 그러나 사랑의 온전함을 이루어 가는 과정에서 만나는 현실의 고통은 더 이상 재난이나 형벌이 아니라 그것은 우리로 더욱 사랑하게 하고 생명을 더욱 풍성하게 하는 기회임을 자성해야 할 것입니다.

풍랑 속의 제자들

"저물매 제자들이 바다에 내려가서 배를 타고 바다를 건너 가버나움으로 가는데 이미
어두웠고 예수는 아직 저희에게 오시지 아니하셨더니 큰 바람이 불어 파도가 일어나더라
제자들이 노를 저어 십여 리쯤 가다가 예수께서 바다 위로 걸어 배에 가까이 오심을 보고
두려워하거늘 가라사대 내니 두려워 말라 하신대
이에 기뻐서 배로 영접하니 배는 곧 저희의 가려던 땅에 이르렀더라"

풍랑으로 위기에 봉착하여 침몰되어 가고 있는 제자들이 있는 그 곳
에 주님이 드디어 오셨습니다. 바다 위를 걸어서 오셨습니다. 마가복음
의 기록은 더욱 세밀합니다. 이렇게 기록되어 있습니다.

"바람이 거스리므로 제자들의 괴로이 노 젓는 것을 보시고 밤 사경 즈음
에 바다 위로 걸어서 저희에게 오사 지나가려고 하시매 제자들이 그의 바
다 위로 걸어오심을 보고 유령인가 하여 소리 지르니 저희가 다 예수를 보
고 놀람이라 이에 예수께서 곧 더불어 말씀하여 가라사대 안심하라 내니
두려워 말라 하시고" (막 6 : 48 - 50).

그 풍랑의 위기에 처해 있는 제자들에게 밤 4시경에 오실 때에 주님의 모습을 성경은 놀랍게도 이렇게 표현합니다. "예수는 홀로 뭍에 계시다가 바람이 거슬리므로 제자들의 괴로이 노 젓는 것을 보시고"입니다. 제자들을 재촉하여 바다 건너편으로 가게 하신 그 항해 길을 예수님은 거기에 함께 계시지는 않으셨지만 언제나 제자들을 응시하고 계셨습니다. 괴로이 노 젓는 것을 보셨습니다. 사력을 다하여 절망 중에 생존을 위하여 노를 젓고 있는 제자들을 계속 지켜보고 계셨다는 애기입니다.

빌립보의 지하 감옥에 갇혀 내일이면 사형을 당할지 모르는 그 절망의 지경에 하나님이 찾아오셔서 바울과 실라를 독려해 주는 장면은 참으로 감동스럽습니다. 지하 감옥의 칙칙한 어둠 가운데서 하나님께 기도하다가 하나님이 함께 하시는 증거를 확보할 때에 사도들 속에서 억제할 수 없는 찬미가 울려 퍼졌습니다.

다윗은 이스라엘의 주변 열국들과 전쟁하는 데에 피를 흘리며 싸우느라 일생을 보낸 사람입니다. 안으로는 사울 왕과 아들 압살롬의 반란을 피해서 도망 다니는 외롭고 가슴 아픈 고난을 겪은 왕입니다. 그러면서도 다윗의 고백은 언제나 승리의 감동으로 흘러 넘쳤습니다.

> "여호와는 나의 목자시니 내가 부족함이 없으리로다… 내가 사망의 음침한 골짜기를 다닐지라도 해를 두려워하지 않을 것은 주께서 나와 함께 하심이라"(시 23 : 1, 4).

히틀러의 군대가 유대인을 학살하던 수용소였던 '아우슈비츠' 감옥의 벽에 새겨진 글귀는 당시 연합군들을 충격 속으로 몰아넣었습니다. '하나님은 여기 계시다 (GOD is here)'라 적힌 글입니다. 이 저주와 죽음, 지옥 같은 수용소에서 죽어가던 하나님의 백성들이 남긴 고백이었습니다. 이 지옥의 처참한 절규가 있는 곳에 하나님은 찾아 오셨습니다.

그러나 제자들의 모습은 우리를 당황케 합니다. 제자들의 눈에는 주님이 마치 유령으로 보였습니다. 위기와 절망 중에 찾아오시는 주님을 유령으로 보았다는 것입니다. 제자들의 심령 속에는 이미 역사의 주체자 하나님이 사라져 버렸습니다. 오병이어의 기적을 일으켜 주시던 주님이 온데간데없이 사라졌습니다. 이에 제자들의 심령은 완고해졌고 하나님에 대한 믿음이 완전히 바닥이 나 있었습니다. 제자들에게는 바람과 파도와 더불어 싸우느라 이미 탈진상태에 있었습니다. 그러한 절망의 때에 더욱 저들을 공포에 몰아넣게 한 것은 유령이 나타났기 때문입니다. 제자들은 재앙을 보았습니다. 폭풍과 함께 저주와 재앙의 신을 보았습니다. 더 이상 소망이 없는 이 자폭의 순간에 저들이 할 수 있는 마지막 수단은 소리치는 것입니다.

"유령인가 하여 소리 지르니"(막 6 : 49 하반절) – 마지막 순간에 발악하는 소리입니다. 공포를 이기지 못하여 소리치는 비명과 같은 아비규환입니다. 믿음이 없는 자들의 떨고 있는 아우성과 비참한 모습을 우리는 지금 보고 있습니다.

그리스도인에게 있어서 하나님의 나를 향하신 그 사랑의 신실하심을 놓치게 되면 가진 것이 아무것도 없게 됩니다. 나의 감동이나 경험의 분량을 근거로 하나님을 믿으면 위기를 만날 때 절규나 비명을 지르게 됩니다. 곧 나 중심의 상황에 얽매이게 됩니다. 환난과 고난의 때를 재앙과 저주의 때로 볼 수밖에 없습니다.

그리스도 안에서는 더 이상 재앙이나 형벌이 없음을 믿는 것이 신앙의 핵심입니다. 죄로 말미암아 따라 나온 것들, 즉 죽음이나 재앙이나 저주나 심판은 예수 그리스도의 십자가로 소멸되었음을 믿는 것이 신앙입니다. 세파가 우리를 위협하고 물질과 명예가 한꺼번에 침몰되는 위기가 불어 닥칠지라도 우리는 예수 그리스도 안에서 적어도 그것 때문에 두려워 떨어야 할 일은 아닙니다. 그 풍랑 속에서, 그 환란 속에서 우리의 영혼을 더욱 굳세게 하고 장차 나타날 영광의 나라를 더욱 확고히 붙들게 하는 기회일지는 몰라도 이 환란이 나를 저주와 형벌로 이끌어 가는 동기는 될 수가 없습니다. 모든 것은 영생의 축복을 붙들게 하는 분발의 기회임을 놓쳐서는 안 됩니다.

우리는 그토록 외롭게 버려진 존재가 아닙니다. 우리는 십자가를 지나온 자들이며 성령으로 거듭난 자들입니다. 이제 우리가 겪는 환난은 재앙이 아니라 영광의 천국을 향하여 보다 한 발자국 하나님 앞으로 내딛는 기회임을 잊지 말아야 합니다. 우리는 언제나 영생의 자리에서 예수 그리스도와 뗄 수 없는 사랑의 관계에 있음을 각성해야 합니다.

본문은 말씀을 이렇게 매듭짓습니다. "주께서 배에 올라 저희에게 가시니 바람이 그치는 지라" 이 동일한 본문의 사건을 요한은 독특하게도 이렇게 표현합니다.

"가라사대 내니 두려워 말라 하신 대 이에 기뻐서 배로 영접하니 배는 곧 저희의 가려던 땅에 이르렀더라"(요 6 : 20, 21).

마가복음의 표현은 예수님이 배에 오르자 바람이 그쳤고 배는 곧 저희에 가려던 목적지까지 이르렀다고 했습니다. 한편 요한의 묘사는 의미를 더해 주고 있습니다. 예수님이 배에 오르시자마자 곧 목적지에 도착하게 되었다고 기술하고 있습니다. 예수님이 배에 오르자 말자 곧 목적지까지 이르게 되었다고 하는 요한의 특별한 표현을 기억하십시다. 이것이 사건의 결론입니다.

21절, "곧 저희의 가려던 땅에 이르렀더라"에서 '곧' 이란 무슨 뜻입니까? 배가 날라서 항구에 도착했다는 뜻입니까? 예수님이 시공을 초월해서 배를 땅에 닿게 하셨습니까? 오병이어의 기적과 같이 바람을 그치게 하고 배를 갑자기 항구에 오게 하셨습니까? 아닙니다.

사랑에 빠져있는 남녀의 만남은 신비롭게도 시간과 공간을 초월하는 힘을 발산합니다. 진실로 사랑하는 사이에는 긴 여행에도 불구하고 순간으로 느껴집니다. 서로가 사랑의 신비로움과 감미로움 속에 파묻혀 있노라면 밤도 낮으로 낮도 밤으로 지나가고 초막이던 궁궐이던 간에 어디든지 하늘나라의 행복을 느끼게 됩니다. 시공을 초월합니다. 사도 요한에게는 주님의 깊은 사랑으로 솟아오르는 기쁨과 감동을 억누를 수가 없어서 험난한 항해 길이었지만 이미 항구에 도착한 것처럼 평안 함을 누렸다는 것입니다.

우리의 주변은 아직도 환난의 비바람이 세차게 몰아치고 있습니다. 우리의 가정도 위기요 사회도 정부도 국가도 위기에 봉착하고 있습니다. 한두 번 듣는 얘기가 아닙니다. 언제나 위기였고 난국이었고 혼란한 파국이었고 경제의 어려움이었습니다. 전쟁과 기근, 질병, 그리고 고통 또 권력다툼이나 자유와 번영을 향한 절규들과 사회격동 등이 소용돌 이치는 역사는 죄를 지은 이후부터 오늘까지 계속되어 왔습니다.

그러나 예수 그리스도 안에서 오늘 우리에게는 이 삶의 위기와 함께 재앙이나 형벌의 유령으로가 아니라 사랑과 평안 그리고 장래의 소망 과 함께 찾아오시는 주님이심을 한시라도 잊지 말아야 합니다. 우리는 이 역사의 혼돈과 함께 출렁이고 함께 흔들리고 함께 무너지는 자가 되 어서는 안 됩니다. 이 위기와 절망 속에 가장 가까이, 가장 깊이, 찾아 오사 우리를 위로하시고 격려하시는 주님의 말씀, "안심하라 내니 두려 워 말라" 이 말씀을 들어야 할 자임을 자각해야 할 것입니다.

아직도 배는 바다 한 가운데 있습니다. 폭풍 그대로 불고 파도가 그 대로 출렁입니다. 그러나 주님이 그 배에 오르시므로 제자들은 폭풍과 파도와 전혀 상관없는 자가 되었습니다. 곧 목적지에 이르렀습니다. 개 인적으로 국가적으로 당면한 난국은 비명 소리를 지를 때가 아닙니다. 이 비명 소리를 들으시고 특히 그 괴로이 노 젓는 모습을 보시고 찾아오 시는 주님이심을 분별할 때입니다. "안심하라 내니 두려워 말라."

여기 내가 사는 가정에, 이 아름다운 삶의 대지 위에 하나님의 나라 가 이루어지기 열망하시는 하나님의 뜻을 분별할 때입니다. 하나님의 사랑하시는 대상으로서 내가 여기에 그리고 오늘 우리 교회들이 이 땅에 있음을 잊지 맙시다. 하나님의 불꽃같은 사랑의 눈길을 받으면서 이 고난과 역경을 지나가고 있음을 깨우치기 바랍니다.

• • • • • • • • •

이제 마지막 이 위기와 절망의 상황 속에서 그 재앙과 공포로 소리치는 백성들 앞에서 우리의 마지막 메시지는 하나님이 언제나 여기 우리와 함께 계시다는 것입니다. 이것을 외쳐야 할 장본인은 그리스도 안에 부름 받은 우리 자신들입니다. 우리의 괴로이 노 젓는 것을 보시고 우리에게 찾아오시는 주님을 기쁘게 맞이하십시다.

21절 말씀, "이에 기뻐서 배로 영접하니 배는 곧 저희의 가려던 땅에 이르렀더라" – 참으로 아름다운 표현입니다. 이 말씀대로 오늘 우리의 하루도 주님의 사랑 가운데 해가 저물 대까지 으리의 시간이 언제 흐르는지 모를 정도로 주님과의 사귐이 풍성한 삶으로 충만한 날이 되기를 바랍니다.

(요 6:22-27)

"이튿날 바다 건너편에 섰는 무리가 배 한 척 밖에 다른 배가 거기 없는 것과
또 어제 예수께서 제자들과 함께 그 배에 오르지 아니하시고 제자들만 가는 것을 보았더니
(그러나 디베랴에서 배들이 주의 축사하신 후 여럿이 떡 먹던 그 곳에 가까이 왔더라)
무리가 거기 예수도 없으시고 제자들도 없음을 보고 곧 배들을 타고 예수를 찾으러
가버나움으로 가서 바다 건너편에서 만나 랍비여 어느 때에 여기 오셨나이까 하니
예수께서 대답하여 가라사대 내가 진실로 진실로 너희에게 이르노니
너희가 나를 찾는 것은 표적을 본 까닭이 아니요 떡을 먹고 배부른 까닭이로다
썩는 양식을 위하여 일하지 말고 영생하도록 있는 양식을 위하여 하라
이 양식은 인자가 너희에게 주리니 인자는 아버지 하나님의 인치신 자니라"

오병이어의 기적을 본 무리들은 예수님을 자기들의 왕으로 추대 하
고자 열렬한 지지를 보내고 있었습니다. 예수님은 이들의 환호하는 소
리를 못들은 체하고 몸을 숨기셨습니다. 제자들로 먼저 갈릴리 호수 건
너편 가버나움으로 가게 하신 후에 예수님은 따로 산으로 가셨습니다.
아버지와 교제하시기 위해서였습니다.

그 동안 제자들은 풍랑으로 인하여 큰 위기를 맞고 있었습니다. 밤중
에 풍랑과 싸우느라 거의 탈진해 버린 제자들에게 주님은 바다 위를 걸
어 오셨습니다. 바다 위를 걸어오시는 예수님을 본 제자들은 이것이 유
령이 아닌가 하여 더욱 무서워 비명 소리를 지르고 예수님은 제자들로

하여금 "내니 두려워 말라" 하시면서 안심케 하셨습니다. 예수님임을 확인한 베드로가 바다로 뛰어들어 물 위로 걸어가는 이적을 경험하는 영광을 만나게 되는 장면이 기록되어 있습니다.

이제 바로 전날에 오병이어로 배불리 먹었던 충격 속에서 하룻밤을 지낸 무리들이 아침이 밝아오자 거기에 예수님을 비롯하여 제자들이 없음을 발견하고 당황하기 시작하였습니다. 호수 여기저기를 두루 다니면서 예수님의 일행을 찾아 나섰습니다. 드디어 가버나움에서 예수님을 발견하고 한없이 기뻐하면서 한결같이 건네는 질문이 이렇습니다. "랍비여, 어느 때에 여기 오셨습니까?" 이에 대한 예수님의 반응입니다.

> "내가 진실로 진실로 너희에게 이르노니 너희가 나를 찾는 것은 표적을 본 까닭이 아니요 떡을 먹고 배부른 까닭이로다 썩는 양식을 위하여 일하지 말고 영생하도록 있는 양식을 위하여 하라 이 양식은 인자가 너희에게 주리니 인자는 아버지 하나님의 인치신 자니라"(요 6 : 26, 27).

예수님을 추종하던 자들의 그릇된 동기에 대하여 지적해 주는 내용입니다. 우리는 여기서 신앙에 있어 자칫 빠질 수 있는 오류에 대하여 몇 가지 살펴볼 필요가 있습니다.

첫째는 신앙의 동기가 하나님의 영광이냐 사람의 정욕이냐 하는 문제입니다. 무리들은 전날의 오병이어의 기적 속에서 배고픔을 채워주시는 예수님을 자신들의 원하는 바를 만족시켜줄 왕으로 추대하고 그 왕의 통치권 밑에서 만족한 생활을 꿈꾸고 있었습니다. 밤이 지나가고 아침이 되었습니다. 그리고 또 배가 고팠습니다. 이리저리 예수님을 찾아다니다가 가버나움이라는 곳까지 와서 예수님을 드디어 만나게 되었습니다. 그 이유가 오직 배가 고팠기 때문입니다. 예수님이 오신 목적은 이 세상의 문제를 해결하는 것이 아니었습니다. 이 세상의 문제는 물질과 사회 또는 자연관계에 관한 것들입니다.

예수님이 오셔서 외치신 말씀은, "회개하라, 천국이 가까웠느니라"(마 4:17)였습니다. 예수님이 오셔서 회개를 요구하셨음을 꿈에도 잊지 마십시다.

회개는 180도로 돌이키는 행위입니다. 지금 그대로의 상태를 정죄하시는 말씀입니다. 기존의 상태는 어떤 경우에라도 잘못되었으니 돌이키라는 것입니다. 내가 가고 있는 길이 영원한 멸망으로 가는 길임을 분명히 알 때에 돌이키는 법인데 자연 상태를 정상으로 여기던 사람들의 입장에서 보면 회개하라는 말이 마치 시비를 걸어오는 싸움으로 밖에는 들리지를 않습니다.

예수님도 친히 말씀하시기를 "내가 세상에 화평을 주러 온 줄로 생각지 말라 화평이 아니요 검을 주러 왔노라"(마 10:34)고 하셨습니다. 예수님의 입장에서도 싸움을 걸어오시는 모습이 역력히 보입니다. "내가 의인을 부르러 온 것이 아니요 죄인을 불러 회개시키러 왔노라"(눅 5:32) 하셨습니다.

예수님의 발언은 당시 율법으로는 아무런 흠도 없는, 자칭 의인이라 여기며 자부하던 바리새인들과 유대관원들에게는 충격적인 언사가 아닐 수 없습니다. 회개할 것이 없는 자들에게는 예수가 나타남으로 말미암아 이제 큰 혼란에 처하게 되었습니다. 이러한 충돌의 현상은 주님의 행적 가운데서 귀신을 쫓아내심으로 더욱 분명해집니다.

마태복음 12장에 보면 특별히 예수님이 귀신 들어서 눈이 멀고 벙어리된 자를 고쳐 주시는 장면이 나옵니다. 사람들에게 붙은 귀신을 내어 쫓으면서 그들의 몸을 건강케 해주셨습니다.

이 일을 보고 바리새인들은 조롱하는 반응을 보입니다. "저가 바알세불을 힘입어 귀신을 쫓아낸다"라고 비아냥거리고 있었습니다. 바알세불은 귀신의 왕입니다. 귀신의 왕을 힘입어 귀신을 쫓아낸다는 것입니다. 이러한 오해와 경멸에 대하여 예수께서 저희 생각을 아시고 하신 말씀이 주님의 오신 목적을 분명히 해 주고 있습니다.

"스스로 분쟁하는 나라마다 황폐하여 질 것이요 스스로 분쟁하는 동네와 집마다 서지 못하리라 사단이 만일 사단을 쫓아내면 스스로 분쟁하는 것이니 그리하고야 저의 나라가 어떻게 서겠느냐…그러나 내가 하나님의 성령을 힘입어 귀신을 쫓아 내는 것이면 하나님의 나라가 이미 너희에게 임하였느니라"(마 12 : 25 - 28).

귀신을 쫓아내시면서 예수님은 자신을 전혀 다른 나라에서 왔다고 선언하고 계십니다. 나는 귀신이 사는 곳에서 온 자가 아니라 다른 나라, 즉 전혀 다른 편에서 왔다는 것을 강조합니다. 지금 성령을 힘입어 귀신을 쫓아내는 것입니다. 그리고 이곳에 하나님의 나라를 건설한다고 선포하셨습니다. 예수님은 세상의 기존의 것을 변혁, 개조, 확대하여 하늘나라를 만드신 분이 아니십니다. 위로부터 하나님의 나라를 가지고 이 땅에 오셨습니다. 기존의 세상에다가 무엇을 덧붙이거나 뜯어고치는 방법과 같은 약간의 궤도 수정이 아닙니다. 구도의 길을 통하여 인간의 행복을 가져다 주러 오시지 않으셨습니다. 이 땅의 것으로부터 돋아난 열매들을 다 정죄하고 그것으로부터 돌이켜 하나님께로 돌아갈 것을 요구하러 오셨습니다. 회개를 요구하신 것입니다.

오병이어의 기적 이후에 예수님은 사람들로부터 세상의 왕으로 오해되는 난관에 부딪히시면서 자신을 대속물로 십자가에 주시려는 길을 점점 가까이 가고 있음을 엿볼 수 있습니다. 사람들의 요구는 모두 인간적인 필요에 의한 것들이었습니다. 자기만을 요구합니다. 자신이 하나님이 되겠다는 죄성입니다.

사람들은 태어나면서부터 자신의 욕구와 이익을 중심으로 삶을 적응하는 지혜를 배우며 성장합니다. 부부의 사랑도 나의 유익과 쾌락과 즐거움을 위한 수단으로 상대를 요구합니다. 그 가치가 동물적입니다. 오늘 우리 주변에 이러한 현실을 흔히 목도하고 있습니다. 부모와 자식의 관계도 마찬가지입니다. 그리고 학연과 지연관계 모두가 자신의 유익을 중심으로 모이고 연합하고 힘을 과시하는 방향으로 발전해 갑니다. 이 땅에 어느 나라도 자국의 유익이 된다면 전쟁을 불사합니다. 미국도 자국의 유익이 되고 국민에게 이익이 된다면 필요한 경우 전쟁을 하는 나라입니다.

신앙생활에서 쉽게 저지를 수 있는 잘못은 나의 방식대로 교회를 요구하는 데에 있습니다. 내가 생각하는 이상형의 교회를 요구합니다. 교회가 이랬으면 좋겠다, 하나님은 이런 하나님이시면 좋겠다고 하는 나 나름대로의 규격을 정해놓고 교회생활을 하는 사람들이 꽤 있습니다. 참으로 위험한 발상입니다.

교인 중에 가장 다루기 힘든 상대는 자기 실력으로 교회 일을 하겠다고 덤비는 사람들입니다. 자기의 인간다움이나 결백한 성품, 청빈한 삶의 윤리성이나 정직성 같은 것들을 가지고 교회를 비판하고 개혁하겠다는 것처럼 힘겨운 상대가 없습니다.

이러한 주장에는 십자가의 은혜가 발붙일 곳이 없어집니다. 바울의 고백은 우리로 많은 감동과 깨우침을 줍니다. 빌립보서 1장 12절 이하에 보면 이런 말씀을 합니다.

"형제들아 나의 당한 일이 도리어 복음의 진보가 된 줄을 너희가 알기를 원하노라… 어떤 이들은 투기와 분쟁으로 어떤 이들은 착한 뜻으로 그리스도를 전파하나니… 그러면 무엇이뇨 외모로 하나 참으로 하나 무슨 방도로 하든지 전파되는 것은 그리스도니 이로써 내가 기뻐하고 또한 기뻐하리라"(빌 1:12-18).

"나로 능하게 하신 그리스도 예수 우리 주께 내가 감사함은 나를 충성되이 여겨 내게 직분을 맡기심이니 내가 전에는 훼방자요 핍박자요 포행자이었으나 도리어 긍휼을 입은 것은 내가 믿지 아니할 때에 알지 못하고 행하였음이라 우리 주의 은혜가 그리스도 예수 안에 있는 믿음과 사랑과 함께 넘치도록 풍성하였도다"(딤전 1 : 12 - 14).

신앙은 하나님의 영광 아래 있는 것입니다. 하나님의 일이 흥왕하고 하나님의 역사가 형통해짐을 보고 한없이 기뻐하는 마음입니다. 그 마음의 소유자가 평소에 자신을 시기하고 증오하던 자들이 자신이 투옥되는 기회를 이용해서 교회의 주도권을 장악하려는 의도를 가지고 열심히 복음을 증거한다는 소식을 듣고 무한히도 감격해 하고 있습니다. 바울이 그랬습니다. 교회에서는 이런 마음을 가진 자가 훌륭한 신자입니다. 바울에게는 자신의 인간적인 욕심이나 자존심에 대하여 싸움하는 기색이 전혀 없습니다. 또 자기 자신이 갖고 있던 그 옛날에 휘두르던 실력을 배설물과 같이 여겼습니다. 하나님께로부터 긍휼을 입어 사도의 직분을 행사하는 것 자체로 이제 그는 겹겹이 쌓이는 감동과 은혜로 자신을 고백하고 있었습니다.

둘째로 교회 존립의 정당성은 하나님의 권위를 높이는 데 있습니다. 먹고 배부른 까닭으로 추종하던 무리들을 피하신 주님을 기억하는 순간 우리도 마땅히 하나님의 요구 앞에 자신의 죄인 됨을 알고 회개하는 심정으로 고개 숙여야 할 것입니다. 하나님의 뜻이 이루어지는 현장으로서 교회는 하나님을 왕으로 섬기는 모습이 뚜렷해 보여야 합니다. 경배와 예배는 구원을 베푸시는 하나님을 기뻐함과 동시에 우리의 잘못과 허물에 대하여 깊이 통회하고 애통하는 고백도 함께 일어나는 격식을 갖추어야 합니다.

또 한 가지 교훈으로 받을 수 있는 것은 이것입니다. 배고프다는 이유로 예수님을 따라 다니던 벳세다 광야의 무리들의 모습에서 신앙생활에서 만나는 물질과의 문제는 어떻게 풀어가야 될 것인가 하는 것입니다. '토오즈'라는 신학자는 이런 말을 했습니다. "물질은 영혼을 패망케 하는 잠정적 자원이라”고 하였습니다. 신앙생활은 언제나 물질문제와 마찰을 빚습니다. 영적인 문제이기 때문에 물질은 언제나 시험의 대상일 수밖에 없습니다. 하나님께서 처음 인간을 만드셨을 때에 인간의 마음속에 일어나는 모든 생각은 다 하나님 보시기에 기쁘셨던 것들이었습니다. 나쁜 것이 하나도 없었습니다. 이제 죄가 들어오자 그 생각이 하나님과 연결되지 않고 다 자신의 정욕을 채우는 데에 빠져 버리더라는 얘기입니다.

●●●●●●●●●

그리스도인은 이미 십자가를 지나 온 자들입니다. 부활의 생명을 가진 자로서 삶의 목표가 하나님의 영광입니다. 우리에겐 소유권이 없습니다. 모든 소유권이 하나님께 있습니다.

그리스도인에게 있어서 물질이 나쁠 것이 하나도 없습니다. 세상과 만물이 다 우리의 것으로 맡겨져 있습니다. 얼마든지 사유재산을 늘리고 저택을 장만하고 훌륭한 문화생활을 즐기고 학문과 명예를 향한 욕망을 발휘할 수 있습니다. 그러나 잊지 말아야 할 것, 단 한 가지는 내가 누구에게 속해 있느냐 하는 것입니다. 나의 소유가 하나님께로부터 임을 잊지 말자는 얘깁니다. 거기에 하나님께 영광이 있습니다. 동시에 우리에게는 한없는 평안과 안식과 번영이 약속되어 있습니다.

(요 6:28-34)

> "저희가 묻되 우리가 어떻게 하여야 하나님의 일을 하오리이까
> 예수께서 대답하여 가라사대 하나님의 보내신 자를 믿는 것이 하나님의 일이니라 하시니
> 저희가 묻되 그러면 우리로 보고 당신을 믿게 행하시는 표적이 무엇이니이까 하시는 일이
> 무엇이니이까 기록된바 하늘에서 저희에게 떡을 주어 먹게 하였다 함과 같이
> 우리 조상들은 광야에서 만나를 먹었나이다 예수께서 이르시되
> 내가 진실로 진실로 너희에게 이르노니 하늘에서 내린 떡은 모세가 준 것이 아니라
> 오직 내 아버지가 하늘에서 내린 참 떡을 너희에게 주시나니 하나님의 떡은 하늘에서
> 내려 세상에게 생명을 주는 것이니라 저희가 가로되 주여 이 떡을 항상 우리에게 주소서"

요한복음 6장은 오병이어의 기적으로부터 시작되어 계속되는 내용
들입니다. 배고파 지친 자들이 오병이어로 실컷 먹고 난 후에 예수님을
왕으로 추대하려는 뜻을 품고 가버나움까지 찾아 왔습니다. 찾아온 무
리들을 향하여 예수님은 이런 말씀을 하셨습니다.

> "너희가 나를 찾는 것은 표적을 본 까닭이 아니요 먹고 배부른 까닭이로
> 다 썩는 양식을 위하여 일하지 말고 영생하도록 있는 양식을 위하여 하라
> 이 양식은 인자가 너희에게 주리니 인자는 아버지 하나님의 인치신 자니
> 라"(요 6 : 26, 27)

그렇게 말씀하셨더니 무리들의 이렇게 반응하였습니다.

28절, "우리가 어떻게 하여야 하나님의 일을 하오리이까" 29절, "하나님의 보내신 자를 믿는 것이 하나님의 일이니라"와 같이 예수님은 배고프다는 현실문제를 품고 따라온 무리들에게 자신의 인자되심을 믿을 것을 요구하십니다. 30절, "그러면 우리로 보고 당신을 믿게 행하시는 표적이 무엇이니이까?"와 같이 예수님은 믿음을 요구하시는데 무리들은 당신이 하시는 일이 무엇이냐고 반문하고 있습니다.

지금 오병이어로 배불리 먹은 자들이 하나님의 일이 어떤 것이냐고 묻습니다. 30절 말씀에서 "하나님이 보내신 자를 믿는 것이 하나님의 일"이라고 하셨더니 우리로 당신을 믿게 할 표적을 보여 달라고 합니다. 그리고 계속하여 저들의 조상들이 배불리 먹었던 만나에 대한 이야기를 꺼내고 있습니다. 광야에서 먹고 살았던 조상들의 이야기로부터 저들은 자신들의 양식문제를 요구하고 있습니다. 오병이어의 표적을 본 자들이 예수님께 요구하는 것은 광야에서 내렸던 만나와 같은 초자연적인 표적이었습니다. 다시 말하면 광야의 만나와 같은 표적을 모세가 했던 것처럼 당신도 할 수 있다는 것이며 그렇게 하신다면 우리는 당신을 믿겠다는 것입니다. 무리들의 끈질긴 요구는 예수님을 모세와 대조시키면서 이렇게 접근하고 있었습니다.

31절, "기록된바 하늘에서 저희에게 떡을 주어 먹게 하였다 함과 같이 우리 조상들은 광야에서 만나를 먹었나이다" – 무리들은 모세와 비교하여 더 큰 표적을 보여야 할 것을 암시하고 있습니다. 당신은 오천 명을 먹였지만 불과 한번 뿐이었다는 것입니다. 반면에 모세의 시대에 우리 조상들은 무려 40년 동안이나 하늘에서 내려 준 만나를 먹었다고 주장하면서 더 큰 표적을 요구하고 있습니다.

30절, "우리로 보고 당신을 믿게 행하시는 표적이 무엇이니이까?"이는 오병이어의 기적을 본 무리들이 예수님께 메어 달리는 현세적인 요구입니다. 영적인 양식에 대해서는 관심이 전혀 없어 보입니다.

예수님은 죄인들 편에서 요구하는 이러한 물질적인 질문에 대하여 일일이 대꾸하지 않으시고 영적인 문제에 초점을 맞추고 있습니다. 두 가지 사실을 설명하고 있습니다. 첫째 만나를 주신 자는 모세가 아니라 오직 내 아버지 하나님이시라는 것이며 둘째로는 그 조상들이 먹었던 만나는 하늘에서 내려온 참 떡이 아니라 영혼의 양식을 예표해 주는 것으로서 나를 가리키는 떡으로서 내가 곧 생명의 떡이라고 설명하셨습니다.

오병이어의 기적을 일으켜 놓으시고 오해하고 있는 무리들을 향하여 예수님 자신이 생명의 떡임을 설득하고 있는 장면 같이 보입니다. 그러나 여기서 깊게 생각해야 될 것은 내가 곧 생명의 떡이니 나를 믿으라는 얘기가 아닙니다. 오병이어의 기적을 보았으면 내 말을 믿고 따라야 할 것이 아니냐 이렇게 권면하는 내용으로 오해해서는 안 됩니다. 예수님이 베푸신 기적을 가지시고 나를 믿고 구원 받으라고 보이신 전시물이라는 생각은 버려야 합니다. 이것은 구원을 강요하는 장면이 아닙니다. 우리의 선택을 요구하는 목적으로 오병이어의 기적을 일으키신 것이 아닙니다.

지금 요한복음에서 논술되어 온 내용이 모두 어디에 연결되느냐 하면 1장 초두에 전제하듯이 1장 5절, "빛이 어두움에 비취되 어두움이 깨닫지 못하더라", 11절, "자기 땅에 오매 자기 백성이 영접지 아니하였도다", 10절, "세상은 그로 말미암아 지은바 되었으나 세상이 그를 알지 못하였도다"는 말씀과 같이 이토록 하나님과 인간 사이의 무지함과 괴리로 연관된 사건들임을 놓쳐서는 안 됩니다.

지금 오병이어의 기적을 직접 목격한 사람들이 다 믿었느냐 하면 그렇지 않더란 얘깁니다. 예수님은 그의 신성을 증거하셨을 뿐 베푸신 표적을 보고 믿고 구원함에 이를 것이라는 기대가 없으십니다. 구원은 그 수많은 기적에도 불구하고 사람들에게서 일어나지 않았습니다. 구원은 십자가에 죽으신 대속사역이 끝난 후에야 가능합니다. 처음부터 대속물로 십자가를 지러 오신 분이 예수 그리스도이십니다.

요한복음 6장에서 오병이어의 기적이 일으키기 전까지 요한은 구원에 있어 인간 편에서 해야 할 일이 전혀 없음을 지적하는 내용으로 모든 사건을 기록하고 있습니다. 구원의 문제를 해결하는 방법으로는 우리 인간으로서는 아무런 묘책이 없음을 지적해 오고 있었습니다.

요한복음 2장은 가나 혼인 잔치에서 물로 포도주를 만드신 표적을 일으키심을 출발로 해서 예수님의 신성을 공개적으로 증거하기 시작하였습니다. 혼인 잔치에 술이 떨어짐으로 기쁨과 여흥이 사라진 곳에 예수님이 등장하여 물로 술을 만들어 주셨습니다. 가장 기뻐해야 할 곳에서조차도 기뻐할 수 없는 인간의 한계상황에서 예수님은 최고의 기쁨을 회복시켜 주시는 구세주로 등장하십니다. 하늘나라를 예표해 주는 사건입니다.

그리고 3장에 들어가면 니고데모의 얘기가 나옵니다. 그는 유대관원으로서 모든 것을 다 갖춘 완벽한 자입니다. 그가 예수님을 밤중에 찾아옵니다. 예수님께서 그를 보고하신 말씀이 이렇습니다.

"진실로 진실로 네게 이르노니 물과 성령으로 나지 아니하면 하나님의
나라에 들어갈 수 없느니라."(요 3 : 5).

니고데모와 같이 세상에서 가지고 있는 모든 가능성을 다 소유했다 할지라도 하늘나라에 들어가는 데는 아무런 가치가 없음을 지적하시고 오직 성령으로 거듭나야 할 것을 강조하였습니다. 그럼으로써 구원은 인간 편에서는 불가능함을 못 박으셨습니다.

그 다음 이어서 4장에 들어가면 사마리아 여인이 등장합니다. 인간 편에서 보면 가장 불쌍한 처지에 속한 존재입니다. 그렇다 할지라도 구원에 있어서는 모든 가능성이 있음을 보여주심으로써 구원의 주권이

하나님께 있음을 증거 해주고 있는 내용입니다.

그리고 5장에 들어가면 베데스다 연못가에 자리를 깔고 누워있는 38년 된 병자를 일으키신 표적이 기록되어 있습니다. 그는 전신이 마비된 자입니다. 스스로 연못에 들어갈 수가 없는 자입니다. 영혼 구원을 위하여 스스로 무능한자요, 죽은 시체와 같은 존재를 연상케 하는 자입니다. 거기에 예수님이 오셔서 고쳐 주셨습니다.

요한복음 6장까지의 흐름이 대략 이와 같습니다. 그 내용이 인간의 무능과 연약을 중심으로 사건이 전개되고 있습니다. 구원을 위해서 인간은 전적으로 무능합니다. 스스로 일어날 가능성이 전혀 없는 전신이 마비된 자입니다. 6장에 들어오면서 이토록 절박하고 비참한 상황에서 예수님은 자신의 몸을 찢어 나누어주는 십자가의 대속사역을 연상하시면서 오병이어의 기적을 일으키신 것입니다. 그리고 드디어 내가 곧 '생명의 떡' 이라고 선포하신 것입니다.

가버나움까지 좇아온 무리들의 요구는 이렇습니다. 우리가 어떻게 하여야 하나님의 일을 할 수 있겠는가 하는 것입니다. 영생하도록 있는 양식을 위하여 무리들이 할 수 있는 일에 대하여 상당한 호기심과 열의를 품고 있는 질문같이 보입니다. 저들은 영생을 위한다면 무엇이든지 하겠다는 겁니다. 구원을 위하여 우리는 무엇이든지 우리의 힘과 의지력을 발휘해서 행동할 각오가 되어 있는 것처럼 사람들은 요구합니다. 무엇을 할까요? 무엇인가 행하고 싶다는 얘깁니다. 저들은 구원이 하나님의 주권에 있으며 하나님이 베푸시는 은혜의 선물임을 전혀 알지 못하고 있습니다.

누가복음 18장에 나오는 유대관원 경우도 그렇습니다. "선한 선생님이여 내가 무엇을 하여야 영생을 얻으리이까"(눅 18:18) 즉, 영생을 얻으려면 내가 할 수 있는 일이 무엇인가 하는 것입니다. 유대관원으로서 자신의 의를 들고 나오는 모습입니다. 오순절 성령강림 이후 사도들의 설교를 들은 유대인의 반응도 그렇습니다. "형제들아 우리가 어찌할꼬

”(행 2:37 하반절)였습니다. 빌립보 감옥에 갇힌 바울과 실라가 풀려났을 때에 간수의 애절한 소원도 그렇습니다. "선생들아 내가 어떻게 하여야 구원을 얻으리이까"(행 16:30) 였습니다. 구원을 위해서 무엇을 해야 되겠느냐는 질문입니다. 모두가 절박한 한계상황 속에서 구원을 갈망하면서 무엇을 할 것인가를 정확히 몰랐습니다. 무엇이나 해야 된다는 확신만을 가지고 있을 뿐이었습니다.

하나님의 일은 그의 보내신 자를 믿는 그것입니다. 예수님의 구주되심을 믿는 것입니다. 그런데 자연만을 알고 있던 인간이 예수님의 성육신하심을 어떻게 믿을 수 있겠습니까? 세상이 전부이며 그 안에서도 의미와 보람 같은 행복이 넘치는데 그 모든 것을 틀렸다고 인정하고 하나님만이 옳다고 뒤돌아 설 사람이 어디에 있겠습니까? 예수님을 구주로 고백하는 순간부터 구원이 확인되는 법인데 참으로 인간 편에서 불가능한 일입니다.

구원은 진실로 그리스도에 의하여 이루어진 사건입니다. 그럼에도 불구하고 십자가로 구속된 생명을 가진 자로서 나 자신이 이제는 하나님의 자녀라는 인식이 일어나서 하나님의 말씀에 내가 동의하지 아니하면 구원을 확인할 수가 없습니다. 그런데 문제는 우리의 인식 속에 하나님을 동의할 수 있는가 하는 것입니다. 하나님이 옳다고 내가 손을 들어 환영할 수 있는 가라는 말입니다. 구원이 우리로서는 얼마나 불가능하냐 하면 구원을 위하여 행하신 예수님의 일을 믿음으로 받아 드려야 하는데 믿음이 우리에게서부터 나올 수 없는 것이라는 단편적인 설명이 부자와 나사로의 얘깁니다.

이 땅에 잘 살던 부자가 이제 지옥에 갔습니다. 지옥에 가보니 날마다 자기집 문밖에서 거지로 살던 나사로가 아브라함의 품에서 영광 중에 안겨 안식을 누리고 있는 모습을 보고 한없이 부럽습니다. 그가 하나님께 이런 호소를 합니다. "주여, 나사로를 보내어 우리 형제 친척들에게 이곳에 오지 않게 전해 주소서" 이에 대한 답변이 "그들에게 율법과 선지자가 있느니라"였습니다. 이때 부자가 더욱 간절히 애원합니다. "그들의 말을 듣지 아니할 것이니다. 그러나 죽은 나사로가 살아서 가서 얘기하면 들을 것이니이다" 그때 성경은 이렇게 결론을 내려 줍니다.

> "모세와 선지자에게 듣지 아니하면 비록 죽은 자 가운데서 살아나는 자
> 가 있다 할지라도 권함을 받지 아니하리라 하였다 하시니라"(눅 16:31).

우리의 생각으로는 누가 가서 설명을 잘하면 믿을 것이라는 생각에 잡혀 있습니다. 그러나 반드시 기억할 것은 죽은 사람 앞에서는 누가 설명해도 들을 수가 없다는 사실입니다. 아무리 명강사가 시설이 잘 갖추어진 곳에서 유창하게 논리적으로 조리 있게 설명한다 해도 들을 귀 있는 자만이 듣는 법입니다. 시체가 청중으로 있으면 다 무가치한 말들입니다.

생명은 십자가가 세워진 이후에 하늘로부터 우리에게 생명의 양식이 공급될 때에야 비롯될 수 있습니다. 이 모든 기록은 믿게 하기 위한 것이 아니라 구원을 얻은 자가 어떻게 생명을 얻으며 어떻게 살아났으며 이제 구원과 함께 사는 삶을 어떻게 증거할 것인가에 대한 깨우침과 각성을 갖도록 고백케 하는 은혜의 말씀입니다. 영으로 듣는 말씀입니다. 이는 거듭난 자가 들을 수 있습니다. 영으로 살아있는 자가 들을 수 있습니다. 예수님께서 이제 좇아온 무리들에게 말씀하셨습니다. "내가 곧 생명의 떡이니 나로 말미암지 않고는 아버지께로 올 자가 없느니라" 그래서 어쩌란 말입니까? 믿으란 얘깁니까? 오병이어의 기적을 가지고 설득하는 내용입니까? 아닙니다.

36절 말씀, 여기가 결론입니다. "그러나 내가 너희더러 이르기를 너희는 나를 보고도 믿지 아니하는도다 하였느니라" – 예수님의 베푸신 어떤 기적도 표적도 권능의 역사도 그것으로 하나님의 일 곧 그의 보내

신 자를 믿게 할 수는 없다는 것입니다. 왜 그렇습니까? 너희들이 지금 장님이며, 불구된 자이며, 전신이 마비되어 죽은 자와 같은 존재로 있는 이상 믿을 수가 없다는 것입니다.

• • • • • • • • • •

죽어있는 자들 앞에서 예수 그리스도는 홀로 자신의 하나님 되심을 증거하는 표적을 남기시면서 대속의 길을 묵묵히 가셨습니다. 복음서의 기록은 예수님의 홀로 행하신 독무대와 같은 장면들입니다. 거기에는 관중들도 없었습니다. 그를 향하여 일어나 박수와 갈채를 보내는 자도 없습니다. 그러면서도 이 표적을 기록한 것은 우리의 구원이 얼마나 은혜인가, 하나님의 긍휼하심이 한없이 배려된 선물인가 이 신앙으로 사는 삶의 방향이 어디로 향해 있어야 하는가를 감동적으로 깨우치게 함을 목적으로 기록되어 있음을 명심하십시다.

구원을 얻은 자의 감동 어린 은혜의 생활을 위해서 그리고 우리의 삶의 방향을 은혜를 베푸신 자 하나님의 뜻에 맞추어 살도록 인도하는 말씀임을 깨달아 아름다운 순종의 덕을 기리시기를 바랍니다.

(요 6:35-44)

> 예수께서 가라사대 내가 곧 생명의 떡이니
> 내게 오는 자는 결코 주리지 아니할 터이요 나를 믿는 자는 영원히 목마르지 아니하리라
> 그러나 내가 너희더러 이르기를 너희는 나를 보고도 믿지 아니하는도다 하였느니라
> 아버지께서 내게 주시는 자는 다 내게로 올 것이요 내게 오는 자는
> 내가 결코 내어 쫓지 아니하리라 내가 하늘로서 내려온 것은 내 뜻을 행하려 함이 아니요
> 나를 보내신 이의 뜻을 행하려 함이니라 나를 보내신 이의 뜻은 내게 주신 자 중에 내가
> 하나도 잃어버리지 아니하고 마지막 날에 다시 살리는 이것이니라
> 내 아버지의 뜻은 아들을 보고 믿는 자마다 영생을 얻는 이것이니
> 마지막 날에 내가 이를 다시 살리리라 하시니라 자기가 하늘로서 내려온 떡이라
> 하시므로 유대인들이 예수께 대하여 수군거려 가로되 이는 요셉의 아들 예수가 아니냐
> 그 부모를 우리가 아는데 제가 지금 어찌하여 하늘로서 내려왔다 하느냐 예수께서 대답하여
> 가라사대 너희는 서로 수군거리지 말라 나를 보내신 아버지께서 이끌지 아니하면
> 아무라도 내게 올 수 없으니 오는 그를 내가 마지막 날에 다시 살리리라

35절 말씀 "내가 곧 생명의 떡이니 내게 오는 자는 결코 주리지 아니할 터이요 나를 믿는 자는 영원히 목마르지 아니하리라" 그리고 36절, "그러나 내가 너희더러 이르기를 너희는 나를 보고도 믿지 아니 하는도다 하였느니라" 이 말씀은 벳세다 광야에서 갈릴리 호수를 건너 가버나움까지 찾아온 무리들에게 하신 말씀입니다.

오병이어의 기적 이후에 육체의 배고픔을 해결하기 위해 따라오는 무리들을 향해서 예수님은 세상문제를 해결하려고 베푼 기적이 아니라 썩지 아니할 영적인 양식을 주시기 위하여 오신 것임을 설명하고 있습니다. 그러나 사람들은 예수님의 말씀을 믿지 아니하였다는 것이 오병

이어 사건의 결론입니다.

그리고 오늘 우리의 주목을 끄는 중요한 대목은 44절 말씀입니다. "나를 보내신 아버지께서 이끌지 아니하면 아무라도 내게 올 수 없으니 오는 그를 마지막 날에 다시 살리리라" – 구원은 나의 선택으로 이루어진 것이 아니라 전적으로 하나님이 주시는 은혜의 선물이라는 것이 불변의 진리입니다. 그렇다면 성경에 기록된 예수님의 행적을 어떻게 이해해야 하느냐 하는 문제에 부딪히게 됩니다. 성경은 영으로 장님이 된 자들이 볼 수 있는 글이 아니라 영으로 눈 뜬 자들이 보는 책입니다. 구원을 위하여 주어진 말씀이 아니라 구원을 얻은 자가 자신의 구원이 어떻게 이루어진 것인가를 깨달아서 구원을 주신 하나님의 은혜를 기리며 감사하며 전파하는 감동과 기쁨으로 살도록 계시된 은혜의 말씀입니다. 곧 은혜의 수단으로서 주신 말씀입니다.

예수님은 아무나 믿을 것을 권고하고 있지만은 아무나 믿을 수 있는 대상은 아닙니다. 우리의 결심이나 의지력에 의하여 선택할 수 있는 대상이 아니란 얘깁니다. 전적으로 하나님의 주권에 의하여 은혜로 주어진 믿음의 대상입니다. 믿음은 하나님께서 일으키신 구원을 어떻게 나의 것으로 갖느냐 하는 싸움입니다. 자연의 이치로는 받아들일 수 없습니다. 인간 스스로의 힘으로는 인식하거나 감각할 가능성이 전혀 없습니다. 성경은 자연상태의 인간을 죄와 허물로 죽었다고 선포하고 있습니다.

우리가 믿으면 구원을 얻는다고 하지만 믿음이 구원의 조건일 수 없습니다. 믿음은 전적으로 하나님이 주시는 은혜의 선물입니다. 하나님의 은혜이기 때문에 믿음으로 밖에는 우리의 것으로 받을 길이 따로 없습니다. 믿음은 이미 하나님께서 이루신 것을 나의 것으로 인식하는 경험에 불과합니다.

오병이어의 기적에서 내린 결론은 36절, "그러나 너희는 나를 보고도 믿지 아니하는도다 하였느니라"입니다. 아무나 예수를 믿을 수 없다는 것입니다. 오병이어의 기적도, 가나 혼인 잔치의 기적도, 베데스다 연못가의 기적도 예수를 믿게 하는 근거가 될 수 없다는 얘기입니다.

> "아버지께서 내게 주시는 자는 다 내게 올 것이요 내게 오는 자는 결코 내어 쫓지 아니하리라 내가 하늘로서 내려온 것은 내 뜻을 행하려 함이 아니요 나를 보내신 이의 뜻을 행하려 함이니라 나를 보내신 이의 뜻은 내게 주시는 자 중에 하나도 잃어버리지 아니하고 마지막 날에 다시 살리는 이 것이니라"(요 6 : 37 - 39).

아버지께서 내게 주시는 자가 강조되는 부분입니다. 나를 보내신 이의 뜻은 나에게 보낸 자 중에 내가 하나도 잃어버리지 아니하고 마지막 날에 다시 살리는 것입니다.

그 다음에 이어지는 44절 말씀, "나를 보내신 아버지께서 이끌지 아니하면 아무라도 내게 올 수 없으니 오는 그를 내가 마지막 날에 다시 살리리라" 여기에서도 아버지께서 이끄시는 자로 한정하고 있습니다. 구원의 주체자가 하나님이심이 강조되고 있는 대목입니다.

우리는 가만히 버려두면 자연스럽게 우리 자신의 정욕과 자존심을 따라 세상 속으로 가버립니다. 그 세속적인 본성을 가지고 있습니다. 우리가 하나님을 창조주로 믿고 구속주로 고백하는 것은 자연 상태 그대로는 도저히 있을 수 없는 일입니다. 우리가 하나님을 믿는다는 것은 참으로 기적 중에 기적적인 사건입니다. 자다가도 깰 놀라운 일입니다. 지금 예수님을 구주로, 다시 오실 재림주로 알고 고백한다는 것은 하나님께서 우리의 영안을 뜨게 해 주신 결과임이 틀림없습니다.

하나님에 대하여 눈을 뜨면서부터 우리는 세상 문제에 대하여 일일이 번민과 갈등이 생겨나기 시작합니다. 왜 번민이며 왜 갈등입니까? 그것은 하나님께서 우리로 예수님만을 바라보게 하지 않으시고 세상과 예수님을 똑같이 나란히 보게 하시기 때문입니다. 하나님 나라가 있음을 보게 하셨을 뿐, 세상의 것을 못 보게 하고 하나님만을 보도록 간섭하지는 아니한다는 말씀입니다. 하나님은 다만 일생을 거치는 동안 열심으로 하나님의 나라만을 보여주실 뿐입니다. 언약하신 대로 도착 할 하늘나라를 확인시키시고 그 나라에 대한 약속을 붙들도록 간섭하실 뿐입니다. 얼마나 깊게 간섭하시느냐 하면 우리가 하나님과 그 나라를 기억하고 돌아설 때까지입니다.

그리스도인은 그래서 언제나 세상이냐 하나님의 나라냐의 이 두 가지 갈림길에서 언제나 세상을 버려야 하는 간섭 속에 있음을 깨달아야 합니다. 우리의 재촉 받아 가야 할 곳은 언제나 하늘나라입니다. 그러나 불신자의 특성은 돌이킬 수가 없다는 것입니다. 세상을 무대로 자신의 정욕대로 살면서 돌이키거나 뉘우치거나 깨우칠 이유가 없는 사람들입니다. 환난이나 고통을 주어도 그 뜻을 알리가 없습니다. 아픔과 슬픔을 만나도 무엇 때문에 일어난 일인지 도무지 모릅니다. 그 이유를 언제 알게 됩니까? 돌이킬 수 없는 때에 가서야 드디어 깨닫고 회개합니다. '세상의 물질이, 부귀영화가 전부가 아니었구나.' '세상의 그 찰나의 쾌락을 위하여 살았던 인생이 참으로 어리석었구나.' '영혼을 준비하며 살았어야 했는데…' 지옥의 고통을 맛보고서야 비로소 돌이킬 결심을 하게 됩니다. 그러나 그때는 더 이상 회개의 기회가 아닙니다.

그러나 우리 그리스도인의 특성은 무엇입니까? 세상이 최고의 가치가 아니라는 것을, 돈이 삶의 목적이 아니라는 것을, 살아 있을 동안에 깨닫는 자들입니다. 우리는 영원히 있고 세상은 그 영원을 준비하는 과정이라는 사실을 우리가 살아 있는 동안에 다 깨닫고 뉘우치며 살아가도록 지음을 받았습니다. 하나님께서 그렇게 가르치시고 훈계하십니다. 그래서 천국은 구름을 타고 올라가는 것이 아니라 현실이라는 장벽을 넘어서 갑니다. 영원한 천국을 준비하며 그곳에서 받을 면류관을 완성하는 과정으로서 현실은 비록 여러 가지 빛깔의 고통이 역력한 발자국들이지만 참고 살만한 의미와 가치가 있습니다. 구원과 함께 살고 있기에 아름다운 세상입니다. 그리스도인에게는 우연이라는 사건이 없습니다. 모두가 다 하나님이 친히 장중에 잡으사 우리를 그리스도께로 인도하시는 손길들입니다.

우리의 자존심과 정욕으로 나아갔던 세상에서 다시 돌이켜 하나님께로 갈 수 밖에 없는 것은 하나님께서 우리와 더불어 싸우시는 결과 언제나 우리의 항복을 받아 내시기 때문입니다. 우리가 선택하여 가는 곳은 우리의 자존심이 살아 있는 곳입니다. 하나님은 우리와 인격 대 인격으로 씨름을 걸어 오셔서 우리를 언제나 이기십니다. 강압적이거나 억지로가 아니라 사랑의 질투로써, 깊은 애정을 가지시고 우리와 더불어 싸우셔서 우리의 사랑과 진심을 받아 내십니다. 주께서 하늘과 땅의 모든 권세를 가지신 것도 우리의 고집과 싸워 이기기 위한 조치입니다. 우리는 이제 생사화복의 주권자에게 나의 자존심을 꺾은 사람들입니다. 아버지께서 이끌어다 놓으신 자리에서 그리스도 안에서 신앙의 든든함을 지키고 있습니다.

"아버지께서 내게 주신 자와 아버지께서 내게 이끌어 주시는 자"란 표현 속에 구원의 방법론이 숨겨져 있습니다. 이 말씀에 따르면 예수님은 아무나 구원하러 오시지 않으셨다는 겁니다. 아버지께서 이 땅에 보내실 때에 부탁하신 영혼이 따로 있다는 것입니다. 여기서 개혁주의 신학에 근간을 이루는 칼뱅(Calvin, J.)의 5대 교리가 유추된다 할 수 있습니다. 칼뱅의 5대 교리는 한마디로 하나님의 주권사상이라 할 수 있습니다. 구원에 있어서 하나님의 주권을 인정하는 개혁교회는 장로교를 비롯해서 일부 감리교, 즉 칼뱅주의 감리교가 있고 많은 경우 회중교회들이나 성공회도 개혁주의적 신조를 갖고 있습니다.

칼뱅의 5대교회는 그 첫 번째가 인간은 전적으로 부패했다고 하는 전적부패 교리입니다. 인간의 본성이 전적으로 부패해져서 스스로 하나님을 찾기에는 불가능한 존재라는 것입니다. 두 번째는 무조건적 선택입니다. 그리고 제한 속죄입니다. 오늘 본문처럼 하나님이 내게 주신 자에 한하여 구원의 완성을 성취하시겠다는 말씀입니다. 그리고 불가항력적 은혜입니다. 구원하기로 선택한 자는 반드시 구원을 이루시고야 만다는 주권입니다. 이 구원을 받는 입장에서는 항거할 수 없는 구원의 은혜라는 뜻에서 불가항력적 은혜라는 교리가 생겨났습니다. 마지막으로 성도의 견인입니다. 하나님이 시작하신 일은 끝 날까지 지키시고 완성하신다는 뜻입니다. 이 다섯 가지 5대 교리를 종합하면 한마디로 구원의 주권이 하나님께 있다고 하는 것이 골자입니다.

그리고 40절 말씀입니다. "내 아버지의 뜻은 아들을 보고 믿는 자마다 영생을 얻는 이것이니 마지막 날에 내가 이를 다시 살리리라"와 같이 누구든지 아들을 보고 믿으면 영생을 얻습니다. 그러나 36절에 보면 "너희는 나를 보고도 믿지 아니하는도다 하였느니라" 하였습니다. 보았는데도 믿지 아니하였다고 합니다. 많은 사람들은 하나님의 신성을 증명하는 여러 가지 표적을 보았지만 믿지 아니했습니다. 이는 무슨 뜻입니까? 사람들은 육체의 눈으로 보이는 것만을 보는 자들이지 보이지 않는 하나님의 행사로는 보지 못합니다. 영으로 눈을 감고 있기 때문에 오병이어의 기적을 보고 하나님을 깨달을 수가 없습니다. 저들의 눈에는 오병이어의 기적을 베푸는 자가 우리의 왕이 될 수 있다고 하는 그 안목밖에는 없습니다. 예수님이 오신 것은 어두워진 영안을 뜨게 해주려 오셨습니다. 하나님에 대하여 장님인 자들을 눈을 뜨게 하시는 방법으로 십자가를 지셨습니다.

예수님은 우리를 하나님께로 인도하기 위하여 계시의 말씀으로 오셨습니다. 죄인을 구원하시려는 하나님의 사랑과 긍휼과 인자하심을 증거로 제시되는 말씀의 용도로 사셨습니다. 하나님을 설명하는 역할로서 사셨습니다.

예수님의 행적이 진행되면서 하나님의 진리와 사랑이 눈물겹게 증거

됨과 동시에 인간의 예수님을 향한 증오심은 더욱 골이 깊어져 가고 있었습니다. 왜 그렇습니까? 인간은 자신의 욕심을 구하고 예수님은 하나님의 뜻을 이루시고 계셔서 더욱 큰 간격과 괴리가 생겨나게 된 것입니다. 아무도 예수를 구주로 시인하고 믿는 자가 없었습니다. 오늘 본문의 이야기는 그래서 아버지께서 이끌지 아니하면 내게로 올 수 없다는 것입니다. 예수님을 인자로 알 수도 들을 수도 없습니다. 영으로는 장님이기 때문에 구원 문제에 대하여 생각도 없고 고민도 없습니다. 구원의 필요성도 모르고 구원을 위하여 몸부림칠 번민도 없습니다. 아버지께서 이끌어 주지 아니하시면 불가능합니다.

● ● ● ● ● ● ● ● ●

　여기 ‘이끌다’ 라는 말은 저항이 전제된 말입니다. 하나님에 의하여 이끌려야 예수께로 올 수 있습니다. 자발적으로 올 수 없습니다. 어떤 주권적인 간섭이 있어야 올 수 있습니다. 인간은 태어나면서부터 본성적으로 죄에 이끌리는 속성을 가지고 살아갑니다. 그러므로 아버지께서 이끌어 주셔야 합니다. 그 간섭하시는 손길로 우리가 구원을 받았습니다. 하나님의 은혜의 주권으로 이루어진 구원을 생각하면 나의 입을 다 연다하여도 하나님의 영광을 못다 찬양합니다. 삶의 처지를 뛰어넘어 하나님의 은혜를 외칠 따름입니다.

내가 곧 생명의 떡

"선지자의 글에 저희가 다 하나님의 가르치심을 받으리라
기록되었은즉 아버지께 듣고 배운 사람마다 내게로 오느니라
이는 아버지를 본 자가 있다는 것이 아니라 오직 하나님에게서 온 자만 아버지를 보았느니라
진실로 진실로 너희에게 이르노니 믿는 자는 영생을 가졌나니 내가 곧 생명의 떡이로라
너희 조상들은 광야에서 만나를 먹었어도 죽었거니와 이는 하늘로서 내려오는 떡이니
사람으로 하여금 먹고 죽지 아니하게 하는 것이니라 나는 하늘로서 내려온 산 떡이니
사람이 이 떡을 먹으면 영생하리라 나의 줄 떡은 곧 세상의 생명을 위한 내 살이로라
하시니라 이러므로 유대인들이 서로 다투어 가로되 이 사람이 어찌 능히 제 살을 우리에게
주어 먹게 하겠느냐 예수께서 이르시되 내가 진실로 진실로 너희에게 이르노니
인자의 살을 먹지 아니하고 인자의 피를 마시지 아니하면 너희 속에 생명이 없느니라
내 살을 먹고 내 피를 마시는 자는 영생을 가졌고 마지막 날에 내가 그를 다시 살리리니
내 살은 참된 양식이요 내 피는 참된 음료로다 내 살을 먹고 내 피를 마시는 자는 내 안에
거하고 나도 그 안에 거하나니 살아 계신 아버지께서 나를 보내시매 내게 아버지로 인하여
사는 것같이 나를 먹는 그 사람도 나로 인하여 살리라 이것은 하늘로서 내려온 떡이니
조상들이 먹고도 죽은 그것과 같지 아니하여 이 떡을 먹는 자는 영원히 살리라
이 말씀은 예수께서 가버나움 회당에서 가르치실 때에 하셨느니라"

요한복음 6장은 오병이어의 기적으로부터 시작하여 영생을 얻는 자리 곧 구원의 뜻을 설명하는 내용으로 진행되고 있습니다. 그리고 구원의 주권이 성부 하나님께 있다는 것이 오병이어를 일으키신 후 설명하고 싶은 골자입니다.

44절, "나를 보내신 아버지께서 이끌지 아니하면 아무라도 내게 올 수 없으니 오는 그를 내가 마지막 날에 다시 살리리라" 이렇듯 구원은 나의 결단으로서가 아니라 하나님께서 이끌어다 놓으신 자리입니다. 아버지의 뜻으로 이루어진 은혜의 산물입니다. 신앙생활에는 두 가지 영역이 있습니다. 하나는 구원이 하나님의 은혜로 주어지는 것과 다른

하나는 그러면 구원의 자리는 어떻게 살아야 할 장소인가에 대한 영역입니다. 이를 분명히 아셔야 합니다.

47절과 48절 말씀, "진실로 진실로 너희에게 이르노니 믿는 자는 영생을 가졌나니 내가 곧 생명의 떡이로라" 이는 이미 영생이 우리에게 있음을 증거하는 말씀입니다. 영생을 권면하거나 선택을 요구하는 말씀이 아닙니다. 이미 참 하나님을 알았고, 하나님과 함께 깊은 교제 속에 있다는 뜻입니다. "내가 곧 생명의 떡이로라"하신 말씀은 이미 영생을 가진 자의 풍성한 양식을 의미합니다. 예수님은 이를 광야의 만나와 비교하여 자신을 하늘에서 내려온 떡으로 설명하고 있습니다.

특별히 51절 말씀은 더욱 분명하게 설명하고 있습니다. "나는 하늘로서 내려온 산 떡이니 사람이 이 떡을 먹으면 영생하리라 나의 줄 떡은 곧 세상의 생명을 위한 내 살이로라 하시니라" 앞으로 십자가에서 대속물로 죽으실 것을 연상하면서 하신 말씀입니다.

그리고 우리의 주목을 끄는 대목은 58절입니다. "이것은 하늘로서 내려온 떡이니 조상들이 먹고도 죽은 그것과 같지 아니하여 이 떡을 먹는 자는 영원히 살리라" 예수님 자신은 생명의 떡임을 강조하시면서 조상들이 광야에서 먹던 떡과 다르다는 것을 증거하고 있습니다. 다시 말하면 광야에서 내렸던 만나는 하늘에서 내려오기는 하였지만은 육체의 양식을 위한 것으로 먹고도 다 죽었다는 것입니다. 그것은 마치 오병이어의 기적을 보고 따라왔던 배고픈 무리들의 요구와도 같은 양식입니다. 지금 예수님이 언급하신 떡과는 전혀 다른 양식입니다. 광야에서 조상들이 먹었던 떡은 그것은 육체의 배고픔을 진정시켜 주는 양식이었습니다.

주님이 왜 조상들이 먹고도 죽은 광야의 만나와 비교하여 자신을 생명의 떡이라 하셨을까요? 여기서 우리는 광야 40년 동안에 이스라엘 백성들의 생활을 더듬어 볼 필요가 있습니다. 광야 40년 동안은 이스라엘 백성이 스스로 씨앗을 뿌리거나 거두어들이는 수고 없이 오직 하나님의 기적만으로 살았던 세월이었습니다.

참으로 긴 세월동안 저들은 발이 부르트지 아니하고 옷이 헤지지 아니하였고 굶주린 적이나 추위에 떤 적이 없었던 생활이었습니다. 비록 광야였지만 이 땅의 어느 민족과 비교하여 부족함이 없었던 풍요로운 세월들을 살았습니다. 반면에 이스라엘은 기적을 베푸신 자 하나님에 대하여 반항과 불평의 연속된 삶을 살았다는 것이 성경의 날카로운 지적입니다.

출애굽의 목적은 젖과 꿀이 흐르는 가나안 땅에 들어가는 것입니다. 그런데 '가데스바네아' 라는 곳에 까지 와서 가나안 땅이 어떤 곳인가 알아보기 위하여 정탐꾼들을 보내었더니 돌아와서 보고하기를 그곳 가나안 땅은 윤택한 곳이긴 하나 그곳에 사는 거민들을 보니 우리는 마치 그 앞에서 메뚜기와 같이 보였다는 것입니다. 정탐꾼들은 그곳에 들어가는 날에는 여지없이 죽게 될 것이라는 불안 때문에 가나안 진군을 거부하였습니다. 하나님께서 약속하신 땅이라는 의식이 전혀 없었습니다.

다만 여호수아와 갈렙만이 올라가, 치자, 하나님이 약속하신 땅이니 함께 하실 것이다 하고 외쳤지만 중과 부족이었습니다. 이때로부터 이스라엘 백성들은 젖과 꿀이 흐르기로 약속한 땅을 눈앞에 두고도 들어가지 못한 채 40년 동안을 광야를 배회하게 된 것입니다. 이 때로부터 그들의 마음속에는 하나님을 향하여 불평과 원망을 쏟으면서 광야의 고달픈 생활을 하게 됩니다.

이스라엘의 괴롭고 고달픈 광야 40년의 날들을 보냈어야 할 이유가 하나님에 대한 불신과 원망이기는 하지만 그것 보다는 하나님께서 의도하신 목적이 무엇인가를 살펴볼 필요가 있습니다. 다시 말하면 광야 40년은 불신과 원망에 대한 채찍의 기간임과 동시에 하나님께서 이스라엘 백성으로 하여금 반드시 깨우치고 배워야 할 교훈적 가치와 의미가 있는 기간이었음을 간과해서는 안 됩니다. 광야의 모든 사건은 하나님을 배우는 기회요 하나님의 긍휼과 사랑의 대상으로서 이스라엘은 하나님의 백성이라는 각성을 깨우치지 않으면 안 되는 시련의 기간이 었습니다. 신명기 8장은 광야 40년의 생활에 대한 의미를 이렇게 설명하고 있습니다.

> "네 하나님 여호와께서 이 사십 년 동안에 너로 광야의 길을 걷게 하신 것을 기억하라 이는 너를 낮추시며 너를 시험하사 네 마음이 어떠한지 그 명령을 지키는지 아니 지키는지 알려 하심이라 너를 낮추시며 너로 주리 게 하시며 또 너도 알지 못하며 네 열조도 알지 못하던 만나를 네게 먹이신 것은 사람이 떡으로만 사는 것이 아니요 여호와의 입에서 나오는 모든 말 씀으로 사는 줄을 너로 알게 하려 하심이라"(신 8 : 2, 3).

이스라엘 백성은 애굽의 종살이에서 풀려나는 자유를 기뻐하며 마음껏 그 환희와 기쁨을 외쳤습니다. 특별히 홍해를 마른 땅같이 건널 때에는 가슴으로부터 터져 나오는 감격을 주체할 수 없어 여호와 하나님을 전쟁에 능하신 용사요, 전능하신 구원자로 높이며 하나님의 영광을 한없이 소리치며 찬송을 불렀습니다.

그러나 광야에 들어서자 마자 당장에 부딪친 난관은 양식 문제였습니다. 삶의 기본적인 문제에 직면했을 때 저들은 곧바로 구원의 하나님을 잊어버렸습니다. 오히려 배불리 먹던 노예 시절을 그리워하면서 하나님을 원망하기 시작하였습니다. 단 하나의 이유, 지금 당장에 배고파 죽겠다는 것입니다. 현실 문제가 해결되지 않는 상태에서 자유가 무슨 소용이 있으며 하나님의 법을 또 어떻게 지킬 수 있느냐는 것입니다. 먹을 것이 없고 마실 물이 없는 상황에서는 오히려 노예로 있던 때가 더 좋았더라는 것입니다. 이스라엘 백성을 해방시켜 주신 하나님을 원망하고 불평하면서 지도자 모세에게 달려들었습니다.

이스라엘 백성은 계속 배가 고프다, 고기가 먹고 싶다, 물을 실컷 마

시고 싶다는 등 자신들의 육체의 문제를 꺼내놓고 하나님을 향하여 원
망을 퍼부었습니다. 종살이 하던 속박을 풀어주신 구원의 하나님에 대
한 감사가 전혀 없었습니다. 그렇게 구원하신 것은 젖과 꿀이 흐르는 땅
에서 그 자손들과 함께 최고의 삶을 누리게 함을 목적으로 행하신 일인
데 약속의 땅에 대한 환상이나 기대감 같은 것은 심중에도 없었습니다.
지금 당장에 죽겠다는 것입니다. 그래서 베푸신 기적이 만나와 메추라
기요 반석에서 나오는 샘물입니다. 이러한 기적에 대해서 성경은 그 이
유를 이렇게 표현하고 있습니다.

> "때에 여호와께서 모세에게 이르시되 보라 내가 너희를 위하여 하늘에
> 서 양식을 비같이 내리리니 백성이 나가서 일용할 것을 날마다 거둘 것이
> 라 이같이 하여 그들이 나의 율법을 준행하나 아니 하나 내가 시험하리라"
> (출 16:4).

> "백성이 모세를 대하여 원망하여 가로되 우리가 무엇을 마실까 하매…
> 거기서 여호와께서 그들을 위하여 법도와 율례를 정하시고 그들을 시험하
> 실새"(출 15:24, 25).

이스라엘의 원망은 굶어 죽는 처지에서 어떻게 하나님은 섬기느냐하
는 것이었습니다. 하나님이 이제 원대로 실컷 먹고 마시게 해 주셨습니
다. 모든 요구를 다 들어 주셨습니다. 만나는 이스라엘의 소원대로 만
족케 하시는 배려임과 동시에 저들의 말대로 배불리 해주면 하나님의
명령을 지킬 것이라고 약속한 것에 대한 시험용으로 주신 양식입니다.
그럼에도 불구하고 성경의 결론은 이스라엘이 하나님의 규례와 법도를
지키지 아니할 뿐 아니라 하나님을 영화롭게도 아니하며 감사치도 아
니하였다는 것입니다.

이제는 무슨 핑계로도 더 이상 구실을 댈 수 없는 기간이 광야 40년
동안의 생활이었습니다. 출애굽 하였으면 오직 한길 밖에는 갈 곳이 없

습니다. 하나님께서 약속하신 가나안의 광대하고 풍요한 땅입니다.

광야 40년 동안 내린 만나는 광야에서 먹고 힘을 내어 가나안까지 들어가는데 필요한 양식으로 주신 것입니다. 먹고 광야에서 죽으라고 주신 것이 아니라 힘을 내어 약속의 땅까지 달려가라고 주신 위로와 격려의 양식이었습니다. 자기 자신들이 요구한 대로 초자연적인 기적을 베푸신 것입니다. 이제 이스라엘 백성들은 광야의 기적을 보고 하나님을 더욱 경외하면서 약속의 땅을 향하여 전진했어야 했습니다. 기적의 손길 속에서 자신을 낮추고 하나님의 명령을 따라야만 했었습니다. 그래야만 가나안에 들어가서 번영과 안식을 누릴 수가 있습니다.

오늘 우리가 예수를 믿는 것은 천국을 준비하는 목적으로 허락된 구원의 자리입니다. 이 세상에서 잘 살기 위한 조건으로 주어진 구원이 아닙니다. 하나님이 주시는 생수, 그리고 생명의 떡은 이 세상의 것을 위한 음식이 아닙니다. 이 세상 문제를 풀기 위하여 사용치 못합니다. 지금 얼마나 많은 신자들이 재리財利의 유혹 때문에 믿다가 낙심한 자가 많습니까? 십자가의 복음을 오직 병 낫는 데에, 입학시험에 합격하는 데에, 돈벌고 출세하는 데에 사용하다가 실족하여 넘어지는 모습을 얼마든지 만나게 됩니다. 예수님이 친히 비유로 말씀하시기를 천국은 마치 가시떨기에 떨어진 씨앗과 같다 하셨습니다. 천국은 모든 사람들이 보아서 달려올 정도로 영광스러운 모습으로 임하여 있지 아니하고 세상의 재리와 유혹에 넘어질 정도로 세상 보기에는 초라하고 겸비한 모습으로 와 있음을 가르쳐 주신 말씀입니다. 천국이 마치 세상의 재미와 몇 푼 돈 보다도 못한 것으로 보이더란 것입니다.

지금 우리는 구원을 믿음으로 받는 것까지는 다 알고 있습니다. 그러면서도 살기는 엉뚱하게도 다른 곳에서 살고 있다는 데에 심각한 문제가 있습니다. 꼭 기억해야 할 것은 예수 믿는 것이 우리가 생각하는 것보다 훨씬 더 감격스럽고 경이로운 기적으로 가득한 풍요로운 삶인가를 놓쳐서는 안 됩니다.

　세상의 재미와 비교할 수 없습니다. 스데반 집사는 복음을 증거하다가 돌에 맞아 죽는 가장 처참한 지경에서 돌을 던지는 자들을 향하여 예수 믿는 자의 행복과 감격을 전할 길이 없어서 그 얼굴이 천사와 같이 되어 하나님께 기도하기를, "주여 저들의 죄를 용서하옵소서 저들이 알지 못하니이다"하고 숨을 거두었습니다. 그는 전혀 다른 세계 곧 이미 하나님의 나라에 들어가 있었습니다. 초대교회 성도들은 가는 곳마다 핍박과 환난을 당하였지만 오히려 이를 보통으로 여기면서 그리스도의 흔적으로 평가될 그날을 준비시키는 자랑과 영광으로 당하였습니다. 성경은 히브리서에서 믿음의 조상들이 살아간 생애를 한마디로 세상이 감당치 못하였다고 증거합니다. 비록 고난 중에 살았지만 세상의 어느 것보다 더 행복하였다는 것입니다.

　마태복음 4장은 예수님이 처음으로 성령에 이끌리어 마귀의 시험을 받는 장면이 나옵니다. 마귀의 시험은 "돌들로 떡이 되게 하라" "성전 꼭대기에서 뛰어 내려라." "나에게 절을 하라" 이런 것들이었습니다. 명예와 배고픔을 채워주는 시험들이었습니다. 그런데 주님은 왜 이러한 마귀의 요구를 들어주지 아니 하셨을까요? 권능과 능력이 없어서였을까요?

　예수님은 이 땅에 오실 때에 하늘의 모든 권능과 능력과 영광을 보류하고 오셨습니다. 주님은 성부 하나님의 종으로 오셨고 아버지의 명령대로만 사셨고, 아버지께 보고 들은 바만을 말씀하셨습니다. 주님은 거기로부터 최대의 행복을 누리셨고 기쁨을 간직하셨습니다.

　십자가에 못 박히사 돌아가실 때에도 "내가 다 이루었다" 하시고 무한한 행복을 선포하셨습니다. 아버지의 뜻대로 다 이루었다는 것입니다. 예수님의 목적을 한 마디로 요약하는 말씀입니다. "내가 다 이루었다" 주님에게 있어서 이 순간 보다 더 영광스러운 기쁨과 만족이 없습니다.

57절, "내가 아버지를 위하여 사는 것같이 나를 먹는 자 그 사람도 나를 인하여 살리라" 우린 여기서 그리스도인들의 생활원리를 발견 할 수가 있습니다. 예수님의 행복이 아버지로부터 온 것과 같이 우리의 행복도 예수님으로부터 올 때에 최대의 행복임을 약속하는 내용입니다. 예수 그리스도 그분의 스타일대로 사는 것입니다. 세상의 안목으로 서로 만나고 교제하면 거기는 언제나 마귀의 시험이 있을 수밖에 없습니다. 그것은 마치 광야에서 만나를 먹던 이스라엘 백성들과 같습니다. 또한 오병이어의 기적을 보고 배고픈 까닭에 예수를 따라온 무리들과 같습니다. 온갖 불평과 원망이 도사리고 있는 자리입니다.

예수 믿는 자의 큰 특권과 영광이 어디에 있을까요? 하나님의 뜻이라면 무엇이던지 감당하겠다는 것을 믿음의 근본으로 삼아야 할 것입니다. 주님의 뜻이라면 가난에도 처할 줄 알고 부에도 처할 줄 아는 자가 되는 것입니다. 가난한 자와 병약한 자의 벗이 되기도 하고 모든 사람들의 종이 되기도 하는 것입니다. 사도들은 복음을 전하다가 능욕받는 일을 합당히 여기시면서 살았습니다. 오직 주님의 부르심에 대해 감격만이 있었습니다. 예수님이 남기고 가신 복음증거의 사명을 충실히 수행하다가 거기서 받는 고통과 아픔은 주님께서 약속하신 대로 그리스도의 흔적으로 알고 기쁘게 당하였습니다. 그들 앞에 놓인 의의 면류관 받아쓰기까지 주님과 함께 사는 것 자체로 하늘나라를 경험하면서 살았습니다.

우리가 지금 예수를 믿는 데 있어서 무엇이 불평이며 원망입니까? 예수 믿고 손해 본 적이 있습니까? 하나님은 우리 각자에게 영광의 하늘나라를 붙들도록 간섭하시는 데에는 그분의 사랑도 인자도 긍휼하심도 아낌없이 쏟아 주십니다. 돈이 없어서 믿음을 지키지 못하는 사람에게는 돈을 주시면서 까지 믿게 하실 것입니다. 우리들에게 혹 가난의 시련이 있다면 하나님의 은혜와 능력을 남달리 배울 수 있는 기회임을 잊지 말아야 합니다.

우리는 없는 것 때문에 부끄럽지 않고 있는 것 때문에 그렇게 자랑스럽지도 않습니다. 하나님은 우리에게 있는 것으로 일하실 수 있다면 우리의 없는 것으로써 더 영광스럽게 일하실 수 있는 분이십니다.

● ● ● ● ● ● ● ● ●

성경에 기록된 인물들은 저들의 있는 것으로 하나님의 일이 된 적이 없고 저들의 없는 것으로 하나님의 일이 안 된 적도 없다는 사실을 알고 살았던 생애였음을 성경은 강하게 증거하고 있습니다. 오늘 우리의 현실에서도 우리가 가져야 할 삶의 원리로 영생을 소유한 자답게 예수 그리스도의 스타일대로 살아가는 것입니다.

"내가 아버지를 인하여 사는 것같이 나를 먹는 자 그 사람도 나를 인하여 살리라."

영생의 말씀

(요 6:60-70)

"제자 중 여럿이 듣고 말하되 이 말씀은 어렵도다 누가 들을 수 있느냐 한대
예수께서 스스로 제자들이 이 말씀에 대하여 수군거리는 줄 아시고 가라사대
이 말이 너희에게 걸림이 되느냐 그러면 너희가 인자의 이전 있던 곳으로 올라가는 것을
볼 것 같으면 어찌하려느냐 살리는 것은 영이니 육은 무익하니라
내가 너희에게 이른 말이 영이요 생명이라 그러나 너희 중에 믿지 아니하는 자들이 있느니라
하시니 이는 예수께서 믿지 아니하는 자들이 누구며 자기를 팔 자가 누군지 처음부터
아심이러라 또 가라사대 이러하므로 전에 너희에게 말하기를 내 아버지께서 오게 하여
주지 아니하시면 누구든지 내게 올 수 없다 하였노라 하시니라 이러므로 제자 중에 많이
물러가고 다시 그와 함께 다니지 아니하더라 예수께서 열두 제자에게 이르시되 너희도
가려느냐 시몬 베드로가 대답하되 주여 영생의 말씀이 계시매 우리가 뉘게로 가오리이까
우리가 주는 하나님의 거룩하신 자신 줄 믿고 알았삽나이다 예수께서 대답하시되
내가 너희 열둘을 택하지 아니하였느냐 그러나 너희 중에 한 사람은 마귀니라 하시니"

오병이어로 시작된 기사가 6장 전체를 메우고 있습니다. 이제 마지막
부분입니다. 물고기 2마리와 보리떡 5거, 따라온 무리들은 남자만 헤아
려 5천 명, 여자와 아이까지 합하면 약 1만 명, 그리고 열두 광주리가 남
는 부스러기, 참으로 인간으로서는 상상할 수 없는 기적이 베풀어진 것
입니다. 사람들은 이 기적을 통하여 예수님을 "우리의 왕이 되소서",
"이분이 오시리라고 하는 바로 그 선지자다" 하고 우리의 필요를 채워
주실 메시아로 요구하고 있었습니다.

26절 말씀입니다. "너희가 나를 찾는 것은 표적을 본 까닭이 아니요
떡을 먹고 배부른 까닭이로다"— 무리들을 꾸중하시면서 오병이어로 빚

어진 예수님 자신에 대한 오해를 바로 잡아 주시 위해서 설명하시는 내용입니다. 예수님은 육신을 위해 오지 아니하시고 영혼의 일을 위하여 오셨습니다. 먹고 배부른 목적을 위해 기적을 베푸신 것이 아니라 영적 양식을 주시기 위하여 행사하신 기적이었습니다. 무리들은 예수님과 같은 분이 이스라엘의 왕이 되면 정치적 경제적 압박으로부터 자유를 누릴 수 있겠다고 생각했습니다. 그 한 가지 기대를 걸고 무리들은 예수님을 따라 다니면서 환호하고 추대하였습니다. 그러나 예수님은 이를 거절하셨습니다. 그리고 제자들을 급히 가버나움 건너편으로 배타고 가게 하시고 따로 홀로 산으로 피하셨습니다. 무리들은 졸지에 예수님을 놓쳐버렸습니다. 이리저리 예수님을 찾아다니다가 바다 건너편 가버나움까지 뒤따라 왔습니다. 굉장한 열심입니다. "랍비여, 어느 때에 여기 오셨나이까" "너희가 나를 찾는 것은 표적을 본 까닭이 아니요 떡을 먹고 배부른 까닭이로다" 예수님의 안타까운 말씀이었습니다.

35절, "예수께서 가라사대 내가 곧 생명의 떡이니 내게 오는 자는 결코 주리지 아니할 터이요 나를 믿는 자는 영원히 목마르지 아니하리라" 예수님은 재차 오병이어와 관련지어 영혼의 양식에 대하여 자신을 하늘에서 내려온 생명의 떡이라고 설명하고 있습니다.

그리고 41절과 42절 말씀, "자기가 하늘로서 내려온 떡이라 하시므로 유대인들이 예수께 대하여 수군거려 가로되 이는 요셉의 아들 예수가 아니냐 그 부모를 우리가 아는데 제가 지금 어찌하여 하늘로서 내려왔다 왔느냐" 유대인들이 드디어 수군거리기 시작하였습니다. 이는 예수님의 가르침에 대하여 적개심을 품고 헐뜯고 비방하는 행위입니다.

이어서 52절 말씀, "이러므로 유대인들이 서로 다투어 가로되 이 사람이 어찌 능히 제 살을 우리에게 주어 먹게 하겠느냐" 이제 다투기까지 하면서 중상모략까지 할 심사를 폭로하고 있습니다. 이토록 예수님은 수많은 기적에도 불구하고 유대인들로부터 오해와 냉소를 받기에 이르렀고 점점 극렬한 논쟁점으로 비화되어 가고 있었습니다.

오늘 본문 60절 말씀입니다. "제자 중 여럿이 듣고 말하되 이 말씀은 어렵도다 누가 들을 수 있느냐 한대" 여기 제자들은 예수님을 따라 다니던 무리 중에 자칭 제자라고 하는 사람들입니다. 넓은 의미에서는 따라 다니던 무리들을 가리키는 말이기도 합니다. 하늘에서 내려온 떡에 대하여 이해가 되지 않는 사람들입니다. 무리들의 마음속에는 구원하러 오신 메시아에 대해서는 생각도 꿈에도 없습니다. 오직 오병이어의 기적을 베푸신 자가 자기들의 왕이 되어야 된다는 생각 이것 하나 밖에는 없습니다.

듣고 말하되, "이 말씀은 어렵도다 누가 들을 수 있겠느냐" 예수님은 지금 자기들의 생각과 빗나간 얘기를 하고 있습니다. 여기 '듣는다' 는 것은 '깨닫다, 순종하다' 의 뜻이 담긴 단어입니다. 로마서 10장 17절에 보면 보다 확실해집니다.

"그러므로 믿음은 들음에서 나며 들음은 그리스도의 말씀으로 말미암 았느니라" (롬 10 : 17).

'듣는다' 라는 말은 죽어 있는 자에게는 해당되지 않는 말입니다. 살아있는 자라는 조건 아래에서 드디어 '듣는다' 란 말을 사용할 수 있습니다. 영으로 죽어 있는 자는 예수님의 말씀을 들을 수가 없습니다. 믿지 않는 상태는 귀머거리요 장님이요 죽어있는 시체와 같은 존재들입니다. 이토록 '듣는다' 라는 사실이 믿음과 연결되어 있음은 참으로 기독교의 신비가 아닐 수 없습니다. 이렇게 예수님의 말씀과 사람들의 생각 사이에 큰 간격과 괴리가 있었던 것입니다. 왜 그렇습니까? 하나님의 말씀을 듣지 못하는 시체와 같은 자들이기 때문입니다.

그리고 우리에게 충격을 주는 대목은 66절입니다. "이러므로 제자 중에 많이 물러가고 다시 그와 함께 다니지 아니하더라" 드디어 많은 사람들이 물러가고 말았습니다. 그토록 열렬히 따라 다니던 사람들이 예수님의 가르치심에 실망한 나머지 다시 세상으로 돌아가 버렸습니다. 예수께서 뭐라고 하셨기에 그토록 환호하고 지지를 보내던 자들이 돌아서 버렸을까요? 예수님이 직접 뽑으신 열두 제자가 아닙니다. 제자가 되기를 자청했던 사람들입니다. 오병이어의 기적을 보고 한없이 기뻐 날뛰던 사람들입니다. 그러나 오병이어의 사건을 계기로 거의 대부분 물러가 버렸습니다. 무엇이 이토록 무리들을 갈라지게 하였을까요? 우리가 신앙생활 하면서 한시라도 잊지 말아야 할 말씀, 26절, "너희가 나를 찾는 것은 표적을 본 까닭이 아니요 떡을 먹고 배부른 까닭이로다" – 사람들은 예수님의 말씀이 자신의 생각과 다르다는 이유로 제 갈 길을 다 가고 말았습니다.

61절 말씀을 상기합시다. "예수께서 스스로 제자들이 이 말씀에 대하여 수군거리는 줄 아시고 가라사대 이 말이 너희에게 걸림이 되느냐" 수군거리며 다투는 자들을 향하신 안타까움을 나타내시면서 "내 말이 그토록 너희를 화나게 하는 말이더냐" 이것이 예수님의 심정입니다. 안타까움의 표시입니다.

기독교의 특징은 계시입니다. 결국 죄에 관한 문제를 풀어주는 종교라는 데에 계시의 특성이 있습니다. 죄란 도덕이나 윤리성에 관한 규범으로 정해진 것이 아닙니다. 하나님과의 관계에서 결정되는 죄입니다. 하나님께서 예수 그리스도를 이 땅에 보내신 것은 죄의 문제를 해결하기 위한 조치입니다.

하나님과 깨어지고 끊어진 관계를 화목케 하고 하나님과 사람으로 하나 되게 하는 방법으로 그리스도를 죄의 대속물로 십자가에 못 박으신 것입니다. 그래서 예수님은 처음부터 십자가에 오르시기 위하여 오셨고, 그 방향으로 살아가고 계셨습니다. 타 종교는 모두가 다 인간 스스로가 깨닫고 연마해서 자신을 신의 위치에다 올려다 놓는 길을 추구합니다. 극기와 금욕, 자기학대와 같은 것을 종교의 형태로 취합니다.

그러나 성경은 이 세상에는 하나님께서 인정하는 의인이 없다는 것을 대전제로 하여 예수그리스도를 이 땅에 보내셨습니다.

> "의인은 없나니 하나도 없으며 깨닫는 자도 없고 하나님을 찾는 자도 없고 다 치우쳐 한가지로 무익하게 되고 선을 행하는 자는 없나니 하나도 없도다"(롬 3 : 10 - 12).

다시 말하면 진리를 보여 주어도 볼 수 있는 눈이 없고 들려주어도 들을 귀가 없는 존재들로서 스스로 구원할 자가 없다고 선언합니다. 인간의 절대무능, 전적 부패를 고발하는 내용입니다.

요한복음 1장에는 인간이 영적 장님임을 지적하면서 "빛이 어두움에 비취되 어두움이 깨닫지 못하더라" 하였고 3장에는 니고데모에게 "성령으로 거듭나지 아니하면 결단코 하늘나라에 들어갈 수 없다"고 가르치고 있습니다. 니고데모는 유대 관원으로서 율법을 알고 그 규모를 갖춘 자였지만은 주님의 지적은 네가 갖고 있는 종교적인 열심과 도덕적인 완전성이나 능력 그 어느 것으로도 자신을 구원하기에는 다 불가능한 것들이라는 것입니다.

예수님의 뒤를 따르던 제자들이 물러간 것은 결국 죄의 속성 때문이었습니다. 자신을 죄의 대속물로 십자가에 못 박히러 왔음을 이야기 하였더니 무리들은 반발하면서 수군거리기 시작하였습니다. 이는 죄인들이 갖는 이기심이며 꺾이지 않는 자존심과 정욕이 그 깊은 내면에 흐르고 있는 모습입니다.

예수님은 인간들의 죄의 깊은 타성 곧 이기심과 정욕과의 싸움에서 십자가에 못 박히시는 방법으로 죄의 문제를 해결하려 하셨던 것입니다. 십자가에 달리시고 그 이후 승천하시면서 성령을 보내신 후에야 인간들은 스스로 저토록 죄인이었음을 뉘우치게 될 것이며 그 죄에 대한 하나님의 진노가 저렇게 처참하였음을 깨닫게 될 것입니다. 그때까지 주님은 아버지의 뜻을 좇아 묵묵히 십자가의 길을 걷고 있는 것입니다.

　기독교는 도를 깨닫는 종교가 아닙니다. 아버지께서 이끌어 그리스도 안에 들어오느냐 아니냐의 문제를 다룹니다.
　44절에서 "나를 보내신 아버지께서 이끌지 아니하면 아무라도 내게 올 수 없느니라… "라고 말씀하셨습니다. 결국 소속에 관한 얘깁니다. 지금 하나님의 편이냐, 세상편이냐, 하는 것입니다. 얼마나 선하냐, 떳떳하냐, 정당하냐를 놓고 싸우지 않습니다. 지금 하나님께 속해 있느냐 아니냐 이 한 가지 문제를 가지고 싸움하고 있습니다. 이것이 신앙의 내용입니다.
　거듭나지 아니하면 하나님을 깨달을 수가 없습니다. 성령께서 마음을 열지 아니하면 한마디 말씀도 들을 수가 없습니다. 생명의 말씀, 영적인 말씀이 들려지느냐 아니냐의 문제입니다. 떡에 관한 이야기가 아닙니다. 먹고 배불러지는 육체의 문제가 아닙니다. 영적으로 배부르게 되는 곳으로 인도하는 길입니다. 이것이 기독교 신앙입니다. 그런데 무리들을 보십시오. 60절, "이 말씀은 어렵도다 누가 들을 수 있느냐" 알아듣지 못하는 자들의 불평하며 항거하는 말들이었습니다.
　그리고 63절 말씀, "살리는 것은 영이니 육은 무익하니라 내가 너희에게 이른 말이 영이요 생명이라" 여기서 요한이 표명하는 영은 그리스도의 부활과 승천 그리고 보혜사 성령을 보내시는 것까지를 다 포함하는 그리스도 사역의 완성을 염두에 두고 사용하는 말씀입니다.
　예수님은 영원한 생명을 주시는 양식으로서 십자가의 사건을 오병이어와 결부시키고 있습니다. 살리는 것은 영입니다. 먹고 배부른 육의 양식이 아닙니다. 광야에서 조상들이 먹었던 하늘에서 내려온 만나와 같은 것이 아닙니다. 이러한 육신의 양식은 먹고도 또 먹어야 하고 배고픔을 면치 못하는 양식입니다. 먹다가 언젠가는 또 죽어야 되는 양식들입니다.

예수를 믿는 것은 현실을 살찌게 함을 목적으로 이끌려 온 자리가 아닙니다. 영생을 얻고 더욱 풍성하게 누릴 장소입니다. 생명이 근거되어 영원을 준비하는 과정으로서 비록 이 현실이 고통스럽다 할지라도 영원한 양식을 먹으면서 사는 풍성함에 초대된 자리입니다. 예수를 믿고 찾아오는 유혹이 무엇입니까? 예수 믿고 세상 부귀영화를 한 손에 거머쥐고 싶다는 욕망이 아닙니까? 만일 현실적인 축복이 없다면 안 믿겠다는 유혹이 일어남을 배제할 수가 없을 것입니다.

그러나 생각을 좀 해 보십시다. 요한복음 6장은 오병이어로 시작합니다. 우리가 원하는 대로 육체의 문제를 해결하는 것이 다가 아니라 실컷 먹고도 열두 광주리가 남는 풍족함을 누렸습니다. 더 이상 소원이 없는 상태까지 다 들어가서 맛을 보았습니다. 스스로 찾아온 자들은 다 이토록 육신의 안목을 가지고 예수를 자기의 왕으로 추대하려고 했습니다. 예수님을 높이고자 취한 충정이 아니라 결국 자신의 정욕을 채우려는 심사들이었습니다. 그러나 예수님의 진의를 알고 난 후에 저들은 다 물러갔습니다. 그리고 몇몇 제자들만 남아 있는 쓸쓸한 모습만 보여 주면서 예수님이 확인시키시는 질문이 무엇이었습니까?

"예수께서 열두 제자에게 이르시되 너희도 가려느냐 시몬 베드로가 대답하되 주여 영생의 말씀이 계시매 우리가 뉘게로 가오리이까 우리가 주는 하나님의 거룩하신 자신 줄 믿고 알았사나이다" (요 6 : 67 - 69).

끝까지 남아 있는 자들은 그 기적 때문이 아닙니다. 영생의 말씀 때문이었습니다. 기독교는 현실 문제의 싸움을 어떻게 이기느냐의 문제를 취급하지 않습니다. 세상과 육체의 것들은 다 부수적인 것으로 싸움의 대상이 아닙니다. 영에 관한 생명의 문제와의 싸움에서 이기는 길입니다. 인류는 모두 정죄되어 스스로 예수님께로 올 자가 하나도 없습니다. 하나님이 친히 오셔서 베푸신 오병이어의 기적에도 불구하고 다 떠나버렸습니다. 그 진리의 오묘함을 설명하였는데도 불구하고 알아듣지 못하고 돌아가 버렸습니다.

●●●●●●●●●

우리가 예수를 믿고 하나님의 자녀가 되었다는 것 그 경이와 신비를 놓친다면 신앙생활의 활력소를 잃어버린 것과 같습니다. 신앙의 근거가 나의 지적 동의나 감동의 분량에 있지 아니하고 전적으로 하나님의 은혜라는 사실을 뼈 속 깊이 새겨 두어 그것으로부터 흘러나오는 감동과 기쁨을 한 시라도 놓치는 일이 없도록 각성해야 합니다.

"또 가라사대 이러하므로 전에 너희에게 말하기를 내 아버지께서 오게 하여 주지 아니하시면 누구든지 내게 올 수 없다 하였노라 하시니라" 하는 65절 말씀을 다시 한 번 상기하십시오.

> "이러므로 제자 중에 많이 물러가고 다시 그와 함께 다니지 아니하더라
> 예수께서 열두 제자에게 이르시되 너희도 가려느냐 시몬 베드로가 대답하되
> 주여 영생의 말씀이 계시매 우리가 뉘게로 가오리이까 우리가 주는 하나님의 거룩하신
> 자신 줄 믿고 알았삽나이다 예수께서 대답하시되 내가 너희 열둘을 택하지 아니하였느냐
> 그러나 너희 중에 한 사람은 마귀니라 하시니 이 말씀은
> 가롯 시몬의 아들 유다를 가리키심이라 저는 열둘 중의 하나로 예수를 팔 자러라"

요한복음 6장의 중심은 십자가의 대속물로 오신 그리스도를 오병이어의 기적과 연결하여 설명하는 내용입니다. 66절에서 71절까지 마지막 부분입니다.

오병이어의 사건을 중심으로 예수님을 떠난 사람들과 예수님 곁에 남아 있는 사람들의 구분이 생겨났습니다. 육체의 배부름을 위하여 추종하던 무리들은 오병이어의 풍족함에도 불구하고 다 떠나버렸습니다.

63절 말씀, "살리는 것은 영이니 육은 무익하니라 내가 너희에게 이른 말이 영이요 생명이라" 오병이어로 오해된 사실을 바로 가르치시는 말씀의 결론입니다. 그러나 그 후 무리의 대다수가 다 예수님의 곁을 떠나

버렸습니다. 그리고 다시는 예수님과 함께 있지 아니하였다고 성경은 증거합니다. 그리고 우리의 주목을 끄는 대목은 64절 말씀입니다.

"너희 중에 믿지 아니하는 자들이 있느니라 하시니 이는 예수께서 믿지
아니하는 자들이 누구며 자기를 팔자가 누구인지 처음부터 아심이러라"
(요 6 : 64).

예수님은 처음부터 무리들의 배신을 알고 계셨습니다. 영의 뜻을 분별하지 못할 것을 아셨습니다. 열두 제자 중에 한 사람 가룟유다의 불신도 알고 계셨더란 말씀입니다. 또 예수님의 말씀 중 마태복음 20장 28절에 보면 이런 말씀이 있습니다. "인자가 온 것은 섬김을 받으려 함이 아니라 도리어 섬기려 하고 자기 목숨을 많은 사람의 대속물로 주려 함이니라" 예수님은 처음부터 사람들이 영접지 아니할 것을 알고 오셨습니다. 마땅히 섬김을 받아야 하실 조물주시지만 인자로 오신 하나님을 알아보지 못할 것을 알고 오셨답니다. 처음부터 섬기려 하셨고 자기 목숨을 대속물로 주려고 오셨습니다. 그토록 인간의 죄가 무서웠다는 것이고 이를 이미 아셨다는 겁니다.

66절 말씀, "이러므로 제자 중에 많이 물러가고 다시 그와 함께 다니지 아니하더라" 이는 무리들이 예수님을 영혼구원의 메시아로 받아들이기를 거부하고 동시에 이전의 삶의 현실로 돌아가 버렸다는 뜻입니다. 예수님의 복음은 세상 보기에 값지고 보배롭게 보이지 않는 장면입니다. 주님이 친히 천국의 비밀을 비유로 말씀하신 것과 같습니다. 천국은 마치 밭에 감추어진 보화와 같습니다. 보배는 너무나 소중한 값이기 때문에 몇 겹으로 쌓인 금고 깊은 곳에 보관합니다. 혹 길거리에 나가보면 상자 위에 악세사리를 팔고 있는 것을 보게 됩니다. 언뜻 보기에는 빛이 곱고 디자인도 매력이 있어서 우리의 눈에는 진주나 보화와 같이 보입니다.

진짜 가짜를 구별할 길이 없습니다. 그러나 그것이 값싼 악세사리에 불과하다는 것을 어떻게 알 수 있습니까? 그 모든 것이 아름다워 보이지만 그것들이 진짜 보석이 아니란 것을 알아볼 수 있는 것은 길거리에서 팔고 있기 때문입니다. 악세사리로 판단하는 것은 상자 위에 진열되어 있음을 보고 압니다. 아무리 값진 보배라도 그것이 밭에 널려져 있다면 사람들의 눈에는 돌멩이나 흙덩이로 취급당할 수밖에 없습니다.

오병이어의 기적을 보고도 돌아간 사람들의 눈에는 보배가 밭에 있다는 이유로 흙덩이로 오해하고 말았던 것입니다.

사도바울은 "내가 복음을 부끄러워하지 아니하노니 이 복음은 모든 믿는 자에게 구원을 주시는 하나님의 능력이 됨이라"(롬 1:16)고 외쳤습니다. 이를 비추어 보면 복음이 당시 많은 사람들로부터 멸시와 조롱을 받고 있었다는 추측이 가능합니다. 복음이 세상이 원하는 대로 현실을 풍족하게 해주고 육체를 만족하게 해즈는 웅장함이나 영광이 없다는 뜻에서 세상 사람들 눈에는 초라하고 가난하고 비천하게 취급받더란 얘깁니다.

가시덤불에 뿌려진 씨앗과 같습니다. 그래서 믿다가도 세상의 재리와 유혹에 넘어지는 경우가 얼마나 많습니까? 천국이 세상의 자랑인 돈 몇 푼이나 명예보다도 못한 것으로 취급되고 있는 현상들이 우리 주변에서 흔히 일어나고 있습니다.

예수님께서 열두 제자들에게 말씀하시는 이 질문이 무척이나 도전적입니다. 67절,"예수께서 열두 제자들에게 이르시되 너희들도 가려느냐" "너희도 가려느냐" 예수님의 심정을 헤아릴 길이 없습니다. 적어도 일만 명이나 되는 무리들이 거의 떠나가는 쓸쓸한 상황 속에서, 열두 제자 중에 이미 자기를 팔 가룟 유다를 알고 계셨던 입장이라면 우리는 주님의 질문에서 제자들마저도 떠나도 좋다는 허락의 의미로 이해할 수가 있습니다. "원한다면 너희들도 떠나가라" 는 뜻으로 들려집니다. 이 말씀으로 진리와 생명에 관하여 무관심한 백성들을 향하신 예수만의 가슴 아파하시는 질문이라 여겨집니다.

이러한 앙상한 분위기 속에서 우리는 무척이나 감동적인 장면을 접하게 됩니다. 68절 말씀입니다. "주여 영생의 말씀이 계시매 우리가 뉘게로 가오리이까" 시몬 베드로의 대답입니다. 베드로는 남아 있는 제자들을 대표하는 인물입니다. 참으로 베드로는 주님 가까이에서 비록 실수는 많이 했지만 주님께 힘이 되어주는 언사를 많이 했던 인물들입니다.

"주여 영생의 말씀이 계시매 우리가 뉘게로 가오리이까?" 여기 남아 있는 자들은 먹고 배부른 까닭에 결심한 것이 아닙니다. 영생의 말씀이 여기 있기 때문이라는 겁니다.

우리가 주의해야 할 점은 요한복음 6장에서 등장하는 오병이어의 기적을 가지고 예수님 자신이 생명의 떡이심에 대한 이야기는 많은 사람들에게 저항감을 갖게 하는 장면임을 기억해야 합니다. 60절, "어렵도다 누가 들을 수 있겠느냐?" 그렇게 수군거림에 대하여 그래도 예수님은 어떤 해결책을 주지 않으셨음을 주지해야 합니다. 불평하는 무리들에게 해결책을 주시지 않으셨습니다.

예수님의 행적에 있어서 문제가 발생할 때마다 붙어 다니는 말씀은 37절, "아버지께서 내게 주시는 자는… 결코 내어 쫓지 아니하리라" 44절, "아버지께서 이끌지 아니하시면 아무도 내게 올 수 없느니…" 이는 "나는 아버지께 듣고 본 바를 말하노라" 는 것입니다. 우리가 눈여겨봐야 할 요절들입니다.

예수님은 무리들의 오해에 대하여 일일이 변호하지 않으셨습니다. 영생의 말씀에 관해서는 처음부터 아버지의 주권에 맡기신 채 오셨습니다. 그래서 오병이어의 사건을 중심으로 내린 결론은 65절의 말씀입니다. "또 가라사대 이러하므로 전에 너희에게 말하기를 내 아버지께서 오게 하여 주지 아니하시면 누구든지 내게 올 수 없다 하였노라 하시니라"

　이렇게 하여 성경은 우리 스스로가 깨우쳐 하나님을 선택할 수 없다는 것을 줄기차게 증거하고 있습니다.

　오병이어의 기적을 통하여 설명하고 싶으신 이야기는 기독교는 고작 오병이어의 기적 정도냐 하는 것입니다. 복음은 이 세상에 떡을 주기 위하여 존재하지 않습니다. 물론 떡을 먹는 문제와 함께 영생에 이르는 길도 있습니다. 불치의 병을 가지고 이리저리 다니다가 기도하여 병고침을 받은 사람들이 하나님의 능력을 체휼하고 교회에 나오는 경우도 허다합니다. 그러나 오병이어의 기적을 일으키신 목적은 사람이 세상의 떡을 먹고 배부르다는 이유로 좇아다닐 것이 아니라 인생에게 생명을 줄 자는 예수밖에 없다는 것, 즉 다른 이로서는 구원 받을 만한 이름을 준 자가 없고 오직 예수밖에는 다른 이가 없다는 것을 강조하기 위한 것입니다.

　우리가 예수 믿고 교회에 나오는 것은 생명의 양식 때문이지 육신의 양식을 위해서 오지 않습니다. 그럼에도 불구하고 어떤 곳에서는 생명의 양식보다는 육신의 양식문제, 즉 부자가 된다든지 병이 낫는다든지 출세한다든지 하는 이 현실문제를 해결해 준다고 약속하고 있고 그래서 그 약속 때문에 그리로 사람들의 관심이 집중되어 있는 현실에서 오늘 이 대목은 우리의 경각심을 새롭게 해주는 교훈이 담긴 말씀입니다.

　　"살리는 것은 영이니 육은 무익하니라 내가 너희에게 이른 말이 영이요
　생명이라"(요 6:63).

　예수님은 세상의 왕으로 추대되는 입장에서 그 추대하는 무리들을 다 피하셨습니다. 왜일까요? 살리는 것은 영이기 때문입니다. "육은 무익하니라" 하였습니다. 오병이어의 기적은 육을 위하여 일으켜 놓은 기적이 아닙니다. 인간의 근원적인 문제, 곧 생명을 주시려는 목적입니다. 영생의 면류관을 받아쓰게 하기 위한 것입니다.

육체의 떡을 구하는 자들과 끝까지 예수님의 곁에 남아있는 자들의 차이가 무엇입니까? 68절 말씀과 같이 "영생의 말씀이 계시매 우리가 뉘게로 가오리이까"입니다. 기적 때문이 아닙니다. 영생의 말씀 때문에 주님과 함께 있겠다는 것입니다.

하나님을 믿는 자가 이토록 없었습니다. 하나님이 많은 사람이 보는 앞에서 상상에도 없던 기적을 보여 주셨는데도 불구하고 깨닫는 자가 없었습니다. 그토록 인간은 스스로 하나님을 찾을 수 없는 죄인임을 고발하는 사건입니다.

68절, "주여, 영생의 말씀이 계시매 우리가 뉘게로 가오리이까?" – 우리는 베드로의 고백대로 살아가는 자입니다. 우리가 남보다 생각이 더 깊어서 이렇게 영광의 말씀을 입에 담고 있습니까? 아닙니다. 44절의 말씀처럼 "아무라도 아버지께서 이끌어 주지 아니하시면" 입니다. 오늘 우리가 믿고 교회 다니는 것은 아버지께서 이끌어다 놓으신 자리임을 한 시라도 잊어서는 안 됩니다. 우리는 적어도 아버지께서 이끌어 주셔서 여기 믿는 자리에 온 자들입니다.

> "아버지께서 내게 주시는 자는 다 내게 올 것이요 내게 오는 자는 결코 내어 쫓지 아니하리라 내가 하늘로서 내려온 것은 내 뜻을 행하려 함이 아니요 나를 보내신 이의 뜻을 행하려 함이니라" (요 6 : 37 - 39 상반절).

우리가 누구입니까? 아버지께서 지목하여 부르사 아들 예수 그리스도에게 부탁하신 자들입니다. 이 사람들을 위하여 피를 흘려다오, 살을 찢어 다오, 그래서 우리가 예수를 믿게 된 것입니다. 오직 감격할 따름입니다.

누가복음 4장 25절 이하에 이런 말씀이 있습니다.

> "내가 참으로 너희에게 이르노니 엘리야 시대에 하늘이 세 해 여섯 달을

닫히어 온 땅에 큰 흉년이 들었을 때에 이스라엘에 많은 과부가 있었으되
엘리야가 그 중 한사람에게도 보내심을 받지 아니하고 오직 시돈 땅에 있
는 사렙다 한 과부에게 뿐이었으며 또 선지자 엘리사 때에 이스라엘에 많
은 문둥이가 있었으되 그 중에 한 사람도 깨끗함을 얻지 못하고 오직 수리
아 사람 나아만뿐이니라." (눅 4 : 25 - 27).

엘리야 때에 3년 6개월 동안 가뭄으로 다 굶주린 기아의 지경에서 엘
리야가 있던 집에는 기름병에 기름이 마르지 아니하고 밀가루 통에 밀
가루가 떨어지지 아니하였습니다. 시돈 땅 사렙다 과부의 집이었습니
다. 이방인의 집입니다. 이스라엘에 문둥이가 그렇게 많았지만은 엘리
사 시대 때에 한사람도 고침을 받지 못하고 오직 아람나라의 군대장관
나아만 만이 깨끗함을 얻었다 했습니다. 우리가 사렙다 과부요 나아만
장군과 같은 입장이 아닙니까? 오직 하나님의 일방적인 은혜의 역사가
아닐 수 없습니다.

하나님이 친히 율법을 준 백성이요 하나님께서 율법의 규모를 알게
하사 제사장 나라로 삼으신 백성들입니다. 그 이스라엘이 하나님을 믿
었습니까? 선지자를 보내고 제사장을 일으켜 주셨던 나라, 이스라엘이
영생의 말씀을 듣고 믿었습니까? 또 하나님의 영광을 보았습니까? 그
렇게 다른 나라와 달리 특권을 주었고 은혜를 베풀었지만은 하나님께
로 돌아오지 아니하였습니다. 모두 수군거렸고 60절에서처럼 "누가 알
아들을 수 있겠느냐? 이 말이 어렵도다" 하면서 거부하고 냉소를 던지
며 다 물러가 버렸습니다.

오병이어의 사건은 구원이 은혜로 주어진 것이며 하나님의 주권에
속한 것이며 구원을 받고 남아 있는 자의 복됨이 그리고 영광됨이 얼마
나 놀라운 가를 설명해 주는 내용입니다. 동시에 영생의 말씀을 스스로
깨우치고 갈망하는 자가 없음을 고발해주는 사건으로 이스라엘 백성들
을 등장시켜 놓고 있습니다.

오늘 반대로 이방인인 우리가 구원을 얻었다는 사실이 얼마나 영광입니까? 사렙다 과부와 같고 나아만 장군과 같습니다. 우리가 구원을 받아 교회생활을 누리고 있습니다. 영생의 말씀을 날마다 듣고 은혜를 받고 있습니다.

●●●●●●●●●●

신앙은 영생의 말씀에 깊이 묻혀 있는 하나님의 심사와 비밀한 경륜經綸과 사랑과 풍성하신 뜻에 대하여 보다 깊어지는 기쁨과 만족을 가져야 하는 자리입니다. 말씀 한마디 깨닫는 심령이 얼마나 복됩니까? 우리가 육체의 때를 살되 강건하면 팔십입니다. 지나간 세월이 이미 수 없습니다. 또한 남은 인생이 불투명합니다.

그러나 그리스도인들이여, 우리에게 영생의 말씀이 있습니다. 빼앗길 것도 부러울 것도 없습니다. 영생의 말씀이 주는 기쁨과 소망이 마땅히 솟구치는 인생임을 한시라도 잊지 마시기 바랍니다.

제 7장
생수의 강이 되신 예수 그리스도

(요 7:1-10)

> "이후에 예수께서 갈릴리에서 다니시고 유대에서 다니려 아니 하심은
> 유대인들이 죽이려 함이러라 유대인의 명절인 초막절이 가까운지라
> 그 형제들이 예수께 이르되 당신의 행하는 일을 저자들도 보게 여기를 떠나 유대로 가소서
> 스스로 나타나기를 구하면서 묻혀서 일하는 사람이 없나니 이 일을 행하려 하거든 자신을
> 세상에 나타내소서 하니 이는 그 형제들이라도 예수를 믿지 아니함이러라 예수께서 가라사대
> 내 때는 아직 이르지 아니하였거니와 너희 때는 늘 준비되어 있느니라
> 세상이 너희를 미워하지 못하되 나를 미워하나니 이는 내가 세상의 행사를 악하다
> 증거함이라 너희는 명절에 올라가라 나는 내 때가 아직 차지 못하였으니
> 이 명절에 아직 올라가지 아니하노라 이 말씀을 하시고 갈릴리에 머물러 계시니라
> 그 형제들이 명절에 올라간 후 자기도 올라가시되 나타내지 않고 비밀히 하시니라"

요한복음 7장은 6장과 비교하여 전혀 새로운 장면을 취급하고 있습니다. 6장이 갈릴리 지방을 중심으로 사역하시던 일을 기록하고 있는 반면에 7장은 예루살렘에서의 활동을 취급하고 있습니다. 이때까지 6장의 내용이 유월절을 중심으로 전개되는 사건임에 반하여 7장은 초막절이 근간이 되어서 전개되는 사건들입니다. 6장과 7장의 간격은 불과 6개월에 지나지 않습니다.

7장 1절은 이렇게 시작됩니다. "이후에 예수님께서 갈릴리에서 다니시고 유대에서 다니려 아니하심은 유대인들이 죽이려 함이러라" 이렇

게 예수님은 갈릴리 지방에 머물고 싶어 하셨습니다. 우리가 본 대로 가버나움에서 왕으로 추대하던 수많은 군중들이 예수님의 곁을 물러가고 더 이상 그와 함께 다니지 아니하는 외롭고 쓸쓸한 상황이 되어버렸습니다. 그럼에도 불구하고 예수님은 계속하여 다니시면서 가르치는 일을 열심히 하셨습니다. 여기 "이후에"라는 말은 6장에 마지막 부분에서 언급한 내용으로 예수님을 추종하던 수많은 제자들이 모두 다 떠나버린 사건을 가리킵니다. 예수님의 가르침도 이적도 더 이상 관심을 불러일으키지 않았고 사람들로부터 무시당하고 있었던 때였습니다.

그럼에도 불구하고 예수님은 그 곳 갈릴리에 머물러 있기를 바라신 듯 보였습니다. 왜냐하면 다시는 거기로 돌아가지 않았던 것으로 보아서 짐작할 수가 있습니다. 더욱 구체적인 이유는 유대인들이 자기를 죽이려는 음모를 알고 있었기 때문입니다. 예루살렘에서는 그를 죽이려는 열정이 이미 뜨거운 상태였고 나타나기만 하면 죽이기로 결정이 난 상태였습니다.

예루살렘에 올라가시는 날에는 또 군중들이 몰려들 것이고 그렇게 되는 날에는 신변보호에 별다른 대책이 없음을 아시는 고로 매우 신중하게 행동하지 아니하면 안 되셨습니다. 여기서 언급한 유대인들이란 평범한 유대인들이 아닙니다. 이들은 종교 지도층의 사람들입니다, 예수님의 행적과 가르침에 맞서서 반대하여 폭력으로 위협하던 소위 예루살렘 당국자들이었습니다.

그들은 서슴지 않고 예수님을 가리켜 "너는 사마리아 사람이라 또는 귀신들린 자"(요 8:48)라고 폭언하고 때로는 돌로 치려하였고 예수님을 잡아 결박하여 빌라도의 법정에 넘긴 장본인들이었습니다.

예수님께서 유대로 가지 않고 갈릴리에 남아 계셨던 것은 그를 잡아 죽이려는 유대인들 때문이었습니다. 이때에 초막절이 가까이 오고 있었습니다. 예수님이 이 절기에 예루살렘에 가신 것을 볼 때에 이토록 위험한 상태임에도 불구하고 예루살렘에서 초막절에 수행해야 할 사명이 있었음에는 틀림이 없습니다.

그런데 우리의 주목을 끄는 대목은 3절과 4절 말씀입니다.

"그 형제들이 예수께 이르되 당신의 행하는 일을 제자들로 보게 여기를
떠나 유대로 가소서 스스로 나타나기를 구하면서 묻혀서 일하는 사람이
없나니 이일을 행하려 하거든 자신을 세상에 나타내소서 하니"(요 7 : 3, 4).

형제들의 주장은 이렇습니다. 스스르 나타내기를 구하면서 묻혀서
일하는 사람이 없다는 것입니다. 이 일을 계속하려거든 이제는 자신을
세상에 나타내라는 얘깁니다. 형제들이 보기에는 예수님은 갈릴리 지
방 먼 곳에서 너무나 지나친 정력을 소모하고 있었습니다. 참 아까운 세
월을 보내고 있는 것 같이 보였습니다. 이왕 자신을 나타내시려면 은밀
히 시골에서 보다는 사람들이 운집하는 곳이 더 효과적일 것이라는 생
각이 들었던 것입니다.

유대인들에게 있어서 세계무대는 여루살렘이었습니다. 형제들은 초
막절을 맞아 사방으로부터 몰려들 그곳 예루살렘을 염두에 두고 예수
님께 청한 내용이 자신을 세상에 나타내라는 것이었습니다.

형제들의 요구에 대한 예수님의 대답입니다. 6절, "예수께서 가라사대
내 때는 아직 이르지 아니하였거니와 너희 때는 늘 준비되어 있느니라"
– 예수님은 형제들의 청을 아주 거절하지는 않으셨습니다. 명절에 예루
살렘에는 가되 예수님 자신을 많은 사람들 앞에 드러내는 때로는 적절히
않다는 설명입니다. 형제들의 때는 언제든지 준비되어 있습니다. 왜냐하
면 형제들은 그들의 판단대로 행동하기만 하면 되기 때문입니다. 이러한
때는 그들이 선택만 하면 언제든지 시행할 수 있는 시간들입니다.

그러나 예수님의 경우는 형제들의 때와는 전혀 다릅니다. 여기서 사
용하는 때라는 용어는 헬라어로 '카이로스' 는 단어입니다. 이것은 상대
적인 시간 개념입니다. 어떤 의미나 사명이나 가치를 중심으로 계획된

정확한 시간들을 말합니다. 이는 '크로노스'와 같은 단어가 갖고 있는 의미와는 다릅니다.

다시 말하면 연대기적인 시간과는 전혀 다른 개념입니다. 1년, 2년, 10년 혹은 30년, 50년이라고 하는 이 숫자적 때와 시간과는 개념상 다릅니다. '카이로스'의 시간을 보내는 사람은 언제나 연대기적 자기 나이를 생각지 않고 그 시간의 의미와 가치, 그리고 보람이나 사명을 내용으로 사는 사람들입니다. 이러한 사람들은 나이를 따지지 않습니다. 내용을 중심으로 인생을 완성해 갑니다. 예수님은 자기의 '카이로스' 때에 맞추어서 가겠다는 것입니다. 다시 말하자면 정해진 하나님의 때에 맞춰서 행동하시겠다는 뜻입니다. 거기에 아버지의 뜻이 있고 아버지의 뜻을 이루는 열정이 있고 그 사명을 감당해야 할 명령이 있고 그 명령을 수행할 때에 오는 자신의 기쁨과 영광이 있다는 것입니다. 우리 그리스도인들은 예수님처럼 '카이로스' 적 삶을 살아야 할 것입니다.

예수님의 '카이로스'는 아버지의 뜻과 깊게 관련이 되어 있습니다. 형제들은 아무 때나 자유로이 갈 수가 있습니다. 그러나 예수님은 기다렸다가 후에 가셔야만 합니다. 절기에 참여하는 것이 능사가 아닙니다. 형제들의 요구는 결정적인 행위, 곧 예수님을 세상에 드러내어 자기의 정욕과 욕심을 채우려는 때를 맞추어 갈 수가 없었기 때문입니다. 이러한 뜻에서 내 때는 아직 이르지 아니하였다고 하셨던 것입니다. 예수님은 형제들로 하여금 먼저 올라가게 한 후에 명절 중간쯤에 예루살렘에 올라가셨습니다.

> "그 형제들이 명절에 올라간 후 자기도 올라가시되 나타내지 않고 비밀히 하시니라"(요 7:10).

예수님은 자신을 드러내라는 형제들의 청을 거절하시고 나중에 올라 가셨습니다. 같이 가지 아니하시고 따로 비밀리에 가셨습니다. 거기에 아버지의 뜻이 있었기 때문입니다. 예수님은 자기 임의대로 행하시면 안 되는 분이십니다. 반드시 아버지의 뜻대로 행하셔야만 할 분이십니다.

마태복음 4장에 보면 공생애를 시작하시면서 마귀의 시험을 받는 장면이 나옵니다. 세 가지 시험 곧 돌로 떡을 만드는 것과 성전에서 뛰어내리라는 것과 사단에게 절하라는 것이었습니다. 예수님이 하시려고 한다면 못하실 것이 없으십니다. 사탄은 이 사실을 잘 알고 있습니다. 사탄은 예수님의 능력을 시험하려는 것이 아니라 예수님을 보내신 자 아버지와의 관계를 깨뜨리려는 목적으로 시험한 것입니다.

"내가 만일 하나님의 아들이어든" 이런 조건으로 시험을 하고 있습니다. 예수님이 인자된 것은 아버지의 뜻, 곧 인간의 죄를 대속하기 위하여 십자가를 지러 오신 분이십니다. 그런데 인자되기를 거부하고 다시 하나님의 영광으로 돌아가신다면 대속의 십자가는 누가 지는 겁니까? 이것이 복음서의 일관된 내용과 사상입니다. 예수님이 지셔야 되는 것입니다. 예수님은 하나님의 일을 이루기 위하여 하나님이 종으로 오셨습니다. 그 이외의 일은 행하실 수가 없으십니다.

예수님은 초막절을 지키기 위하여 예루살렘에 올라가신 것이지 자신을 세상에 공개하려고 간 걸음은 아니셨습니다. 지금 동생들은 예수님이 모든 인간들 앞에서 오병이어의 기적과 같은 능력을 보이면서 인간들로부터 왕으로 재추대되기를 바라고 있었습니다. 예수님은 그의 영광과 존귀를 감추시고 오신 목적대로 십자가의 자신을 바라보고 있었습니다. 예수님은 오직 십자가에 자신을 대속물로 줄 그때를 맞추어 행동하고 계셨습니다. 자기의 영광을 공공연히 드러내실 때에는 이미 구원의 때가 아닙니다. 지금은 자신을 변호할 때가 아닙니다. 오직 회개의 기회로 오래 참으실 때입니다.

성경에서 예수님 자신을 하나님으로서 완전한 모습을 드러낼 때에는 거기에 수반되는 상황들은 실로 엄숙하고 두려운 날들이 될 것입니다.

"…그 때에 땅의 모든 족속들이 통곡하며 그들이 인자가 구름을 타고 능력과 큰 영광으로 오는 것을 보리라" (마 24 : 30).

"볼지어다 구름을 타고 오시리라 각인의 눈이 그를 보겠고 그를 찌른 자들도 볼 터이요 땅에 있는 모든 족속이 그를 인하여 애곡하리니 그러하리라 아멘" (계 1 : 7).

그가 완전한 모습으로 오실 때의 장면들입니다. 그러나 지금은 그의 모든 영광의 모습을 감추셔야 합니다. 바로 회개의 기회이기 때문입니다. 구속의 역사 곧 십자가를 지시는 때이기 때문입니다. 형제들은 예수님의 인자되심에 대하여 이해가 전혀 없었습니다. 예수님은 복음서의 기록에서 보듯이 세상에 자기를 나타내시기를 조심하셨습니다. 그의 행적이 있을 때마다 이 일을 감추시고 자신을 숨기고자 분부하시곤 하셨습니다. 변화산에서 변형하시고 그의 영광이 사도들 앞에 드러나게 되었지만 "너희 본 것을 아무에게도 이르지 말라" 고 분부하셨습니다.

7절, "세상이 너희를 미워하지 못하되 나를 미워하나니 이는 내가 세상의 행사를 악하다 증거함이라" 예수님이 세상으로부터 미움을 받는 것은 세상의 요구를 들어주지 않았기 때문입니다. 세상의 요구가 다 악하다는 것을 지적하고 회개할 것을 요구하셨기 때문입니다. 그러나 세상이 너희를 미워하지 못할 것은 세상과 같은 편이기 때문이라는 것입니다. 요한복음의 다른 곳에서도 동일한 표현이 있습니다.

"너희가 세상에 속하였으면 세상이 자기의 것을 사랑할 터이나 너희는 세상에 속한 자가 아니요 도리어 세상에서 나의 택함을 입은 자인고로 세상이 너희를 미워하느니라" (요 15 : 19).

예수님에게는 자신의 명예나 인기에 대한 싸움이 전혀 없으셨습니다. 이생의 자랑이 전혀 안 보였습니다. 형제들이 요구하는 것과는 정반대의 것, 곧 아버지의 뜻을 이루는 일에 전념하셨습니다. 하나님 아버지의 뜻을 이루시는 열심 때문에 언제나 세상으로부터는 경멸과 증오의 대상으로서 배척받는 모습으로 살아가셨습니다. 수많은 이적과 선행과 소망의 말씀에도 불구하고 세상의 요구를 들어주지 않는다는 단 하나의 이유 때문에 십자가의 길은 필연적으로 가셔야만 했었습니다. 예수님은 그의 형제들에게 마저 불신을 받고 있었습니다. 이것은 이미 예언된 바가 있습니다.

> "내가 내 형제에게는 객이 되고 내 모친의 자녀에게는 외인이 되었나이다"(시 69:8).

8,9절 말씀, "너희는 명절에 올라가라 나는 내 때가 아직 차지 못하였으니 이 명절에 아직 올라가지 아니하노라 이 말씀을 하시고 갈릴리에 머물러 계시니라" – 예수님은 명절에 올라가지 아니하시겠다는 것이 아니라 그때에 곧 형제들의 때에는 아니라는 것입니다. 나의 때는 아직 이르지 아니하였다고 말씀하셨습니다. 형제들과 함께 가는 때는 세상의 요구 앞에 서는 날입니다. 그렇게 되면 아버지의 뜻이 망가집니다. 절대로 같이 가실 수가 없으십니다. 거부하실 수밖에 없으십니다.

10절, "그 형제들이 명절에 올라간 후 자기도 올라가시되"이는 참으로 보기에 안타까운 장면입니다. 형제들은 예수님을 따로 남겨두고 자기들의 길을 떠나 버렸습니다. 형제가 연합하지 못하는 이 영적 분열과 무지함은 곧바로 고쳐져야 합니다. 영으로 하나 되지 못한 곳에 분리와 대립 그리고 증오와 다툼이 생겨나는 법입니다. 이는 불행입니다.

●●●●●●●●●

형제들은 생명의 주인이신 예수님을 떠나 종교적인 축제를 보러 떠나버렸습니다. 예수님과 함께 진행되는 행사가 아쉬운 시대에 우리의 마음을 따갑게 하는 장면이 아닐 수 없습니다. 예수님의 때처럼 우리도 하나님의 뜻과 일치되는 내용으로 우리의 일생을 '카이로스' 적 때를 가지고 살아가야 할 것입니다.

그리스도와 초막절 (1)

"이후에 예수께서 갈릴리에서 다니시고 유대에서 다니려 아니 하심은
유대인들이 죽이려 함이러라 유대인의 명절인 초막절이 가까운지라
그 형제들이 예수께 이르되 당신의 행하는 일을 제자들도 보게 여기를 떠나 유대로 가소서
스스로 나타나기를 구하면서 묻혀서 일하는 사람이 없나니 이 일을 행하려 하거든 자신을
세상에 나타내소서 하니 이는 그 형제들이라도 예수를 믿지 아니함이러라
예수께서 가라사대 내 때는 아직 이르지 아니하였거니와 너희 때는 늘 준비되어 있느니라
세상이 너희를 미워하지 못하되 나를 미워하나니 이는 내가 세상의 행사를 악하다
증거함이라 너희는 명절에 올라가라 나는 내 때가 아직 차지 못하였으니
이 명절에 아직 올라가지 아니하노라 이 말씀을 하시고 갈릴리에 머물러 계시니라
그 형제들이 명절에 올라간 후 자기도 올라가시되 나타내지 않고 비밀히 하시니라"

요한복음 7장은 초막절을 배경으로 전개되는 내용입니다. 8절과 9
절, "너희는 명절에 올라가라 나는 내 때가 아직 차지 못하였으니 이 명
절에 아직 올라가지 아니하노라 이 말씀을 하시고 갈릴리에 머물러 계
시니라" – 이 명절은 초막절입니다. 형제들은 초막절에 맞추어 예수님
과 함께 예루살렘에 올라가 온 세상에 예수님 자신의 능력을 과시하기
를 청하였습니다. "너희들이 먼저 올라가라 나는 아직 내 때가 차지 아
니하였느니라" 하시면서 형제들과 함께 가기를 거절하셨습니다.

그리고 10절 말씀입니다. "그 형제들이 명절에 올라간 후 자기도 올
라가시되 나타내지 않고 비밀히 하시니라" 예수님은 형제들의 요구를

거절하시고 그 후에 예루살렘에 따로 올라 가셨습니다. 형제들의 소원은 탐욕과 자랑이 시험으로 도사리고 있는 때입니다. 예수님은 이 시험을 물리치시는 정도가 아니라 보다 적극적으로 하나님의 일을 이루시기 위해서 지금 명절 중간 즈음에 예루살렘에 올라 가셨습니다.

아버지의 뜻은 영혼을 구원하시는 일입니다. 이 생명의 풍성한 결실을 맺기 위해 초막절을 맞이해서 예루살렘으로 올라가신 것입니다. 그렇다면 예수님이 왜 초막절을 배경으로 예루살렘에서 그의 가르치심을 시작하셨을까? 지금 예루살렘에는 예수님에 대하여 적개심을 품고 나타나기만 한다면 죽이려 하는 음모가 진행되고 있는 상황입니다.

그럼에도 불구하고 초막절을 맞추어 예루살렘에서의 사역을 수행하시는 이유가 무엇일까요? 여기서 우리는 초막절에 대한 이해를 먼저 할 수밖에 없습니다. 초막절을 이해하지 않고는 요한복음 7장 전체를 이해하는데 있어서 불가분의 문제이기 때문에 그리고 보다 깊은 은혜가 배려된 일임을 알기 위해서 초막절에 대하여 먼저 이해해야 할 필요가 있습니다.

초막절에 대한 언급은 레위기 23장 39절 이하에 잘 나타나 있습니다.

"너희가 토지 소산 거두기를 마치거든 칠월 십오일부터 칠 일 동안 여호와의 절기를 지키되 첫날에도 안식하고 제 팔 일에도 안식할 것이요 첫날에는 너희가 아름다운 나무 실과와 종려가지와 무성한 가지와 시내 버들을 취하여 너희 하나님 여호와 앞에서 칠 일 동안 즐거워 할 것이라 너희는 매년에 칠 일 동안 여호와께 이 절기를 지킬지니 너희 대대로의 영원한 규례라 너희는 칠월에 이를 지킬지니라 너희는 칠 일 동안 초막에 거하되 이스라엘에서 난 자는 다 초막에 거할지니 이는 내가 이스라엘 자손을 애굽 땅에서 인도하여 내던 때에 초막에 거하게 한 줄을 너희 대대로 알게 함이니라 나는 너희 하나님 여호와니라 모세가 여호와의 절기를 이스라엘 자손에게 공포하였더라" (레 23 : 39 - 44).

이스라엘의 명절에는 잘 아시다시피 3대 절기가 있습니다. 유월절, 오순절, 수장절입니다. 3대 절기에는 이스라엘의 모든 남자는 반드시 성전에 올라가서 제물과 예물을 가지고 제사를 드려야 합니다. 이 절기를 지키지 않는 자들에게는 백성 중에서 끊어지는 가혹한 형벌이 가해집니다. 그만큼 이스라엘 백성들에게 있어서 절기는 운명적인 관계를 맺고 있습니다.

오늘 초막절은 수장절 곧 우리가 지키는 추수감사절에 곁들여 지키는 절기입니다. 곡식을 거두어 저장하는 것을 기뻐하는 절기입니다. 그럼에도 불구하고 초막절이 곁들어져 있다는 것은 참으로 우리에게 시사하는바 교훈적 가치와 의미가 깊습니다. 봄철에 뿌린 씨앗에 대하여 거둬들이는 추수의 축제 계절입니다. 씨앗을 뿌린 후 농부는 김을 매고 물을 주고 북을 돋우며 열매 맺기를 기다렸습니다. 가을이 되어서 이제는 모든 수고한 대가에 대하여 추수한 열매들을 직접 눈으로 보고 손으로 만지고 한없는 보람과 즐거움에 쌓이는 계절입니다.

이것이 추수감사절 곧 수장절이 갖는 뜻입니다. 동시에 우리가 반드시 기억해야 할 것은 이 수확의 기쁨과 감격이 있는 계절에 이스라엘 백성들은 그들의 자녀들과 함께 광야로 나아가서 초막을 짓고 7일 동안 그 움막에서 고달픈 생활을 보내야 하는 초막절을 지켜야 합니다.

그 이유는 레위기 23장 42절 이하에 이렇게 기록되어 있습니다.

> "너희는 칠 일 동안 초막에 거하되 이스라엘에서 난 자는 다 초막에 거할지니 이는 내가 이스라엘 자손을 애굽 땅에서 인도하여 내던 때에 초막에 거하게 한 줄을 너희 대대로 알게 함이니라 나는 너희 하나님 여호와니라" (레 23 : 42, 43).

즐거움이 있고 감격이 있는 계절에 하나님께서는 이토록 움막생활의 고달픔이 있는 초막절을 명하셨습니다. "애굽 땅에서 인도하여 내던 때에 초막에 거하게 한 줄을 너희 대대로 알게 함이니라…"(레 23:43) 이와 같이 수장절의 축제에도 불구하고 이스라엘 백성들은 그 옛날 조상들이 건너왔던 광야 40년 동안의 초막생활을 몸소 재연하고 있어야 합니다. 하나님은 지금 광야 40년 동안 조상들이 어떻게 생활하였는가를 돌이켜 보게 함으로써 지금 거두어들인 곡식이 어디서 난 것들인가를 깨우치고 계십니다. 지금 손으로 만져보는 열매들의 풍요로운 곡식 단들을 보는 즐거움과 만족함 이전에 이 곡식이 어디서 난 것들이며 어떻게 수장된 것인가를 각성케 하는 명절이 초막절입니다.

조상들이 지냈던 40년의 광야생활에서는 씨를 뿌리거나 뿌린데 대하여 추수해 본 적이 없는 세월들이었습니다. 아침저녁으로 하늘에서는 만나가 내렸고 때를 따라 진중에 떨어지는 메추라기와 바위에서 솟아나는 샘물을 먹고 마시며 살았습니다. 옷이 헤지지 않았고 발이 부르트지 아니했던 풍성한 기적 속에서 살았습니다. 비록 아무것도 구할 수 없는 광야였지만은 이스라엘은 어느 민족 못지않게 더 넘치는 삶을 누렸습니다. 오직 하나님께서 베푸시는 기적하나만으로 살았던 세월이었습니다. 그러면서도 저들은 하나님에 대하여 감사한 적이 없었고 하나님을 기뻐하지 아니하였습니다.

원하는 대로 배불리 먹고 마시고 평안하게 살면서도 언제나 부족하다는 것이며 불평이고 원망이었습니다. 하나님의 것으로 살면서 하나님께 감사치도 아니하고 오히려 하나님께 원망을 퍼부었던 이 조상들은 결국 광야에서 넘어져 죽고 마는 비극으로 생을 끝내고 말았습니다.

이제 출애굽 제 1세대들은 다 광야에서 죽고 광야에서 난 제 2세대들이 여호수아와 갈렙의 인도를 따라 약속의 땅 가나안에 들어왔습니다.

여호수아 5장 10절 이하에는 이렇게 기록되어 있습니다.

"이스라엘 자손들이 길갈에 진 쳤고… 그 땅의 소산을 먹되… 그 땅의 소산을 먹은 다음날에 만나가 그쳤으니…" (수 5 : 10 - 12).

　출애굽한 제 2세대들이 가나안 땅에서 얻은 곡식은 그 땅의 소산이 었습니다. 자기들이 뿌린 씨앗에서 돋아난 열매들이 아닙니다. 자신들이 수고하여 거둔 곡식이 아닙니다. 하나님께서 친히 준비해 놓으신 그 땅의 소산들이었습니다. 하나님이 기적을 베푸셔서 먹게 한 만나가 아닙니다. 기적은 광야에서 있었습니다. 구름기둥, 불기둥, 만나와 메추라기, 샘물, 이 모든 것은 광야에서 일어났던 기적들이었습니다.

　그러나 이제는 그 땅의 소산입니다. 그 땅은 처음부터 젖과 꿀이 흐르는 축복과 영광의 땅이었습니다. 하나님께서 전적으로 영광을 받으실 땅으로서 거기에서는 언제나 만족과 즐거움과 승리가 보장되어 있는 곳입니다. 약속의 땅입니다. 가만히 앉아 놀아도 넘치도록 살게 해주겠다는 것이 아니라 이마에 흘리는 땀이 헛되지 아니하고 전쟁이 있다 할지라도 언제나 싸우기만 하면 이기기로 약속되어 있다는 뜻에서 그 땅은 젖과 꿀이 흐르는 곳입니다. 가만히 앉아 있어도 가슴에 안겨다 주는 선물 꾸러미가 아니라 노력하고 피땀을 흘려 거두어들이는 풍요와 안식이 보장된 곳입니다. 그 쏟아 놓는 수고가 약속대로 열매를 맺는다는 뜻에서 그 땅의 삶은 처음부터 끝까지 젖과 꿀이 흐르는 풍요의 땅입니다.

　이제 가나안 땅에 들어와서 거둬들인 풍요로운 열매와 곡식단들을 놓고 이 기쁨과 이 만족이 자기들의 수고와 피땀의 대가로 돌려질 수 없음을 단호히 깨우치고자 초막절을 엄격히 지키라고 명령하신 것입니다. 가나안 땅에서 거두는 것은 모두 하나님과의 관계에서 생각지 아니하면 안 되는 약속된 축복의 열매들임을 기억해야 합니다. 지금 갖고 있는 소유가 있다면 그것은 너희가 시작한 것도 아니며 있었던 것이 늘어난 것도, 확대 개발해서 거기서 돋아난 것도 아니라는 것입니다. 비록 추수했다 하여도 나의 땅에서 난 것이 아닙니다. 나의 소유에서 파생한 것들이 아닙니다. 하나님께서 들어가 살게 하신 가나안 땅에서 난 것들도 하나님께서 친히 준비해 놓으신 소산들입니다.

이 신앙적 교훈과 가치 그리고 역사적인 의미와 함께 이스라엘은 수장절의 기쁨과 감격에도 불구하고, 그 풍요로움의 만족에도 불구하고 초막으로 들어가서 고달픈 생활을 재연해야 했던 것입니다. 이토록 성경의 명절들은 모두 신앙적 의미와 교훈들이 담겨진 절기로 지켜지고 있었습니다. 안식일을 지키면서 그리고 유월절과 오순절, 수장절을 지키면서 이스라엘은 하나님을 삶의 뿌리로, 하나님을 삶의 가치와 의미로 그리고 삶의 목적으로 삼는 일을 게을리 할 수가 없었습니다. 초막절이 깃들어져 있었기 때문이었습니다.

오늘 그리스도안에서 사는 우리의 삶에서도 돋아난 열매들은 하나님의 은혜요 하나님이 준비해 놓으신 축복의 열매로서 우리가 누리는 것은 다 하나님께 감사할 제목들이며 하나님께 영광을 돌려야 할 일들임을 가르치는 내용들입니다. 예수 그리스도 안에서 구속함을 받은 우리의 삶은 모든 것이 하나님께로부터 온 것이며 그 주인이 하나님이시며 우리는 하나님의 종으로 살고 있다고 하는 것, 우리의 모든 것은 하나님과의 관계에서 생각지 않으면 안 되는 것들임을 늘 기억해야 합니다.

은혜의 선물 그것은 곧 구원입니다. 구원과 함께 살아가는 우리의 생애에서 비록 물질, 사회, 인간, 그리고 명예 또 가족과 모든 범사의 관계 속에서 우리의 손길이 닿는 곳마다 거기서 얻어지는 소출이 있다면 그것은 하나님을 생각지 않으면 안 되는 것들임을 명심하셔야 합니다. 하나님의 나라요 그 의를 위하여 쓰라고 주신 구원입니다. 이 구원이 있기 때문에 우리는 모든 범사에서 사회에서 가정에서 또 경영활동에서 우리는 그만큼 살만한 가치와 의미를 갖고 있는 인생들입니다.

●●●●●●●●●●

하나님은 하나님의 영광을 위하여 필요한 것들을 다 주셨습니다. 이렇게 허락하신 삶은 주의 영광을 위하여 살아야 할 가치와 의미로서 우리는 언제나 '카이로스' 적 시간을 가지고 살아갈 뿐입니다.

나와 관계없이 하나님이 주신 의미와 가치로 채색된 인생이기에 부족함이 없습니다. 거기는 다 유익한 것들이요 장래에 소망을 두시고 우리로 가게 하신 영광의 날들이 준비된 곳입니다.

오늘도 그날들을 살아가는 하루가 우리의 생애에 있어서 가장 잊지 못할 풍요와 번영으로 약속된 가나안 땅에서 지나가는 은혜의 삶임을 마땅히 각성해야 할 것입니다.

그리스도와 초막절 (2)

> "이후에 예수께서 갈릴리에서 다니시고 유대에서 다니려 아니 하심은
> 유대인들이 죽이려 함이러라 유대인의 명절인 초막절이 가까운지라
> 그 형제들이 예수께 이르되 당신의 행하는 일을 제자들도 보게 여기를 떠나 유대로 가소서
> 스스로 나타나기를 구하면서 묻혀서 일하는 사람이 없나니 이 일을 행하려 하거든 자신을
> 세상에 나타내소서 하니 이는 그 형제들이라도 예수를 믿지 아니함이러라
> 예수께서 가라사대 내 때는 아직 이르지 아니하였거니와 너희 때는 늘 준비되어 있느니라
> 세상이 너희를 미워하지 못하되 나를 미워하나니 이는 내가 세상의 행사를 악하다
> 증거함이라 너희는 명절에 올라가라 나는 내 때가 아직 차지 못하였으니
> 이 명절에 아직 올라가지 아니하노라 이 말씀을 하시고 갈릴리에 머물러 계시니라
> 그 형제들이 명절에 올라간 후 자기도 올라가시되 나타내지 않고 비밀히 하시니라"

요한복음 7장은 초막절을 배경으로 전개되는 내용입니다. 레위기 23
장 42절에 이런 말씀이 있습니다.

"너희는 칠 일 동안 초막에 거하되 이스라엘에서 난 자는 다 초막에 거
할지니 이는 내가 이스라엘 자손을 애굽 땅에서 인도하여 내던 때에 초막
에 거하게 한 줄을 너희 대대로 알게 함이니라…" (레 23 : 42, 43).

지금 수확의 기쁨이 있고 추수의 열매에 대한 감격이 있습니다, 모든
사람들이 저장된 풍요로운 곡식 단들을 보고 즐거워하는 때입니다. 그

런데 이 기쁨의 절기가 이스라엘 모든 남자들에게 있어서는 노소를 막론하고 다 광야에 나가 초막을 짓고 그 곳에서 7일 동안 힘겹고 고달픈 생활을 해야 되는 계절입니다. 하나님이 정하신 초막절입니다. 하나님은 수장절의 기쁨과 감격이 있는 계절에 초막절을 명하심으로써 조상들이 40년 동안 광야에서 행하였던 일을 돌아보게 하고 지금 눈앞에 보이는 풍요로운 곡식 단들이 어디서 난 것이며 어떻게 저장된 것인가를 교훈하려는 목적으로 수장절에 곁들어 초막절을 지키라 명령하신 것입니다.

초막절을 이해하기 위해서는 유월절로 거슬러 올라가야 합니다. 유월절은 종살이하던 이스라엘 백성을 구원하던 날, 애굽의 맏태생은 사람이던 짐승이던 모두 심판의 칼에 쓰러져 죽어가는 때에 이스라엘의 문설주에 뿌려진 양의 피가 있는 이스라엘의 집에는 심판의 칼이 지나갔음을 기념하는 절기입니다. 유월절은 구원을 상징하는 절기입니다. 하나님께서 고통 중에 신음하고 있던 이스라엘을 구원하기 위하여 모세를 불러 세우셨습니다. 그때 하나님은 이런 말씀을 하셨습니다.

"여호와께서 가라사대 내가 애굽에 있는 내 백성의 고통을 정녕히 보고
그 간역자로 인하여 부르짖음을 듣고 그 우고를 알고 내가 내려와서 그들
을 애굽인의 손에서 건져내고 그들을 그 땅에서 인도하여 아름답고 광대
한 땅, 젖과 꿀이 흐르는 땅 곧 가나안 족속, 헷 족속, 아모리 족속, 브리스
족속, 히위 족속, 여부스 족속의 지방에 이르려하노라 이제 이스라엘 자손
의 부르짖음이 내게 달하고 애굽 사람이 그들을 괴롭게 하는 학대도 내가
보았으니 이제 내가 너를 바로에게 보내어 너로 내 백성 이스라엘 자손을
애굽에서 인도하여 내게 하리라" (출 3:7-10).

하나님께서 이스라엘을 구출해 내실 때에 구원하는 이유로서 하나님은 모세에게 내 백성 이스라엘 자손을 애굽에서 인도하여 내게 하리라

고 말씀하셨습니다. 구출해야 할 이유, 단 하나 '나의 백성'이라는 겁니다. 지금 나의 백성이 고통 중에 있다는 것을 상기시킵니다. 오늘 우리의 구원은 이토록 하나님이 친히 만세 전에 예정하신바 나의 백성이라는 전제조건으로부터 시작합니다. 그리고 죄와 사망 아래 놓여 있는 우리를 거기서부터 구출해 내십니다. 죄와 사망의 손에 붙잡혀 신음 고통하고 있는 백성들을 구출하기 위해서 어린 양이 흘리는 속죄의 피가 요구되고 있었습니다. 우리가 요구한 것이 아니라 하나님이 친히 요구하셔서 아들은 자기 자신을 속죄 양으로 피 흘려주신 것입니다.

십자가는 그래서 구원의 성취이지 완성이 아닙니다. 원수의 손에서부터 풀려나는 구출에 불과합니다. 구원의 시작이지 구원의 끝이 아니라는 뜻입니다. 출애굽의 목적이 가나안 땅에 들어가 사는 것을 목표로 구출하였듯이 십자가의 구원은 하나님과 함께 사는 영생의 풍성함이 만개되는 곳, 곧 궁극적으로는 하늘나라에 들어가기 위한 조치입니다. 십자가의 구원은 반드시 이토록 젖과 꿀이 흐르는 가나안 땅에서의 삶과 연결되어야 합니다.

이스라엘 백성이 광야 40년 동안의 방황은 끝났습니다. 이제 요단강 건너 가나안 땅에 들어갔습니다. 그곳에 도착하던 날 하늘에서 내리던 만나가 그쳤다고 했습니다. 이제 그곳에서 난 소산을 먹기 시작하였습니다. 실로 40년 만에 처음 먹어보는 그 땅의 소산입니다. 그 땅에서 난 열매를 먹고 그 열매로 40년 만에 유월절 절기를 지켰습니다.

유월절은 시기로 보아 봄입니다. 열매의 수확은 그 시기가 가을입니다. 지금 그 땅의 열매를 먹는 기쁨과 감격을 가지고 이제 봄에 뿌린 씨앗에 대한 감사와 고마움을 유월절이란 이름으로 지키고 있습니다. 유월절은 씨를 뿌리는 봄철에 있었던 사건입니다. 예수님께서 십자가에서 죽으신 것을 한 알의 밀로 설명하고 있는 것과 같습니다. 한 알의 밀로서 예수님은 온 인류들의 죄를 지시고 십자가에서 속죄의 피를 흘리셨습니다. 십자가의 보혈이 뿌려진 대속의 십자가를 상징하는 사건이 유월절에 이스라엘 집 문설주에 발린 어린양의 피인 것입니다.

지금 이스라엘 백성들이 가나안 땅에서 먹고 즐기면서 유월절 제사를 드리고 있습니다. 제사용으로 사용하고 있는 열매가 어디에서 돋아난 것들입니까? 자기들이 뿌린 씨앗입니까? 아닙니다. 이스라엘 자신들은 아무것도 한 일이 없습니다. 이 열매를 위하여 지불하는 어떤 피와 땀의 수고도 없었습니다. 그 땅에 들어갔더니 그곳에 이미 준비된 곡식이 있었습니다. 하나님께서 말씀하신 그대로였습니다. 젖과 꿀이 흐르기로 약속하신 대로 먹을 것과 마실 것이 풍족하게 준비되어 있었습니다. 모든 것이 은혜의 선물이었습니다. 자기 공로가 없었습니다. 누리기만 하는 축복뿐이었습니다.

가나안 땅에서 먹고 마시는 것들은 이스라엘 백성의 입장에서는 은혜의 산물들이었습니다. 뿌리지도 않았으면서도 거두어들인 곡식 단들이 있었습니다. 파지도 않았는데 샘물들이 있었습니다. 봄의 계절에 수고해야 할 씨를 뿌리는 수고가 아무 것도 없었는데도 그 땅에 들어갔더니 수확할 양식이 있었습니다.

기독교 신앙은 십자가의 구원이 전부가 아닙니다. 가나안 땅에서 보장하고 있는 축복과 안식과 승리와 연결되어야 합니다. 우리는 우리가 뿌린 데서 난 열매들을 먹고 사는 자가 아닙니다. 예수님께서 한 알의 밀로 땅에 떨어져 썩음으로써 돋아난 열매를 먹고 사는 자들입니다. 그것이 부활의 열매입니다. 새 생명의 풍족한 삶입니다. 정죄함이 없는 참으로 의의 열매를 먹는 곳에서 사는 것입니다. 내가 뿌리지 않았습니다. 내가 수고하지 않았습니다. 내가 길쌈하지 않았습니다. 오직 예수님께서 십자가에서 한 알의 밀로 죽으셨고 다시 살아나신 부활의 열매가 되심으로 준비된 생명과 의의 하나님의 나라에 초대되어 있을 뿐입니다.

오늘 우리가 살고 있는 땅은 십자가에서 누리는 천국의 열매들이 있는 곳입니다. 옛날 우리가 육체만을 갖고 살던 땅이 아닙니다. 세상은 지금 내가 뿌리고 내가 거두는 것으로 만족해야 합니다. 세상은 모두 자기가 뿌리고 자기가 책임지는 인과율의 법칙대로 살아갑니다. 생존경쟁과 약육강식의 굴레 속에서 언제나 긴장과 대립의 관계 속에서 살지 아니하면 안 됩니다. 세상에는 그것뿐이기 때문입니다. 자기의 피땀으로 거두는 것 가지고 기뻐하고 즐거워해야 합니다. 자기가 잘한 것에 대해서는 상을 기대하고 자기가 잘못한 것에 대해서는 채찍을 맞아야 하는 관계 속에서 살아갑니다. 이 세상이 전부인 사람들이 누리는 행복이 이토록 자기의 이해와 납득의 범위 안에서입니다.

그러나 우리가 예수님을 믿고 구원을 받았다는 것은 이미 신음과 고통이 있는 곳에서 풀려났다는 뜻입니다. 다시 말하면 더 이상 절대절망의 형벌로부터 생명으로 한 발짝 내딛은 상태입니다. 삶의 출발이 생명인 사람들입니다. 생명을 시작으로 우리는 모든 사건과 만남들을 지나면서 이 생명을 더욱 풍성케 하는 경험들로 짜여져 있는 하나님의 간섭 아래 있다는 것을 놓쳐서는 안 됩니다.

예수 믿는 것보다 더 은혜로운 일은 없습니다. 내가 뿌리지 않았고 수고하지 않았는데 구원의 기쁨과 천국의 영광에 대한 약속에 대하여 내가 그 대상이 되어 있는 것입니다. 이것보다 더 놀랍고 더 기막힌 일이 없습니다. 값없는 은혜가 아닐 수 없습니다. 값이 너무 비싸서 계산이 불가능하여 표현할 형용사가 없다는 뜻입니다.

우리는 모두 구원의 시작이 아니라 구원의 완성을 위하여 싸워야 하는 곳에 와 있습니다. 젖과 꿀이 흐르는 언약이 보장되어 있는 가나안 땅에 들어와 있습니다. 우리의 피와 땀이 결실을 맺는 곳입니다. 전쟁은 언제나 승리로 약속 받는 곳입니다.

이제 뜨겁게 살아가야 할 하나님의 말씀과의 도전 앞에 서 있음을 기억하셔야 합니다. 이 은혜의 구원 이후에 전개되는 나의 인생길에서 만나는 환난은 더 이상 재난일 수가 없습니다. 나의 경험하는 고통은 더 이상 형벌이 아닙니다.

"우리가 알거니와 하나님을 사랑하는 자 곧 그 뜻대로 부르심을 입은 자
들에게는 모든 것이 합력하여 선을 이루느니라"(롬 3:8).

"…죽어도 살겠고 무릇 살아서 나를 믿는 자는 영원히 죽지 아니하니
리…"(요 11:25, 26).

이 영광의 말씀과 함께 살아가는 삶의 긍지와 자랑이 오늘 우리들에
게 약속되어 있습니다.

우리는 가나안 땅의 소산을 먹으며 삽니다. 그가 징계를 맞음으로 우
리가 화평을 누리고 그가 채찍에 맞음으로 우리가 나음을 입었습니다.
예수님께서 십자가에 못 박히심으로 우리가 구원을 얻었습니다. 이 은
혜의 영광이 빛나는 가나안 땅에 초대되어 있습니다. 그런데 여기 이곳
에서 하늘의 양식으로 풍족하지 못하고 자기 자존심과 자기 자랑의 열
매로 배를 채우려고 한다면 이 땅만큼 괴로운 것이 없고 이 땅만큼 짜증
스러운 곳이 없습니다. 그곳은 광야로 상징되는 메마른 곳입니다. 우리
는 더 이상 광야에 있지 아니합니다. 여러분 무엇을 바랍니까? 물질과
명예와 자존심을 채우기 위한 기적들입니까? 그것은 불기둥, 구름기둥,
반석에서 솟아나는 샘물들입니다. 이것들은 다 광야의 사건들입니다.
우리는 이미 광야를 지나왔습니다. 지금 젖과 꿀이 흐르는 가나안 땅에
들어와 있음을 놓치지 마십시오.

• • • • • • • • • •

이 풍요와 안식이 어디서 온 것인가를 뒤돌아보게 하는 교훈적 가치
로 초막절을 곁들여 명하신 것입니다. 초막절은 은혜의 명절입니다. 모
든 것이 하나님께로부터 왔으며 하나님의 손길 속에 오늘 하루도 영광
의 약속 곧 젖과 꿀이 흐르는 풍요와 번영과 안식을 약속 받으면서 성취
해 나가는 은혜의 날들입니다. 이날들을 그리스도 안에서 승리로 외치

며 영광으로 찬양하며 모든 이에게 서서 이를 감히 하나님이 내게 주신
은총이라고 증거해야 할 자랑스러운 인생임을 깨치는 각성이 있기를
바랍니다.

그리스도의 자기증명

"이미 명절의 중간이 되어 예수께서 성전에 올라가사 가르치시니 유대인들이 기이히 여겨 가로되 이 사람은 배우지 아니하였거늘 어떻게 글을 아느냐 하니 예수께서 대답하여 가라사대 내 교훈은 내 것이 아니요 나를 보내신 이의 것이니라 사람이 하나님의 뜻을 행하려 하면 이 교훈이 하나님께로서 왔는지 내가 스스로 말함인지 알리라 스스로 말하는 자는 자기 영광만 구하되 보내신 이의 영광을 구하는 자는 참되니 그 속에 불의가 없느니라 모세가 너희에게 율법을 주지 아니하였느냐 너희 중에 율법을 지키는 자가 없도다 너희가 어찌하여 나를 죽이려 하느냐 무리가 대답하되 당신은 귀신이 들렸도다 누가 당신을 죽이려 하나이까 예수께서 대답하여 가라사대 내가 한 가지 일을 행하매 너희가 다 이를 인하여 괴이히 여기는도다 모세가 너희에게 할례를 주었으니 (그러나 할례는 모세에게서 난 것이 아니요 조상들에게서 난 것이라) 그러므로 너희가 안식일에도 사람에게 할례를 주느니라 모세의 율법을 폐하지 아니하려고 사람이 안식일에도 할례를 받는 일이 있거든 내가 안식일에 사람의 전신을 건전케 한 것으로 너희가 나를 노여워하느냐 외모로 판단하지 말고 공의의 판단으로 판단하라 하시니라"

갈릴리에서 복음을 전하시는 주님께 형제들이 찾아와서 "당신이 행하는 일을 예루살렘으로 올라가서 행하소서, 세상에 자신을 나타내소서" 하고 요구합니다. 이에 예수님이 이런 반응을 하셨습니다. "너희가 먼저 가라 내 때는 아직 이르지 아니하였노라" 그렇게 하신 후 홀로 초막절 중간쯤 되어서 예루살렘에 올라 가셔서 은밀히 행하셨습니다.

14절과 15절, "이미 명절의 중간이 되어 예수께서 성전에 올라가서 가르치시니 유대인들이 기이히 여겨 가로되 이 사람은 배우지 아니하였거늘 어떻게 글을 아느냐 하니" – 지금 배운 적이 없는 자가 어떻게 이 글을 아느냐 라는 것입니다. 참으로 경이로운 사실입니다. 이스라엘의 고유 언어는 히브리어입니다. 구약의 언어입니다. 그러나 이 시대의 사용어는 아람어입니다. 다시 말하면 바벨론 문자입니다. 70년 간 포로로 잡혀간 사이에 히브리어는 다 잃어 버렸고 모두 바벨론 언어를 사용하고 있었습니다. 이제 성경을 연구하는 서기관과 제사장들만이 히브리어를 전수하면서 연구하고 있었습니다. 당시에 히브리어를 아는 자라면 상당히 지식층에 속한 자들입니다. 지금 예수님께서 히브리어를 사용하고 있다는 것은 저들에게 비하면 놀랄 일이 아닐 수가 없습니다. 배운 적이 없는데 어떻게 글을 아느냐는 것입니다. 참으로 경탄할 일입니다.

이에 대한 예수님의 대답은 이렇습니다. "이 교훈은 내 것이 아니요 나를 보내신 이의 것이니라. 사람이 하나님의 뜻을 행하려 하면 이 교훈이 하나님께로서 왔는지 내가 스스로 말함인지 알리라" 예수님은 하나님께로부터 듣고 본 바를 말씀하실 뿐 자신의 의사가 전혀 없으십니다. 구약성경을 연구하는 유대인들보다 이제 더 깊게 더 권위있게 가르치시는 예수님에 대하여 자신들의 이론으로는 도저히 감당할 길이 없었다는 것입니다.

예수님이 그 율법에 관하여 연관시켜 또 이렇게 설명합니다.

19절, "모세가 너희에게 율법을 주지 아니하였느냐 너희 중에 율법을 지키는 자가 없도다 너희가 어찌하여 나를 죽이려 하느냐" 예수님에 대한 유대인의 공격은 이런 것입니다. "네가 하나님의 뜻을 행하려고 왔다면 하나님의 법을 지켜야 할 것인데 너는 이미 안식일을 범했다" 는 것이 시비의 초점입니다.

이에 대한 예수님의 반격이 22절에서 23절까지의 말씀으로 이어집니다.

"모세가 너희에게 할례를 주었으니… 그러므로 너희가 안식일에도 사람에게 할례를 주느니라 모세의 율법을 폐하지 아니하려고 사람이 안식일

에도 할례를 받는 일이 있거든 내가 안식일에 사람의 전신을 건전케 한 것
으로 너희가 나를 노여워하느냐"(요 7 : 22, 23).

다시 말하면 이렇습니다. 너희가 참으로 안식일을 범하는 이 문제 때
문에 나를 죽이려 하느냐? 그렇지 않다는 것입니다. 너희가 지금 자신
을 죽이려는 것은 너희들의 자존심과 정욕 때문이지 예수 자신이 안식
일을 범했기 때문이 아니라는 겁니다.

유대인들은 지금 예수님을 죽이려는 데에 몰두하고 있습니다. 그 원
인이 무엇일까요? 그 힌트가 18절에 있습니다.

"스스로 말하는 자는 자기 영광만 구하되 보내신 이의 영광을 구하는 자
는 참되니 그 속에 불의가 없느니라"(요 7 : 18).

유대인들을 향한 주님의 지적은 너무나 정곡을 찌르고 있습니다. 유
대인들의 공격을 차단하는 치명적인 지적을 쏘아붙인 것입니다. 너희는
지금 율법을 이용하여 자기 영광을 취하기에 급급하고 있다는 것입니
다. 자기 영광만을 지키기 위하여 주님 자신을 죽이려 한다는 날카로운
지적입니다. 무엇을 이용하여서 입니까? 율법을 이용하여서입니다. 참
으로 큰 죄입니다. 율법이 무엇인지, 은혜가 무엇인지 모르는 자들이 고
집하고 있는 이 주장들은 모두 자기 영광을 위하여 남을 죽이고 있다고
강하게 찌르고 있는 내용입니다. 어떤 경우에도 자기의 정당성을 옹호
하고 자기의 자존심과 정욕을 변호하기 위해서는 반드시 남에 대하여
비판하고 남을 죽이는 입장에 설 수밖에 없습니다. 지금 유대인들은 예
수님을 죽이고자 율법을 이용해서 자기들의 정욕을 채우고 있습니다.

율법이 무엇입니까? 율법은 하나님의 의를 구분하는 잣대입니다. 일
종의 기준입니다. 만일 율법이 없으면 우리의 행위에서 선악을 구별하
는 기준이 서지 않습니다. 바울의 논증도 이렇습니다.

"그런즉 우리가 무슨 말 하리요 율법이 죄냐 그럴 수 없느니라 율법으로
말미암지 않고는 내가 죄를 알지 못하였으니 곧 율법이 탐내지 말라 하지
아니하였더면 내가 탐심을 알지 못하였으리라"(롬7:7).

인간에게는 근원적으로 자신을 채우려는 목마름이 있습니다. 육체
가 요구하는 것을 채우려는 갈증을 탐심이라고 합니다. 육체가 갈망하
는 것은 가장 자연스런 현상입니다. 인간의 갈증을 채우기 위한 싸움
이 현실인데 그 행위를 죄로 인식하는 사람은 없습니다. 생존경쟁에서
나를 채우려는 열정은 극히 당연한 싸움입니다. 세상은 이기는 자에게
갈채를 보냅니다. 승리의 표상으로서 교육의 이상형으로 추대하고 있
습니다.

그런데 율법이란 기준이 오지 않았다면 내 육체가 요구하는 모든 갈
망의 상황이 죄인지 아닌지를 모를 뻔 하였다는 것입니다. 내 나름대로
는 의로 생각하고 그것이 정의라고 생각하고 살았지만은 하나님의 율
법이 오고부터 내 속에서 나오는 것들이 다 탐심의 산물로서 우상숭배
의 죄임을 알게 되었다는 것입니다. 율법이 자신에게 들어옴으로 인하
여 절망을 호소하게 됩니다.

"전에 법을 깨닫지 못할 때에는 내가 살았더니 계명이 이르매 죄는 살아
나고 나는 죽었도다"(롬7:9).

법이 없었을 때는 내가 하고 싶은 것은 하고 하기 싫은 것을 안 하면
그만이었습니다. 그런데 하나님의 법이 내게 들어옴으로부터 나의 모
든 행위가 다 죄로 가고 있더라는 얘깁니다. 내게서 죄가 살아나고 나는
그 율법 때문에 죽는 자가 되는 절망에 이르게 됩니다.

"생명에 이르게 할 그 계명이 내게 대하여 도리어 사망에 이르게 하는

것이 되었도다"(롬 7 : 10).

율법을 통하여 죄를 알게 되었고 죄를 깨닫는 순간 드디어 가슴으로부터 탄식이 흘러나오는 절망에 이르게 됩니다. 병중에 가장 심각한 병은 아프다는 느낌이 없는 경우입니다. 병이 진행되어 곧 죽음에 이르게 되었는데도 아프지 않다는 증상 때문에 마치 건강한 것처럼 착각하게 되는 것과 같습니다. 의사의 정밀 검진을 받아 보니 죽을병에 걸렸다는 진단을 받았습니다. 병을 모를 때는 그럭저럭 살다가 병을 알고부터는 그때부터 죽은 것이나 다름없는 절망에 이르게 됩니다. 생명에 이르게 하는 법이 결과적으로 사망에 이르게 되는 법이 되고 마는 셈입니다.

왜 이런 현상이 일어납니까? 아담이 선악을 구별하는 능력이 없었습니다. 하나님께서 "선악을 알게 하는 나무의 실과는 먹지 말라 네가 먹는 날에는 정녕 죽으리라 하시니라"(창 2:17)는 하나님의 법이 주어짐으로부터 아담에게는 선악을 구분하는 잣대가 생기게 된 것입니다. 하나님의 말씀에 순종하면 선이 되고 하나님의 말씀에 불복하면 죄악이 되는 기준을 따라 살아가야 하는 피조물이 된 것입니다.

처음부터 선악을 아는 능력이 있는 것은 아니었습니다. 하나님의 법이 옴으로부터 선이 무엇이며 악이 무엇인가가 생겨나기 시작한 것입니다. 불행하게도 아담이 하나님의 법을 어김으로 말미암아 죄인이 되었고 그 결과 사망이 따르게 된 것입니다. 이것이 원죄입니다.

지금 죄인의 입장에서 하나님의 율법이 주어졌습니다. 지키면 선이고 생명이고 못 지키면 죄이며 사망이 아닙니다. 이젠 원죄로부터 우리는 본질상 죄인이기 때문에 율법을 지키든 안 지키든 관계없이 우리는 여전히 죄인의 속성을 벗어날 수 있는 방법이 없는 존재들입니다. 이미 죄의 본성을 가지고 살고 있는 입장에서는 하나님의 법은 더 이상 선악을 구별하기 위한 법이 아닙니다. 구원과 지옥을 선택하는 기준이 될 수가 없습니다. 율법은 죄인이 행하고 있는 모든 선한 것들마저도 다 죄로

가고 있다는 것을 사실로 깨닫게 하는 용도일 뿐입니다.

하나님이 모세의 율법을 이스라엘에게 주신 것은 그래서 지키라고 주신 법이 아닙니다. 죄인임을 깨닫고 회개하라고 주신 것입니다. 죄인이 율법을 지킬 수 없습니다. 율법을 지킬 수 없는 무능한 입장에서는 하나님의 자비와 긍휼을 바라는 심정으로 절망의 탄식이 터져 나올 수밖에 없습니다. 죄인의 절망을 아는 자들에게 하나님은 속죄의 십자가 앞으로 그를 이끌어 주심으로 구원의 기쁨을 누리게 해주십니다. 죄인이 십자가를 붙들 때 율법은 드디어 생명에 이르게 하는 법이 됩니다. 그래서 율법은 구원함에 이르게 하는 몽학선생이라고 하는 것입니다.

하나님의 율법은 죄인으로서는 지킬 수 없는 법입니다. 죄인이 법을 지키려고 씨름하면 그 상태는 언제나 정죄이고 불안이며 두려움만 가중될 뿐입니다. 하나님의 법은 이제 속죄함을 받은 의인의 자리에서만 지킬 수 있는 법입니다. 하나님의 은혜가 근거되어서 하나님의 법이 송이 꿀보다 더 단 말씀으로 내 영혼을 즐겁게 하고 내 삶의 잔이 흘러넘치는 풍족함을 누리게 됩니다. 이는 구속함을 받은 사람에게 한해서입니다. 예수님은 유대인과의 변론에서 초막절에 맞추어 가르치신 것도 하나님의 은혜를 설명하기 위한 조치였습니다.

신명기 8장에 보면 40년의 광야생활을 해야만 했던 이유를 이렇게 설명하고 있습니다.

"네 하나님 여호와께서 이 사십 년 동안에 너로 광야의 길을 걷게 하신 것을 기억하라 이는 너를 낮추시며 너를 시험하사 네 마음이 어떠한지 그 명령을 지키는지 아니 지키는지 알려 하심이라… 사람이 떡으로만 사는 것이 아니요 여호와의 입에서 나오는 모든 말씀으로 사는 줄을 너로 알게 하려 하심이니라" (신 8:2,3).

40년간 광야에서 이스라엘은 언제나 자신들의 정욕대로 떠나온 땅

애굽에서 먹던 고기국물, 부추, 파, 마늘. 그 냄새들을 그리워하면서 살았습니다. 비록 종살이였다 할지라도 그때에는 먹을 것이 많았고 배가 불렀고 쾌락이 있었다는 것입니다. 그러나 지금 배고파 허덕이고 있는 상황인데 하나님의 말씀을 지키라고 한다면 어떻게 가능하냐는 것입니다. 율법을 지키기 전에 먹고 마시고 입는 생활부터 해결해 달라는 것입니다. 그래서 주신 음식이 만납니다. 메추라기요 반석에서 나는 샘물이었습니다. 하나님의 말씀을 지키겠다고 하여 베푸신 기적들입니다.

이스라엘 백성들은 광야에서 하나님이 베푸신 기적 하나로 손 하나 까딱하지 않고 배불리 먹고 마시고 풍족하게 살았던 세월이 자그마치 40년입니다. 광야에서 누리는 풍족한 양식들이 세상에 있는 어느 민족 못지않았습니다. 그럼에도 불구하고 이스라엘 백성은 약속대로 하나님의 법을 따르지 않았고 오히려 하나님을 원망하고 불평하며 살다가 결국은 다 광야에서 쓰러져 죽었더란 것이 골자입니다.

지금 가나안 땅의 열매를 먹고 누리는 이 기쁨과 풍족함에도 불구하고 초막절을 명하신 것은 지난 광야생활에서 하나님을 불신앙했던 조상들의 전철을 밟지 말라고 역사적인 훈계와 동시에 지금 거두어들인 곡식 단들은 마땅히 하나님께 감사와 찬미를 돌려 드려야 할 산물임을 확인시켜 주는 교훈적 의미로서 절기화한 것입니다.

광야 40년의 조상들이 가졌던 이 불신앙은 무엇에 대한 것이었습니까? 이미 출애굽의 구원의 감격과 환희를 맛본 자들이 본질적으로 취해야 할 삶의 원리는 감사와 찬미와 하나님을 영화롭게 하는 일입니다. 비록 광야의 고달픔이 있었다 할지라도 모든 것을 하나님께 감사하며 그를 영화롭게 한다는 것은 당연한 것입니다.

예수님은 가나안땅에서 거두어들인 곡식들은 마땅히 하나님과 연결하여 생각지 않으면 안 되는 것임을 강조하는 의미에서 초막절기에 맞추어 예루살렘으로 올라가신 것입니다. 구속받은 자들은 이미 그리스도 안에서 이미 가나안 땅에 들어와서 살고 있는 것입니다. 여기에서는 어떤 경우에라도 하나님께 영광을 돌려야 될 근거가 구원에 있음을 가르치고자 초막절을 동원하신 것입니다. 여기 율법을 가지고 자기 영광을 취하는 유대인들에게 탐욕의 수단으로 전용해 버린 초막절을 맞추어 교훈하고 계시는 장면입니다.

예수님은 예루살렘에서 유대인들과 변론하시면서 무엇을 생각하셨을까요? 이 초막절을 지키면서 형제들을 비롯하여 이 유대인들의 수많은 인파들이 무엇 때문에 예루살렘 성전에 모여들고 있습니까? 자기들의 자랑과 공력을 나타내는 기회로 그토록 요란스럽게, 그토록 분주하게 모여드는 이 모든 사람들을 보시면서 예수님은 지금 초막절이 갖고 있는 은혜와 진리 그리고 영광의 복됨을 주시고자 하는 아버지의 비밀한 경륜을 이루고 계시는 열정으로 초막절에 그 위협이 도사리고 있는 예루살렘으로 올라오신 것입니다. 주님은 성전에서 열심히 가르치고 계셨습니다. 초막절이 은혜의 명절로서 마땅히 하나님의 존전에 고개 숙여야 할 자리에서 저들은 오히려 율법을 이용하여 자기의 자존심과 정욕을 요구하고 있었고 급기야는 예수님을 죽이려는 음모를 시행하고 있었습니다. 이 안타까운 현실에서 주님은 지금 초막절의 주인으로서 아버지의 뜻을 좇아 베푸시고 싶은 것은 오직 모든 은혜와 긍휼과 자비의 풍성하신 구속의 영광이었습니다.

● ● ● ● ● ● ● ● ●

우리 예수 믿는 사람들의 삶의 근거가 구원의 은혜임을 잊지 마십시다. 하나님이 베푸신 은혜의 산물로서 내게 이 구원이, 내게 이 가족이 그리고 이 교회가 주어졌음을 한시라도 잊지 맙시다. 언제나 감사와 찬미 그리고 언제나 주를 영화롭게 하는 일에 주님의 말씀 앞에 순복하는 자의 자세를 갖추어야 할 것입니다.

그리스도의 주권

(요 7:25-36)

> "예루살렘 사람 중에서 혹이 말하되 이는 저희가 죽이고자 하는 그 사람이 아니냐 보라 드러나게 말하되 저희가 아무 말도 아니 하는도다 당국자들은 이 사람을 참으로 그리스도인 줄 알았는가 그러나 우리는 이 사람이 어디서 왔는지 아노라 그리스도께서 오실 때에는 어디서 오시는지 아는 자가 없으리라 하는지라 예수께서 성전에서 가르치시며 외쳐 가라사대 너희가 나를 알고 내가 어디서 온 것도 알거니와 내가 스스로 온 것이 아니로라 나를 보내신 이는 참이시니 너희는 그를 알지 못하나 나는 아노니 이는 내가 그에게서 났고 그가 나를 보내셨음이니라 하신대 저희가 예수를 잡고자 하나 손을 대는 자가 없으니 이는 그의 때가 아직 이르지 아니하였음이러라 무리 중에 많은 사람이 여수를 믿고 말하되 그리스도께서 오실지라도 그 행하실 표적이 이 사람의 행한 것보다 더 많으랴 하니 예수께 대하여 무리의 수군거리는 것이 바리새인들에게 들린지라 대제사장들과 바리새인들이 그를 잡으려고 하속들을 보내니 예수께서 이르시되 내가 너희와 함께 조금 더 있다가 나를 보내신 이에게로 돌아가겠노라 너희가 나를 찾아도 만나지 못할 터이요 나 있는 곳에 오지도 못하리라 하신대 이에 유대인들이 서로 묻되 이 사람이 어디로 가기에 우리가 저를 만나지 못하리요 헬라인 중에 흩어져 사는 자들에게로 가서 헬라인을 가르칠 터인가 나를 찾아도 만나지 못할 터이요 나 있는 곳에 오지도 못하리라 한 이 말이 무슨 말이냐 하니라"

초막절 명절의 중간쯤에 예루살렘에 올라오신 예수님은 곧바로 가르치시기를 시작하셨습니다. 오늘 본문의 시작 25절은 예수님에 대한 예루살렘 사람들의 관심과 분위기를 잘 보여 주고 있습니다.

"예루살렘 사람 중에서 혹이 말하되 이는 저희가 죽이고자 하는 그 사람이 아니냐 보라 드러나게 말하되 저희가 아무 말도 아니 하는도다 당국자들은 이 사람은 참으로 그리스도인 줄 알았는가"(요 7 : 25, 26).

예수님에 대하여 적개심을 품고 있던 예루살렘 당국자들은 평소에 예수님이 나타나기만 한다면 잡아 죽이고자 혈안이 되어 있었음이 엿보이는 장면입니다. "혹이 말하되" 여기서 혹이라는 말은 일반 군중들을 가리킵니다. 이미 일반에게까지 예수님은 예루살렘 당국자들에게 있어서 정치적 종교적 반역자로 인식되어 있었습니다. 사람들의 호기심은 당국자들이 어떻게 할 것인가 그리고 예수님은 어떤 행동을 취할 것인가에 집중되어 있었습니다. 모든 상황은 사람들의 상상을 뛰어넘고 있었습니다. 참으로 놀라운 일이 벌어지고 있었습니다. 권력을 휘두르던 자들이 평소에 장담하고 있었던 것처럼 예수를 잡아 당장 많은 사람들이 보는 앞에서 포박하여 끌고 갈 줄로 알았는데 아무 조치가 없었습니다. 아니 말을 거는 자 조차 없었습니다.

26절, "보라 드러나게 말하되 저희가 아무 말도 아니 하는도다 당국자들은 이 사람을 참으로 그리스도인 줄 알았는가" 이는 사람들의 비아냥거리는 조롱의 말입니다. 27절, "우리는 이 사람이 어디서 왔는지 아노라" 사람들의 생각 속에는 나사렛 동네에 목수로만 알고 있었을 것입니다. 그런데 당국자들이 아무 말을 안 하는 것을 보니 "저가 참으로 오실 메시아 그리스도인 줄 알았던가" 하고 이렇게 냉소와 조롱 섞인 말을 하고 있는 것입니다.

> "예수께서 성전에서 가르치시며 외쳐 가라사대 너희가 나를 알고 내가 어디서 온 것도 알거니와 내가 스스로 온 것이 아니로라. 나를 보내신 이는 참이시니 너희는 그를 알지 못하나 나는 아노니 이는 내가 그에게서 났고 그가 나를 보내셨음이니라"(요 7:28, 29).

예수님은 아버지로부터 보내심을 받았고 자신의 하나님이심을 가르치셨습니다. 큰 소리로 외치셨습니다. 누구 앞에서냐 하면 자신을 잡아 죽이려는 권력자들 앞에서입니다. 성전에서 공공연하게 자신이 하나님께로부터 보내심을 받았고 내가 그에게서 났다고 외칩니다. 이렇게 소

리치신 것은 당시 유대인들의 입장에서는 얼마든지 잡아 죽일 빌미도
되고 그리고 죄 중에서도 가장 가혹히 처벌할 참람죄에 해당되는 발언
입니다.

그럼에도 불구하고 우리의 주목을 끄는 대목은 30절 말씀입니다.
"저희가 예수를 잡고자 하나 손을 대는 자가 없으니 이는 그의 때가 아
직 이르지 아니하였음이러라" - 예루살렘 당국자들은 예수를 잡고자
혈안이 되어 있었습니다. 잡아 죽이려는 계획은 이미 치밀하게 진행되
고 있었습니다. 그러나 아무도 손을 대는 자가 없었습니다.

왜 그랬을까요? 예수님이 너무나 권위가 있으셨기 때문입니까? 아니
면 군중들의 여론을 의식했기 때문입니까? 무엇이든지 마음만 먹으면
할 수 있는 권력을 한 손에 쥐고 있는 자들이 왜 손을 대지 못했을까요?
성경은 놀랍게도 이런 표현을 합니다. "그의 때가 아직 이르지 아니하
였음이러라"

성경은 예수님 스스로 행하신 일이 하나도 없다는 것을 골자로 그의
행적을 기록하고 있습니다. 성부 하나님의 계획에 따라 예수님의 행적
이 쌓여지면서 십자가의 길이 분명해 지고 있는 사건들뿐입니다. 다른
사건이 하나도 없습니다. 그는 이적을 베풀면서, 모든 병자를 고치시면
서 배고파 지쳐 있는 무리들에게 오병이어의 풍족한 양식을 공급하시
면서, 절망과 실의에 빠진 저들을 구원해 주고 미래의 하늘나라의 소망
을 말씀해 주시면서 사람들로부터 환영과 갈채를 받지 아니하시고 아
버지께서 분부하신 바, 그의 십자가의 길을 줄기차게 가고 계셨습니다.
예수께서 허락지 아니하시면 아무도 그를 붙잡을 수가 없습니다. 하나
님의 뜻으로 진행되는 역사를, 인간은 어쩔 수가 없습니다. 십자가의 때
가 이를 때에야 사람들은 마침내 그를 붙잡을 것입니다. 그러나 "그의
때가 아직 이르지 아니하였음이러라" 우리에게 가장 아름답게 위로가
되는 말씀이 아닐 수 없습니다. 모든 일이 하나님의 주권에 달려 있음을

아는 믿음이 참으로 복됩니다.

마태복음 10장 29절 이하에는 이런 말씀이 있습니다.

> "참새 두 마리가 한 앗사리온에 팔리는 것이 아니냐 그러나 너희 아버지
> 께서 허락지 아니하시면 그 하나라도 땅에 떨어지지 아니하리라 너희에게
> 는 머리털까지 다 세신 바 되었나니 두려워하지 말라 너희는 많은 참새보
> 다 귀하니라" (마 10 : 29-31).

우리가 참으로 하나님을 생사화복의 주권자로 믿고 의지한다면 우리
의 현실문제로 인하여 두려워 할 이유가 없습니다. 신앙은 나를 향하신
하나님의 사랑을 근거로 나를 하나님의 주권에 맡기는 행위입니다. 비
록 환란의 비바람을 만나 고통 중에 있다 할지라도 하나님이 갖고 계시
는 뜻은 언제나 나를 향하여 사랑이며 긍휼이며 은혜이며 평강임을 나
의 전인격으로 고백하는 것입니다.

사울 왕이 다윗을 몹시도 증오한 나머지 창을 던졌습니다. 그러나 그
의 창 솜씨로 다윗을 죽이지 못했습니다. 다니엘은 사자 굴에 던져졌지
만 사자가 그를 삼키지 못하였습니다. 아직 하나님의 때가 이르지 아니
하였기 때문입니다. 다니엘의 세 친구도 불가마의 사형장에 던져졌으
나 불이 그를 사르지 못했습니다. 하나님의 때가 이르지 아니했기 때문
입니다.

요나는 니느웨 성을 향하여 하나님의 진노를 전하고 회개를 외치라
는 소명을 받고도 엉뚱하게도 그의 생각대로 다시스 항구를 향하여 항
해하고 있었습니다. 큰 풍랑을 만나게 되었습니다. 하나님이 일으키신
태풍입니다. 하나님이 요나를 다스리시는 장면입니다. 그 태풍에 의하
여 배가 침몰하는 위기를 맞게 되었습니다. 태풍의 원인이 자신에게 있
음을 뉘우치고 스스로 몸을 바다에 던져 죽기를 자청하였습니다. 그러
나 하나님은 바다에 던져진 그를 큰 물고기로 준비케 하사 그로 생명을

보전케 하셨습니다. 니느웨 성에 대한 요나의 사명이 미완성된 채 요나는 죽을 수가 없었습니다. 죽는 것도 자기 마음대로 할 수 없더라는 얘기입니다. 왜 그럴까요? 하나님의 정하신 때가 이르지 아니하였기 때문입니다.

하나님의 때가 이르면 주님은 은 30냥에 넘겨질 것이며 때가 되면 제자들도 배신할 것입니다. 겟세마네 동산으로 제사장들의 하속들이 몽둥이와 횃불을 들고 예수님을 잡으러 왔었을 때에도 군사들이 함부로 붙잡을 수가 없었습니다. 요한복음 18장 4절부터 6절 말씀에서 "너희가 누구를 찾느냐" "나사렛 예수라" "내로라"하셨을 때 무리들은 다 그 앞에서 뒤로 나가 넘어졌다 했습니다

예수님께서 스스로 손을 내밀어 잡혀 주실 때에야 드디어 폭도들은 달려들어 주님을 사슬로 묶고 이리저리 끌고 다닐 수가 있었습니다. 이 모든 일이 하나님의 정하신 때가 이르렀기에 진행된 것입니다.

빌라도의 법정에서도 빌라도 총독이 요한복음 18장 37절에서 "네가 왕이 아니냐"하였을 때 "네 말과 같이 내가 왕이니라"고 주님이 당당히 대답하셨더니 세상권력이 안절부절하는 모습은 가여워 보일 정도였습니다. 빌라도의 반응이 몹시도 불안해 보입니다. 대답이 이렇습니다.

"…내가 너를 놓을 권세도 있고 십자가에 못 박을 권세도 있는 줄 알지 못하느냐 예수께서 대답하시되 위에서 주지 아니 하셨더면 나를 해할 권세가 없었으리니…"(요 19 : 10, 11).

예수님의 말씀이 빌라도의 권세를 압도하는 권위가 돋보이는 내용입니다. 이와 같이 빌라도의 권력에도 불구하고 세상은 예수님을 함부로 다룰 수가 없었습니다. 마지막 돌아가시는 장면에서도 예수님께서 신 포도주를 받으신 후 "다 이루었다 하시고 머리를 숙이시고 영혼이 떠나가시니라"(요 19:30)고 묘사하고 있습니다. 머리를 먼저 숙이시면서 죽

음이 찾아오셨습니다. 예수님이 죽음을 허락하시는 장면입니다. 힘없이 돌아가신 것이 아닙니다. 죽음의 권세에 굴복하신 것이 아닙니다. 예수님이 죽을 권세까지 가지고 계신 것입니다.

"이후에 예수께서 모든 일이 이미 다 이룬 줄 아시고 성경으로 응하게 하려 하사 내가 목마르다 하시니"(요 19:28) 모든 것이 다 하나님께서 의도하신 바대로 예수님은 스스로 행하신 분이십니다. 예수님의 고난 속에는 우리가 느끼듯이 그토록 처절한 아픔이 없어 보입니다. 예수님께서 스스로 아버지의 뜻에 맡기시는 모습이 매우 당당함을 나타내고 있는 장면들입니다.

예루살렘 입성은 스가랴 선지자의 예언대로 나귀의 작은 것 곧 나귀의 새끼를 타고 들어오십니다. 그 시기가 다니엘이 예언한 대로 70이레 곧 490년 만에 이루어진 사건입니다. 예수님이 하나님의 뜻을 좇아 죄와 사망 아래 놓인 자기 백성을 구원하시려고 예언의 말씀을 성취시키시는 발걸음으로 그의 시간과 장소 그리고 모양까지도 다 말씀대로 갖추시고 사신 생애였습니다. 특히 나귀새끼 타고 입성하실 때에 모든 군중들이 환호하며 떠들 때에 바리새인들이 예수님께 나와 이런 말을 합니다.

"선생이여 당신의 제자들을 책망하소서"(눅 19:39) 당시 정치권의 사람들은 "호산나 찬송하리로다 주의 이름으로 오시는 이여"(요 12:13)하고 환호하는 이 소리가 듣기 싫었습니다. 주님께 청하기를 "선생이여 당신의 제자들을 책망하소서" 바리새인들의 위압적인 요청입니다. 이에 주님이 말씀하시기를 "내가 너희에게 말하노니 만일 이 사람들이 잠잠하면 돌들이 소리 지르리라"(눅 19:40) 하셨습니다. 결코 잊지 말아야 할 것은 우리가 잠잠할지라도 돌들이 일어나 외칠 것입니다. 하나님이 계획하시고 하나님이 만드시고 하나님의 손길과 그 관심 아래 흐르는 이 역사를 어느 누구도 어느 사건도 그 하나님의 일을 거역하거나 방해하거나 끊을 수 없음을 단호하게 전하시는 말씀 "만일 이 사람들이 잠잠하면 돌들이 소리 지르리라"입니다. 반드시 이루시고 마신다는 뜻입니다.

> "…손을 대는 자가 없으니 이는 그의 때가 아직 이르지 아니하였음이러라" (요 7 : 30).

그들은 떠오르는 태양을 막을 수 없듯이 그리스도의 행하시는 일을 저지하거나 방해할 수가 없었습니다.

잠언 19장에는 이런 말씀이 있습니다.

> "사람의 마음에는 많은 계획이 있어도 오직 여호와의 뜻이 완전히 서리라" (잠 19 : 21).

이 지구와 역사는 하나님이 계획하신 대로 하나님이 친히 만드시고 하나님이 간섭하시는 경륜을 따라 예언의 말씀대로 흘러가고 있습니다. 하나님은 우리의 장래를 알아맞히시는 분이 아닙니다. 우리의 인생을 계획하신 분이십니다. 그 묵시의 정한 때가 이르매 우리를 여기 이 시대에 태어나게 하신 분이십니다. 하나님의 손길 속에 흘러가는 나의 하루도 어느 한 순간도 하나님의 불꽃같은 눈길을 받으며 지나갑니다. 하나님의 뜻이 나를 병들게 하거나 하나님의 뜻으로 죽지 않게 하는 한 나는 이 병으로 인하여 쓰러질 수 없습니다.

사단이 이 지구와 역사를 그리고 나의 삶을 넘어지게 하고 고통으로 신음하게 하더라도 하나님은 나를 통하여 받으실 영광은 원수에게 빼앗기지 아니하십니다. 그토록 나를 다시 세우시고 감동케 하시고 나의 기업을 일으켜 주실 분이십니다. 하나님의 주권에 대한 경외심으로 자신의 안전을 노래한 시편 한 구절이 큰 위로가 됩니다.

"너는 밤의 놀램과 낮에 흐르는 살과 흑암 중에 행하는 염병과 백주에 황폐케 하는 파멸을 두려워 아니 하리로다 천 인이 내 곁에서, 만인이 네 우편에서 엎드러지나 이 재앙이 네게 가까이 못 하리로다"(시 91:5-7).

● ● ● ● ● ● ● ● ●

예수님은 하나님의 정하신 뜻을 좇으신 분으로서 우리 신앙의 소망이십니다. 예수님이 다시 오실 것입니다. 이제 다시 오실 재림을 남겨둔 채 마지막 교회시대를 사는 오늘 우리는 하나님의 말씀에 대한 경외심을 더욱 분발시킬 각오가 있어야 할 것입니다. 주를 위하여 흘리는 눈물을 씻기시며 면류관을 씌워 주실 그날이 예비되어 있음을 기억하시고 믿음의 경주를 힘차게 내딛는 분발이 마땅히 일어나야 할 것입니다.

생수의 강 (1)

"명절 끝날 곧 큰 날에 예수께서 서서 외쳐 가라사대 누구든지 목마르거든 내게로 와서 마시라 나를 믿는 자는 성경에 이름과 같이 그 배에서 생수의 강이 흘러나리라 하시니"

요한복음 7장은 초막절을 배경으로 해서 일어난 사건을 기록한 내용입니다. 이미 말씀드린 바와 같이 초막절을 이해하는 것이 무엇보다 중요합니다. 그래야 본문을 이해하는 데 더 깊은 도움이 될 뿐 아니라 보다 큰 은혜의 비밀을 아는 기쁨을 누리게 됩니다. 성경은 하나님의 말씀으로 참으로 깊은 의미를 담고 있습니다. 한마디 형용사라도 지나칠 수 없으리만큼 하나님의 은혜가 깊게 배려되어 있음을 느끼게 하는 내용들입니다.

초막절과 연결하여 생수의 강을 약속하고 있음은 참으로 가슴을 뛰게 하는 하나님의 비밀이 아닐 수가 없습니다. 초막절을 위시하여 구약에서의 3대 절기는 모두 안식일을 공통분모로 하여 만들어진 명절들입니다. 이 때에는 이스라엘의 모든 남자는 다 성회로 모이고 아무 일도 하지 말라고 하는 조건이 붙어 있는 절기들입니다. 기억해야 할 것은 하나님은 이 절기들을 지키게 하시므로 어떤 복을 주시겠다는 약속보다는 이미 이루어진 일에 대한 감사요 누림이요 배설된 잔치에 대한 영광과 기쁨임을 선포하고 싶으신 의도로서 명절을 정하신 것입니다.

안식일에 쉬라고 하는 것은 우리의 희생을 요구하는 것이 아니라 하나님께서 이루어 놓으신 것을 즐거워하고 누리라는 뜻이 더욱 강합니다. 안식일은 매우 중요한 계명입니다. 안식일을 이해하지 아니하면 모든 명절의 의미를 또한 파악할 수가 없습니다. 예수님도 유대인들과 안식일 논쟁에서 내가 안식일의 주인이라 안식일보다 더 큰이가 여기 있다고 하셨습니다. 그만큼 안식일은 오늘 우리의 신앙생활의 모든 규범에 있어서 근간이 되고 있음을 놓쳐서는 안 됩니다.

안식일은 히브리어로 '사바트' 라고 하는 단어입니다. 중지, 정지, 휴식, 안식의 뜻을 가진 단어입니다.

"하나님의 지으시던 일이 일곱째 날이 이를 때에 마치니 그 지으시던 일
이 다하므로 일곱째 날에 안식하시니라" (창 2 : 2).

또 하나님께서 처음 안식일을 명령하셔서서 거룩하게 구별하여 지키라 하셨을 때에 내용은 이렇습니다.

"이는 엿새 동안에 나 여호와가 하늘과 땅과 바다와 그 가운데 모든 것
을 만들고 제 칠일에 쉬었음이라 그러므로 나 여호와가 안식일을 복되게
하여 그 날을 거룩하게 하였느니라" (출 20 : 11).

하나님께서 6일 동안 창조의 일을 다 마치셨습니다. 그리고 7일 째 쉬셨습니다. 이날을 안식일로 정하여 복되게 하셨습니다. 이렇게 내용이 전개되고 있습니다. 6일의 창조사역을 다 마쳤어도 이 우주는 아직도 무엇인가 부족한 상태에 있었습니다. 제 7일의 쉬심도 창조사역의 연속으로서 안식일이 만들어졌음을 잊지 말아야 합니다. 안식이 마지막에 옴으로써 드디어 우주는 완성되었습니다. 일곱째 날에 만들어진 안식은 모든 노동, 수고, 긴장, 대립으로부터 풀려나는 것 이상의 의미가 있습니다. 적어도 안식이 없이는 우주가 완성될 수 없다는 것입니다. 창조의 적극적인 뜻이 담긴 단어가 안식입니다. 안식이 없으면 아직도 불완전한 창조이며 미완성된 역사입니다.

안식은 평정, 고요, 평화, 행복과 같은 개념입니다.

구약의 단어 '멜로하' 라고 하는 것도 안식이라는 단어인데 이것은 우리가 잘 아는 시편 23편에 기록된 말씀과 같습니다.

"여호와는 나의 목자시니 내가 부족함이 없으리로다 그가 나를 푸른 초장에 누이시며 쉴 만한 물가으로 인도하시는도다"(시 23 : 1, 2).

쉴 만한 물가가 곧 안식의 물가라는 뜻입니다. 그것은 영원의 시간이며 영생의 시간입니다. 안식은 시간 속에 있는 궁정과도 같은 개념입니다. 안식이 있으므로 우리의 노동과 수고 그리고 생존을 위한 모든 활동도 그 안식과 함께 가치와 보람을 갖습니다. 이날에는 우리의 천박하고 비루한 세상의 모든 활동을 중단해야 합니다.

우리 자신의 본래의 모습을 찾는 것입니다. 하나님께서 창조하실 때에 보시기에 아름답고 기쁘셨던 신분으로 되돌아가는 날입니다. 세상의 성공과 실패와 관계없이 이날에 하나님의 백성들은 영원한 시간 곧 세상의 악이 더 이상 괴롭히지 아니하고 물질이 더 이상 필요조건일 수 없는 날, 그 안식에 참여하는 것입니다. 안식일에는 세상의 근심 걱정과 슬픔 없는 시간으로서 우리에게는 오직 지으신 만물에 대하여 하나님께 영광을 돌립니다. 이날은 찬양의 날입니다. 시와 찬미와 신령한 노래로 서로 화답하는 날입니다. 이날에는 금식이나 애통함이나 슬픔이나 탄식이 모두 중단되어야 합니다.

엿새 동안에 힘써 네 모든 일을 하라 그리고 안식하라 명하셨습니다. 인간이 6일 동안에 우리의 모든 일을 다 할 수 있습니까? 불가능합니다. 우리는 언제나 우리의 일에 있어서 미완성으로 남게 됩니다. 미완성된 날로 일생을 보낼 수밖에 없습니다.

그럼에도 불구하고 제 7일째 되는 날에는 모든 일을 중단하고 쉬어야 합니다. 안식일에는 마치 우리의 모든 일이 완료된 것처럼 안식하라는 것입니다. 우리 주변에 주일에 일해서 유익을 본 자가 없고 주일에 안식해서 손해를 본 자 없습니다.

"안식일을 기억하여 거룩히 지키라"(출 20:8)의 말씀에서 '거룩하다'는 말은 '레카데시' 라고 하는 히브리말인데 이는 한 여인을 성별 한다는 뜻입니다. 탈무드의 개념으로서는 약혼시킨다는 뜻이 있습니다. 안식일은 마치 신부를 맞이하듯이 우리는 그날을 신부로 나는 신랑으로 보내야 하는 뜻이 있습니다. 안식일은 신부와 같습니다. 안식일은 마치 결혼식과 같은 축제의 날입니다. 신랑에게 다가오는 신부가 그 몸을 단장하고 향기를 날리며 사랑스럽게 미소를 짓고 있습니다. 안식일이 하나님의 백성들에게 신부처럼 곱고 화려하게 사랑스럽게 모든 것을 갖추고 기다리고 있습니다.

이와 같은 뜻에서 신랑이 되는 우리 자신은 안식일을 평상복으로 나올 수 없습니다. 최선의 용모를 갖추는 날입니다. 심령의 예복을 입어야 합니다. 예수님의 의의 예복을 입어야 합니다. 뿐만 아니라 우리의 겉모양도 단정히 갖추는 자세가 요구되는 날입니다.

이토록 평화와 안식 그리고 무한한 행복으로 삶을 만족케 하던 시대가 죄로 말미암아 분리와 이탈 증오와 싸움, 분쟁, 분냄, 분리, 이단, 투기, 당짓는 것과 원수 맺는 모양으로 모든 관계가 다 죄의 흉측한 모습으로 전락하고 말았습니다. 모두가 하나님 보시기에 악할 뿐, 하나님의 진노를 피할 길이 없는 세상이 되어 버렸습니다. 생존과 자기 유익을 따라서 서로 규합하고 서로 당을 짓고 서로 국가와 민족의 분계선을 긋고 서로 문화와 전통을 만들기 시작하면서 충돌하기 시작하였습니다. 다들 죄의 모습입니다.

거룩함이란 이 세상에 없습니다. 바벨탑 사건은 죄로 말미암아 흩어진 흉측한 모습들을 상징하는 사건입니다. 이것은 성경에서 죄의 모습을 보여주는 대표적인 사건입니다. 민족과 민족, 나라와 나라, 문화와 문화, 인종과 인종 사이의 끊임없는 대립과 긴장, 전쟁, 재난의 원인을 제공하는 사건이 바벨탑 사건입니다. 모든 것들은 안식일을 주셨던 때의 개념과는 전혀 반대의 것들입니다. 이제 안식일은 그래서 새롭게 출발하지 아니하면 안 됩니다. 죄로 이지러지고 분열된 세상을 이제 다시 하나로 모으는 조화와 평화, 고요와 안식, 그리고 행복의 날을 만드시는 날로서 새롭게 시작하는 날이 와야 합니다.

이제는 죄로 이그러진 이 우주를 재창조하는 것이 아니라 심령창조의 날로서 영원을 잇는 날이 와야 합니다. 그것은 제 7일째 안식하던 물질창조와는 전혀 다른 제 8일째로 시작되는 심령창조의 날입니다. 안식 후 첫날 곧 전혀 다른 제 8일째 되는 날에 예수님은 죽음에서 깨어나 다시 살아나셨습니다. 부활의 새생명을 탄생시킨 것입니다. 영원한 안식으로 들어가는 첫 발자국으로서 우리 모든 부활의 보증이 되어 주셨습니다. 승리의 날 영광의 날입니다.

초막절의 제 8일째가 되는 마지막 날에는 성회로 모입니다. 유월절, 무교절 등 다른 명절들은 다 제 7일째에 성회로 모이지만 초막절은 제 8일에 성회로 모입니다. "명절 끝날 곧 큰 날에 예수님께서 서서 외쳐 가라사대 누구든지 목마르거든 내게로 와서 마시라 나를 믿는 자는 성경에 이름과 같이 그 배에서 생수의 강이 흘러 나리라" 하셨습니다. 오순절에 임할 성령강림을 예언하시는 말씀입니다. 안식 후 첫날인 제 8일에 부활하신 승리와 영광의 생명을 우리에게 더욱 능력과 권세로 덧입혀주실 성령강림의 축복을 외치신 것입니다. 세상에서 힘을 잃고 시험에 넘어지기 일쑤인 우리의 연약함을 도우시고 위로하시고 힘을 내도록 능력과 지혜를 한 없이 공급하실 성령강림의 약속만큼 더 큰 은혜의 말씀이 없습니다. 37절과 38절, "누구든지 목마르거든 내게로 와서 마셔라 나를 믿는 자는 성경에 이름과 같이 그 배에서 생수의 강이 흘러 나리라"십자가 이후 부활하신 후 임할 성령강림을 약속하시는 외침입니다.

이제 안식일은 전부가 거룩한 날입니다. 여호와께서 인간에게 그의 생기를 불어넣어 주신 후에 무한히도 기뻐하시던 날, 인간이 하나님의 만드신 것을 기뻐하고 하나님께 영광 돌리던 때에 하나님과 인간 사이에 서로 화답하던 그날이 곧 예수 안에서 부활하신 안식 후 첫날, 승리의 주의 날, 바로 그날입니다.

시내 산에서 십계명을 주실 때가 안식일이었음을 주장하는 학자들도 있습니다. 안식일에 하나님의 계명이 우리에게 전달되었습니다. 인간의 죄로 말미암아 깨어지고 파편이 되어버린 계명을 다시 회복하시고 완성하신 날은 부활의 날 곧 안식 후 첫날입니다. 생수의 강물이 우리의 가슴을 적시고 온 삶을 부활의 생명과 하나님의 나라의 것으로 새롭게 활력을 불어주어는 성령강림의 날도 안식 후 첫날입니다.

● ● ● ● ● ● ● ● ●

안식일에는 약속하신 대로 생수의 강물이 우리의 심령마다 우리의 사이에서 마땅히 흘러내리도록 거룩하게 구별하는 지혜가 있어야 할 것입니다.

"명절 끝날 곧 큰 날에 예수께서 외쳐 가라사대 누구든지 목마르거든

내게로 와서 마시라 나를 믿는 자는 성경에 이름과 같이 그 배에서 생수
의 강이 흘러 나리라.”

생수의 강 (2)

> "명절 끝날 곧 큰 날에 예수께서 서서 외쳐 가라사대 누구든지 목마르거든 내게로 와서
> 마시라 나를 믿는 자는 성경에 이름과 같이 그 배에서 생수의 강이 흘러나리라 하시니"

"생수의 강"에 대한 두 번째 내용입니다. 초막절과 관련하여 일어난 마지막 일들에 대한 기록입니다. 예수님과 명절들 간의 관계는 관심이 가는 주제입니다. 초막절은 유월절을 되돌아보게 하고 거기서 이루어지는 구원의 은혜를 기뻐하고 감사하는 절기입니다. 동시에 앞으로 이루어질 오순절의 축복을 바라보게 하는 명절로서 의미가 깊습니다.

37절과 38절, "명절 끝날 곧 큰 날에 예수님께서 서서 외쳐 가라사대 누구든지 목마르거든 내게로 와서 마셔라 나를 믿는 자는 성경의 이름과 같이 그 배에서 생수의 강이 흘러나리라" – 명절 끝날은 초막절 마지막 날입니다. 초막절만은 마지막 날이 제8일째입니다.

　　모든 절기가 7일 만에 끝나는데 반하여 초막절은 제 8일째 되는 날에 끝이 납니다. 요한은 그날을 가리켜 큰 날이라고 기록하고 있습니다. 8일째 되는 날은 새로운 시작이 열리는 날입니다. 안식 후 첫날에 예수님께서 부활하신 것도 8일째 되는 날입니다. 제 7일째가 안식일인데 그날이 토요일입니다. 안식 후 첫날은 제8일째 되는 날인데 오늘 우리가 지키고 있는 일요일 곧 주의 날입니다.

　　구약에서 이미 생명의 새로운 탄생을 예표하는 의식으로서 난지 8일 만에 할례를 시행한 것도 하나님께서 이미 부활의 생명에 연결하여 정하신 것들이었습니다. 8일째로 시작되는 시대는 더 이상 우주창조를 새롭게 한다는 뜻이 아닙니다. 심령창조입니다. 영혼구원의 시대를 연다는 뜻이 있습니다. 죄와 사망으로 말미암아 하나님의 진노를 받아 마귀의 활동무대가 되어 버린 이 지구와 역사는 그리스도의 재림 때에 가서야 이제 다 멸망 받을 것입니다. 그때까지는 심판아래 있게 될 것입니다. 우리는 예수님이 재림할 때까지 나누기 어려운 불가분의 알곡과 가라지가 함께 공존하는 이 교회의 갈등과 긴장의 시대 속에 살 수 밖에 없습니다.

　　그러나 기억해야 할 것은 오늘 본문에서 예수님께서 서서 외쳐 하신 말씀은 성령이 강림하시면 모든 사람의 심령에 생수의 강이 흘러 나리라고 하신 만큼 예수님이 이미 죄와 사망과 사탄의 권세를 누르시고 정복하시고 승리하신 그 영광을 우리에게 나타내실 것을 약속하신 것입니다. 예수님은 언제나 앉아서 말씀을 전하셨는데 여기서는 독특하게도 서서 외치셨다 합니다. 이는 강한 어조로, 끓어오르는 열정으로 외치신 그야말로 폭발적인 발언이었습니다. 주님은 마치 사자처럼 큰 소리로 외쳐 말씀하셨습니다. "누구든지 목마르거든 내게로 와서 마시라" 목마름이 어떻든 간에 상관이 없다는 뜻입니다. 그것이 영적인 갈급이든 육체적이든지 간에 주님은 인류의 고통, 탄식 그리고 울부짖음에 대하여 도전하고 계십니다. "목마르거든 내게로 와서 마시라."

이스라엘이 40년 동안 광야의 고달픈 생활을 마치고 요단강을 건너 가나안 땅에 들어갔습니다. 젖과 꿀이 흐르기로 약속하신 땅입니다. 하나님께서 그의 거룩한 이름을 두시기로 맹세하신 땅입니다. 그곳에 들어가자마자 만나가 그치고 그 이튿날부터 그 땅에서 난 열매를 먹기 시작했습니다. 이것으로 유월절 제사를 드렸습니다. 40년 동안 한번도 먹어 보지 못한 그 땅에서 난 열매들입니다. 자기들이 뿌린 씨앗에서 거둔 열매가 아닙니다. 자기들이 판 우물에서 난 샘물이 아닙니다. 다만 그곳에 갔더니 준비된 열매들이 있었고 샘물이 있더란 얘깁니다. 준비된 추수의 첫 열매를 가나안 땅에 들어가서야 먹고 마실 수가 있었습니다.

모든 것이 다 준비된 날은 명절 끝날 곧 큰 날입니다. 제 8일째입니다. 새생명의 탄생을 기뻐하는 날입니다. 승리의 절정을 이루는 날입니다. 우리가 뿌린 씨앗에서 돋아난 열매가 아닙니다. 가나안 땅에 들어갔더니 준비된 열매들이 있었던 것과 같습니다.

"예수님께서 서서 외쳐 가라사대 누구든지 목마르거든 내게로 와서 마셔라"— 이제 가나안 땅에 들어가서 준비된 추수의 첫 열매를 먹었던 이스라엘 백성들의 환희를 기억하시겠습니까? 고린도전서 15장 23절에 보면 "예수 그리스도는 부활의 첫 열매"라고 하였습니다. 앞으로 우리 모든 부활의 첫 보증이요 증거입니다. 우리가 뿌린 씨앗에서 돋아난 열매가 아닙니다. 우리의 수고와 공로가 전혀 없습니다. 오직 그리스도의 십자가의 죽음에서 돋아난 열매입니다. 그가 한 알의 밀로 땅에 떨어져 썩고 난 후 돋아난 새생명입니다. 우리는 이것을 믿음으로 받아 누리는 은혜의 감격에 초대되어 있을 뿐입니다.

부활은 흩어진 인류를 하나로 열매 맺게 하는 새로운 창조의 시작으로서 구원 공동체를 형성하는 근원이 되었습니다. 부활을 아는 자들이 한 곳에 모입니다. 그곳이 교회입니다. 성령이 강림하셨을 때에 거기 예수 그리스도의 부활을 아는 자들이 예루살렘 어느 다락방에 모였습니다. 적어도 사도들을 비롯하여 120명 문도들이 모여 기도로 전념하던 때에 생수가 배에서 강같이 흐르는 축복을 받았습니다. 그들은 서로의 간격이 없었습니다. 믿는 사람이 다 함께 모든 물건을 서로 통용하고 또 재산과 소유를 팔아 각 사람의 필요를 따라 나눠주고 날마다 마음을 같이 하여 성전에 모이기를 힘쓰고 사도들의 가르침에 따르는 순종이 있었습니다. 예루살렘 교회는 성령으로 충만한 자들의 모습이었습니다.

사도행전의 교회들은 이렇게 헤어진 자들이 다시 모이는 곳이었습니다. 자신의 정욕과 자존심을 요구하던 자들이 이제는 그 소유를 다 팔아 거기 모인 사람들과 함께 나누는 신비로운 모임이 생겨났습니다. 물질과 세상을 뛰어넘는 모임들입니다. 믿음으로 말미암아 구원받은 심령들이 함께 모인 것입니다. 그리스도가 공통분모가 된 교회가 탄생한 겁니다. 무엇이 이토록 사람들의 심령을 하나로 만들 수 있었겠습니까? 부활을 보았기 때문입니까? 기적과 권능의 표적들이 따랐기 때문입니까? 성경은 성령강림이 있은 후부터였다 합니다. 성령께서 강한 바람소리같이 불의 혀같이 갈라지는 모습으로 각 사람의 머리 위에 임하여 있을 때에 저들 속에 감당할 수 없는 충만이 일어났었습니다. 말할 수 없는 기쁨과 희열이 그리고 영광의 하늘나라에 대한 환희와 환상과 소망이 불인 듯, 뜨겁게, 저들의 전인격을 강타한 것입니다.

저들도 도저히 주체할 수 없는 기쁨과 영광의 희열이 그들의 심령 깊은 것으로부터 터져 나왔던 것입니다. 그렇게 솟구쳐 오르는 생수의 강물로 인하여 닫혀 있던 문을 박차고 나가 그리스도의 다시 사심을 증거하기 시작하였습니다. 능력이 나타난 것입니다. 한때 생명을 보전하려고 주님을 부인하거나 도망치던 사도들은 이제는 자기들의 생명보다 더 소중한 부활의 생명을 아는 자로서 주의 분부하심을 따라 예루살렘을 거리에 나와서 주의 다시 사심을 외쳤던 것입니다.

성령 강림이 있은 후에 적어도 14개의 나라에서 온 사람들이 하나의 방언으로 알아듣고 말하는 기적이 일어났습니다. 구음口音이 통일 되는 순간입니다. 예수님의 부활의 역사가 모든 민족을 뛰어넘고 문화와 사상을 깨뜨리면서 전파되는 첫 번째 표적입니다.

바벨탑 사건에서 빼앗겼던 것을 다시 되찾으시는 화평과 일치의 경륜입니다. 하나님은 모든 사람들이 자기나라 방언으로 알아듣는 언어 통일의 모습을 방언이라는 사건으로 보여 주신 것입니다. 이제는 그리스도의 복음이 유대주의의 벽에 갇혀 있을 수가 없다고 하는 표적입니다. 땅 끝까지 이르러 구원의 복음이 전파 되어야 하는 첫 번째 시점에서 성령강림을 통하여 그곳에 모인 사람들이 국가와 민족과 사상을 뛰어넘어 일치와 화해와 화평을 이루는 참으로 놀라운 기적이 일어났던 것입니다.

우리는 모두 하나님의 은혜로 나의 수고와 공로 하나 없이 오직 일방적인 하나님의 은혜로 천국에 초대된 사람들입니다. 우리가 이 날만은 예수 안에서 찬양과 감사 그리고 영원으로 초대된 행복과 만족함이 서로의 얼굴에서, 서로의 악수에서, 인사하는 표정에서 흘러넘치는 감동이 반드시 있어야 할 것입니다.

이러한 화목과 조화의 모습은 우리가 지켜야 할 거룩한 주의 날의 행사입니다. 근래에 교회에 들어온 세속화 현상 중의 하나는 안식일 정도는 아무렇지도 않게 무시하는 경향들입니다. 오직 우리 안에 도사리고 있는 진심과 양심만을 내용으로 신앙생활을 하려는 인본주의가 범람하고 있습니다. 주일 성수를 하되 자기 방식대로 입니다. 서로가 거룩한 백성으로서 만나는 친교가 없습니다. 극히 개인주의이며 내용주의입니다. 이는 신앙의 독선입니다. 하나님께서 원하시는 뜻이 아닙니다.

우리는 우리 스스로의 힘으로 은혜의 구원을 지킬 수가 없음을 알아야 합니다. 하나님이 도와 주셔야 됩니다. 우리의 공로가 없고 오직 은혜로 받은 구원이기 때문에 우리를 우리대로 버려두면 곧잘 은혜를 망각하는 사람들입니다. 안식일을 명령하신 분이 하나님이십니다. 이 명절들을 정하신 자가 구속주 하나님이십니다. 안식일을 근거로 그 뜻과 의미를 더 확대하여 이를 절기화하면서까지 우리로 지키게 하심으로 무엇을 기억나게 하시고 어떤 일을 이루고 계십니까?

이날에 성회로 모여 하나님께 예배하는 것은 이 세상의 무엇과도 바꿀 수 없는 가장 소중하고 값진 행위입니다. 왜 그렇습니까? 우리의 사고와 의식 속에 깊게 뿌리 내려야 할 것은 하나님이 명령하셨기 때문이라는 것입니다. 하나님께서 기뻐하시는 일이기 때문입니다.

내 마음대로가 아닙니다. 하나님이 요구하신 일이기 때문에 내 마음에 들지 않아도 하나님의 명령을 최고의 권위로 지킬 때에 나에게 더욱 유익하게 할 것임을 믿는 것입니다. 이 날을 거룩하게 지키라 명하셨을 때 이미 복을 주시고자 하신 하나님의 뜻은 언제나 영원하심을 알기 때문에 괴로워도 지키고 손해가 나더라도 감수하며 지키는 것입니다.

그렇게 믿음으로 행할 때에 우리가 안식일을 지키는 것이 아니라 안식일이 우리를 지켜 줄 것입니다. 이날은 사랑으로 만나는 날입니다. 세상의 조잡하고 비루한 생각과 행동을 중단하는 날입니다. 성령으로 하나된 자들이 오직 하나님께 영광을 돌리는 최대의 기쁨과 환희가 북받치는 날입니다. 모든 세상의 일이 완성된 듯이 이제는 안식과 평화 그리고 영원한 행복으로 가득한 곳, 시간 속의 궁전과 같은 날로 보내야 합니다.

● ● ● ● ● ● ● ● ● ●

명절 끝날 곧 큰 날로 선포하신 초막절의 제 8일째 성회로 모이는 날은 오늘 우리가 지키고 있는 주의 날입니다. 이 날에 힘을 잃은 우리에게, 영적으로 맥 빠지고 해이해진 우리 모든 그리스도인들에게 새로운 시작과 도약, 그리고 미래의 영광의 상급을 준비하는 기간으로서 믿음의 결심들이 일어나야 할 것입니다.

제 8장
참 자유 되시는 예수 그리스도

(요 8:1-11)

"예수는 감람산으로 가시다 아침에 다시 성전으로 들어오시니
백성이 다 나아오는지라 앉으사 저희를 가르치시더니
서기관들과 바리새인들이 간음 중에 잡힌 여자를 끌고 와서 가운데 세우고
예수께 말하되 선생이여 이 여자가 간음하다가 현장에서 잡혔나이다
모세는 율법에 이러한 여자를 돌로 치라 명하였거니와 선생은 어떻게 말하겠나이까
저희가 이렇게 말함은 고소할 조건을 얻고자 하여 예수를 시험함이러라
예수께서 몸을 굽히사 손가락으로 땅에 쓰시니 저희가 묻기를 마지 아니하는지라
이에 일어나 가라사대 너희 중에 죄 없는 자가 먼저 돌로 치라 하시고 다시 몸을 굽히사
손가락으로 땅에 쓰시니 저희가 이 말씀을 듣고 양심의 가책을 받아 어른으로 시작하여 젊은
이까지 하나씩 하나씩 나가고 오직 예수와 그 가운데 섰는 여자만 남았더라
예수께서 일어나서 여자 외에 아무도 없는 것을 보시고 이르시되 여자여 너를 고소하던
그들이 어디 있느냐 너를 정죄한 자가 없느냐 대답하되 주여 없나이다 예수께서 가라사대
나도 너를 정죄하지 아니하노니 가서 다시는 죄를 범치 말라 하시니라

초막절에 맞추어 예루살렘에 올라오신 예수님은 계속해서 가르치시는 일을 진행하고 계셨습니다. 명절이 지나는 동안에 그곳에 모인 수많은 군중들 앞에서 공개적으로 가르치시는 일을 하셨지만 예수님을 잡으려는 자가 없었습니다. 그토록 나타나기만 하면 죽이기로 계획한 당국자들이 예수님을 잡고자 하였으나 손을 대는 자가 없었습니다. "그의 때가 아직 이르지 아니하였음이라"(요 7:30) 성경은 그 이유를 이렇게 설명하고 있습니다.

이제 7장의 사건이 끝나고 8장으로 넘어오면서 예수님을 잡고자 하는 유대인들의 맹렬한 추적이 더욱 악랄해지는 모습을 소개해 주고 있

습니다. 눈의 가시와 같은 예수님을 제거하려는 음모는 예수님으로서
도 빠져 나오기 힘든 함정이었습니다. 유대인들은 그 전날 하속들을 보
내어 예수님을 잡고자 하였으나 실패하고 말았습니다. 그러나 그들은
곧 새로운 계획을 세워 착수하였습니다. 전날의 수법이 권력을 이용하
여 포박하려는 시도하였다면 이번에는 뱀과 같이 간교한 계획을 써보
는 것이었습니다. 간음한 여자 하나를 붙잡아 온 것입니다.

　모세의 율법대로 돌로 쳐 죽이면 합당한 처사일 것인데 굳이 예수님
의 동의를 얻을 필요가 없는 사건입니다. 그런데 왜 이 여자를 예수님께
데리고 왔을까요? 거기에는 함정이 있었습니다.

　유대인들은 여자의 죄를 미끼로 하여 예수님을 궁지에 빠뜨림으로
체포할 구실을 만드는 데 목적이 있었습니다. 미끼로서의 상황은 충분
하였습니다. 평소에 사랑을 외치던 자가 죄를 용서한다고 한다면 율법
의 권위와 가치를 무시한 죄를 범하게 될 것이며, 율법대로 돌로 치라
한다면 사랑의 메시지를 거짓되게 하는 위선의 올무에 걸리게 될 것입
니다. 두 가지 경우 어느 것도 피할 수 없는 올무가 되는 함정입니다. 그
뿐만 아니라 당시 유대인들에게는 원칙적으로 사형을 집행할 권한이
없었으므로 만일 예수님이 사형을 선고한다면 로마 총독의 권한을 월
권한 행위로서 고발할 구실이 되고도 남는 사건입니다.

　이토록 유대인들은 모세의 율법을 이용하여 하나님의 고의를 이루려
는 것이 아니라 범죄한 자를 미끼로 이용하여 또 다른 죄를 범하고 있었
습니다. 예수님을 제거하려는 목적을 달성하기 위하여 필요하다면 무
엇이든지 행동하는 무법자들입니다. 하나님마저도 무시하는 오만한 자
들입니다. 하나님의 공의를 세우기에는 근원적으로 자격이 없는 죄인
들입니다.

　간음하다가 현장에서 붙잡혀 온 여자를 "모세의 율법대로 그녀를 돌
로 치라 명령하였거니와 선생은 어떻게 말하겠나이까?" 뱀의 간교함이

보이는 질문입니다. 만일 이 질문에 예수님이 "그 여자를 용서하고 보내라"고 하신다면 평소에 가르치시던 말씀이 거짓임이 입증될 수밖에 없습니다. 예수님은 율법의 기록을 영원불변의 진리로 선언하시고 가르치셨던 것입니다.

"내가 율법이나 선지자나 폐하러 온 줄로 생각지 말라 폐하러 온 것이 아니요 완전케 하려 함이로라 진실로 너희게 이르노니 천지가 없어지기 전에는 율법의 일점 일획이라도 반드시 없어지지 아니하고 다 이루리라" (마 5 : 17).

만일 그녀에게 율법대로 형벌을 선고 한다면

"하나님이 그 아들을 세상에 보내신 것은 세상을 심판하려 하심이 아니요 저로 말미암아 세상이 구원을 받게 하려 함이라" (요 3 : 17).

이와 같이 평소에 가르치시던 하나님의 사랑을 또 어떻게 변명할 수 있겠습니까?

여기서 우리는 죄를 지은 여인과 그 여인을 고소한 율법과의 엇갈린 상황을 한꺼번에 만나게 됩니다. 다시 말하면 죄를 고발하려고 오신 예수님과 죄를 용서하러 오신 예수님이 한 날에 등장하는 갈등과 괴리를 보게 되는 셈입니다. 예수님이 스스로 말씀하신 내용이 모두 하나님의 공의이며 동시에 사랑임을 감안할 때 유대인들이 보기에는 상반되는 두 가지 사상체계 곧, 공의와 사랑이라는 문제를 안고 있는 예수님을 공격하기에 좋은 기회가 되는 것입니다.

"이 간음한 여자를 어떻게 하시렵니까?" 가장 풀기 어려운 문제입니다. 예수님이 이를 어떻게 푸실 것인가? 먼저 간음한 여자의 사건이 등

장한 것은 6절 말씀처럼 "고소할 조건을 얻고자 하여 예수를 시험 함이
러라"의 계략 때문이었습니다. 고소한 자는 언제나 사탄입니다. 이는
마귀의 별명입니다. 고소자는 남을 정죄함으로 자신을 옹호하려 합니
다. 자신의 정당성을 변호하기 위해서는 타인에 대하여 언제나 그 죄를
고소하지 않으면 안 되는 속성을 갖습니다.

사탄의 정체는 천사장이 하나님과 같이 되려다가 하나님께로부터 정
죄를 받아 그 부하 졸개들과 함께 영원한 저주와 형벌의 자리에 떨어지
게 되어 생겨난 저주와 형벌의 악한 영입니다. 이렇게 하나님께 범죄하
고 쫓겨난 사탄이 그가 처한 저주와 형벌의 심판으로부터 구제 받을 수
있는 단 한 가지 방법은 하나님이 친히 사랑하시는 피조물인 인간을 자
기와 같은 공범자로 만드는 것입니다. 하나님의 인간을 향한 사랑은 십
자가로 구원하신 만큼이나 사랑하십니다. 천사도 흠모할만한 존재일
수밖에 없는 것은 타락한 천사들에게는 구원의 긍휼이나 자비를 베푸
시지 않으셨기 때문입니다. 이제 사탄의 입장에서 살아날 길은 인간을
사탄의 공범자로 만드는 길밖에 없습니다. 사탄의 질문은 득의만면得意
滿面합니다. 살아날 길이 생겼기 때문입니다.

"모세의 율법에 간음한 자는 돌로 치라 하였나이다. 선생이여, 당신
은 어떻게 말씀 하시렵니까?" 다시 말하면 이렇습니다. "하나님, 당신
이 사랑하는 자가 이와 똑같은 죄를 지었나이다. 어떻게 하시렵니까?"
당신이 사랑하는 자를 용서하신다면 나도 용서해야 할 것이라는 시험
입니다.

또 공의대로 심판하신다면 그래도 평소에 당신의 가르침이나 행사가
모순투성이니 우리를 정죄한 그 형벌로부터 자유하게 해야 할 것이라
는 주장입니다. 사탄은 지금 자신의 죄를 변호하고 무마하기 위하여 하
나님께서 가장 사랑하는 자인 우리를 볼모로 잡고 있는 것입니다.

그래서 하나님은 사랑만으로 우리를 대하실 수가 없으십니다. 오늘
우리가 예수 믿고 구원 받은 이 엄청난 일을 우리는 너무나 쉽게 생각합

니다. 하나님이 나를 사랑하셨다는 감동만을 가지고 우리의 구원을 확보하려 한다면 곧 사탄의 고소에 넘어지고 맙니다. 그것보다 더 확실하고 구체적이며 객관적으로, 나의 감동이나 느낌에 관계없이 하나님께서 나의 구원을 위해 이루신 일의 내용을 근거로 나의 자리를 확인하는 절차가 있어야 합니다. 사탄이 더 이상 고발하지 못하도록 우리의 전 인격적으로 증거해 주는 하나님께서 해결해 주신 해답을 갖고 있어야 합니다. 그것은 하나님의 공의와 사랑의 양면성입니다.

> "…예수께서 몸을 굽히사 손가락으로 땅에 쓰시니 저희가 묻기를 마지 아니하는지라 이에 일어나 가라사대 너희 중에 죄 없는 자가 먼저 돌로 치라 하시고 다시 몸을 굽히사 손가락으로 땅에 쓰시니 저희가 이 말씀을 듣고 양심의 가책을 받아 어른으로 시작하여 젊은이까지 하나씩 하나씩 나가고 오직 예수와 그 가운데 섰는 여자만 남았더라"(요 8:6-9).

7절, "너희 중에 죄 없는 자가 먼저 돌로 치라" – 모세의 율법을 어겼으면 마땅히 돌로 쳐 죽여야 합니다. 그것이 공의입니다. 그러나 죄가 없는 자만이 죄인의 죄를 다스릴 수 있습니다. 죄인에게는 심판권이 없습니다. 선택할 권리도, 판단할 지혜도 없습니다. 인간은 선택할 여지없이 모두 죄의 노예들입니다.

"죄 없는 자가 먼저 돌을 들라, 그리고 치라."

예수님의 말씀에 자유로울 자는 그 곳에 하나도 없었습니다. 바리새인들과 서기관들은 자신을 잘 알고 있습니다. 율법을 어긴 죄인을 미끼로 하여 예수를 죽이려고 시험하고 있는 장본인들의 입장에서 이 말씀은 양심을 찌르는 날선 검과 같습니다.

그랬더니 어른으로 시작하여 젊은이까지 모두 다 물러가 버렸습니다. 하나님의 공의가 나타나는 장면입니다. 인간이 다 죄 아래 있음을 지적하고 율법대로라면 돌을 든 자들이 오히려 처참한 죽음에 임하여야 할 죄인들임을 폭로해 주시는 말씀입니다. 모세의 율법은 공의의 법으로 죄인들을 죄의 형벌 앞에 서게 하고 동시에 죄인임을 아는 자로 하여금 생명의 법으로 인도하는 살리는 법인데 유대인들은 그 법을 이용하여 자기를 옹호하려고 예수님을 죽이고자 하고 있습니다.

"너희들 중에 죄 없는 자가 돌로 치라 법대로 하라"는 것입니다. 이 준엄한 명령을 들은 자들이 다 양심의 가책을 받아 물러가 버렸습니다.

"여자여 너를 고소하던 그들이 어디 있느냐 너를 정죄한 자가 없느냐 대답하되 주여 없나이다 예수께서 가라사대 나도 너를 정죄하지 아니하노니 가서 다시는 죄를 범치 말라"(요 8 : 10, 11).

하나님의 긍휼과 사랑이 한량없이 베풀어지는 장면입니다. 모세의 율법대로라면 벌써 돌무덤 속에 장사되었어야 할 죄인이 다시 살아난 것입니다. 하나님의 공의와 사랑이 만개되고 신성과 아름다움이 증거되는 장면입니다. 하나님은 죄인을 공의대로 심판하심과 동시에 심판 아래 두려워 떨고 있는 인간을 다시 구원해 주시는 사랑과 긍휼의 풍성하심을 베풀어 주시고 계십니다.

● ● ● ● ● ● ● ● ●

십자가의 보혈로 하나님의 공의를 만족케 할 뿐 아니라 인간을 죄와 저주와 형벌의 심판으로부터 구원해 주시는 십자가의 장면을 연상케 하는 내용이 아닐 수 없습니다. 이토록 사랑만이 아니라 공의로 우리의 문제를 짚고 넘어가셔서 동시에 하나님의 사랑을 우리에게 보여 주시는 이 거룩한 십자가의 사건 앞에 한 여인으로 부름 받은 우리를 구원해 주신 하나님과 함께 영광의 승리로 외치는 자랑이 넘치기를 바랍니다.

(요 8:12-20)

"예수께서 또 일러 가라사대 나는 세상의 빛이니
나를 따르는 자는 어두움에 다니지 아니하고 생명의 빛을 얻으리라 바리새인들이 가로되
네가 너를 위하여 증거하니 네 증거는 참되지 아니하도다 예수께서 대답하여 가라사대
내가 나를 위하여 증거하여도 내 증거가 참되니 나는 내가 어디서 오며 어디로 가는 것을
알이어니와 너희는 내가 어디서 오며 어디로 가는 것을 알지 못하느니라
너희는 육체를 따라 판단하나 나는 아무도 판단치 아니하노라 만일 내가 판단하여도
내 판단이 참되니 이는 내가 혼자 있는 것이 아니요 나를 보내신 이가 나와 함께 계심이라
너희 율법에도 두 사람의 증거가 참되다 기록하였으니 내가 나를 위하여 증거하는 자가
되고 나를 보내신 아버지도 나를 위하여 증거하시느니라 이에 저희가 묻되 네 아버지가
어디 있느냐 예수께서 대답하시되 너희는 나를 알지 못하고 내 아버지도 알지 못하는도다
나를 알았더면 내 아버지도 알았으리라 이 말씀은 성전에서 가르치실 때에
연보 궤 앞에서 하셨으나 잡는 사람이 없으니 이는 그의 때가 이르지 아니하였음이러라"

요한복음 8장은 간음하다가 현장에서 붙잡혀 온 한 불쌍한 여자를 율법의 정죄함으로부터 구해 주시는 것을 내용으로 전개되는 이야기입니다. 바리새인과 서기관들 그리고 유대관원들은 예수님을 올무에 빠뜨리려고 간음한 여자를 데리고 와서 인간으로서는 풀 수 없는 가장 어려운 문제인 사랑과 공의를 대두시킵니다.

5절과 같이 "율법에는 돌로 쳐 죽이라고 하였는데 당신은 어떻게 하시렵니까?" 하고 시험하고 있습니다. 올무는 이것입니다. 율법대로 한다면 예수님께서 선포하신 사랑의 메시지가 헛되게 되고 용서하라고 한다면 율법의 권위와 질서가 무너지는 문제에 봉착하게 됩니다.

예수님은 어떤 방법으로라도 자신의 모습을 드러내든지 범법자가 되든지 간에 양자택일의 국면에 부딪쳐 있습니다. 그런데 예수님께서 해결하시는 방법이 우리를 놀라게 합니다.

7절, "죄 없는 자가 와서 먼저 돌로 치라" 이 한마디 말씀에 성경은 어른들로부터 젊은이에 이르기까지 모두 양심의 가책을 받아 물러가 버렸다고 결말을 짓습니다.

그 다음에 선포하신 말씀 12절, "예수께서 또 일러 가라사대 나는 세상의 빛이니 나를 따르는 자는 어두움에 다니지 아니하고 생명의 빛을 얻으리라" – 요한은 이미 복음서 초두에서 예수님을 빛이라고 증거한 바 있습니다. 지금 간음한 여인의 문제를 가지고 예수님 자신이 빛이라고 선포하시고 있습니다.

빛이 없으면 모든 것은 혼돈이며 어두움입니다. 어두움 아래에서는 분별력이 없습니다. 어느 곳이 길이며 강인지, 마른 땅이며 진흙탕인지 구별이 안 됩니다. 이 모든 사물을 구분하려면 반드시 빛이 와야 합니다. 예수님이 빛으로서 지금 어디에 오셨는가 하면 어두움 가운데 오셨다고 성경은 증거하고 있습니다. 빛이 오면 어두움은 그 자리를 지킬 수가 없습니다. 어두움이 걷히고 난 다음에는 사람들의 모습이 확연히 드러나게 되어 있습니다. 신령한 빛이 비쳐진 상태에서 인간의 모습은 마치 개가 토했던 것을 다시 먹고 돼지가 깨끗한 몸으로 누웠던 곳에 다시 눕는 것과 같은 더럽고 냄새나는 존재라는 것을 내용으로 성경의 사건들이 등장되고 있습니다.

요한은 이미 예수님을 가리켜 사람들의 빛이라고 선포하였습니다. 예수님 앞에서 사람들의 모습이 얼마나 모순투성이며 더럽고 냄새나는 존재인가를 벌거벗기는 말씀입니다. 사람들의 빛이란 인간 자신이 고안해 낸 것으로써는 예수님 앞에 더 이상 자신을 감출 수 없다는 뜻입니다. 예수님이 공생애를 시작하시면서 "회개하라 천국이 가까웠느니라"

(마 4:17)하신 것도 빛 앞에 노출된 인간의 죄된 모습을 지적하고 돌이
키라는 말씀이었습니다.

율법에 따라 간음한 여자를 돌로 쳐 죽이려고 사람들이 몰려왔습니
다. 예수님이 사람들의 마음에 신령한 빛을 비추셨습니다. 땅바닥에 구
부려 글 몇 자를 적으셨습니다. 두 돌판에 새긴 하나님의 율법을 쓰셨습
니다. 그리고 일어나셔서 죄 없는 자가 돌로 치라 명령하셨습니다. 이
말씀에 모두 양심의 가책을 받아 어린아이로부터 어른에 이르기까지
다 도망쳐 버렸습니다.

율법의 정죄로부터 자유로울 수 없는 자들이 다 떠난 후에 이 장면을
이렇게 설명합니다. 12절, "나는 세상의 빛이니 나를 따르는 자는 어두
움에 다니지 아니하고 생명의 빛을 얻으리라" – 빛을 비추었더니 어두
움 속에 살던 자들이 자신이 죄인임을 알고 양심의 가책을 받아서 회개
하고 두 손 들고 항복한 것이 아니라 다 도망쳐 버렸습니다. 빛을 비추
었더니 그 빛을 따라오지 아니하고 오히려 빛 되신 예수 그리스도를 잡
아 죽이려는 음모를 꾸미는 일에 더욱 악랄해지더란 것입니다. 이것이
하나님 앞에서 마저도 좀처럼 꺾이어지지 않는 인간의 죄성이며 자존
심입니다.

예수님의 십자가는 양심의 가책이나 깨달음 정도로 구도의 길을 안
내하는 빛이 아닙니다. 이는 모두 이방 종교가 발산하는 빛들입니다. 기
독교는 생명의 빛입니다. 예수님은 인간을 좌절하고 절망케 하는 빛입
니다. 하나님 앞에 비쳐지는 인간의 모습이 얼마나 더럽고 냄새나며 고
아와 같이 불쌍한 존재인가를 드러나게 하는 빛입니다. 예수님은 빛이
시며 동시에 그는 생명이십니다.

빛은 살리는 영과 함께 역사합니다. 인간의 잘못과 허물 그리고 절망
의 존재임을 밝히는 것만으로 전부가 아니라 다시 그를 절망과 죽음으
로부터 생명으로 인도하는 빛입니다. 예수님은 단순한 빛이 아닙니다.
그 빛으로 정죄하고 비판하고 증오하는 빛이 아닙니다.

오늘 이 시대에 양심의 가책을 느낀 자들이 간 곳이 어딥니까? 도를 깨우치고 윤리와 도덕, 사회 정의를 깨우치고 외치는 자들이 다들 어디로 가고 있습니까? 빛을 보자 양심의 가책을 먼저 느낀 자들이 오히려 정죄와 비판 그리고 증오와 원한의 목소리를 높이고 있지 않습니까? 일종의 한풀이식 고함소리입니다.

그러나 예수님의 말씀은 어두움에 있는 자가 그것을 빛으로 듣는 순간 마음에 찔림이 있고 가슴이 아파서 절망한 나머지 나의 주, 나의 하나님이라고 엎드리게 하는 말씀입니다. 예수님은 생명의 빛으로 우리의 감동과 기쁨을 주체할 수 없을 만큼 새로운 생명을 탄생케 하는 생명의 빛입니다. 예수님 안에 생명이 있습니다. 예수님이 모체이십니다. "내가 곧 길이요 진리요 생명"(요 14:6) 이라 말씀하셨습니다. 생명은 영원한 시간, 끝없는 시간이라는 뜻이 아닙니다. 하나님과 함께 사는 상태이며 하나님이 함께 계시는 사람입니다.

"영생은 곧 유일하신 참 하나님과 그의 보내신 자 예수 그리스도를 아는 것"(요 17:3) 이라 했습니다. 하나님에 대하여 그 속성과 그 성격까지도 속속들이 아는 관계이며 그 사이에서 사귀며 기동하며 온전히 하나의 일치와 조화를 이루는 생명적 관계와 그 상태를 영생이라고 합니다. 서로 서로를 모르는 것이 없는 인격과 인격, 존재와 존재 사이가 하나의 결정체를 이루는 상태를 영생이라고 합니다.

하나님은 우리로 모든 인생에서 직면하는 사건들을 통하여 하나님과 하나를 이루며 그의 마음을 우리의 뜻에 품으며 그의 뜻에 우리가 보조를 같이 하는 그와 동일한 품성을 가지며 그와 같은 생각을 가지고 살기를 원하십니다. 이 생명적 관계를 놓치지 아니 하시려는 열심으로 십자가를 세우셨습니다.

예수님이 오신 목적은 십자가에서 우리의 죄를 도말하시고 우리로 하나님과 화목하게 하시려는 것입니다. 하나님과 반대의 뜻을 품고 있던 우리를 하나님의 뜻에 하나되게 하시고 오직 사랑으로 묶여 있는 사이를 만들고 자 오셨습니다. 그 증표가 십자가입니다. 우리는 하나님의 품을 떠나 하나님과의 화평을 스스로 까뜨린 자들이었습니다. 이제 십자가는 그렇게 떠난 우리를 하나님과 하나되게 하시고 하나님과 사귐이 있는 곳에서 영생의 풍성함을 누리게 하시는 대속의 역사입니다. 그것은 생명을 회복하는 일입니다.

생명은 기존의 세상의 것을 변형하고 학대하고 개편해서 만들 수가 없습니다. 윤회나 해탈이나 도덕성 같은 것들이 생명일 수가 없습니다. 우리는 생사를 선택할 자유가 없습니다. 하나님을 떠나자마자 죄가 왔고 운명적으로 죽음의 권세 아래 놓이게 되어 버렸습니다.

예수님은 세상을 새롭게 만들려고 오시지 않았습니다. 이 죽음의 땅에 생명을 가지고 오셨습니다. 사람의 심령 속에 하나님을 아는 지식을 넣어 주시려고 오셨습니다. 하나님의 말씀을 듣는 귀를 열어 주시려고 오셨고 하나님과 화평케 하시려고 오셨습니다. 생명을 주시려고 오셨습니다.

기독교 신앙생활은 종교적인 희열이나 기쁨이나 도덕적인 즐거움을 내용으로 추구하지 않습니다. 역사의 시작을 누가 명하셨으며 그 끝을 누가 정하셨는가를 아는 것입니다. 우리로 그 창조주 하나님과 함께 살아가게 하는 운동입니다.

하나님과 함께 살고 있는 한 그곳은 궁궐이나 초막이나 어디든지 영생이며 하늘나라입니다. 그래서 예수 안에서 사는 인생에게는 더 이상 재난이나 형벌이 없습니다. 그 출발이 생명이기 때문입니다. 오직 예수 안에 있는 생명을 근거로 해서 더욱 풍성한 삶을 약속 받고 있음을 명심해야 합니다. 다시 말하면 하나님을 아는 존재가 아니면 어떤 경우라도 풍성한 삶을 이룰 수가 없다는 것입니다. 생명이 출발점임을 기억하십시다. 죽음이 출발점이면 거기선 아무리 큰 명예나 높은 지위나 막대한 치부의 재산이 있다 할지라도 삶을 풍성하게 할 근거가 없는 셈이 됩니다. 다 헛되고 헛된 것들입니다.

그러나 우리는 예수 안에서 생명을 가진 자이기 때문에 우리의 삶은 세상문제로 인하여 절망하거나 좌절할 수가 없는 자들입니다. 성경에 기록된 대부분의 인물들은 옥에 갇히거나 순교하거나 그리고 가난과 핍박에 시달리거나 하는 고난의 생애를 내용으로 해서 소개되고 있습니다. 그러나 이토록 비참한 인생을 살았지만 성경은 저들의 생애를 표현하기를 세상이 감당치 못하는 자들이라고 증거하고 있습니다. 그 신앙으로 살아갔던 생명의 풍성한 자들의 간증은 세상이 감당치 못할 만큼 저들의 내면에서 북받쳐 오르는 행복을 감출 수 없었다는 것입니다.

그들에게는 옥중에서도 찬미가 있었고 사자의 밥에 먹이사슬로 죽어가면서도 저들의 입술에 찬미가 있었습니다. 어떤 힘이 그토록 주를 위하여 불태우며 기꺼이 목숨이라도 내어 놓으며 살아갈 수 있게 하였는가? 단 한 가지 여호와 하나님이 그곳에 함께 계셨다는 것입니다. 하나님이 함께 계시고 하나님이 힘이 되시고 하나님이 삶의 편이 되어 주시는 그 인생에게는 성경은 가리켜 생명을 가진 자라고 증거하고 있습니다.

● ● ● ● ● ● ● ● ●

이 생명이 열매 맺는 축복 속에서 오늘 우리의 한 순간도 아니 우리의 하루 여정도 오직 그 생명을 근거로 풍성함에 대한 도전적인 순간들임을 잊지 말아야 할 것입니다. 생명을 가진 자답게 오늘도 풍성한 약속을 가슴에 품고 삶의 구체적인 현장인 우리의 가정과 인간 또 물질과의 관계에서 풍성한 축복과 감격과 사랑이 넘치는 날들이 되시기를 바랍니다.

천국-신분과 소속

(요 8:21-24)

> "다시 이르시되 내가 가리니 너희가 나를 찾다가 너희 죄가운데서 죽겠고
> 나의 가는 곳에는 너희가 오지 못하리라 유대인들이 가로되 저가 나의 가는 곳에는
> 너희가 오지 못하리라 하니 저가 자결하려는가 예수께서 가라사대
> 너희는 아래서 났고 나는 위에서 났으며 너희는 이 세상에 속하였고
> 나는 이 세상에 속하지 아니하였느니라
> 이러므로 내가 너희에게 말하기를 너희가 너희 죄 가운데서 죽으리라 하였노라
> 너희가 만일 내가 그인 줄 믿지 아니하면 너희 죄 가운데서 죽으리라"

율법에 의하여 죽어 마땅한 여인을 예수께서 구출해 주셨습니다. 그리고 이어하신 말씀이 오늘 본문의 내용입니다.

21절 "너희가 나를 찾다가 너희 죄 가운데서 죽겠고 나의 가는 곳에는 너희가 오지 못하리라" 그리고 24절, "너희가 너희 죄 가운데서 죽으리라 하였노라 너희가 만일 내가 그인 줄 믿지 아니하면 너희 죄 가운데서 죽으리라" 하였습니다.

간음하다 붙잡혀 온 여인을 구하시고 난 이후에 유대인들을 향하여 "너희가 너희 죄 가운데 죽으리라" 고 단정하셨습니다. 이와 같이 후렴처럼 반복되는 말씀이 오늘 우리들에게 경종을 울리는 메시지가 됩니

다. 이는 죄를 짓다가 죄가 누적되어서 그 죄의 결과로 영원한 죽음에 이른다는 뜻이 아닙니다. 이 말씀의 진의는 너희는 죄 가운데서 났고 죄의 본성을 가지고 살다가 죄의 값인 영원한 심판에 이를 수밖에 없는 처참한 존재라는 것을 지적해 주는 말씀입니다.

주님은 인간의 본질을 죄의 속성으로 규명하셨습니다. 인간의 성품, 삶의 다양한 양식들을 죄의 본질로 이해하고 파악하는 말씀입니다. 생존경쟁의 삶의 구조를 죄의 본질로 고발하는 경우는 성경밖에 없습니다. 간음한 여인을 잡아다가 예수님 앞에 데리고 와서 무엇을 요구하고 있습니까? 예수님의 지적은 너희는 지금 죄인을 나한테 끌고 와서 하나님의 공의를 세우려고 하느냐 아니면 너희가 참으로 죄인을 용서하고 싶으냐? 너희들의 마음속에는 오직 어떻게 하면 하나님의 법을 이용해서 결국 나를 올무에 빠뜨려 죽일까 하는 악심 이외에는 없다는 것입니다. 그 정당한 이유를 찾기 위하여 나에게 죄인 하나를 데리고 와서 율법으로 옭아매려는 수법이 아니냐는 지적입니다. 바리새인들의 정치적 지지기반이 위태로워짐으로 예수를 거세하려는 정치적 음모가 있는 것임을 파헤치는 말씀입니다.

24절, "너희가 너희 죄 가운데 죽으리라" – 하나님의 의를 주창하고 하나님의 법을 동원하면서 결국 자신들의 욕구를 충족시키고 자신들이 쌓아 온 정치적 지지기반을 흔드는 예수의 대중적 인기와 모든 사람들을 추종하도록 하는 정치적 기선을 꺾으려고 한다는 것입니다.

인간이 얼마나 모순의 굴레에 잡혀 있는지 또한 우리 자신도 모르는 사이에 악한 일을 도모하고 있는 일이 얼마나 많습니까? 평화를 위해서라는 슬로건을 내걸고 모든 국가는 살상무기를 만들어 비축하고 있습니다. 훌륭한 사람을 키운다는 명목을 가지고 우리가 지금 자녀들을 가장 경쟁적으로 출세위주의 교육을 하고 있습니다. 우리의 교육현실에는 더 이상 이상형의 인간, 건강한 시민이나 봉사와 헌신을 아는 인격

같은 것은 교육의 원리나 목표가 아닙니다. 이미 사회와 대중들에 의해서 정해진 욕구를 충족시켜 주는 방향으로 교육정책을 입안합니다. 우리 자신과 공동체가 원하는 것, 그것에 발을 맞춥니다. 정치도 교육도 종교도 문화도 모두가 이미 형성된 대중적 욕구 앞에 자기의 인기를 내세웁니다.

그러나 대중은 진리일 수가 없습니다. 대중은 어떤 경우라도 세속적입니다. 대중은 대중 속에서 자기 얼굴을 감춥니다. 거기에 인간의 본성인 수많은 정욕과 탐욕의 심리적 현상들이 도사리고 있습니다. 모두가 다 자신의 이윤을 추구하며 정욕과 자존심을 만족케 하려는 욕구들로 가득 차 있습니다. 이러한 욕구들을 따라 예술, 과학, 정치, 교육, 종교도 한결같이 보조를 맞추고 있습니다. 그래야 생존할 수 있기 때문입니다.

기독교의 진리와 생명이 이토록 대중적 욕구에 의하여 흘러가다가 어느덧 우리가 알지 못하는 사이에 이미 교회가 갖고 있는 독특한 진리와 생명의 가치와 능력과 매력들을 잃어가고 있습니다. 제가 목회를 시작하면서 개척교회를 설립한 적이 있습니다. 설교할 때마다 고민하는 것은 무엇을 주제로 설교해야 사람들의 마음을 끌 수 있을까 하는 것이었습니다. 어떻게 하면 실력이 있어 보일까 하는 생각에 사로잡힌 적이 있습니다. 그래서 한 때 이런 설교를 했습니다. "왜 하필 우리 교회에 나와야 합니까? 십일조를 왜 교회에 내야 합니까? 가까운 교회 나가세요. 원하는 대로 십일조로 선교하시고 구제하세요."

그러다가 한 번은 이 사실을 하나님 앞에 고백하면서 내가 왜 이래야 하는가? 누구 좋으라고 하는 소리인가? 결국 개척하는 입장인데 우리 교회에 나오라고 하는 인기발언이 아닐까? 이 사실을 하나님 앞에 고백하면서 성경을 펼쳐 놓고 연구하고 하나님께서 원하시는 방향으로 목회를 선회하면서 참 자유를 회복한 적이 있습니다. 우리는 너나 할 것 없이 나의 유익을 따라 모순의 굴레에 잡혀 있습니다. 예수님은 그래서 이 진리와 생명을 우리에게 맡기지 않기로 하셨습니다. 우리가 감당치 못함을 아셨기 때문입니다. 그래서 주님은 일찍이 제자들을 향하여 "내가 곧 길이요 진리요 생명이니"(요 14:6) 라고 못 박았습니다. 나로 말미암지 않고는 아버지께로 올 자가 없다고 잘라 말씀하셨습니다. 뿐만 아니라 땅 끝까지 나의 증인이 되라고 분부하실 때에도 성령의 권능을 받고 나가라고 하셨습니다.

예수님의 진리와 생명과 길을 우리에게 맡기시면 우리는 너무나도 뻔하게 우리의 유익을 위하여 복음을 응용할 가능성이 있음을 알고 계셨다는 얘깁니다. 성경은 복음 증거의 사명까지라도 우리에게 맡기지 않고 성령의 권능을 받으라고 강조합니다. 모든 일 이전에 성령을 받으라고 간곡히 명령하신 것입니다.

우리가 지금 그리스도 안에 들어와 있지만 우리가 얼마나 죄인인가를 언제나 상기시키지 않으면 안 될 정도로 죄의 속성을 가지고 있다는 것을 명심해야 합니다. 우리는 태어나면서부터 죄밖에 모르는 속성과 그 문화의 영향력 아래로 굴복하며 살아왔다는 것을 잊어서는 안 됩니다. 우리의 착각은 도덕적으로 옳은 일을 하고 있는 한 죄가 없다는 생각을 갖고 있다는 것입니다. 그것 때문에 올무에 잡힙니다.

"예수께서 가라사대 너희는 아래서 났고 나는 위에서 났으며 너희는 이 세상에 속하였고 나는 이 세상에 속하지 아니하였느니라."23절의 말씀은 우리가 얼마나 부족한 존재인지 깨닫게 합니다.

인간의 뿌리가 근본적으로 죄 아래서 난 것이요 세상에 속한 것이라고 합니다. 예수님과 우리가 얼마나 다릅니까? 그 분은 위에서 나셨고 우리는 아래서 났습니다. 참으로 천지차이입니다. 그 분이 진리요 생명일 수밖에 없는 것은 우리는 아래서 난 것만 가지고 살고 있지만 그 분은 위에 있는 것까지 다 소유하고 계시고 그 분은 위에서부터 이 땅에 오신 분이십니다. 우리가 알지 못하는 전혀 다른 세계를 알고 계시고 우리가 살고 있는 세상을 지으신 창조주시오 역사를 계획하신 분이요 하나님만이 아시는 다른 세계를 가지고 오신 분입니다.

44절, "너희는 너희 아비 마귀에게서 났으니 너희 아비의 욕심을 너희도 행하고자 하느니라 저는 처음부터 살인한 자요 진리가 그 속에 없으므로 진리에 서지 못하고 거짓을 말할때마다 제 것으로 말하나니 이는 저가 거짓말쟁이요 거짓의 아비가 되었음이니라"- 우리는 모두 이토록 본능적으로 죄에 익숙한 사람들이요 원래 죄를 가지고 태어났기 때문에 죄 쪽으로 가는 것이 가장 자연스러운 사람들입니다. 이 자연의 순리를 따라 나도 모르게 생존경쟁, 양육강식의 생존원리를 몸에 익힌 사람들입니다. 입학시험을 통하여 얼마나 경쟁합니까? 이 경제 사회에서 얼마나 경제적 논리에 의해서 우리가 경쟁적으로 상대를 요구합니까? 사랑, 예술, 문화도 다 경쟁적입니다. 오늘의 교회도 진리도 생명도 모두 경쟁적인 구조 속에서 서로가 서로를 요구합니다. 거기에는 다분히 대립과 경쟁이요 싸움과 분쟁이요 당 짓는 것과 시기와 질투와 증오가 불타고 있습니다. 우리는 거기에 살아남기 위한 모든 수단에 익숙한 사람들입니다. 나의 정당성을 그리고 나의 옳음을 무엇으로 증명합니까? 다 남을 비방하고 남을 짓밟음으로 나를 옳음을 증명하고자 하는 굴레를 벗어날 수 없습니다.

세상은 남을 죽이고 내가 살아남는 삶의 방식을 익히는 곳입니다. 누군가를 짓밟거나 죽여야 되는 방법을 익숙하기 다룰 줄 아는 자가 성공합니다. 우리가 이 세상을 살아오면서 터득한 유일한 지식은 우리 자신 안에 있는 것을 적극적으로 개발함으로 경쟁에서 이긴다는 것입니다. "네 자신에게 충실하라, 네 양심과 진실대로 살아라" 이것이 교육의 슬로건이고 가정교육의 원리로 가훈이 되고 있습니다.

우리는 지금 모두 다 속고 있습니다. 세상어서 최고의 이상형으로 내건 슬로건이 성경으로 돌아와 보면 결국 어디에 충실하라는 격이 됩니까? 자기 자신의 내면에 자리하고 있는 죄의 속성에 충실하라는 이야기가 됩니다. 자신의 정욕과 탐욕과 이기심과 자존심을 채우는 격이 됩니다. 성경에서 죄성을 요약하면 자존심으로 표현할 수 있습니다. 자기 자신을 최고의 권위로 받들고 싶어하는 심성입니다. 삶을 자신의 자존심과 정욕의 노예가 되게 하는 형식입니다. 자신을 얽매고 있는 모든 것으로부터 자유를 외칩니다. 자신이 최고의 권위로서 일종의 신격이 되어 자유롭게 살고 싶어합니다. 그 자리를 최고의 명예와 자랑이고 싶은 충동 속에 살아갑니다.

기독교와 타종교의 차이가 무엇입니까? 다른 종교들은 공통적으로 자기 자신을 치장하는 성격을 갖고 있습니다. 무슨 도를 깨우치거나 연마하거나 그래서 내가 초월의 경지에 도달하는 겁니다. 자기 자신을 계발하고 확대하는 겁니다. 이것을 개편, 개조, 확대해서 자신들 안에 가치 있는 잠재력, 곧 문화적 종교적 심리적 가치나 간에 그 안에서 뭔가가 나타날 때 능력이 있다고 보는 겁니다. 그래서 해탈하고 성불이 되고 하는 구도의 길을 연마합니다.

그러나 우리 예수 믿는다는 것은 얘기가 전혀 다릅니다. "너희 죄 가운데 죽으리라" 하였습니다. 죽음 아래 놓인 인생을 구원한 방법이 우리의 도에 있지 아니하고 우리의 윤리성에 있지 아니하고 우리의 잘남에 있지 않습니다. 우리가 겪고 있는 근원적인 문제들 사망이나 현실의 고통과 번민이나 미래에 대한 불안이나 두려움이나 죄책과 형벌의식과 삶의 방황과 갈등 같은 것을 무엇으로 풀 수 있느냐 하는 것입니다. 우리가 기존으로 갖고 있는 도덕성을 계발하고 해탈의 경지에 들어간다고 가능합니까? 인간의 잠재력을 확대한다는 것은 참으로 경이로운 현상이기는 하지만 역시 다 이 땅에서 만들어진 것들입니다. 이 땅은 근원적으로 영원할 가치가 없을 만큼 사망의 형벌이 지배하고 있는 마귀의 활동 무대로 적합한 것입니다.

이 모든 속박의 양상들로부터 풀려나는 단 한 하나의 길은 이 세상을 만드신 창조주 하나님에게로 돌아오는 것밖에 다른 길이 없습니다. 전혀 다른 세계를 가지고 오신 하나님의 권위에 붙어 있는 수밖에 없습니다. 유일하게도 우리의 행복이 하나님께 있고 하나님의 권위 아래 순복함으로 자유가 있습니다. 하나님을 떠나서는 모든 것이 다 깨어진 파편이요 모든 것이 다 더럽고 누추한 죄의 부산물로서 영원한 지옥의 형벌로 가는 길입니다.

내가 제일이며, 최고의 권위요 나의 자유를 끝없이 갈구하던 자존심의 존재가 어떻게 하나님을 창조주로, 나의 구속주로 고백하는 자리에까지 갈 수 있었을까요? 참으로 불가사이한 일이 내게서 일어난 것입니다. 성경은 얼마나 불가능한 일이냐 하면 요한복음은 이렇게 증거합니다.

"영접하는 자 곧 그 이름을 믿는 자들에게는 하나님의 자녀가 되는 권세를 주셨으니 이는 혈통으로나 육정으로나 사람의 뜻으로 나지 아니하고 오직 하나님께로서 난 자들이니라" (요 1 : 12, 13).

우리가 하나님께로서 난 자라고 합니다. 예수 믿고 하나님 앞에 굴복하는 우리의 신앙고백의 자리가 하나님께로서 난 자들에게 일어난 일들입니다. 아무나 할 수 있는 것이 아니라 하나님께서 나게 하셔야 가능하다는 것입니다. 사람의 육정으로나 물질의 힘으로나 사회적인 제도나 그 영향력으로가 아니라 하나님의 영원한 계획대로 이루어진 결과라고 합니다. 예수 믿는 우리가 누리고 있는 행복을 모르는 것만큼 불행이 없습니다.

오늘 우리의 신분과 소속이 하나님께 있다는 사실을 확인하시기 바랍니다. 하나님께서 났고 위에서 났기 때문에 하나님의 말씀을 듣고 있습니다. 하나님의 뜻으로 났기 때문에 위에 있는 말씀을 들을 수 있습니다. 우리는 하나님의 자녀요, 그의 백성이요 그의 영광의 일을 위하여 유일하게 부름 받은 인생입니다. 사탄과 그 형벌의 손아귀에서 빠져나와서 하나님의 나라에 들어온 자들입니다. 위에서부터 들리는 말씀을 듣습니다. 그리스도 안에서 오늘 우리는 전혀 다른 존재로 전혀 다른 신분으로 부름을 받았습니다. 하나님께로부터 쓰임 받는 의의 도구들입니다. 하나님의 영광을 위한 유일한 도구들로서 하나님으로부터 최고의 가치로 평가되고 있습니다. 우리가 잘나서가 아닙니다. 하나님께서 선택하셨기 때문에 신분상의 가치가 그렇게 높고 고귀합니다.

신앙은 결국 하나님께서 보실 때에 나의 존재가 어떤 가치를 가졌느냐를 아는 것입니다. 하나님이 나를 어떻게 평가하시느냐를 아는 것입니다. 우리의 신분이 하나님의 자녀요 하늘의 음성을 듣는 자들입니다. 하나님이 영광을 받으시기로 예정하셔서 십자가의 값으로 사신 가장 존귀한 존재들입니다. 십자가의 값으로 평가될 만큼 존귀하다면 하나님 편에서 보시면 어떤 경우라도 우리를 버리실 수 없으십니다.

우리는 더 이상 우리 자신을 증명하기 위해 살지 않습니다. 우리는 나의 자존심을 위하여 경쟁하지도 않습니다. 우리는 하나님께로부터 인정받는 길을 갑니다. 우리의 특권은 죽은 후에 천국에 이르는 것만이 아닙니다. 지금 여기서 내 인생이 하나님께 드려지는 것으로 즐겁고 기쁩니다. 하나님이 나를 들어 사용하시는 것 자체로 삶의 의욕을 분발시킵니다.

실수와 허물투성이로 살고 있지만 그럼에도 불구하고 그리스도 안에서 약속대로 나와 함께 하시고 나를 사랑하사 오래 참으시고 격려하시고 위로하시면서 하나님의 일에 있어서 마치 내가 없어서는 안 되는 것처럼 나의 시간과 물질을 요구하시고 명령하시는 은혜의 풍성함을 놓칠 수가 없습니다. 하나님의 나라의 일을 맡기시는 것 자체로 즐겁고 행복합니다. 그 감격을 억누를 수 없어 사도들은 한결같이 순교의 길을 힘차게 달려갔었습니다.

바울은 그토록 핍박과 환난에 처해있지만 모든 성도들에게 "주 안에서 항상 기뻐하라 내가 다시 말하노니 기뻐하라"(빌 4:4) 하고 그리스도 안에서의 기쁨을 권유하였습니다. 인간의 안목으로 볼 때는 가장 처참한 지경에서 쏟아낸 신앙의 거장들의 소리를 들어보십시오. "기뻐하라, 기뻐하라, 기뻐하라 내가 다시 말하노니 기뻐하라" 입니다. 그 최후의 죽음의 절박한 자리에서 토해낸 저들의 간증들은 이 세상이 감당치 못하는 행복과 감격이었다고 증거하고 있습니다.

우리의 신분은 하나님의 나라의 역사를 이투어 가는 배역들입니다. 나의 것이 없고 오직 하나님께서 행하시는 일만을 나의 것으로 소유하는 하나님의 사람들입니다. 우리가 주인일 수 없는 인생을 살고 있습니다. 하나님이 주인이시고 우리는 그의 종이며 신하로서 나의 삶을 하나님의 뜻에 맡긴 자들입니다.

신분과 수준은 다릅니다. 비록 수준으로는 부끄럽고 면목이 없는 입장에서라도 그래도 우리는 여전히 하나님의 사랑을 입은 자녀들이요 왕 같은 제사장들입니다. 하나님께서 인정하시는 신분이니 만큼 그 가능성을 가진 자들임을 놓치지 맙시다.

● ● ● ● ● ● ● ● ●

세상은 아직도 세상에 있는 기존의 것으로 만족하는 법을 배우고 거기로부터 가치를 찾고 있지만 성경은 다들 마귀의 것을 가지고 멸망하는 일을 재촉할 뿐이라고 지적하였습니다. 이러한 성경의 지적을 두려운 마음으로 분별하는 은혜가 있기를 바랍니다. 동시에 예수 안에서 우리 자신은 적어도 신분상 하나님의 소유된 백성이요 하나님의 일을 배역하는 유일한 존재로서 그 가치가 십자가로 평가할 만큼 크고 놀랍다는 것을 각성하는 도전이 있어야 할 것입니다.

하나님께 속하지 아니한 자

(요 8:21-30)

"다시 이르시되 내가 가리니 너희가 나를 찾다가 너희 죄 가운데서 죽겠고 나의 가는 곳에는 너희가 오지 못하리라 유대인들이 가로되 저가 나의 가는 곳에는 너희가 오지 못하리라 하니 저가 자결하려는가 예수께서 가라사대 너희는 아래서 났고 나는 위에서 났으며 너희는 이 세상에 속하였고 나는 이 세상에 속하지 아니하였느니라 이러므로 내가 너희에게 말하기를 너희가 너희 죄 가운데서 죽으리라 하였노라 너희가 만일 내가 그인 줄 믿지 아니하면 너희 죄 가운데서 죽으리라 저희가 말하되 네가 누구냐 예수께서 가라사대 나는 처음부터 너희에게 말하여 온 자니라 내가 너희를 대하여 말하고 판단할 것이 많으나 나를 보내신 이가 참되시매 내가 그에게 들은 그것을 세상에게 말하노라 하시되 저희는 아버지를 가리켜 말씀하신 줄을 깨닫지 못하더라 이에 예수께서 가라사대 너희는 인자를 든 후에 내가 그인 줄을 알고 또 내가 스스로 아무것도 하지 아니하고 오직 아버지께서 가르치신 대로 이런 것을 말하는 줄도 알리라 나를 보내신 이가 나와 함께 하시도다 내가 항상 그의 기뻐하시는 일을 행하므로 나를 혼자 두지 아니하셨느니라 이 말씀을 하시매 많은 사람이 믿더라"

바리새인들이 간음하다가 현장에서 붙잡혀 온 여인을 데리고 예수님께 왔습니다. 그리고 공의와 사랑이라는 양면성을 가진 가장 애매한 질문을 던집니다.

5절, "모세의 율법에는 죽이라고 당신은 어떻게 하시렵니까?" 예수님께서 몸을 굽히사 땅에 몇 자 글을 적으시고 일어나 외치신 말씀은 이렇습니다. 7절에서 "너희 중에 죄 없는 자가 먼저 돌로 치라" 이어 성경은 다시 몸을 굽히사 손가락으로 땅에 쓰시니 저희가 이 말씀을 듣고 양심의 가책을 받아 어른으로 시작하여 젊은이까지 하나씩 하나씩 다 물러갔다고 결론을 내립니다.

주님은 간음하다 붙잡혀 온 여인을 죽음에서부터 구출해 주셨습니다. 이 사건을 근거로 해서 이제 주님과 우대인들 사이에 논쟁이 벌어지게 됩니다. 요한복음 8장의 요지는 이렇습니다. 인간은 모두 죄의 노예들이며 모순의 굴레에 속박되어 있는 자들임을 지적하는 내용으로 율법으로 죽어 마땅한 여인의 이야기를 들어 설명하고 있습니다. 지금 유대인들은 간음하다가 붙잡혀 온 여인을 끌고 와서 교묘하게도 죄없는 예수를 책잡으려고 합니다. 이에 대한 예수님의 지적은 유대 율법주의자들의 마음을 꿰뚫고 있습니다. 너희들은 지금 율법을 가지고 하나님의 의를 구하는 것도 아니며 오히려 율법의 빛을 가지고 지금 또 다른 죄를 범하고 있다는 것입니다. 그것도 주님 자신을 죽이려는 음모용으로 율법을 사용하고 있다는 것을 신랄하게 찌르고 있습니다. 이러한 주님의 지적으로 양심의 가책을 받은 자들이 스스로 자신을 고쳤습니까? 아닙니다. 양심의 가책은 받았지만 그 가책을 받은 자들이 빛을 가져온 자 예수를 증오하고 마침내 그를 십자가에 못 박아 죽일 궁리에 더욱 악랄해지기 시작하였습니다. 예수님은 계속하여 바리세인들의 죄를 지적하고 계십니다.

특이할 것은 유대인들을 향한 주님의 지적이 모든 인류들이 공통으로 갖고 있는 심각한 죄의 문제라는 것입니다. 24절, "너희가 너희 죄 가운데 죽으리라"는 지적입니다. 21절, "다시 이르시되 내가 가리니 너희가 나를 찾다가 너희 죄 가운데 죽겠고 나의 가는 곳에는 너희가 오지 못하리라"에서 "너희는 너희 죄 가운데 죽으리라" 라는 형벌의 말씀이 계속 반복됩니다.

그리고 24절, "이러므로 내가 너희에게 말하기를 너희가 너희 죄 가운데서 죽으리라 하였노라 너희가 만일 내가 그인 줄 믿지 아니하면 너희 죄 가운데서 죽으리라 "간음하다가 붙잡혀 온 여인의 사건을 중심으로 유대인들을 향하신 주님의 진노는 인간의 죄성을 지적하면서 계속됩니다. "너희 죄 가운데서 죽으리라" 이 말씀이 후렴처럼 계속 반복되고 있음을 볼 수가 있습니다. "너희 죄 가운데서 죽으리라" 라는 뜻이 무엇입니까? 본래 너희들은 죄 가운데서 나왔다는 것입니다. 그리고 죄의 뿌리를 가지고 있고 죄에 붙잡혀 있고 죄에 묻혀 있는 존재이므로 죄와 함께 죽을 수밖에 없다는 것을 지적하는 말씀입니다.

지금 이 여인을 정죄해야 합니까? 용서해야 합니까? 바리새인들이 예수님께 내민 질문입니다. 지금 이 여인을 공의로 심판해야 합니까? 아니면 사랑으로 용서해야 합니까? 공의와 사랑 중 어느 것을 선택해야 되기 때문에 이는 시험하기 위한 질문입니다. 예수님께서 저들의 간교한 궤계를 아시고 지적하신 내용이 이렇습니다. 너희는 지금 무엇을 원하느냐? 용서하고 싶으냐? 아니면 율법의 의를 세우고 싶으냐? 너희가 원하는 것은 이것도 저것도 아니지 않느냐는 것입니다.

너희들은 지금 나를 죽이려는 목적으로 현장에서 붙잡혀 온 한 여인을 미끼로 사용하고 있지 않느냐? 율법을 가지고 공의를 세우고 법대로 판단하여 정당하게 시행하는 것같이 보이지만은 너희들의 판단은 이미 죄 아래 있고 죄의 사슬에 매여 있으므로 너희들이 갖고 있는 것은 다 죄뿐이라고 날카롭게 지적하고 계십니다. 너희들이 그렇게 될 수밖에 없는 근원적인 원인에 대하여 구체적인 족보를 들어 설명해 주십니다.

23절 말씀, "예수께서 가라사대 너희는 아래서 났고 나는 위에서 났으며 너희는 이 세상에 속하였고 나는 이 세상에 속하지 아니하였느니라" 여기서 주님은 인간의 뿌리를 들추어내십니다. 인간의 속성이 죄의 본질을 가진 죄인으로 태어났고 죄 아래 있다는 것을 강조하고 있습니다.

그리고 38절 말씀, "나는 내 아버지에게서 본 것을 말하고 너희는 너희 아비에게서 들은 것을 행하느니라" 하였습니다. 내 아버지 곧 하늘에 계시는 하나님이십니다. 너희 아비는 누구입니까?

44절 말씀, "너희는 너희 아비 마귀에게서 났으니 너희 아비의 욕심을 너희도 행하고자 하느니라 저는 처음부터 살인한 자요 진리가 그 속에 없으므로 진리에 서지 못하고… 거짓의 아비가 되었음이니라" 이렇게 족보에 대해서 분명한 설명을 한 후에 하나님의 말씀을 들어도 깨닫지 못하는 이유를 계속하여 설명하면서 바리새인들의 거짓을 파헤치고 있습니다.

47절, "하나님께 속한 자는 하나님의 말씀으로 듣나니 너희가 듣지 아니함은 하나님께 속하지 아니하였음이로다" 우리가 말씀을 듣지 않아서 하나님께 속하지 않는 것이 아닙니다. 하나님께 속한 자가 아니기 때문에 하나님의 말씀을 듣지 못하는 것입니다. 소속이 다르다는 얘깁니다.

영으로 신분이 다르다는 것입니다. 인간의 고통과 괴로움 중에 가장 큰 것이 무엇입니까? 예수를 믿으려고 애써도 믿어지지 않는 것입니다. 하나님의 말씀이 들려지지 않으니 믿을 수가 없습니다. 하나님과 단절된 상태에서 하나님과 교제가 없고 영으로 죽어 있기 때문에 하나님의 말씀을 들을 수가 없습니다. 이토록 소속이 다르고 신분이 다르기 때문에 하나님의 말씀을 들을 수가 없습니다. 들을 수가 없으니 믿을 방법이 없습니다.

그런데 우리의 판단으로는 소속을 알지 못합니다. 우리의 소속을 우리 자신의 결정으로 결론 내리는 것은 참으로 위험합니다. 우리 모두에게 기회가 균등하게 주어져 있습니다. 참 좋은 기회들이 우리 인생에게 허락되어 있습니다. 모든 기회를 선택할 수 있고 버릴 수도 있습니다. 그것은 우리의 자주권입니다. 말씀을 듣든지 안 듣든지 교회 나오든지 안 나오든지 그것은 우리에게 맡겨진 특권입니다.

그러나 기억해야 할 것은 한편 이 기회들이 제한되어 있음을 알아야 합니다. 나이가 들면 믿으려고 해도 믿어지지를 않습니다. 그렇게 기회를 놓친 것에 대하여 한없이 후회하는 모습들을 우리 주변에서 많이 발견하곤 합니다. 우리 마음의 주인이 우리일 수가 없다는 가장 단편적인 증거입니다.

기회는 열려 있지만 내 마음의 한계가 있습니다. 우리는 우리의 마음대로 우리의 행동을 취할 수가 없습니다. 처음에는 내가 반대하고 내가 저항하고 내가 거역하지만 이제는 하나님이 막으십니다. 마음에 있어도 믿어지지 않습니다. 이 마음의 강퍅케 됨을 면하도록 성경은 늘 피차 권면하라고 하였다는 것을 귀담아 들으셔야 합니다.

신앙은 세상과 하나님의 나라 중 어느 편에서 많은 지식과 경험들을 쌓느냐의 싸움입니다. 교회생활을 하면서 세상의 상식과 경험들로 짜여진 사고방식을 가지고 있으면 신령한 세계에서 약속하고 있는 생명과 진리가 나타나지 않습니다. 신앙생활을 세상의 것으로 대체하거나 혼합시켜 믿게 되면 소위 세속화 신앙으로 떨어지게 됩니다. 하나님을 믿되 자기 마음에 맞게 고쳐서 믿으려는 유혹에 빠지게 되면 그의 심령에는 하나님께서 허락하신 신성, 하나님의 나라에서 누릴 영광, 영혼의 기쁨과 만족, 능력이나 각양 좋은 은사들을 맛볼 수 없게 됩니다.

이렇게 자기 고집과 편견에 사로잡힌 사람들의 특징은 하나님의 권위를 인정하지 않고 말씀에 순종하고 싶은 마음이 일어나지 않습니다. 한시라도 잊지 말아야 할 것은 우리가 다 지난 날 죄 아래서 났다는 것입니다. 하나님과 거룩한 행사에 대하여는 본성적으로 저항을 느끼는 기질을 억제할 수 없다는 것입니다. 하나님의 형상, 곧 하나님의 거룩을 이루기 위해서는 그래서 피나는 노력이 수반되어야 합니다. 눈물어린 헌신을 강요하는 것은 바로 이 때문입니다. 상당한 경건훈련이 따라야 합니다. 내가 사는 곳은 비록 여기 이 땅이지만 소속이 하늘나라임을 잊지 않도록 하기 위해서는 어쩔 수 없이 십자가의 길을 강요할 수밖에 없습니다.

하나님의 나라가 이미 우리 심령에 임하여 있지만 아직도 더럽고 냄새나는 이 세상에 발을 딛고 산다는 것은 그만큼 하나님의 나라를 나의 것으로 완전히 소유하기에는 힘겨운 난관이라는 이야기가 됩니다. 이미 이루어진 것이지만 나의 것으로 외치며 찬양하고 증거하기 위해서는 우리에게 상당한 헌신과 섬김과 봉사를 요구하는 것입니다. 교회 사역은 과외로 하는 정도로는 세상과의 사이에서 언제나 갈등과 번민이 따를 수밖에 없습니다. 성경은 우리를 향하여 오직 범사에 감사하며 기도에 힘쓰며 하나님의 말씀에 복종하기를 강요하고 있는 것입니다.

"…너희 생명이 그리스도와 함께 하나님 안에 감취었음이니라"(골 3 : 3).

우리는 하나님 안에 감추어진 생명을 가지고 이 땅에 살고 있습니다. 우리의 생명이 지금 하늘나라에 있습니다. 언제라도 부르시면 가겠다고 하는 그 생명적 소명에 부름 받는 자리를 훈련해야 하는 입장입니다. 하나님의 나라에 있는 나의 생명이 나타날 그날을 준비하는 훈련이 교회생활입니다. 교회는 나의 생명을 더욱 풍성하게 열매 맺도록 신령한 자양분을 공급하는 장소입니다. 세상의 상식이나 편견으로는 하나님의 나라를 이룰 수 없을 뿐 아니라 그곳에 감추어 둔 나의 생명을 힘있게 할 근거가 될 수 없습니다. 하나님의 말씀을 삶에 익숙하도록 훈련하는 것만이 나를 능력 있게 합니다.

24절, "이러므로 내가 너희에게 말하기를 너희가 너희 죄 가운데서 죽으리라 하였노라 너희가 만일 내가 그인 줄 믿지 아니하면 너희 죄 가운데서 죽으리라"– 믿지 아니하면 죽으리라고 합니다. 믿어도 되고 안 믿어도 되는 게 아닙니다. 믿어야 합니다. 안 믿으면 본전이 아니라 안 믿는 경우 영원한 지옥의 심판이있다는 데에 심각성이 있습니다.

사도행전 4장 12절에 이런 말씀이 있습니다.

"다른 이로서는 구원을 얻을 수 없나니 천하 인간에 구원을 얻을 만한 다른 이름을 우리에게 주신 일이 없음이니라 하였더라"(행 4 : 12).

이는 골수에 박히도록 명심해야 될 말씀입니다.

"내가 너희에게 대하여 말하고 판단할 것이 많으나 나를 보내신 이가 참
되시매 내가 그에게 들은 그것을 세상에게 말하노라 하시되 저희는 아버
지를 가르쳐 말씀하시는 줄을 깨닫지 못하더라"(요 8 : 26, 27).

예수께서 그토록 많은 것을 아버지께로부터 보고 들은 것 그대로 말
씀하셨지만 그러나 오히려 깨닫지 못하고 오해하며 저항합니다. 중생
치 못한 사람들의 비참함은 예수님의 말씀을 깨닫지 못하는 데 있습니
다. 지금 소속이 다른 사람들이 말씀을 깨닫지 못하고 있습니다. 그렇게
안타까운 마음으로 간절히 호소하는데 듣지 않고 반대하고 악랄하게
죽이려는 심사에 골몰하고 있습니다. 주님은 그렇게 영적으로 감각이
없는 사람들을 향하여 종말론적인 최후의 통첩을 내리십니다.

"너희는 인자를 든 후에 내가 그인 줄 알고 또 내가 스스로 아무것도 하
지 아니하고 오직 아버지께서 가르치신 대로 이런 것을 말하는 줄도 알리
라"(요 8 : 28).

인자를 언제 알아봅니까? 십자가에 못 박아 놓은 후에 알게 될 것이
라고 합니다. 백부장은 지진이 나고 바위가 터지고 사방이 어두움으로
가리어질 때에야 예수님을 하나님의 아들로 인식하게 되었습니다. 그
리고 예수님이 자신을 향하여 욕하고 채찍으로 치고 십자가에 못을 박
던 자들을 용서하시는 마지막 말씀, "아버지여 저희를 사하여 자기의 하
는 것을 알지 못함이니이다"(눅 23:34) 또 "다 이루었다"(요 19:30) 하
시고 고개를 숙이시고 영혼이 떠나고 난 후에야 이 사람이 정녕 하나님
의 아들이라고 외치게 되었습니다. 그러나 때는 이미 늦었습니다. 사람
들은 심판의 때가 되어야 예수님이 누군 줄을 알고 하나님의 창조주 되

심, 구속주 되심과 역사의 주인 되심을 알게 될 것입니다.

어느 부자처럼 지옥에 들어간 후에야 아브라함의 품에 안긴 거지 나사로가 부러워서 "내 친족 중에 하나라도 여기 오지 않도록 나사로를 보내소서"(눅 16:27) 하고 간곡하게 애원하면서 자신의 죄를 깨닫게 됩니다.

29절, "나를 보내신 이가 나와 함께 하시도다 내가 항상 그의 기뻐하신 일을 행하므로 나를 혼자 두지 아니하셨느니라" – 예수님은 늘 하나님과 소통하고 계셨습니다. 아버지의 뜻을 이루려는 목적으로 모든 고난도 시험도 이겨내셨습니다. 예수님은 아버지 하나님과 의사소통이 원활한 상태에서 늘 함께 계셨다고 그의 행복을 증거하고 있습니다. 말로만이 아니라 몸짓, 눈짓 그리고 구체적인 의사로 소통하는 사귐을 가지고 사셨습니다. 주님은 한 번도 아버지의 뜻에 어긋남이 없이 항상 아버지와 일체감을 가지고 사셨습니다. 아버지께서 아들을 한 번도 혼자 두지 아니하시고 항상 함께 계셨다고 합니다.

하나님과 우리 사이는 지금 어떤 상태로 지나가고 있습니까? 하나님은 성령과 말씀을 보내시면서 우리와 교제하시고 싶어 하시는데 우리가 얼마나 그 뜻에 행보를 나란히 하느냐 하는 것은 신앙의 가장 중대한 사안事案입니다. 하나님을 만나기를 사모하여 주야로 말씀을 묵상하며 기도의 심령으로 성령의 임재를 기다리는 자에게 하나님께서 언약하신 대로 신령한 은사와 능력을 나타내십니다. 이는 은혜의 축복과 관련이 있는 중대한 과제입니다. 신앙생활의 활력은 하나님과의 사귐으로부터 일어납니다. 하나님과 화평의 교제가 이루어질 때 인간 최대의 행복이 있습니다.

우리의 불행은 마음으로는 이렇게 행하기로 결심하였는데 지나고 보면 엉뚱하게도 결심대로 이루어지지 않을 때 오는 좌절감입니다. 밤이 새도록 기도하였는데 한 마디의 응답이 없을 때 오는 무능함으로 인하여 비탄에 젖을 수밖에 없습니다. 이토록 하나님과의 화평의 교제는 신앙의 근간을 이루는 중대한 과제입니다.

예수님의 성육신 사건은 하나님과 단절된 소통의 관계를 회복하기 위한 것이었습니다. 예수님은 오셔서 각색 병을 고치시고 죽은 나사로를 살리시고 오병이어를 일으키시며 간음한 자를 율법에서 구출하시고 삶의 활력을 불어넣으시는 기적을 수없이 행하셨지만 이 모든 행적을 본 자들은 결국 말씀을 듣지 아니하였습니다. 예수님은 지금 영적 문제의 심각성을 일깨우시고 하나님의 나라에 대한 비밀을 들려주고 있습니다. 하나님의 말씀을 듣지 아니하면 그 많은 기적적인 사건에도 불구하고 지옥의 형벌을 면할 길이 없다는 것을 심각하게 지적하시면서 듣지 않는 이유에 대해 이렇게 마무리 짓습니다. 바로 소속이 다르기 때문이라는 것입니다.

"하나님께 속한 자는 하나님의 말씀을 듣나니 너희가 듣지 아니함은 하나님께 속하지 아니하였음이로다"(요 8:47).

●●●●●●●●●

그런데 오늘 우리는 어떻습니까? 지금 우리는 영광스럽게도 하나님의 말씀을 듣고 있고 하나님과 인격 대 인격으로 서로 마주보는 사귐과 교제의 풍성함을 날마다 누리고 있습니다. 황공하옵게도 하나님께 속한 자로서의 증거를 우리의 실수와 허물에도 불구하고 우리의 가슴속에 품으면서 살고 있습니다. 수많은 시험이 있고 넘어질 가능성이 상존해 있는 세월을 살면서 하나님이 편이 되셔서 기도와 말씀을 통하여 함께 교통하며 사귀며 살아가는 영생의 풍성함을 순간마다 누리고 있는 것입니다. 하나님과 함께 삶을 승리의 영광과 함께 장식하는 날들이 되기를 바랍니다.

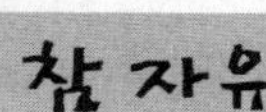

참 자유

(요 8:31-36)

"그러므로 예수께서 자기를 믿은 유대인들에게 이르시되
너희가 내 말에 거하면 참 내 제자가 되고 진리를 알지니 진리가 너희를 자유케 하리라
저희가 대답하되 우리가 아브라함의 자손이라 남의 종이 된 적이 없거늘
어찌하여 우리가 자유케 되리라 하느냐 예수께서 대답하시되
진실로 진실로 너희에게 이르노니 죄를 범하는 자마다 죄의 종이라
종은 영원히 집에 거하지 못하되 아들은 영원히 거하나니
그러므로 아들이 너희를 자유케 하면 너희가 참으로 자유하리라"

요한복음 8장은 인간이 얼마나 죄인인가, 죄의 속물인가 하는 문제를 다루고 있습니다. 간음하다 잡혀온 한 여인을 끌고 와서 율법을 응용하여 예수를 책잡으려 하는 죄를 지적하는 사건입니다. 본문은 자유라는 말을 가지고 이를 설명하고 있습니다.

"그러므로 예수께서 자기를 믿는 유대인들에게 이르시되 너희가 내 말에 거하면 참 내 제자가 되고 진리를 알지니 진리가 너희를 자유케 하리라"(요 8 : 31, 32).

요한복음 8장의 주제는 단 하나, 너희는 죄를 짓는 속성을 가졌고 죄밖에는 아무것도 할 수 있는 일이 없다는 것입니다. 이 죄에서 구출 받기 위한 길은 오직 예수 그리스도밖에 없다는 것입니다. 이것은 구원이라 하고 이 구원을 또한 자유라는 이름으로 설명하고 있습니다.

자유란 개념을 설명하는 것처럼 어려움이 없습니다. 우리가 이해해야 할 것은 지금 누리고 있는 자유가 무엇을 근거로 하고 있느냐 하는 것입니다. 일반적으로 자유하면 어떤 억압, 속박으로부터 풀려나는 상태로 이해합니다. 이것만 풀리면 나는 무엇이든 할 수 있다는 생각을 갖습니다. 그래서 지금 내가 묶여 있는 모든 것에서부터 풀려나기만을 구하는 자유가 있습니다.

이것은 참으로 위험한 자유입니다. 결국 풀려 나와서 자유로워지기는 했지만 무엇 때문에 자유롭게 되었느냐에 대한 목적이 없다는 데에 문제가 있습니다. 자유해져서 무엇을 만들 것인가? 그 자유로워진 그것이 무슨 가치이며 무슨 아름다움인가? 그리고 자유로부터 무엇을 창조할 것인가? 에 대한 목적이 없습니다. 목적 없이 풀려나는 것이 오히려 불행입니다. 단순히 지금 묶여 있는 굴레를 풀어 달라는 요구는 참으로 무의미한 자유이며 방종으로 가는 자유가 아닐 수 없습니다.

창세기 3장에 보면 뱀이 여인에게 와서 유혹한 내용이 무엇입니까? 이 실과를 따 먹으라는 것입니다. 먹으면 하나님과 같이 된답니다. 지금 하나님이 자기와 같이 될까봐 이 실과를 따먹지 말라고 속이고 있다고 유혹하고 있습니다. 다시 말하면 왜 하나님의 명령 아래 있어야 되느냐? 왜 그 굴레 속에 속박 당하고 있느냐에 대한 유혹입니다. "따 먹어라" 하나님의 속박으로부터 벗어나고 싶은 충동을 자극하고 있습니다. 즉 무한한 자유를 상급으로 걸고 하나님의 권위로부터 이탈해 나오도록 유혹해 내는 술책입니다. 그러나 과연 따먹었더니 자유로워졌습니까? 아닙니다. 자유한 줄 알았는데 또 다른 속박이 기다리고 있더라는 겁니다. 죄의 권세입니다. 사탄과 죄의 권세 아래로 들어가 버렸습니다. 인간이 선택한 자유는 결국 거짓을 근거르 한 자우였습니다.

오늘 우리에게 밀려오는 가장 큰 유혹이 무엇입니까? 하나님 앞에 나아가 엎드리는 것을 무슨 속박을 당하는 것으로 느껴지는 것입니다. 하나님의 권위 앞에 무릎 꿇고 예배하거나 기도하는 것 그리고 복종하는 일련의 신앙생활이 마치 자존심과 관련하여 손해 보는 것 같은 느낌을 갖습니다. 하나님의 권위에 대한 저항감을 갖습니다. 그래서 도망 나온 곳이 어디입니까? 자유라고 부르짖으며 자신이 하나님이 되어 마음껏 사는 것입니다. 그러나 하나님께로부터 뛰쳐나와 사는 상태는 나의 자존심과 정욕의 자리이지 나를 진정한 자유의 세계로 인도하는 길은 아닙니다.

하나님을 떠난 곳은 어디든지 이미 죽음과 저주의 악령, 마귀의 손안에 들어가 버린 비참한 형벌의 자리입니다. 악의 세계에 들어가면 악을 더욱 흉측하게 보이고 싶은 생각에 사로잡힙니다. 몸에 문신을 하고 많은 사람들 앞에 가능한 한 거칠게 보이게 합니다. 그래야 사람들이 만만찮게 봅니다. 악을 많이 알면 똑똑한 사람이고 모르면 바보로 취급당합니다.

자기 자유를 아무 통제 없이 발휘하는 이 세상의 실력이 다 무엇입니까? 관제탑의 기능이 마비되면 이착륙하는 비행기들이 서로 충돌하는 엄청난 재난이 발생하기 마련입니다. 인간의 자존심과 정욕과 탐욕을 통제할 기능이 마비되면 세상은 온갖 종류의 죄악이 사회 공동체를 파괴할 것입니다. 지금 세상은 온통 정욕의 신들이 광란하고 있는 무대입니다. 사기, 강도, 마약, 도박, 섹스와 온갖 향락을 발산하는 땅으로 변해 버렸습니다. 세상은 마귀에게서 났고 거짓을 근거로 자유를 누리고 있는 현상들인 것입니다.

그러나 그리스도인들은 세상으로부터 자유한 자입니다. 죄의 노예로부터 풀려난 자유인입니다. 우리는 풀려 나와서 곧바로 예수 그리스도의 제자가 된 것입니다. 자유의 목적이 분명합니다. 하나님이 목적을 가지시고 우리를 자유케 하신 것입니다.

자유는 하나님의 권위와의 관계에서 비롯되는 문제입니다. 하나님이 안 계시면 자유라는 개념도 없습니다. 사실 속박이나 굴레가 없다면 자유라는 개념이 성립될 수가 없습니다. 아무런 제제나 통제나 견제가 없는 무인도에서 홀로 산다면 거기에 자유를 개념화할 수가 있겠습니까? 속박이나 통제나 견제나 굴레라고 하는 것이 있어야만 드디어 자유에 대한 개념도 솟아나게 됩니다. 그런데 아무런 통제가 없는 그곳에서 무슨 자유를 외칩니까? 그것은 인간의 정욕과 자존심을 무한대로 발산하는 방종의 무대일 수밖에 없습니다.

그리스도인의 자유는 무엇입니까? 32절, "진리가 너희를 자유케 하리라" 하였습니다. 진리가 권위로 등장해서 우리를 자유케 하는 자유입니다. 내가 스스로 창조할 수 있는 자유가 아닙니다. 이 자유는 예수 그리스도의 진리가 주는 자유입니다. 노예가 스스로 자유할 수 없습니다. 노예는 반드시 주인이 종의 신분을 풀어 줄 때에 드디어 자유를 누리게 됩니다. 오늘 하나님께서 우리를 자유케 하실 때에 드디어 자유로워질 수가 있습니다. 빚에 독촉을 받고 있는 사람이 그 빚진 자의 속박으로부터 자유하기 위해서는 채권자가 빚을 탕감해 주거나 아니면 누군가가 빚을 대신 갚아 줄 때에야 비로소 모든 채무로부터 자유할 수가 있는 법입니다.

이렇듯 참 자유란 예수께서 오셔서 우리의 죄의 속박에서부터 우리를 이끌어 내셔서 우리로 하여금 영원한 의의 나라로 인도해 주셔야만 가능합니다. 하나님이 갚으라고 독촉하시는 죄의 짐을 지고 허덕이던 나를 예수님이 대신 갚으시는 십자가의 공로로 인하여 드디어 하나님과의 관계에서 평화를 누리게 된 것입니다. 예수님은 우리의 죄를 갚아 주신 것으로 끝이 아니라 다시 살아나신 부활의 생명이 약동하는 곳으로 이끌어 주셨습니다. 다시는 음부의 권세가 이기지 못하는 곳으로 우리를 인도해 주셨습니다. 죄에 대하여 죽고 의에 대하여 살아난 자로 우리의 활동이 다 하나님께 영광이 되는 곳으로 데려다 주신 것입니다. 완전한 자유를 보장해 주셨습니다.

죄로부터 풀려난 목적이 있었습니다. 풀려나는 것 자체로 이미 자유요 구원이지만 그것은 하나님의 의를 이루기 위한 조치에 불과한 것입니다. 죄로부터 풀려난 것은 의의 병기로 살게 하기 위한 자유입니다. 이것이 바로 참 자유입니다. 세상 사람들은 양심의 자유, 물질의 자유를 추구합니다만 그 자유를 무엇에다 쓰고 있습니까? 모두가 다 자기의 정욕과 자존심을 발산하는 하나의 가치로서 쓰고 있지 않습니까? 양심의 자유로 오히려 남을 정죄하고 판단하고 남을 비방하는 도구가 된 것입니다. 물질의 자유로 횡포하고 부의 자유로 더욱 남을 억제하고 압제하는 데에 사용하고 있습니다. 모두가 다 죄 아래서 났고 죄밖에 모르고 죄로 익숙해져 있기 때문입니다. 이토록 세상 사람들이 갖는 자유는 참 자유일 수 없습니다.

로마서 6장 12절 이하의 말씀은 자유의 가치에 대하여 분명한 구별을 해주고 있습니다.

> "그러므로 너희는 죄로 너희 죽을 몸에 왕노릇하지 못하게 하여 몸의 사욕을 순종치 말고 또한 너희 지체를 불의의 병기로 죄에게 드리지 말고 오직 너희 자신을 죽은 자 가운데서 다시 산 자같이 하나님께 드리며 너희 지체를 의의 병기로 하나님께 드리라"(롬 6 : 12, 13)

하나님께 드리는 길, 의의 병기가 되는 길이 있어야 만이 자유가 자유다워집니다. 죄로부터 풀려나는 자유가 참 자유가 되기 위해서는 하나님의 의, 하나님의 병기로서 하나님의 손에 붙들리는 순간이 있어야 합니다. 참 자유는 하나님의 권위 아래 있을 대 보존됩니다. 도적질하는 자가 도적질을 하지 않기 위해서는 구제하기 위하여 일하는 의의 병기로 쓰여 질 때에 드디어 그는 도적질하는 범죄로부터 승리하는 참 자유를 누릴 수가 있습니다.

신앙생활이란 결국 하나님께 나를 바치는 영적 투쟁입니다. 하나님이 지금 나를 어떻게 쓰고 계시는가에 대하여 관심을 갖는 것입니다. 하나님이 나에게 무엇을 계획하시고 무엇을 이루시고 무엇 때문에 부르셨느냐에 대하여 그 뜻을 분별하여 나를 하나님의 의의 손길에 맡기는 것입니다. 하나님이 쓰시는 병기로서 기꺼이 그의 신하가 되는 것입니다. 이것이 참 자유입니다.

유대인들처럼 간음한 여자를 율법에 의하여 처리해야 하느냐 아니면 용서해야 하느냐 하는 시험을 위한 문제를 꺼내 놓고 실제로는 예수를 죽이기로 결심한 자들이 진행시키는 율법주의자들에게는 자유로워질 수 있는 법이 없습니다. 자기들의 자존심과 정욕을 채우고 있는 자들이 자신의 정당함을 옹호하려는 이 모든 증거가 참 자유일 수가 없다는 것입니다. 율법에 매여 자신을 변호하고 지키려는 행동에는 자유가 없습니다. 자신을 옹호하려는 그 율법으로 타인을 정죄해야 되는 모순을 벗어 날 길이 없습니다. 모든 것을 법대로 한다면 우리는 모두 죄인이 될 수밖에 없습니다.

하나님이 이끄시는 대로 죽음에 이를지라도 하나님의 의의 병기로 쓰이고 있는 한, 무한한 자유와 기쁨이 넘칩니다. 하나님과 함께 살며 그분의 영원한 언약과 함께 기동하며 움직이며 예비해 놓은 상급을 바라보면서 사는 삶에는 언제나 자유가 있습니다. 세상이 우리를 좌절케 할 수 없는 그 자유의 힘이 오늘 우리들의 삶을 능력 있게 합니다. 스데반이 복음을 증거하다가 유대인들의 미움을 받아 저들이 던지는 돌에 맞아 죽어 가는 가장 비참하고 고통스러운 자리에서 쏟아 놓은 말이 무엇입니까?

"주여, 이 죄를 저들에게 돌리지 마옵소서"(행 7:60) 였습니다. 그 얼굴이 천사와 같다고 했습니다. 스데반은 참 자유를 누리고 있었습니다. 반면 그에게 돌을 던지는 자들의 얼굴은 어떤 삭깔이었을까요? 법을 지키는 자들, 그 법에 의하여 자유하고자 하는 자들의 표정은 어떠했을까요? 율법으로 정죄하던 자들에게는 자유와 기쁨이 없었습니다.

31절, "너희가 내 말에 거하면 참 내 제자가 되고"– 우리가 예수님의 말씀을 듣고 그를 완전히 의지하며 그것을 최고의 권위로 받들며 산다면 우리가 참 자유를 얻습니다. 거기는 계속적인 사랑이 있고 풍성한 의사소통의 관계에서 말할 수 없는 행복이 용솟음칩니다. 예수님이 주시는 자유는 모든 두려움으로부터의 자유입니다. 하나님이 함께 거하시기 때문입니다. 주님이 주시는 자유는 자신의 굴레에서부터 풀려난 자유입니다. 아버지의 뜻을 이루는 의의 병기로 쓰이고 있기 때문입니다.

타인으로부터의 자유도 있습니다. 남이 어떻게 보던 상관치 않습니다. 그에게는 허세가 없고 거짓이 없습니다. 예수님이 주시는 자유 중에 가장 근원적인 자유는 죄와 죄책으로부터의 자유입니다. 이는 하나님과의 문제이기 때문에 인간으로서는 해결이 불가능한 절대절망의 문제입니다. 영원한 사망으로부터 자유입니다. 현실적인 고통의 문제로부터 자유입니다.

● ● ● ● ● ● ● ● ● ●

예수 그리스도는 하나님과 소통이 이루어지도록 십자가에 오르사 화평의 제물이 되셨습니다. "주 예수 그리스도 안에서 믿음으로 말미암아 하나님과 더불어 화평을 누리자"(롬 5:1)라고 사도바울은 권유하였습니다. "진리를 알지니 진리가 너희를 자유케 하리라."

권위와 자유

(요 8:31-36)

> "그러므로 예수께서 자기를 믿은 유대인들에게 이르시되
> 너희가 내 말에 거하면 참 내 제자가 되고 진리를 알지니 진리가 너희를 자유케 하리라
> 저희가 대답하되 우리가 아브라함의 자손이라 남의 종이 된 적이 없거늘
> 어찌하여 우리가 자유케 되리라 하느냐 예수께서 대답하시되
> 진실로 진실로 너희에게 이르노니 죄를 범하는 자마다 죄의 종이라
> 종은 영원히 집에 거하지 못하되 아들은 영원히 거하나니
> 그러므로 아들이 너희를 자유케 하면 너희가 참으로 자유하리라"

탕자의 비유는 부모의 권위를 하나님의 권위로 설명하는 내용입니다. 이 비유에서 권위와 자유의 상관관계를 짚어보고 참 자유가 무엇인가에 대하여 이해를 보태고자 합니다.

죄의 뿌리는 권위로부터의 독립이요 분리입니다. 아담이 하나님을 떠난 이후 인간은 하나님과 나 사이에서 일어나는 권위에 대한 싸움을 부단히 하고 있습니다. 하나님의 품을 떠나면 남는 것은 내가 최고의 권위가 되겠다는 자유에 대한 갈증과 탐심뿐입니다. 탐심은 인간 자신을 채우고 싶은 목마름입니다. 어떤 경우라도 탐심을 가지고 살고 있는 한 성경은 심각하게 우상숭배로 정죄합니다. 성경은 하나님의 권위를 이

탈해 나오자마자 인간의 행위를 가리켜 모두 자신의 욕심을 따라 세상 풍습을 쫓는 현상이라고 지적하고 있습니다.

인간은 본성적으로 권위를 싫어합니다. 권위의 냄새도 싫고 권위적인 자리를 보면 저항감을 갖습니다. 자존심이 강한 나머지 하나님의 권위마저도 깨뜨리려고 합니다. 그래서 하나님 앞에서라도 우리의 자존심이 고개를 쳐듭니다. 고개를 좀처럼 숙이지 않습니다. 하나님이 이스라엘을 꾸짖으실 때 쓰시던 "목이 곧고 패역한 백성아"라는 말씀이 기억납니다. 이 아담이 하나님을 떠난 이래로 인간은 자신을 신과 같이 살고 싶은 갈망을 가지고 부모의 권위도 거역하고 스승의 권위도 깨뜨리고 법의 권위도 윤리와 도덕의 권위도 정부의 권위도 사회규범의 권위도 싫어하는 성향을 가지고 살아왔습니다. 이 수많은 저항과 반항의 물결 속에서 역사는 곤두박질하면서 진행되고 있습니다. 모두가 다 방종의 존재들이 만들어 낸 역사의 비참한 광경들입니다. 성경은 이러한 권위의 실종 상태를 종말의 현상으로 설명하고 있습니다.

오늘 종말의 현상 중에 불행하게도 말세의 징조로 가장 뚜렷하게 나타나는 것은 부모 거역의 풍조가 있을 것이라는 예언입니다.

> "…말세에 고통하는 때가 이르리니 사람들은 자기를 사랑하며 돈을 사랑하며 자긍하며 교만하며 훼방하며 부모를 거역하며 감사치 아니하며 거룩하지 아니하며 무정하며 원통함을 풀지 아니하며 참소하며 절제하지 못하며 사나우며…" (딤후 3:1-3).

지금은 부모의 권위가 더 이상 그 자리를 지킬 수 없는 시대입니다. 형통과 축복이 약속된 부모의 권위있는 자리를 인간은 스스로 깨뜨려 버렸습니다. 부모의 권위를 대신해 돈을 더 사랑하고 부모의 권위를 대신해 자기의 정욕을 요구하며 부모에 대해 원한을 품으며 참소(誣訴)까지

하는 현상이 뚜렷해지고 있습니다. 이러한 현상은 부모의 권위가 약속하신 형통의 축복과 깊게 관련되어 있는 계명임을 비추어 볼 때 후대에 기대할 근거가 실종된 것이나 다름이 없습니다.

부모 공경은 하나님의 권위를 대신해 주는 지고의 무거운 자리입니다. 인간 질서에 가장 핵심이 되는 규범입니다. 부모의 권위가 상실되면 그 국가와 사회는 멸망할 수밖에 없습니다. 권위의 실종 상태는 종말의 현상이며 하나님의 심판이 가까이 왔음을 경고하고 있기 때문입니다.

부모는 언제나 자식의 문제를 떠맡는 권위의 자리입니다. 지금 우리는 권위를 잃어버린 시대와 사회구조 속에서 삽니다. 하나님을 두려워하지 않습니다. 부모의 권위도, 스승의 권위도, 법의 권위도, 대통령의 권위도 두려움의 대상이 아닙니다. 젊은이들은 존경할 대상이 없다고 합니다. 참으로 존경하는 사람이 없어서입니까? 요즈음 TV나 신문에 비치는 청소년들의 심리는 대부분 파괴심리, 노출심리, 자유심리 같은 것들입니다. 기존의 권위나 질서를 벗어나려는 심성이 강하다는 것을 표현해주고 있습니다.

자녀들이 자신의 욕구를 관철시키려 하지, 부모의 권유를 순순히 받아들이지를 않습니다. 견제하고 간섭하고 통제하면 싫증을 느낍니다. 문을 박차고 나가 버립니다. 자기 요구를 들어주는 사람을 찾아 헤맵니다. 그 심리를 이용하여 인기를 끌어 돈을 버는 사람들도 생깁니다.

또 우리 신앙세계에도 마찬가지입니다. 하나님의 권위가 강조되면 싫어합니다. 하나님의 진리의 말씀이 권위를 잃어가고 진리의 색깔이 빛을 잃어가는 시대에 우리는 신앙생활을 하고 있습니다. 예배의 권위적인 분위기를 싫어합니다. 그래서 만들어 낸 것이 열린 예배입니다. 열어주면 인간은 무엇이나 간에 좋아하게 되어 있습니다. 열면 인기가 폭발합니다. 이토록 이미 형성되어 있는 사람들의 욕구를 흡족하게 하는 종교적인 희열과 기쁨을 유도하기 위해서 이제는 영상미디어를 동원하고 예배에 드라마를 삽입하고 여러 가지 찬양과 기도의 기법들을 도입하면서 우리 내면의 욕구들을 분출하기에 이르렀습니다. 하나님의 권위에 무릎을 꿇거나 고개를 숙이게 하는 분위기는 점점 더 사라지는 추세입니다. 이러한 현실은 하나님과의 관계에서 약속된 참 자유라는 차원에서 한번 짚어 봐야 할 문제라 여겨집니다.

아버지의 법이 싫고 아버지의 간섭이 싫어서 탕자는 자기 몫을 챙겨 멀리 타향으로 갔습니다. 자기가 그리워하던 자유의 세계를 찾아 나선 것입니다. 하나님의 법을 떠난 인간에게는 반드시 찾아오는 위기가 있습니다. 우리에게는 중간상태가 없습니다. 신앙생활에서 잠시 쉬는 순간은 휴식하는 정도가 아니라 그 순간이 바로 마귀에게 삼키는 순간입니다. 우리는 끊임없이 하나님의 권위 아래 있기를 결심해야 하는 입장이지 한시라도 나의 의사대로 쉴 수가 없습니다. 우리가 우리 자신을 지킬 수 있는 능력이나 지혜를 갖고 있지 않기 때문입니다. 우리 중 어느 누구라도 누군가의 견제 세력이 필요할 만큼 연약한 존재들임을 잊어서는 안 됩니다.

우리 모두 지난날 죄의 시궁창 속을 허덕이며 살던 죄인이었음을 한시라도 잊지 말아야 합니다. 만민이 기도하는 아버지의 집을 떠나면 곧바로 자연스럽게 육체의 종이 되어 버립니다. 교회의 직분과 사명, 교회가 제공하는 각종 신령한 모임, 성경공부, 기도회 등 모든 모임이 경시되는 풍조는 참으로 위험합니다.

탕자는 가지고 간 재산을 다 탕진하고 말았습니다. 자기 자신이 생각한 대로 자기 인생을 가장 흥미롭게 그리고 다채롭게 즐기며 살리라 생각했지만 가져간 재산을 다 탕진하고 난 후에야 자신의 어리석음을 깨우치기 시작했습니다. 배고파 허기진 창자를 움켜잡고 마지막으로 간 곳이 돼지우리였습니다. 돼지가 먹는 쥐엄 열매를 먹으며 살았습니다. 가장 견디기 힘든 것은 그 동안 작은 아들의 허랑방탕한 생활을 보아 왔던 많은 사람들이 한 푼의 동정도 해주지 않았다는 것입니다. 그토록 극도로 지친 현실에서 돌아오는 것은 조소와 경멸이었습니다. 그때 성경은 탕자의 마음을 이렇게 묘사합니다.

"이에 스스로 돌이켜 가로되 내 아버지에게는 양식이 풍족한 품꾼이 얼마나 많은고 나는 여기서 주려 죽는구나"(눅 15:17) - 문자적으로는 탕자는 그 비참한 지경에서 비로소 그 자신에게로 돌아왔다는 얘깁니다. 자신에게 돌아왔다는 것이 무엇입니까? 아들의 신분으로 돌아왔다는 뜻입니다. 아버지의 집을 떠날 때부터 지금 이 처지에 이르기까지 곰곰이 생각해 보았다는 것입니다. 이렇게 스스로 돌이켜 보았더니 그는 영광스런 아들의 신분을 가진 자요 여기 이토록 돼지와 함께 살아갈 비천한 존재가 아니었음을 깨달았다는 것입니다.

그의 허랑 방탕한 생활을 뉘우치고 회개하고 난 후 결심을 묘사하는 말 "이에 스스로 돌이켜"입니다. 그래서 독백하는 말이 무엇입니까?

"…내 아버지에게는 양식이 풍족한 품꾼이 얼마나 많은고 나는 여기서 주려 죽는구나 내가 일어나 아버지께 가서 이르기를 아버지여 내가 하늘과 아버지께 죄를 얻었사오니 지금부터는 아버지의 아들이라 일컬음을 감당치 못하겠나이다 나를 품꾼의 하나로 보소서 하리라 하고 이에 일어나서 아버지께로 돌아가니라"(눅 15:17-20 상반절).

돌이켜 아버지께로 돌아가리라는 생각이 그가 가지고 간 재물로 허랑 방탕하고 먹고 마실 때에는 일어나지 않더라는 말입니다. 돈이 있을 때 친구들이 모여들 때 형통할 때는 돌이킬 생각이 없었더라는 얘깁니다.

현대에도 모든 재산을 잃고 파산하기까지 스스로 돌이켜 아버지 집으로 들어올 수 없는 현대판 탕자들이 얼마든지 있습니다. 권력이 한순간에, 건강이 홀연히 침몰하기 전까지 하나님께 돌아올 수 없는 사람들이 얼마든지 있습니다.

아버지의 관심은 아들에게 쏠려져 있었습니다. 재물에 있지 않았습니다. 집안의 자존심이나 명예가 문제되지 않았습니다. 아들이 자신의 신분을 바로 깨닫고 집으로 돌아오기만을 기다리고 있었습니다. 아버지는 아들이 떠난 후에도 아들의 지친 모습, 굶주린 창자, 그의 피곤한 영혼을 응시하고 계셨습니다. 언젠가는 돌아올 것이라고 믿고 기다리고 있었습니다. 그리고 저 모퉁이에 돌아오는 한 사람 또 한 사람을 놓치지 않고 응시하면서 문밖에서 기다리고 계셨습니다.

하나님은 우리 각자의 인생을 우리에게 맡겨 주셨습니다. 그 맡기신 인생을 살면서 부딪치는 온갖 색깔의 그난과 역경을 지나가도록 허락하십니다. 이를 통하여 우리가 진심으로 하나님께 돌아오기를 기다리십니다. 스스로 돌이킬 때까지입니다. 가장 아름답고 숭고한 결심과 고백이 우러나는 지점에서 기다리고 계십니다. 그래서 우리에게는 삶이 있고 현실이 있고 하는 삶의 무대가 열려져 있는 것입니다.

하나님은 그리스도 안에서 우리 자산을 대상으로 세상을 간섭하십니다. 현실이란 온갖 종류의 고난과 슬픔이 혁혁한 발자국들로 즐비합니다. 삶의 난관들을 통과하면서 우리는 하나님의 세미한 음성을 듣게 됩니다. "너 있는 곳에서 돌이켜 아버지 집으로 오라"는 것입니다. 아버지의 권위 아래로 돌아와서 아들의 영광스러운 신분을 놓치지 말라고 하는 의와 사랑의 권유입니다. 우리에게 있어서 현실은 비록 고통과 슬픔일지라도 아버지의 품으로 돌아갈 기회라는 뜻에서 아름답고 보배로운 가치들이 아닐 수 없습니다.

"수고하고 무거운 짐 진 자들아 다 내게로 오라 내가 너희를 쉬게 하리라"(마 11 : 28).

이는 평화와 안식을 준비해 놓으시고 초청하시는 도전적인 말씀이 아닐 수가 없습니다. 행복은 저 멀리 있지 않습니다. 우리 안에, 우리 가정 안에, 우리 교회와 사회 안에 있습니다. 비록 가난과 역경이 있을지라도 이 경제위기와 사회 각 방면에서 파국 현상이 있을지라도 그래도 하나님은 우리 자신과 가정 그리고 교회와 우리나라를 버리지 아니하시고 복을 주시려고 잠시 고난에 처하게 하신 줄로 압니다.

● ● ● ● ● ● ● ● ●

하나님의 권위를 존중히 여기는 곳에 형통의 복이 약속되어 있다는 것을, 변치 않는 진리로 굳히는 각성이 절실하게 요청되는 시대입니다. 부모의 권위, 사회 각 분야에 주어진 권위를 회복할 때에 온전한 자유와 평강이 이룩될 것입니다. 무엇보다도 반드시 기억해야 할 것은 참 자유입니다.

"예수께서 이르시되 너희가 내말에 거하면 참 내 제자가 되고 진리를 알지니 진리가 너희를 자유케 하리라"라는 진리의 말씀 앞에 숙연히 고개 숙이고 무릎 꿇을 때에야 비로소 참 자유하게 하시는 행복과 감동 어린 생애가 우리에게 보장될 것입니다.

거짓의 아비와 그 아들들

(요 8:37-59)

"나도 너희가 아브라함의 자손인 줄 아노라
그러나 내 말이 너희 속에 있을 곳이 없으므로 나를 죽이려 하는도다 나는
내 아버지에게서 본 것을 말하고 너희는 너희 아비에게서 들은 것을 행하느니라 대답하여
가로되 우리 아버지는 아브라함이라 하니 예수께서 가라사대 너희가 아브라함의 자손이면
아브라함의 행사를 할 것이어늘 지금 하나님께 들은 진리를 너희에게 말한 사람인 나를
죽이려 하는도다 아브라함은 이렇게 하지 아니하였느니라 너희는 너희 아비의 행사를
하는도다 대답하되 우리가 음란한 데서 나지 아니하였고 아버지는 한 분뿐이시니
곧 하나님이시로다 예수께서 가라사대 하나님이 너희 아버지였으면
너희가 나를 사랑하였으리니 이는 내가 하나님께로 나서 왔음이라 나는 스스로 온 것이
아니요 아버지께서 나를 보내신 것이니라 어찌하여 내 말을 깨닫지 못하느냐 이는 내 말을
들을 줄 알지 못함이로다 너희는 너희 아비 마귀에게서 났으니 너희 아비의 욕심을 너희도
행하고자 하느니라 저는 처음부터 살인한 자요 진리가 그 속에 없으므로 진리에 서지
못하고 거짓을 말할 때마다 제 것으로 말하나니 이는 저가 거짓말쟁이요 거짓의 아비가
되었음이니라 내가 진리를 말하므로 너희가 나를 믿지 아니하는도다 너희 중에 누가 나를
죄로 책잡겠느냐 내가 진리를 말하매 어찌하여 나를 믿지 아니하느냐 하나님께 속한 자는
하나님의 말씀을 듣나니 너희가 듣지 아니함은 하나님께 속하지 아니하였음이로다 유대인들
이 대답하여 가로되 우리가 너를 사마리아 사람이라 또는 귀신이 들렸다 하는 말이 옳지
아니하냐 예수께서 대답하시되 나는 귀신 들린 것이 아니라 오직 내 아버지를 공경함이어늘
너희가 나를 무시하는도다 나는 내 영광을 구치 아니하나 구하고 판단하시는 이가 계시니라
진실로 진실로 너희에게 이르노니 사람이 내 말을 지키면 죽음을 영원히 보지 아니하리라
유대인들이 가로되 지금 네가 귀신 들린 줄을 아노라 아브라함과 선지자들도 죽었거늘
네 말은 사람이 내 말을 지키면 죽음을 영원히 맛보지 아니하리라 하니 너는 이미 죽은
우리 조상 아브라함 보다 크냐 또 선지자들도 죽었거늘 너는 너를 누구라 하느냐
예수께서 대답하시되 내가 내게 영광을 돌리면 내 영광이 아무것도 아니어니와 내게 영광을
돌리시는 이는 내 아버지시니 곧 너희가 너희 하나님이라 칭하는 그이시라 너희는 그를
알지 못하되 나는 아노니 만일 내가 알지 못한다 하면 나도 너희 같이 거짓말쟁이가 되리라
나는 그를 알고 또 그의 말씀을 지키노라 너희 조상 아브라함은 나의 때 볼 것을
즐거워하다가 보고 기뻐하였느니라 유대인들이 가로되 네가 아직 오십도 못 되었는데
아브라함을 보았느냐 예수께서 가라사대 진실로 진실로 너희에게 이르노니
아브라함이 나기 전부터 내가 있느니라 하시니 저희가 돌을 들어 치려 하거늘
여수께서 숨어 성전에서 나가시니라"

간음하다가 붙잡혀 온 여인의 문제를 중심으로 예수님은 계속해서 바리새인들과 서기관들과의 변론을 이어가고 있습니다.

32절, "진리를 알지니 진리가 너희를 자유케 하리라," 37절과 38절, "나도 너희가 아브라함의 자손인 줄을 아노라 그러나 내 말이 너희 속에 있을 곳이 없으므로 나를 죽이려 하는도다 나는 내 아버지에게서 본 것을 말하고 너희는 너희 아비에게서 들은 것을 행하느니라" 고 말씀하셨더니 유대인이 무엇이라고 합니까?

39절에서는 "우리 아버지는 아브라함이라"고 합니다. 이에 예수님은 이런 반론을 펼치십니다. 39절과 40절, "너희가 아브라함의 자손이면 아브라함의 행사를 할 것이어늘 지금 하나님께 들은 진리를 너희에게 말한 사람인 나를 죽이려 하는도다 아브라함은 이렇게 하지 아니하였느니라"라고 말씀하십니다.

그리고 유대인들의 마음을 가장 아프게 찌르는 말씀, 41절 상반절 말씀입니다. "너희는 너희 아비의 행사를 하는도다" 다시 말하면 분명히 너희에게는 다른 아비가 있다고 지적합니다.

이에 대한 유대인들의 반응은 율법의 정통으로 돌아가 자신들의 정당성을 주장합니다.

"우리가 음란한데서 나지 아니하였고, 아버지는 한 분 뿐이시니 곧 하나님이시로다."(요 8 : 41 하반절).

죄인의 모습이 지금 어떻습니까? 죄인들은 끝없이 자기를 보호하며 자기를 변명하고 있습니다. 죄를 지적하시는 날카로운 말씀 앞에서 뭐라고 합니까? 우리가 음란한 곳에서 나지 아니하였다고 합니다. 그리고 "아버지는 한 분 뿐이시니 곧 하나님이시로다"라고 합니다.

주제넘게도 하나님을 한 분으로 그리고 아버지로 고백하고 있습니다. 지금 예수님을 책잡으려고 율법이냐 사랑이냐 라는 난제를 가지고 간음하다가 붙잡힌 한 여인을 데리고 온 자들입니다. 그 깊은 곳에 살인 의도가 있습니다. 그럼에도 불구하고 죄를 지적하자 "우리가 음란한 곳에서 나지 아니하였다"고 변명하기에 바쁩니다. "아버지는 한 분 뿐이시니 곧 하나님이시로다" 하고 인간은 자기 보호본능을 가지고 살아갑니다. 곧 자존심입니다. 자기 자신에게 노예가 된 상태를 말합니다. 모든 속박으로부터 풀려 나와서 자신의 욕망을 채우고 열등감을 없애 주는 위선을 갖고 싶어 합니다. 마침내 자기를 가장하여 하나님마저도 자기 앞에 무릎 꿇게 하고 싶은 욕망을 갖고 삽니다. 이토록 끝없이 자신의 정당함을 옹호하려는 자존심, 이것이 곧 죄입니다.

앞에서 언급한 것처럼 기독교와 타종교와의 차이점은 무엇입니까? 타종교는 일반적으로 자기계발이며 자기치장입니다. 자기 자신을 버리지 못합니다. 기존의 자신이 갖고 있는 가치를 잘 갈고 닦으면 드디어 신의 경지, 해탈까지 이르게 됩니다. 그들은 제 3의 힘을 요청하지 않습니다. 도와 달라는 구차한 얘기가 없습니다. 구원을 요구할 대상이 없기 때문입니다. 오직 자기 자신을 계발할 뿐입니다. 이는 자기가 하나님이 되고 싶어 하나님의 품을 떠난 인간의 본성으로 더 이상 꺾여질 수 없는 자존심의 존재입니다.

그러나 기독교는 모든 인간은 죄와 허물로 죽어 있는 무익한 존재일 뿐 아니라 본질상 하나님의 진노 아래 있다는 것을 지적하고 회개를 요구합니다. 이렇게 하나님 앞에서 정죄받은 존재들임을 아는 자리에서 드디어 하나님께 구원의 도움을 구하는 것이 신앙입니다. 나 자신의 절망을 알고 비참함을 아는 자가 마침내 하나님의 긍휼과 인자와 자비를 한없이 갈망하게 됩니다. 그래서 성경은 심령이 가난한 자, 애통한 자, 의에 주리고 목말라 하는 자를 요구합니다.

우리는 스스로 깨우칠 힘도 없는 무지한 존재들이요, 자유를 외치지마는 그 자유도 결국 죄에 대한 자유일 수밖에 없는 이기심의 존재들입니다. 우리의 진실, 양심이나 자유도 결국 우리의 선택으로는 하나님으로부터 떨어져 나가고자 하는 것들입니다. 하나님의 권위를 파괴하는 것들입니다. 하나님의 속박으로부터의 자유, 하나님 없이 진실하고자 하는 자유입니다. 하나님을 제외시켜 놓고 인간의 깊은 곳에 도사리고 있는 자기 양심을 최고의 선으로 선언하고자 합니다. 결국 인간 그대로라면 어디에 대한 진실이며 어디에 대한 양심입니까? 다 죄에 대한 것들일 수밖에 없다는 것이 성경의 날카로운 지적입니다.

우리는 죄 아래 있는 것이 자유롭고 하나님 밑에 있는 것이 훨씬 불편한 존재입니다. 죄의 본능이 그렇습니다. 인간의 본능은 하나님으로부터의 독립이며 분리이고 하나님에 대하여 항거하는 성격을 갖습니다. 하나님은 이스라엘을 향하여 "목이 곧고 패역한 백성"이라고 안타까워 하셨습니다. 무슨 뜻입니까? 순종을 거부한다는 뜻입니다. 사탄의 편에서 하나님을 항거합니다. 권위를 싫어하는 습성을 가지고 있습니다. 곧 하나님의 자리에서 자유하기를 바랍니다. 자기 유익을 위해서 모두가 다 자기편을 들어주기를 바라는 신의 위치에 가고 싶어 합니다. 이러한 죄의 속성으로 자유하고자 하는 자, 이것이 얼마나 큰 죄인 줄을 인간들은 모릅니다.

사탄의 시험은 어떻게 해서라도 하나님께로부터 우리를 독립시키고자 유혹합니다. 그 전략이 하나님의 속박으로부터 풀려나게 하는 것입니다. 자유를 상급으로 거는 미끼를 던지는 것입니다. 신앙에 있어서 올무는 언제나 우리의 속성인 합리성, 논리성, 윤리성을 가지고 접근하는 데 있습니다. 사탄은 언제나 사람들 앞에서 떳떳함을 놓고 싸우도록 자극합니다. 하늘을 향하여 한점 부끄러움이 없다는 사실을 가장 아름다운 정당성으로 자기를 옹호하게 합니다. 자신의 행위를 옹호하고 정당화하는 최선의 방법으로 사회성, 논리성, 윤리성, 합리성을 동원합니다. 인간은 참으로 부끄러움을 못 참고 자결할망정 자존심이 상하면 견디지 못하는 성질을 가지고 있습니다.

죄가 없다는 것은 단순히 죄를 짓지 않는 것이 아닙니다. 하나님께 속하여 살지 아니하면 죄로 가지 않을 수 없습니다. 다시 말하면 하나님께 속한 자로서 하나님의 요구 아래로 들어와서 순종의 성품으로 사느냐, 아니냐 하는 문제입니다. 그에게 하나님이 안 계시면 아무리 정당하게 살아도 죄를 짓고 있는 중이며 아무리 사랑하고 숭고하게 살아도 하나님이 안 계시면 죄의 길을 가고 있는 것입니다.

죄는 하나님을 떠난 상태입니다. 하나님께 속했으면 그는 어떤 경우에라도 정죄함을 받지 않습니다. 죄를 지어도 괜찮다는 것이 아니라 죄를 돌이키게 하시는 간섭이 있기 때문에 하나님의 자녀의 신분으로 산다는 것입니다. 즉, 하나님이 사랑하시는 대상으로서 잘못에 대하여 사랑의 간섭 아래 존재하는 신분이라는 것입니다. 자녀는 아버지에 대하여 자존심 싸움을 하지 않습니다. 아버지의 사랑의 손길에 감동할 따름입니다.

여기 바리새인들과 서기관들은 그 자존심으로 항복을 거역합니다. 예수님의 결론은 이것입니다. 44절, '너희는 너희 아비 마귀에게서 났으니 너희 아비의 욕심을 너희도 행하고자 하느니라" 이와 같이 그들은 처음부터 안 믿기로 되어 있던 자들입니다. 뿌리가 불신이요, 근거가 욕심입니다. 마귀의 속성으로 훈련되어 있고, 그 정욕과 이기심 그리고 자존심으로 굳어져 있습니다. 44 하반절, "저는 처음부터 살인한 자요 진리가 그 속에 없으므로 진리에 서지 못하고 거짓을 말할 때마다 제 것으로 말하나니 이는 저가 거짓말쟁이요 거짓의 아비가 되었음이라" 이렇듯 신분적으로 너희 아비가 마귀라는 것입니다.

마귀는 본질적으로 살인자입니다. 미움, 시기, 질투, 증오, 대립, 분당을 짓는 싸움, 살인, 이 모두가 다 마귀의 속성에서 비롯된 것들입니다. 마귀는 근본적으로 거짓말쟁이입니다. 진리에 서지 못합니다. 언제나 어두움과 음침한 것을 자극합니다. 오늘 우리를 즐겁게 하는 TV 오락들을 보십시오. 그 속에 무슨 심리를 자극하고 있습니까? 함정을 만

들어 놓고 넘어지게 하고 자기의 계략에 넘어지는 것을 쾌락으로 삼습
니다. 바둑, 장기, 오락 게임들 모두가 결국 속임수를 사용합니다. 그것
을 즐거워하는 것입니다.

예수님의 무서운 말씀, 45절에서 47절입니다.

> "내가 진리를 말함으로 너희가 나를 믿지 아니하는도다 너희 중에 누가
> 나를 책잡겠느냐… 하나님께 속한 자는 하나님의 말씀을 듣나니 너희가
> 듣지 아니함은 하나님께 속하지 아니하였음이로다"(요 8 : 45 - 47).

신앙이란 내가 얼마나 선하냐 의로우냐의 싸움이 아닙니다. 하나님
께 속하였느냐 아니냐 하는 소속에 관한 문제입니다. 하나님의 말씀을
듣고 행하는 자가 복이 있다고 했습니다. 지금 예수님은 하나님을 나의
대장으로 나를 기꺼이 그분의 신하로 바치며 하나님을 주인으로 나는
그 종으로 나의 자리를 드리느냐의 문제를 가지고 유대인들을 질책하
고 있습니다. 이에 대해 유대인들의 격분이 극에 달하고 있습니다.

> "우리가 너를 사마리아 사람이라 또는 귀신이 들렸다 하는 말이 옳지 아
> 니하냐"(요 8 : 48).

여기 유대인들이 예수님을 사마리아 사람이라고 한 것은 원문의 뜻에
의하면 부정한 사람, 마귀의 자식이라는 것입니다. 지금 누가 누구를 보
고 마귀의 자식이라고 합니까? 누가 누구를 보고 귀신들렸다고 합니까?
귀신들린 사람의 특징은 자기 자신이 미쳐있음을 모른다는 데 있습니
다. 분별력이 없습니다. 미친 사람의 눈에는 옷을 입고 다니는 것, 그러
한 일상적인 일들이 오히려 거북스럽고 거추장스럽게 보인다고 합니다.

세상은 죄인들이 모여 살기에는 좋은 곳입니다. 죄인들이 자기 멋대
로 즐기는 곳입니다. 그래도 죄가 드러나지 않습니다. 분별력이 없이 다

한편이기 때문입니다. 법이나 윤리가 있지만 그 정욕과 쾌락을 통제할 힘이 없습니다. 내가 주인이 되어 살아가는 세상이요, 내 자존심대로 나의 것으로 나의 마음대로 행사할 수 있는 무대가 곧 세상입니다. 그것을 정상이라고 우기고 있습니다.

이 세상의 안목에서 보면 지금 예수를 믿는 것이 비정상으로 보일 수밖에 없습니다. 그렇게 우리의 행위를 미친 사람의 것으로 매도하고 있습니다. 새벽마다 회개의 눈물을 흘리고 밥을 굶으면서도 감사하고 죽어가면서도 찬송하는 사람들입니다. 나의 이익과 관계없이 이웃과 조국을 위하여 안타까워 애통해 합니다. 또한, 하나님의 영광에 손상이 갈까봐 조바심합니다.

우리는 법을 어기거나 질서를 문란케 하여 저들에게 책잡힐 일을 하지 말아야 합니다. 그렇지 않아도 우리를 미친 사람으로 보고, 부정한 사람으로 매도하려 하기 때문입니다. 오늘 우리는 모든 것에서 정당해야 합니다. 예수님 때문에 마귀의 자식들로부터 미쳤다는 소리를 들을 수 있다면 오히려 행복합니다. 오히려 예수님의 흔적을 내 몸에 지닌 격이므로 영광스러운 일이 아닐 수 없습니다. 베드로를 비롯하여 사도들은 오순절 성령 강림하실 때 사람들로부터 새술에 취했다고 욕을 먹었습니다. 예수 믿는 것 때문에 듣는 욕은 들을 만한 가치가 있습니다. 예수님도 들으셨던 욕입니다.

● ● ● ● ● ● ● ● ● ●

주일을 지키고 원수를 사랑하고 용납하고 섬기고 희생하는 삶을 보고 누가 미쳤다하거든 여러분 기꺼이 기뻐하시고 용서하시고 저를 위하여 축복을 빌어 주십시오. 예수님드 진리를 말씀하시므로 부정한 사람, 귀신들린 사람으로 욕을 당하셨습니다.

예수님 때문에 당하는 억울함, 그리고 조롱과 멸시와 천대, 이 모든 것들은 마지막 날에 그리스도의 흔적으로 평가되어 신령한 상급으로

주어질 날을 약속 받고 있습니다. 예수 안에서 이 진리와 생명의 길을
가고 있는 오늘 하루도 하나님의 영광과 함께 하나님이 보장해 주시는
영원한 생명의 풍성함을 누리는 날이 되기를 바랍니다.

제 9장
환희로 만나는 예수 그리스도

눈을 뜨게 된 자

(요 9:1-12)

> "예수께서 길 가실 때에 날 때부터 소경된 사람을 보신지라
> 제자들이 물어 가로되 랍비여 이 사람이 소경으로 난 것이 뉘 죄로 인함이오니이까
> 자기오니이까 그 부모오니이까 예수께서 대답하시되 이 사람이나 그 부모가 죄를 범한
> 것이 아니라 그에게서 하나님의 하시는 일을 나타내고자 하심이니라 때가 아직 낮이매
> 나를 보내신 이의 일을 우리가 하여야 하리라 밤이 오리니 그 때는 아무도 일할 수 없느니라
> 내가 세상에 있는 동안에는 세상의 빛이로라 이 말씀을 하시고 땅에 침을 뱉아 진흙을
> 이겨 그의 눈에 바르시고 이르시되 실로암 못에 가서 씻으라 하시니 (실로암은 번역하면
> 보냄을 받았다는 뜻이라) 이에 가서 씻고 밝은 눈으로 왔더라 이웃 사람들과 및 전에
> 저가 걸인인 것을 보았던 사람들이 가로되 이는 앉아서 구걸하던 자가 아니냐
> 혹은 그 사람이라 하며 혹은 아니라 그와 비슷하다 하거늘 제 말은 내가 그로라 하니 저희가
> 묻되 그러면 네 눈이 어떻게 떠졌느냐 대답하되 예수라 하는 그 사람이 진흙을 이겨
> 내 눈에 바르고 나더러 실로암에 가서 씻으라 하기에 가서 씻었더니 보게 되었노라
> 저희가 가로되 그가 어디 있느냐 가로되 알지 못하노라 하니라"

9장의 내용은 8장에서 나타난 사건을 배경으로 전개되는 이야기입니다.

"예수께서 길 가실 때에 날 때부터 소경된 사람을 보신지라" (요 9:1).

예수님은 유대인의 명절인 초막절에 예루살렘으로 올라와서 성전에서 가르치셨고 어느 날 간음하다가 현장에서 붙잡혀 온 여자를 구원해 주신 사건으로 유대인들과 언쟁이 일어나고 급기야는 격분에 못이긴 유대인들이 돌을 들어 치려함으로써 예수님은 몸을 숨기시고 예루살렘

을 떠나가시게 됩니다. 율법에 의하여 죽기로 된 사람을 구원해 주신 예수님이 바로 유대인들이 대망하고 있던 메시아임을 전혀 깨닫지 못하는 자들의 이러한 무지함과 거짓됨을 지적해주자 저들이 회개하는 것이 아니라 오히려 돌을 들고 치려하였다는 것이 8장의 내용입니다.

아직도 예수님은 예루살렘을 떠나지 않으신 것처럼 보입니다. 성전을 떠나 몸을 숨기기는 하였으나 예루살렘에 머물러 있던 중에 어느 날 길을 가시다가 날 때부터 소경된 자를 만나시게 됩니다. 길을 가시다가 날 때부터 소경된 사람을 등장시키면서 성경은 무엇을 얘기하고 싶은가 하는 것이 우리의 관심사가 아닐 수 없습니다. 장님이 예수님의 기적으로 보게 됨으로 행복을 누리게 되었다는 것이 주제가 아닙니다. 하나님께서 그리스도를 왜 보내셨는가를 잘 설명해 주는 대표적인 사건으로 날 때부터 소경된 자를 등장시킨 것입니다.

날 때부터 소경된 자, 그는 처음부터 아무것도 보지 못했던 자입니다. 그는 빛이 무엇인지 어두움이 어떤 것이지를 모르는 상태에서 삽니다. 다시 말하면 빛과 어두움에 대한 개념이 없습니다. 색깔을 분별할 감각이나 표준이 없는 상태에서 삽니다. 그에게는 안 보이는 것이 정상입니다. 어두움이 생활이요, 습관인 상태에서 눈을 뜨고 다니는 사람처럼 답답하거나 불행하지를 않습니다.

이제 예수님이 날 때부터 소경된 사람을 고쳐 주셨습니다. 우리가 여기서 주의 깊게 보아야 할 점은 복음서의 기록 중 예수님이 선천적인 병을 고쳐 준 이적으로는 유일하다는 것입니다. 그는 날 때부터 소경이었습니다. 누구나 다 알고 있는 선천적으로 소경이었습니다. 회복을 기대할 수 있는 일시적인 장애 현상이 아닙니다. 날 때부터 소경인 것은 마치 인류의 죄와 같은 현상입니다. 소경의 특징은 그 자신이 스스로 소경인 줄 모른다는 것입니다. 마치 인간이 나면서부터 하나님 앞에서 죄인인 줄을 모르는 것과 같습니다.

이 표적은 8장의 내용을 근거하여 도입된 것임을 눈여겨봐야 합니다. 8장은 인간이 얼마나 죄인인가를 고발하는 사건으로서 간음한 여자의 이야기를 들려주고 있습니다. 예수님이 돌을 들고 치려고 하는 자들을 향하여 8장 7절 말씀, "죄 없는 자가 돌로 치라" 하셨더니 모두들 양심의 가책을 받아 도망쳐 버렸습니다. 율법에 따라 범죄한 한 여자를 죽이려는 자들이 다 물러간 후 주님이 하신 말씀이 요한복음의 주제입니다.

"나는 세상의 빛이니 나를 따르는 자는 어두움에 다니지 아니하고 생명의 빛을 얻으리라"(요 8:12).

어두움만 아는 자들에게 빛을 비추었더니 빛을 따라 오는 것이 아니라 오히려 빛을 꺼버리려고 더욱 악해집니다. 예수님은 이제까지 유대인들을 향하여 너희들은 아브라함의 자손이 아니라 마귀의 자식이며 거짓의 아비에게서 났다고 지적하셨습니다. 그 지적에 저들이 예수님을 향하여 네가 오히려 귀신들린 자라고 반박하면서 대듭니다. 이때 예수님이 아브라함은 나를 기다리며 나를 고대하며 기뻐하였노라 하였더니 드디어 저들은 돌을 들고 예수님을 치려고 덤벼들었습니다.

8장 59절 말씀, "저희가 돌을 들어 치려 하거늘 예수께서 숨어 성전에서 나가시니라"로 끝맺습니다. 이러한 상황이 배경이 되어서 소경이 눈뜨는 표적으로 진행되게 됩니다.

요한복음의 시작에서 예수님의 행적을 전제로 말씀한 것을 기억할 필요가 있습니다. 요한복음 1장 5절입니다. "빛이 어두움에 비취되 어두움이 깨닫지 못하더라" 그리고 10절, 11절 말씀, "그가 세상에 계셨으며 세상은 그로 말미암아 지은 바 되었으되 세상이 그를 알지 못하였고 자기 땅에 오매 자기 백성이 영접지 아니하였으니" 이것이 요한복음의 대전제로서 복음서의 사건이 펼쳐지고 있습니다. 빛이 오매 어두움이 혼돈을 일으켜 빛을 싫어하여 빛을 꺼버렸다는 것입니다. 이것이 십자가의 사건입니다. 아울러 요한복음 8장의 결론도 생명의 빛을 얻으리라 말씀하셨습니다. 이 생명의 빛을 어두움에 비추었더니 생명의 빛을 따라 어두움을 청산하고 주님을 따르려 한 것이 아니라 빛을 끄려고 주님을 죽이려고 했다는 것이 골자입니다.

복음서의 내용은 예수께서 오셔서 구원을 설명하고 수많은 기적과 권세가 있는 말씀으로 설득하려 하였지만 이 진리와 생명의 역사가 얼마나 반대에 부딪혔으며 사람들로부터 조롱과 배척을 받았는가를 설명해주고 있습니다. 그래서 주님은 처음부터 대속물로 그 몸을 주려고 오셨고, 십자가의 대속물로 자기 자신을 못 박게 하시려고 오셨습니다. 그 방법 이외에는 구원의 길이 없었던 것입니다. 십자가만큼 인간이 얼마나 하나님에 대하여 죄인이며 무능하며 무지하며 죽어 있는 시체와 같은 존재인가를 확인시켜 주는 표상입니다.

인간은 구원문제에 대하여 호의적이거나 적극적인 반응을 보인 적이 없습니다. 그토록 반대하고 배척하고 심지어 돌을 들고 죽이려고까지 했습니다. 그러나 기억해야 할 것은 그 반대와 적개심에도 불구하고 하나님은 저들을 버리지 아니하시고 예수 그리스도 안에서 계획하신 구원을 반드시 성취시키신다는 것이 본문의 내용입니다.

이제 본문의 시작은 이렇게 전개됩니다. 1절, "예수께서 길 가실 때에 날 때부터 소경된 사람을 보신지라" – 유대인들의 반대에 부딪쳐 몸을 피하시는 길에서 그 반대에도 불구하고 소경된 자가 등장된 것은 그의 눈을 뜨게 해주심으로써 처음부터 계획하신 구원의 역사를 반드시 이루시겠다는 것을 보여주시는 장면입니다.

날 때부터 소경된 자가 예수님을 보자 구원을 요청하지 않습니다. 구원을 요청할 눈이 없습니다. 지혜가 없고 능력이 없습니다. 어두움이 불편하지 않고 빛이 무엇인지를 알지 못하는 자입니다. 인간은 이토록 구원에 대한 개념이 없습니다.

인간은 자기에게 죄를 지적하거나 약점을 말하면 죽일 듯이 덤벼듭니다, 그대로 놓아두면 자기 욕심껏 잘 먹고 잘 살뿐입니다. 결국 정욕의 길을 가게 됩니다. 처음부터 소경이기에 진정으로 필요한 것이 무엇인지 모릅니다. 이토록 영적으로 무지하고 죽어 있는 어두움의 존재인 것입니다.

우리는 모두 죄와 허물로 죽었던 자들입니다. 생명에 대한 감각이나 구원의 필요성에 대하여 느낌마저도 없었습니다. 우리 모두가 다 날 때부터 소경된 자였습니다. 우리 스스로 구원을 요청한 사실도 없었고 스스로 회개한 자도 없었고 스스로 믿기로 결심한 자도 없었습니다. 만일 여기 누구든지 내가 믿었다, 내가 회개했다, 눈물을 흘렸다, 내가 마음 문을 열고 주를 영접하였다, 그렇게 믿는다면 하나님이 친히 아들을 보내사 십자가에 죄의 값을 지불하시고 성령께서 각 사람의 심령의 귀를 열어 주어 듣게 하심으로 우리가 얼마나 죄인인가를 깨닫게 하신 결과로 이루어진 구원의 은혜를 헛되게 하는 소치가 됩니다.

우리가 하나님을 찾아 나설 수가 없었던 소경이었습니다. 하나님께서 내게 찾아오셔서 만나 주셨습니다. 그 결과로 내가 눈을 뜨게 된 것입니다. 이렇게 복잡한 이야기를 줄여서 내가 믿었다, 내가 영접하였다, 내가 회개하였다고 표현할 뿐입니다.

"제자들이 물어 가로되 랍비여 이 사람이 소경으로 난 것이 뉘 죄로 인함이오니이까 자기오니이까 그 부모오니이까 예수께서 대답하시되 이 사람이나 그 부모가 죄를 범한 것이 아니라 그에게서 하나님이 하신 일을 나타내고자 하심이니라"(요 9 : 2, 3).

병들어 죽는 것, 소경된 것, 벙어리 되는 것 이 모두가 하나님이 하시는 일을 나타내고자 함이라고 설명하고 있습니다. 그렇다면 하나님께서 일부러 어떤 사람을 병들게 해놓고 영광을 받으시고자 그 병을 고치시는 것으로 오해할 수 있는 대목입니다. 이 말씀 그대로 본다면 하나님 자신을 증명하기 위해서 한 사람을 병들게 하고, 눈멀게 했다는 것으로 병 주고 약주는 식의 오해를 할 가능성이 있는 내용입니다.

그러나 우리가 반드시 명심해야 할 것은 소경되거나 병들거나 죽거나 하는 것은 죄를 범한 인간들이 하나님을 등지고 자기 욕심대로 도망쳐 나와서 생기는 죄의 부작용들입니다. 이는 인류의 공통된 고통이요, 죄의 파편들입니다. 죄를 범한 인간이 하나님과의 관계가 끊어지자 죽음과 저주 아래 갇힌바 되어 온갖 질병과 탄식 아래 놓이게 된 것입니다. 이는 개별적으로 이 병 저 병을 주신 것이 아니라 죄를 지은 인간이 누구나 겪어야 되는 공통된 비극이요, 저주입니다. 우리는 어느 누구라도 병들었다고 불평할 수가 없습니다. 아니 죽는다 해도 할 말이 없는 존재입니다. 변명할 여지가 없는 죄인입니다. 날 때부터 죄인이요, 죄의 파편으로 생겨난 온갖 질병과 싸우다 죽는 것이 정상인 사람들입니다.

그렇다고 해서 하나님께서는 이 죄를 죄대로 갚으시며 죄의 참혹함을 그대로 방치해두신 적이 한 번도 없으십니다. 죄를 범한 인간을 에덴 동산에서 형벌을 내리시고 낙원으로부터 추방하셨지만 반드시 기억해야 할 것은 동시에 죄 사함의 길, 구원의 길을 보이시며 예수 그리스도를 예표해주신 이도 역시 하나님이셨다는 사실입니다. 죄를 지은 인간이 그 추방당한 자리에서 두려워 떨고 있음을 염려하시며 위로해주신 이도 역시 하나님이셨다는 것입니다.

홍수로 인간을 심판할 때도 노아와 그 여덟 식구들이 구원을 받았습니다. 오늘 우리는 노아의 8식구에 속한 영적 나라의 사람들입니다. 소돔과 고모라의 멸망 속에서도 롯의 가족은 구원을 받았습니다. 성경상의 사건들은 인류 역사 앞에 꺼내 놓으신 죄에 대한 하나님의 채찍이요, 교훈이지 형벌 그대로 집행하신 적은 한 번도 없었습니다. 그러나 죄를 죄대로 따져서 하나님의 공의대로 가감 없이 갚으신 것은 단 한 번, 십자가의 사건뿐입니다.

우리는 누구나 날 때부터 소경된 자요, 병들어 죽게 되어 있는 운명에 처한 죄인들입니다. 소경이 정상인 존재요, 죽음과 저주로 한계가 있는 자들입니다. 우리는 문제를 안고 있지, 이를 해결하지 못하고 있습니다. 문제 자체를 이해할 뿐이지 근본적인 해결을 찾지 못합니다. 병이 들면 병균이 들어와서 아픈 것이고 피로하다면 신경성이라고 합니다. 약을 먹거나 병원에서 수술을 받으면 낫습니다. 이 정도의 지식을 갖고 있습니다.

그러나 묻어 두고 지나가는 것이 얼마나 많습니까? 약을 먹었는데도 낫지 않는 이유를 우리는 모릅니다. 수술을 했는데도 죽기도 합니다. 모든 안전 점검을 했는데도 비행기가 추락합니다. 갑자기 불이 나고 우박이 쏟아지고 홍수가 나고 전쟁이 일어나고 경지 공항이 불어 닥치고 교통사고가 나고 하룻밤 사이에 상상을 초월하는 사건으로 사람들이 죽어갑니다.

우리는 이 모든 세상의 사건들에 대하여 분석할 재능이 있을지는 모르지만 근본적으로 해결할 방책을 갖고 있지는 않습니다. 우리는 왜 이 소경이 생겼는지 모릅니다. 죄와 형벌이 무엇이며 이 죄를 회개하는 지식이 무엇인지 전혀 모릅니다.

●●●●●●●●●●

"예수께서 대답하시되 이 사람이나 그 부모가 죄를 범한 것이 아니라 그에게서 하나님의 하시는 일을 나타내고자 하심이니라"(요 9 : 3).

그런데 이 일의 시작을 아시고 과정을 아시고, 결과를 아시는 분이 계십니다. 그가 예수 그리스도이십니다. 하나님께서 행하시는 일이 예수님을 통하여 우리 목전에서 펼쳐지고 있습니다. 우리는 예수 그리스도 안에서 인생의 시작을 알고 성령의 거듭나는 역사를 알고, 하늘나라

에 대하여 눈을 떠서 하나님의 영광을 알고 이 일생의 과정이 어떻게 끝
나는지를 아는 자들입니다.

이 영광의 지식은 눈을 뜬 자만이 갖는 기쁨과 감격이 아닐 수 없습
니다. 신앙은 눈을 뜨게 해주신 자, 하나님을 영화롭게 하며 그 분의 뜻
을 따르는 것을 삶의 마땅한 본분으로 삼아 사는 것입니다.

(요 9:1-12)

"예수께서 길 가실 때에 날 대부터 소경된 사람을 보신지라 제자들이 물어 가로되 랍비여 이 사람이 소경으로 난 것이 뉘 죄로 인함이오니이까 자기오니이까 그 부모오니이까 예수께서 대답하시되 이 사람이나 그 부모가 죄를 범한 것이 아니라 그에게서 하나님의 하시는 일을 나타내고자 하심이니라 때가 아직 낮이매 나를 보내신 이의 일을 우리가 하여야 하리라 밤이 오리니 그 때는 아무도 일할 수 없느니라 내가 세상에 있는 동안에는 세상의 빛이로라 이 말씀을 하시고 땅에 침을 뱉아 진흙을 이겨 그의 눈에 바르시고 이르시되 실로암 못에 가서 씻으라 하시니 (실로암은 번역하면 보냄을 받았다는 뜻이라) 이에 가서 씻고 밝은 눈으로 왔더라 이웃 사람들과 및 전에 저가 걸인인 것을 보았던 사람들이 가로되 이는 앉아서 구걸하던 자가 아니냐 혹은 그 사람이라 하며 혹은 아니라 그와 비슷하다 하거늘 제 말은 내가 그로라 하니 저희가 묻되 그러면 네 눈이 어떻게 떠졌느냐 대답하되 예수라 하는 그 사람이 진흙을 이겨 내 눈에 바르고 나더러 실로암에 가서 씻으라 하기에 가서 씻었더니 보게 되었노라 저희가 가로되 그가 어디 있느냐 가로되 알지 못하노라 하니라"

"제자들이 물어 가로되 랍비여 이 사람이 소경으로 난 것이 뉘 죄로 인함이오니이까 자기오니이까 그의 부모오니이까 예수께서 대답하시되 이 사람이나 그 부모가 죄를 범한 것이 아니라 그에게서 하나님이 하시는 일을 나타내고자 하심이니라"(요 9 : 2, 3).

앞에서 우리는 이 본문을 통하여 어느 누구 한사람의 잘못을 인해서 병이 특별히 온 것이 아니라는 사실을 배웠습니다. 소경되거나 병들거나 죽거나 하는 것은 죄를 범한 인간들이 하나님을 등지고 자기 욕심대로 도망쳐 나오자 생겨난 부작용들입니다.

이는 인간의 공통된 고통이며 죄의 파편들입니다. 죄를 지은 인간이 누구나 겪어야 하는 공통의 비극이고 저주입니다. 그런데 이 모든 것은 하나님이 하신 일을 나타내고자 하심이라고 하였습니다. 그러므로 우리는 어느 누구 한 사람이 아프다면 그 아픔은 그만의 특별한 고통이 아니라 나도 함께 아파야 해야 할 것임을 분명히 알아야 합니다. 하나님 앞에서 자신의 잘못을 회개하는 기회로 삼는 겸허한 마음을 가져야 합니다.

4절, "때가 아직 낮이매 나를 보내신 이의 일을 우리가 하여야 하리라 밤이 오리니 그때는 아무도 일할 수 없느니라" 여기 "우리가 하여야 하리라"고 되어 있습니다만 이는 번역상 약간의 문제가 있는 대목입니다. 이는 동사가 단수형이므로 주어가 '우리' 라는 복수형을 쓰면 안 됩니다. "내가 하여야 하리라"로 바꾸어 해석을 해야 할 것입니다. 그래야 뜻이 통합니다. "내가 하여야 하리라" 기필코 내가 이루리라는 뜻입니다. 영어성경(KJV)에는 "I must work the works of him that send me" 이렇게 되어 있습니다. "나를 보내신 이의 일을 필히 내가 이루리라"입니다.

이는 날 때부터 소경된 자를 내가 기필코 고쳐 내시겠다는 것입니다. 예수님의 말씀입니다. 나 이외에 다른 방법이 없고 나만이 저 불쌍한 자의 영혼을 눈뜨게 할 수 있다는 것입니다. 일방적인 조치로 모든 것을 치료하시겠다고 하는 하나님의 강렬하신 의지입니다.

그리고 6절 말씀입니다. "이 말씀을 하시고 땅위에 침을 뱉아 진흙을 이겨 그의 눈에 바르시고 이르시되 실로암 못에 가서 씻으라 하시니… 이에 가서 씻고 밝은 눈으로 왔더라" – 우리가 이렇게 해서 구원을 받았습니다. 예수님께서 기적을 베푸실 때마다 말씀으로 이루셨습니다. 그러나 여기 소경이 눈을 뜨는 데에는 방법이 말씀으로가 아니라 침을 뱉아 진흙으로 이겨 눈에 바름으로 치료해 주셨습니다.

흙은 가장 비하된 위치를 말합니다. 흙은 죽음의 장소입니다. 그 속에 묻히신 예수 그리스도 자신을 상징하는 모습입니다. 예수께서 우리를 구원하시기 위해서는 대속의 십자가를 지시는 길 이외에는 다른 방법이 없다는 것입니다. 땅에 침을 뱉아 진흙을 이겨 눈에 바르시는 방법이외에는 길이 없습니다. 예수님이 죽는 길 이의에는 우리의 눈을 뜨게 할 방법이 없습니다. 십자가를 통하여 드디어 우리가 하나님에 대하여 눈을 뜨게 되었습니다.

눈을 뜨게 된 자는 하나님의 공의가 무엇이며 그의 사랑이 무엇인가에 대하여 생명적인 감각을 얻게 되었습니다. 눈을 뜨고 보니 나 자신이 하나님 앞에서 멸망 받아 마땅할 죄인임을 알게 된 것입니다. 마찬가지로 우리의 하나님에 대한 감각이 살아나므로 이제 믿음을 시작하게 된 것입니다.

믿음은 하나님에 대하여 눈뜬 자가 갖는 인식의 첫 번째 경험일 뿐 구원의 조건일 수 없습니다. 우리는 날 때부터 소경된 자들이었습니다. 우리가 예수님을 보고 눈뜨게 해달라고 요구한 적이 있습니까? 우리가 죄인임을 알고 구원을 요청한 적이 있습니까? 없습니다. 예수님이 우리의 눈먼 존재임을 먼저 보셨습니다. 그가 우리를 불러 세우신 것입니다.

요한복음 8장은 예수님이 진리 되심을 설명해 주셨지만 사람들의 반응은 이 말씀에 분노하여서 돌을 들고 치려 하였다는 것을 결론으로 마무리 짓고 있습니다. 인간은 그토록 죄인이며 하나님의 진노를 받아 마땅한 죄의 쓴 뿌리에서 태어난 존재들이라는 것입니다. 거짓의 아비 마귀의 자식임을 고발하는 내용입니다. 그리고 9장은 장님을 등장시키면서 예수님이 구원을 기필코 이루시겠다는 의지를 보이시면서 구원이 하나님의 은혜임을 강조하는 내용으로 사건이 진행됩니다. 그래서 구원의 자리는 현실이 주는 고통 중에서라도 눈뜬 자로서 가지는 기쁨과 행복만은 놓치지 말아야 하는 은혜의 영광임을 증거하고 있는 사건입니다.

이제 우리는 여기서 구원의 두 영역을 이해해야 합니다. 죄밖에는 아는 것이 없던 우리가 어떻게 하나님을 믿게 되었는가 하는 것입니다. 날 때부터 소경된 자를 만나셔서 어떻게 눈을 뜨게 해 주셨습니까? 소경으로 있는 동안에는 눈을 뜨게 해 주신 주님에 대하여는 전혀 모르고 있었습니다. 진흙을 어떻게 이겨 눈에 발랐는지, 아는 것은 오직 흙이 눈에 붙여진 상태였고 실로암 못에 가서 씻은 기억밖에는 없습니다.

8절과 9절, "이웃 사람들과 및 전에 저가 걸인인 것을 보았던 사람들이 가로되 이는 앉아서 구걸하던 자가 아니냐 혹은 그 사람이라 하며 혹은 아니라 그와 비슷하다 하거늘 제 말은 내가 그로라 하니" 그리고 10절과 11절 말씀입니다. "저희가 묻되 그러면 네 눈이 어떻게 떠졌느냐 대답하되 예수라 하는 그 사람이 진흙을 이겨 내 눈에 바르고 나더러 실로암에 가서 씻으라 하기에 가서 씻었더니 보게 되었노라"라고 하였습니다.

여기 우리가 눈여겨보아야 할 점은 사람들의 관심입니다. 사람들의 관심은 소경으로 있던 자가 눈을 뜬것이 누구에 의하여 고쳐졌는가에 있지 않습니다. 어떻게 눈을 떴느냐에 있습니다. 누가 이런 일을 일으켰느냐에는 관심이 없습니다. 그 사람이 누구냐에 대하여는 호기심조차도 없습니다. 그리고 눈 뜬 자의 대답도 마찬가지입니다. 예수라고 하는 그 사람이 누구인지는 관심이 없습니다. 그 이름이 단지 예수라는 사람입니다. 그가 다만 진흙을 내 눈에 발라서 나의 감각으로 눈에 진흙이 발리어졌고, 실로암 못에 가서 씻은 사실, 이것이 눈 뜬 자의 경험으로 눈을 뜨게 된 방법으로만 알고 있는 정도입니다. 더 이상 관심이 없습니다.

이 체험은 15절, "그러므로 바리새인들도 그 어떻게 보게 된 것을 물으니 가로되 그 사람이 진흙을 내 눈에 바르매 내가 씻고 보나이다 하니"에도 나타나 있습니다.

진흙을 발라서 씻은 후 눈을 뜨게 된 그 경험만이 이 소경이 가지고 있는 확실하고도 유일한 소유, 곧 그의 체험입니다. 예수님이 침을 뱉아 진흙을 이긴 사실을 눈 먼 자가 알 리가 없습니다. 눈뜨기 전의 사건이 기 때문입니다.

영적으로 소경되어 하나님을 알지도 보지도 못한 죽은 자와 같은 우리를 구원하시기 위하여 주님이 무엇을 하셨는가에 대해서는 우리도 모릅니다. 왜그럴까요? 그때에는 소경의 상태에 있었기 때문입니다.

하나님이 우리의 눈을 뜨게 하여 영혼의 눈으로 생명의 나라를 보게 하기 위해서는 스스로 죽는 길밖에는 없었는데 우리는 그것을 모르는 상태에 있었습니다. 우리는 어떻게 구원을 받았는지, 왜 하나님이 나를 구원하시는지를 모릅니다.

다만 아는 것은 지금 내가 예수를 믿는다는 것, 그리고 그분의 말씀 앞에 나의 과거를 회개했다는 것과 지금 죽어도 천국에 간다고 하는 것을 확실한 지식으로 간직하고 있는 것뿐입니다. 이제 우리가 고백하는 것은 우리의 삶에서 기쁨은 오직 하나님이요, 하나님과 함께 사는 것이 삶의 힘이요, 소망임을 확신하며 이를 전인격적으로 체험하면서 생활하는 것입니다. 그것이 우리의 가진바, 하나님에 대하여 아는 것 전부입니다.

그러나 우리가 뼈 속 깊이 간직해야 할 지식은 신앙은 우리의 체험이나 나의 감동된 분량만을 믿는 것이 아니란 것입니다. 경험하고 인식하고 체험된 것만이 믿음이 아닙니다. 우리는 하나님에 대하여 믿으려는 생각도 느낌도 없었던 사람들이었습니다. 그런데 어느 날 내가 죄인임을 알았고, 이대로는 영원한 멸망에 이르는 비참함을 알게 되었습니다. 이제 구원을 깨닫게 되었고, 구원에 이르는 길 곧 예수 믿는 길 이외에는 다른 길이 없음을 알게 되었습니다. 하나님이 내게 오셔서 나의 마음을 열어 주심으로 내가 회개할 수 있었고, 믿을 수 있었음을 드디어 알게 되었습니다. 이는 다 성령의 간섭 이후에 일어난 나의 감각들입니다.

성경에 나오는 인물들이 저마다 나 같은 죄인을 어찌 그리도 생각하셨나이까? 주께서 내게 영광과 존귀의 관을 씌우셨나이다. 예수 그리스도를 영접한 후 뒤늦게 이런 감동을 고백하는 것입니다. 처음부터가 아닙니다. 구원받은 이후에 일어나는 감동의 분량들입니다. 인자가 무엇이관대 저희를 생각하시나이까? 내 형질이 이루기 전에 내 어머니 복중에 짓기 전에 하나님이 나를 택하셨나이다. 왜 이토록 나를 택하셨나이까? 왜 이토록 나를 능하게 여기사 직분을 주셨나이까? 특별히 사도바울의 간증은 우리의 심금을 뭉클하게 합니다.

"나를 능하게 하신 그리스도 예수 우리 주께 내가 감사함은 나를 충성되이 여겨 내게 직분을 맡기심이니 내가 전에는 훼방자요 핍박자요 포행자이었으나 도리어 긍휼을 입은 것은 내가 믿지 아니할 때에 알지 못하고 행하였음이라 우리 주의 은혜가 그리스도 예수 안에 있는 믿음과 사랑과 함께 넘치도록 풍성하였도다 미쁘다 모든 사람이 받을 만한 이 말이여 그리스도 예수께서 죄인을 구원하시려고 세상에 임하셨다 하였도다 죄인 중에 내가 괴수니라" (딤전 1 : 12 - 15).

왜 이토록 구원받은 성도들이 저들의 고백을 통하여 이 구원의 감격을 뒤늦게 눈물로 기뻐하며 증거하고 있습니까? 우리는 뉴턴 목사의 '어메이징 그레이스' 놀라운 은혜에 대하여 늘 찬양을 부릅니다.

"나 같은 죄인 살리신 주 은혜 놀라와 잃었던 생명 찾았고 광명을 얻었네" (찬송가 405장, 「나같은 죄인 살리신」).

처음부터 일어난 경험이 아닙니다. 구원받은 자가 그 심령 속에서 솟구쳐 오르는 감동의 시와 노래로 주의 베푸신 은혜의 영광에 화답하는 것입니다. 나의 체험이 곧 말씀에서 확증되는 감동을 갖게 된 것입니다.

나의 체험을 뛰어넘어 성경의 모든 체험을 그리고 약속을 나의 것으로 고백하는 감동과 은혜를 드디어 누리게 됩니다. 그 말씀에 기록된 신앙의 발자취를 보고 하나님이 오늘 나를 이끄시는 목적을 알고 나 자신을 순종의 사람으로 키워 가고 있음을 깨닫게 됩니다. 이는 말씀을 통해서입니다.

나의 감동의 분량을 근거로 하는 것이 아니라 객관적으로 나의 구원을 위하여 하나님이 어떻게 무엇을 하셨는가를 그 성경의 사건들을 통하여 깨우칩니다. 말씀 속에서 하나님과 함께 살아갔던 믿음의 선진들의 이야기가 마치 내가 경험한 듯이 감동되어 이토록 눈물로 나의 구원을 주 앞에 노래하며 많은 사람들에게 간증하는 것입니다.

성경이 누구를 위한 기록입니까? 눈을 뜨게 된 자들을 위해서 입니다. 눈을 뜨고 난 다음에 드디어 생명을 확인하도록 말씀이 우리에게 기록되어 주어졌음을 잊지 마시기 바랍니다. 구원에는 두 영역이 있습니다. 하나는 신분의 변화요, 다른 하나는 수준의 변화입니다. 첫 번째의 변화는 죄인의 자리에서 예수 그리스도로 말미암아 하나님의 자녀라는 신분의 변화를 받았습니다. 우리의 열심이나 조건에 의해서가 아니라 일방적인 하나님의 은혜의 선물입니다. 특별히 성경은 출생을 가지고 구원을 설명하고 있음은 참으로 놀랍습니다.

> "영접하는 자 곧 그 이름을 믿는 자들에게는 하나님의 자녀가 되는 권세를 주셨으니 이는 혈통으로나 육정으로나 사람의 뜻으로 나지 아니하고 오직 하나님께로서 난 자들이니라"(요 1 : 12, 13).

우리를 가리켜 영으로 난 자들이라고 합니다. 인간적인 힘이 끼어들 수 없는 영역입니다. 또 인간사에서 가장 불가능한 일은 출생입니다. 구원을 출생으로 설명하고 있다는 것은 불가항력적으로 받아들일 수밖에 없는 하나님의 주권이요, 은혜라는 뜻입니다. 구원이란 믿고 구원을 받았다고 하는 그 단편적인 체험이나 인식이 아니라 하나님의 계획과 그 이루시는 전 과정과 완성을 말합니다. 신분으로는 하나님의 자녀이지만 하나님의 자녀로서 살아야 하는 과정은 하나님의 거룩하심을 이루기 위한 훈련이 남아 있는 기간입니다. 마치 대학을 입학한 후 합격의 축배만을 들고 놀 수 없는 것과 같습니다. 대학이 요구하는 또 다른 목표를 달성키 위한 노력을 쏟아야 하는 것과 같습니다.

●●●●●●●●●

우리는 날마다 구원의 감격만을 노래하고 있을 수가 없습니다. 태어났기 때문에 살아야 하는 것처럼 성령으로 거듭났기 때문에 하나님의 말씀의 요구 앞에 순종과 충성으로 나 자신을 주 앞에 세워야 합니다.

(요 9:1-12)

"예수께서 길 가실 때에 날 때부터 소경된 사람을 보신지라 제자들이 물어 가로되 랍비여 이 사람이 소경으로 난 것이 뉘 죄로 인함이오니이까 자기오니이까 그 부모오니이까 예수께서 대답하시되 이 사람이나 그 부모가 죄를 범한 것이 아니라 그에게서 하나님의 하시는 일을 나타내고자 하심이니라 때가 아직 낮이매 나를 보내신 이의 일을 우리가 하여야 하리라 밤이 오리니 그 때는 아무도 일할 수 없느니라 내가 세상에 있는 동안에는 세상의 빛이로라 이 말씀을 하시고 땅에 침을 뱉아 진흙을 이겨 그의 눈에 바르시고 이르시되 실로암 못에 가서 씻으라 하시니 (실로암은 번역하면 보냄을 받았다는 뜻이라) 이에 가서 씻고 밝은 눈으로 왔더라 이웃 사람들과 및 전에 저가 걸인인 것을 보았던 사람들이 가로되 이는 앉아서 구걸하던 자가 아니냐 혹은 그 사람이라 하며 혹은 아니라 그와 비슷하다 하거늘 제 말은 내가 그로라 하니 저희가 묻되 그러면 네 눈이 어떻게 떠졌느냐 대답하되 예수라 하는 그 사람이 진흙을 이겨 내 눈에 바르고 나더러 실로암에 가서 씻으라 하기에 가서 씻었더니 보게 되었노라 저희가 가로되 그가 어디 있느냐 가로되 알지 못하노라 하니라"

동일한 본문으로 계속해서 구원의 두 영역에 대해서 은혜의 말씀을 나누고자 합니다. 십자가의 구원은 죄의 형벌로부터의 구출로서 끝이 아니라 이제부터 하나님의 자녀가 되었으니 자녀로서 자라고 완성되어져 가야 하는 과정을 밟아야 합니다. 진흙탕에서 놀던 우리를 이끌어 내셔서 그 옷을 벗기는데 까지는 하나님의 일방적이고도 강압적인 간섭이 있었습니다. 그러나 새 옷을 갈아입히기 위해서는 우리의 동의를 구하셔야만 합니다. 왜냐하면 눈을 떴기 때문입니다.

눈을 뜨기까지는 하나님의 주권과 은혜의 간섭이 하나의 동기로 작용을 합니다. 그러나 이제 눈 뜬 자가 의의 새 옷을 갈아입기 위해서는 하나님의 말씀에 대한 순종의 결심, 열심으로 뒤따라야 하는 과정이 필요합니다. 이러한 결심과 열심에 대한 약속을 받기 위해 하나님은 성령과 말씀을 가지고 일하십니다. 거룩과 의의 옷을 입고 가야 할 곳이 있기 때문에 아직도 우리는 상당한 훈련을 받아야 합니다. 이것이 우리의 남은 여생입니다.

구원을 얻었는데도 아직도 왜 천국에 들어가지 않았을까요? 아직 받아야 할 훈련이 남아있기 때문입니다. 우리가 가장 당황하고 있는 부분이 어딘가 하면 성화의 단계입니다. 우리를 세상으로부터 이끌어 내셨으면 그 목적지가 분명히 있습니다. 그 길은 예수 그리스도의 형상이 이루어지는 길입니다. 이는 성화의 과정입니다. 우리는 아무리 가고 싶지 않아도 이 길은 반드시 가야 합니다. 다시 나온 곳, 세상으로 돌아갈 수가 없습니다. 우리의 정욕과 자존심에 우리의 육체를 맡길 수가 없습니다.

이제 구원이 시작된 이상 우리의 실수와 죄와 허물에도 불구하고 하늘의 영광에 대한 약속은 취소되지 않습니다. 왜 그렇습니까? 구원이 우리가 원해서 이루어진 것이 아니라 처음부터 하나님의 계획이 있었고 그 계획을 이루시는 주권적인 역사가 있었기 때문입니다. 하나님의 계획은 취소되지 않고 하나님은 영원하심으로 그의 부르심에는 후회가 없기 때문에 우리는 갈 수밖에 없습니다.

구원의 확신은 참으로 중요합니다. 그러나 이 시비에 너무 오랫동안 매어 달려 있다는 것은 손해입니다. 구원의 확신을 확인하는 것은 축복임에는 틀림이 없습니다. 구원을 얻었다는 확인이 안 되는데 어떻게 성화의 길을 갈 수 있습니까? 확인되지 않는 일에 누가 동의를 합니까? 그러나 나의 출생을 확인해서 무엇에 쓰겠습니까? 문제는 태어났기 때문에 지금 존재하는 것이고 분명히 존재하기 때문에 지금 사는 것이 아니겠습니까? 성령으로 거듭나지 않았더라면 지금 하나님을 믿지 않았을 것입니다. 그리고 하나님 때문에 갖는 내면의 번민과 갈등이 일어나지도 않았을 것입니다.

우리가 구원의 확신에 대한 질문에 다 대답할 수 있고 확신할 수 있다 하여도 우리가 가야 할 의의 길, 아니 우리가 다듬어져서 받아야 할 축복과 상급이 너무나 많이 남아 있다는 것은 풍성하고도 가슴 설레는 약속들입니다.

하나님에 대하여 눈을 뜨고 보니 더욱 이루어야 할 구원이 남아 있고 더욱 분발하여 받아 누려야 할 축복의 약속들이 미완성된 채 남아 있음을 알게 됩니다. 영광의 나라를 앞두고 있는 자로서 나의 지금 처지가 아직도 무능과 연약, 비천함과 빈곤한 상태에 있음을 깨닫게 됩니다. 이렇게 나 자신의 무능함 때문에 이루지 못하는 하늘의 영광스러운 뜻을 아는 한 내 심령으로부터 애통함을 금할 수가 없습니다.

심령의 가난은 먹을 양식이 없어서가 아니라 여호와 하나님의 말씀이 없어 기갈하며 배고픔입니다. 기도를 항상 해야 할 것이나 무디어진 심령으로 인하여 하나님을 아바 아버지로 부를 수 없는 답답한 심령을 호소할 때에 성령께서 나를 대신하여 탄식하심으로써 마침내 나도 함께 탄식하게 되면서 나의 무능과 빈곤, 가난과 생의 허허로움을 하나님 앞에 쏟아 놓게 됩니다.

하나님이 친히 약속하신 축복의 영광이 너무나 크기 때문에 이를 이루지 못하는 처지에서 하나님의 은혜와 도우심을 간절히 구할 수밖에 없습니다. 거기가 기도의 자리입니다. 기도가 날마다 쉬지 않아야 할 것은 눈을 뜨고 보니 너무나 영광스러운 축복의 약속이 아직도 미완성된 채 남아 있기 때문입니다. 이를 이루지 못하는 부족함과 빈곤, 가난 때문에 일어나는 절규가 곧 기도의 자리입니다. 기도 속에서 만나는 그 하나님과의 친밀한 교제 속에서 이제 하늘의 큰 위로와 격려와 힘을 얻게 됩니다.

눈을 뜬 소경처럼 예수께서 눈을 뜨게 해 주셨는데도 아직도 그의 눈뜬 것이 예수라고 하는 그 사람이 진흙을 이겨 눈에 바르고 씻으라 하였다는 그 사실만을 아는 정도에서 머물러 있어서는 안 됩니다.

그가 눈을 뜬 후로 바리새인들과 서기관들의 추궁 끝에 출교를 당하고 곤욕을 당한 후에 예수께서 그 앞에 찾아오셔서 하신 말씀이 은혜를 넘치게 합니다.

"네가 인자를 믿느냐 대답하여 가로되 주여 그가 누구시오니이까…"
(요 9:35 하반절, 36)

지금 구원을 얻었는데도 이 구원이 어떻게 이루어졌으며 내가 어떤 신분으로 초대되어 있는가를 알지 못하고 있습니다. 이토록 구원해 주신 자 앞에서 그는 답답한 날을 보내고 있었습니다. 눈을 뜨게 해주신 자가 찾아왔는데도 그가 누군지를 알아보지 못하고 있습니다.

눈을 떴으면 이제는 눈뜨게 해주신 자와 함께 살아가는 영광이 필수적으로 동반되어야 합니다. 그래서 구원을 구원답게 이루어 갈 시련과 훈련을 잘 감당하게 됩니다. 우리의 신분이 영적으로는 하나님의 자녀입니다. 하나님의 나라에 초대되었습니다. 하나님의 음성을 듣는 자가 되었습니다. 이제부터는 그 말씀에 의해서 나를 다듬고 깎고 그래서 빛을 내는 작업이 수반되어야 합니다.

이제는 세상의 일로 실패하고 좌절하고 내 연약과 무지함으로 인해서 넘어지더라도 이 구원은 취소되지 않습니다. 현실의 환난과 고통은 더 이상 재난이 아니라 오히려 우리를 영적인 사람으로서 성숙하게 하는 훈련으로서 언약된 축복을 굳게 붙들게 하시는 하나님의 간섭입니다. 그리스도 안에서는 세상의 일이 하나님의 자녀들을 넘어지게 할 수 없습니다. 모든 것은 우리를 이끌어 거룩으로 완성케 하시는 하나님의 훈련이 있는 환경들뿐입니다.

은혜로 얻은 구원이기에 우리의 전 삶의 과정은 측량할 수 없는 하나님의 긍휼과 자비와 사랑이 주제입니다. 주변 환경은 우리의 믿음을 격려하고 힘을 내도록 위로하여 하나님이 예비해 놓으신 더 크고 놀라운 축복의 약속을 붙들게 하시는 간섭만이 있을 뿐입니다. 이제 눈을 떴기 때문입니다. 이제 구원을 얻은 자이기에 이토록 깊고 높은 은혜로 우리는 하나님의 자녀답게 양육되는 과정을 살아가고 있습니다. 또한 하나님의 자녀로서 완성되어야 할 그 요구 앞에 설 수밖에 없습니다. 그로 인해 요구되는 행동지침은 자기를 부인하고 자기 십자가를 지고 주님을 따르는 것입니다.

신앙생활의 일정한 규범으로서 교회의 법도와 질서 속에서 우리를 말씀으로 자라나도록 훈련을 요구하는 것입니다. 하나님은 우리에게 말씀을 주시고 그 말씀의 요구 앞에 우리의 결심과 진실을 드리기까지 우리의 전인격과 생각을 붙드십니다. 하나님께서 친히 시작하신 일이기 때문에 하나님의 목적대로 이루시는 손길을 따라 상당한 훈련을 받아야 합니다. 이것이 다 눈을 뜨고 난 다음에 펼쳐지는 하나님의 간섭하심이 있는 삶입니다.

• • • • • • • • • • •

구원이란 무엇입니까? 무엇으로부터 풀려나는 자유입니다. 그런데 풀려난 상태에서 자유만을 가지고 있으면 그 자유는 곧바로 방종이 됩니다. 영광의 자유를 자유답게 지키고 보존하기 위해서는 또 다른 속박이 필요합니다. 하나님의 진리 아래로 복종하는 속박입니다. 하나님의 말씀을 최고의 권위로 삼고 나를 그 명령 아래로 충성하는 신하로 기꺼이 바치는 훈련을 끊임없이 쌓아야 합니다.

신앙인들이 교회생활이나 예배와 모임이 싫어지면 이미 방종의 증세임을 각성해야 합니다. 우리는 더 이상 소경이 아니라 눈뜬 자들입니다. 우리는 더 이상 어두움의 자식들이 아니라 빛의 자녀임을 자각해야 합니다. 눈뜬 자로서, 빛의 새 질서를 배워야 합니다.

눈뜬 자의 경험과 사실

(요 9:6-12)

> "이 말씀을 하시고 땅에 침을 뱉아 진흙을 이겨 그의 눈에 바르시고 이르시되
> 실로암 못에 가서 씻으라 하시니 (실로암은 번역하면 보냄을 받았다는 뜻이라)
> 이에 가서 씻고 밝은 눈으로 왔더라 이웃 사람들과 및 전에 저가 걸인인 것을 보았던
> 사람들이 가로되 이는 앉아서 구걸하던 자가 아니냐 혹은 그 사람이라 하며 혹은 아니라
> 그와 비슷하다 하거늘 제 말은 내가 그로라 하니 저희가 묻되 그러면 네 눈이 어떻게
> 떠졌느냐 대답하되 예수라 하는 그 사람이 진흙을 이겨 내 눈에 바르고 나더러 실로암에
> 가서 씻으라 하기에 가서 씻었더니 보게 되었노라 저희가 가로되
> 그가 어디 있느냐 가로되 알지 못하노라 하니라"

요한복음은 날 때부터 소경된 자가 눈을 뜨게 되는 사건을 중심으로
하나님에 대하여 장님과 같은 우리가 어떻게 하나님을 알아보고 믿게
되었는가를 설명하는 내용입니다. 그 첫 번째로 대두되는 주제가 구원
은 전적으로 하나님이 찾아오심으로 일으켜지는 은혜의 선물이라는 것
으로서 본문의 사건은 1절의 "예수께서 길 가실 때에 날 때부터 소경된
사람을 보신지라"로 시작하고 있습니다.

그리고 두 번째로 이어지는 대목은 소경이 눈을 뜨고 난 다음에 전개
되는 사건으로 구원 이후에 따르는 구원 경험에 대한 내용을 중심으로
이야기를 엮어 가고 있습니다.

8절 말씀, "이웃 사람들과 및 전에 저가 걸인인 것을 보았던 사람들이 가로되 이는 앉아서 구걸하던 자가 아니냐"– 한번도 빛을 보지 못했던 장님이 눈을 뜨게 되자 그의 앞에 나타난 각종 색깔의 경이로움과 분주하게 혹은 서서히 움직이는 수많은 움직임들을 보는 흥분과 충격을 감당할 길이 없었을 것입니다.

눈을 뜬 자는 모든 것이 새롭고 놀랍기만 합니다. 입을 다물 수가 없습니다. 궁금한 것이 많아 만나는 사람들마다 붙들고 그의 호기심을 물으면서 다녔을 것입니다. 평소에 알고 있던 그 자리에서 날마다 구걸하고 있던 소경임을 알아 본 자들에게도 큰 충격이 아닐 수가 없습니다. 이 사건으로 예루살렘 성안은 소동이 일어났습니다.

> "혹은 그 사람이라 하며 혹은 아니라 그와 비슷하다 하거늘 제 말은 내가 그로라 하니 저희가 묻되 그러면 네 눈이 어떻게 떠졌느냐 대답하되 예수라 하는 그 사람이 진흙을 이겨 내 눈에 바르고 나더러 실로암에 가서 씻으라 하기에 가서 씻었더니 보게 되었노라 저희가 가로되 그가 어디 있느냐 가로되 알지 못하노라 하니라"(요 9:9-12).

우리는 이 장면에서 구원 경험에 대하여 느끼는 몇 가지 사실을 발견하게 됩니다. 그것은 경험과 사실과의 차이입니다. 우리가 경험하는 것과 사실은 서로 다르다는 것입니다. 우리가 느끼고 경험하는 것만을 사실로 안다면 신앙은 곧바로 신비주의의 오류에 빠지고 맙니다. 더 많은 경험과 감동을 얻기 위해 우리는 신비로운 계시의 세계에 대한 동경심을 가지고 부단히도 새로운 경험을 얻으려고 노력하게 될 것입니다.

소경으로 있던 자는 그로 보게 한 사람이 누군가에 대해서는 전혀 아는 바가 없습니다. 예수라는 사람이 진흙을 내 눈에 바르더니 실로암 못에 가서 씻으라 해서 씻었더니 눈을 뜨게 되었다는 사실만이 그가 갖고 있는 지식의 전부입니다. 예수가 누군가에 대해서는 관심이 없습니다.

사람들의 관심도 마찬가지입니다. 누가 고쳐 주었느냐 보다는 어떻게 눈이 떠졌느냐에 쏠려 있습니다. 눈뜬 사람의 대답도 그렇습니다. 진흙을 발라서 씻은 후 눈을 뜨게 된 경험만이 있을 뿐입니다.

이 소경이 갖고 있는 유일한 지식은 오직 체험과 감동이요, 가슴 벅찬 느낌뿐입니다. 그의 경험된 인식만을 사실로 알고 있을 뿐입니다. 예수님이 진흙을 눈에 바를 때에 어떻게 하셨는지 또 예수님이 어떻게 생겼는지 더구나 그가 누군지 도무지 알 수가 없었습니다. 그가 눈을 뜨기 전에 일어났던 일에 대해서는 알 수 있는 길이 없습니다.

우리도 영적으로 앞 못 보는 소경과 같은 존재였는데 우리가 어떻게 하나님을 알아보고 하나님의 음성을 듣게 되어 하나님을 나의 창조주와 구속주로 믿게 되었는지 알 수가 없습니다. 하나님이 우리를 구원하시기 위해 행하신 일이 언제 있었느냐 하면 사도 바울의 증거는 더욱 명료하게 설명하고 있습니다.

> "우리가 아직 죄인 되었을 때에 그리스도께서 우리를 위하여 죽으심으로 하나님께서 우리에게 대한 자기의 사랑을 확증하셨느니라… 곧 우리가 원수 되었을 때에 그 아들의 죽으심으로 말미암아 하나님으로 더불어 화목되었은즉 화목된 자로서는 더욱 그의 살으심을 인하여 구원을 얻을 것이니라"(롬 5 : 8, 10).

우리의 눈을 뜨게 하기 위하여 하나님이 예수 그리스도를 이 땅에 보내셔서 우리의 죄값으로 십자가에 죽는 길 이외에는 다른 방법이 없었는데 그 때 우리는 그 사실을 전혀 모르는 장님의 상태에 있었습니다. 이토록 우리는 어떻게 구원을 받았는지, 구원을 위하여 하나님이 무엇을 어떻게 하셨는지 전혀 모릅니다. 다만 아는 것은 지금 내가 예수 믿고 하나님의 말씀대로 회개했고, 하나님을 기뻐한 나머지 그 말씀을 유일한 진리로 아는 지식을 가졌고 하나님이 안 계시면 아무 의미도 가치도 없는 허무한 인생임을 부정할 수 없는 신앙의 경험만을 가지고 있습니다.

신앙은 나의 감동과 경험을 근거로 믿는 것이 아닙니다. 경험은 눈을 뜨는 순간부터입니다. 눈을 뜨고 보니 모든 것이 새롭습니다. 눈을 뜨고 보니 창조주 하나님, 구속주 하나님, 심판주 하나님에 대한 경외심을 갖게 됩니다. 하나님에 대하여 눈을 뜨고 보니 이 역사가 자연만이 아니라 초자연이 개입되어 있고 해와 달이 저절로 지고 뜨고 강물이 절로 흘러가는 것이 아니라 하나님이 움직이도록 간섭하시더란 애깁니다. 이토록 눈앞에 펼쳐지는 모든 것에 대하여 하나님에 관한 지식을 더해가면서 하나님의 언약을 더욱 굳세게 붙들게 됩니다.

우리가 예수를 믿기 이전에 성경은 이미 우리의 구원에 대하여 계획된 뜻을 이렇게 밝히고 있습니다.

"곧 창세 전에 그리스도 안에서 우리를 택하사 우리로 사랑 안에서 그 앞에 거룩하고 흠이 없게 하시려고 그 기쁘신 뜻대로 우리를 예정하사 예수 그리스도로 말미암아 자기의 아들들이 되게 하셨으니 이는 그의 사랑하시는 자 안에서 우리에게 거저 주시는바 그의 은혜의 영광을 찬미하게 하려는 것이라"(엡 1:4-6).

구원에 있어 우리의 경험이 진리나 사실이 아니라 하나님의 계획과 그 뜻을 이루시는 경륜이 뿌리이며 진리이며 사실입니다. 하나님이 친히 찾아오시기 전까지는 하나님이 계시는지 하나님의 나라가 있는지 있으면 어떻게 생겼는지 죄가 무엇인지 죄의 결과가 지옥인지 안 믿는 상태가 본질상 진노 아래 있는지 하나님에 대하여 아무 정보도 지식도 가지고 있지 않았던 참으로 죽은 시체와 같은 존재였습니다. 하나님이 나를 찾아오셔서 내 눈을 뜨게 해 주심으로 드디어 구원의 영광과 함께 하나님을 알게 되었습니다. 무엇이 영원한 진리이며 사실입니까? 이렇게 나를 향하신 하나님의 계획이 객관적인 사실이며 진리인 것입니다.

성경의 인물사는 모두 이와 같은 객관적인 사실 앞에 항복한 자의 감동을 기록한 것들입니다. 저들마다 가슴으로부터 토해 낸 고백들은 한결같이 일방적으로 베푸신 구원의 은혜를 어떻게 표현할 길이 없어 적절한 언어를 찾지 못하는 모습이 역력합니다. 바울은 감옥 속에서도 노래를 불렀다고 하고 스데반 집사는 돌에 맞아 죽어 가는 비참한 순간에 얼굴이 천사와 같을 정도로 믿는 자의 행복을 전할 길이 없어 돌을 던지는 원수들을 향하여 "주여 저들의 죄를 용서하옵소서"하고 기도하기도 하였습니다.

성경의 인물들의 이야기는 그들로 구원함에 이르도록 예정하시고 그 뜻을 이루시는 비밀한 경륜과 그 손길 속에 나타난 하나님의 지혜와 능력과 베푸신 사랑과 긍휼의 풍성함이 주제이며 이야기의 줄거리입니다. 인물들은 하나님의 역사를 설명하기 위하여 등용된 도구들일 뿐입니다. 그러나 놀라운 것은 성경은 하나님의 일을 맡은 배역으로서 갖는 자들의 감동과 환희와 영광을 세상의 무엇과도 견주어 비교가 되지 못할 만큼 넘쳤다고 묘사하고 있습니다.

우리는 나의 체험과 감동을 뛰어넘어 성경 상에 등장된 믿음의 선진들이 쏟아 놓은 모든 경험과 감동을 만나며 나의 것으로 간직하는 환희와 기쁨을 놓칠 수 없을 것입니다. 그래서 성경을 탐독하고 연구하는 것입니다.

성경은 누구를 위한 기록입니까? 눈을 뜬 자가 보고 하나님이 베풀어 주신 은혜를 풍성하게 누리며 증거하기 위한 말씀입니다. 눈을 뜨고 난 다음에 진리와 생명에 관하여 더욱 확고히 배우고 체험하며 나의 전인격과 삶을 가지고 하나님을 더욱 굳세게 붙들게 하는 교과서입니다.

● ● ● ● ● ● ● ● ● ●

우리는 더 이상 소경이 아닙니다. 하나님이 찾아오셔서 눈을 뜨게 해 주심으로 하나님의 뜻을 아는 자들로서 진리와 생명의 길을 분별하는 자들이 된 것입니다. 이제 우리가 할 수 있는 일은 하나님의 말씀을 최고의 권위로 삼고 그 뜻을 받들어 살아가는 믿음의 훈련을 줄기차게 해 나가는 것입니다.

(요 9:13-25)

"저희가 전에 소경 되었던 사람을 데리고 바리새인들에게 갔더라 예수께서 진흙을 이겨 눈을 뜨게 하신 날은 안식일이라 그러므로 바리새인들도 그 어떻게 보게 된 것을 물으니 가로되 그 사람이 진흙을 내 눈에 바르매 내가 씻고 보나이다 하니 바리새인 중에 혹은 말하되 이 사람이 안식일을 지키지 아니하니 하나님께로서 온 자가 아니라 하며 혹은 말하되 죄인으로서 어떻게 이러한 표적을 행하겠느냐 하여 피차 쟁론이 되었더니 이에 소경 되었던 자에게 다시 묻되 그 사람이 네 눈을 뜨게 하였으니 너는 그를 어떠한 사람이라 하느냐 대답하되 선지자니이다 한대 유대인들이 저가 소경으로 있다가 보게 된 것을 믿지 아니하고 그 부모를 불러 묻되 이는 너희 말에 소경으로 났다 하는 너희 아들이냐 그러면 지금은 어떻게 되어 보느냐 그 부모가 대답하여 가로되 이가 우리 아들인 것과 소경으로 난 것을 아나이다 그러나 지금 어떻게 되어 보는지 또는 누가 그 눈을 뜨게 하였는지 우리는 알지 못하나이다 저에게 물어 보시오 저가 장성하였으니 자기 일을 말하리이다 그 부모가 이렇게 말한 것은 이미 유대인들이 누구든지 예수를 그리스도로 시인하는 자는 출교하기로 결의하였으므로 저희를 무서워함이러라 이러므로 그 부모가 말하기를 저가 장성하였으니 저에게 물어 보시오 하였더라 이에 저희가 소경 되었던 사람을 두 번째 불러 이르되 너는 영광을 하나님께 돌리라 우리는 저 사람이 죄인인 줄 아노라 대답하되 그가 죄인인지 내가 알지 못하나 한 가지 아는 것은 내가 소경으로 있다가 지금 보는 그것이니이다"

눈을 뜨게 된 자는 이제부터 눈 뜬 것 때문에 곤욕을 치르게 됩니다. 평소 예수님을 반대하던 바리새인들로부터 어떻게 눈이 떠졌느냐에 대하여 추궁을 받게 됩니다. 더구나 그의 부모마저도 아들의 일 때문에 어처구니없이 난처한 입장에 처하게 됩니다.

20절과 21절, "그 부모가 대답하여 가로되 이가 우리 아들인 것과 소경으로 난 것을 아나이다... 누가 눈을 뜨게 하였는지 우리는 알지 못하나이다 저에게 물어보시요 그가 장성하였으니 자기 일을 말하리이다" 이윽고 유대인들은 소경을 붙잡아 위협을 가합니다.

24절, "이에 저희가 소경 되었던 사람을 두 번째 불러 이르되 너는 영광을 하나님께 돌리라 우리는 저 사람이 죄인인 줄 아노라" - 바리새인들은 소경을 붙잡아 벌써 두 번째 심문하는 과정에서 그들은 주제넘게도 소경에게 하나님께 영광을 돌리라고 권유하면서 예수를 정죄하고 있습니다. 만일 소경이 예수님에 의해 눈을 떴다고 한다면 그도 큰 범죄자가 되어 출교를 면치 못하는 살벌한 분위기입니다. 그러나 이와 같은 공포 분위기에서 눈뜬 자의 고백이 우리를 놀라게 합니다.

25절, "대답하되 그가 죄인인지 내가 알지 못하나 한 가지 아는 것은 내가 소경으로 있다가 지금 보는 그것이니이다" 이렇듯 눈을 뜬 자는 보이는 찬란함을 부정할 수 없습니다. 전에는 안 보였는데 지금은 보인다는 것입니다. 여기 이 지점이 소경의 일생에서 새로운 경험으로 시작되는 삶의 분수령입니다. 소경은 눈을 뜨게 됨으로부터 여러 가지 난관에 부딪히게 됩니다. 눈을 감고 있었던 때에는 없었던 일을 만나게 됩니다.

이제는 눈 뜬 자로서 새로운 경험을 통하여 눈을 뜨고 보는 세계를 하나씩 둘씩 배워가는 가치와 보람의 삶을 살게 됩니다. 그는 다시 눈을 감고 살던 시절로 되돌아갈 수 없습니다. 지금 당하는 현실의 시련과 고통이 아무리 극심하더라도 다시 소경의 시간으로 되돌아 갈 수 없는 인생을 살아야 합니다. 눈뜬 자는 어떤 경우에도 눈을 뜨고 보는 자로서 갖는 기쁨과 감동만을 놓쳐서는 안 됩니다.

우리가 눈을 떴습니다. 보이지 않던 하나님의 나라가 보입니다. 이 세상을 전부로 알던 때와는 다릅니다. 구원의 자리에서 내가 가고 있는 길이 천국을 완성하는 길입니다. 그렇다면 이제부터는 새롭게 보이는 영원한 천국을 준비하는 과정으로서 나의 인생을 재해석 해야 함이 마땅합니다. 종래에 내가 유일하게 인식할 수 있었던 기능은 이성뿐이었습니다. 그 이성으로는 도저히 포착이 안 되던 곳이었는데 이제는 나의 전인격으로 알아보고 이해되는 나라가 된 것입니다. 그렇다면 이제는 나의 이성으로가 아니라 오직 믿음으로 그 나라의 뜻을 이루며 살 수밖에 없습니다.

이성으로가 아니라 믿음으로 이루어가야 할 길이기 때문에 영적 사람으로 성장하기 위해 상당한 노력이 요구됩니다. 쉽지 않습니다. 성령 충만이 필수적인 조건입니다. 내 육체의 속사람이 더 이상 이성으로가 아니라 믿음으로 인식하도록 신성이 충만하게 임하도록 영성훈련을 쌓아야 합니다.

현실은 온갖 색깔의 고난으로 흘러나는 세월이라고 할수 있습니다. 이제는 현실문제를 풀기 위하여 예수 믿는 일에 열심을 부리는 것이 아니라 하나님의 나라와 그 뜻을 이루기 위한 훈련과정으로서 현실을 수용하고 고난을 이해는 것입니다. 성경상에 일어난 기적의 본질이 무엇입니까? 요한복음 9장에서 날 때부터 소경된 자가 눈을 뜨게 되는 기적을 보이시면서 성경은 우리에게 무엇을 전하고 싶어합니까? 또 성경의 내용은 하나님이 베푸신 기적 사건이 주종을 이루어 기록되어 있습니다. 우리가 반드시 알아야 할 것은 기적이 도입된 것은 우리의 세상과 육체의 문제를 해결하는 방편으로서가 아니라 이 세상의 것보다 더욱 본질적인 것, 생명적인 것 곧 우리에게 있어서 더욱 절박하고 긴요한 문제가 영혼의 문제이며, 구원의 문제이며, 영원한 나라의 문제임을 더 힘 있게, 더 영광스럽게 증명해 주기 위한 방법인 것입니다.

병이 나는 것, 사람이 죽는 것은 모두 죄의 결과입니다. 죄가 만들어 낸 부산물들입니다. 병이 낫는다 해도 그 사람은 역시 또 죽습니다. 그런데 하나님의 입장에서는 죄의 문제를 묻어둔 채 멸망의 존재로 영원히 죽게 할 수 없습니다. 구원은 그래서 기필코 그 사람에게서 일으켜져야 할 가장 근원적인 인간문제입니다. 구원을 얻은 다음에 죽어야 영원한 생명의 나라에 들어가게 됩니다. 만일 이 세상의 일이 재미있으며 흥미로와 죄의 속성대로 행복하다면 그 사람은 언제 영원을 준비하겠습니까? 죽음의 잠을 깨우는 자명종이 울려야 할 터인데 언제 깨어 일어납니까? 우리는 현실 속에서 겪는 여러 가지 고통의 문턱을 지나면서 드디어 영혼의 문제를 생각하게 되고 죽음의 문제에 대하여 심각해지기 시작합니다.

  탕자가 자기 몫을 챙겨 자기 세상으로 갈 때는 의기양양했을 것입니다. 그러나 철이 언제 들었습니까? 잘 먹고 실컷 마시고 주변에 사람들이 모여들어 풍요를 누릴 때입니까? 아닙니다. 가져간 재물을 다 탕진한 후에 였습니다. 모든 사람들의 비방거리가 되어 마지막 돼지가 먹는 쥐엄 열매를 씹으면서 굶주린 창자를 치우고 있을 때 아버지가 생각났습니다. 철이 든다는 것이 무엇입니까? 아버지의 아픔을 아는 수준입니다. 아버지의 아픔을 공감하여 무엇이 아버지를 위로하며 기쁘게 하는 것인가를 아는 자리입니다. 아버지의 가슴에 맺힌 아픔과 눈물을 알았기에 이제는 아들의 신분으로 돌아가야 되겠다고 결심하고 아버지의 뜻에 자신을 완전히 맡기게 된 것입니다. 자기 체통이나 양심대로라면 품꾼의 하나로 사는 것이 더 편했을 것입니다. 그러나 이제는 겸양지덕이나 자기 진심대로가 아니라 아버지의 마음을 생각하고 아버지의 뜻을 가슴에 묻고 맡기기로 한 것입니다.

  우리가 언제 철이 듭니까? 현실에서 만나는 고통이 극심할 때입니다. 몸이 병들어 죽음을 의식할 때, 파산지경에 이르렀을 때 우리는 마침내 하나님을 생각하게 됩니다. 왜 이 고통인가? 왜 죽음인가를 심각하게 짚게 됩니다. 오늘 그리스도인들에게 있어 환난은 영원을 준비케 하는 자명종이란 뜻에서 가장 값진 삶의 환경입니다.

  성경의 이야기는 믿음의 사람들이 걸어갔던 발자취들입니다. 믿음의 선진들의 생애가 환난, 고통, 핍박, 순교같은 아픔들을 내용으로 기록하고 있습니다. 이 세상과 전혀 다른 인생을 살았습니다. 세상의 기쁨과 낙을 누리는 것보다 하나님의 백성들과 함께 고난 받기를 더 큰 즐거움으로 삼았다는 증거들입니다. 세상이 주는 쾌락이나 즐거움이라고는 하나도 없는데 세상 사람들보다 더 큰 기쁨과 행복을 쏟아 놓더란 이야기입니다. 어떤 형편일 때 입니까? 잘 살 때가 아닙니다. 돌에 맞아 죽어 가는 처참한 고통 중에서입니다. 사자의 밥으로 구경거리가 되는 비참함 중에서입니다. 옥중에서 착고에 메여 있던 가장 불안하고 공포의 환경 속에서 예수 안에서 누리는 행복과 만족을 쏟아 내었습니다. 성경은 믿음의 선진들의 발자취에서 솟구쳐 오르는 기쁨과 만족을 세상이 감당치 못했다고 결론을 짓고 있습니다.

오늘 우리는 인생의 여정에서 만나는 수많은 환난과 고통을 통하여 무엇을 배우며 무엇을 얻습니까? 갑작스럽게 닥치는 재난의 사고들로 인하여 고통하는 이웃들의 탄식소리를 들으면서 무엇을 봅니까? 붉게 물든 가을 녘의 쓸쓸한 풍경을 보면서, 앙상한 겨울나무들을 보면서 무슨 소리를 듣습니까? 저 우주 공간에 무수히 반짝이는 별들의 이야기, 아름다운 꽃의 향기를 맡으면서 무엇을 보고 듣습니까? 육체의 눈이 가는 대로, 느끼는 대로 보면 모두가 다 광란의 소리요, 탄식과 고통의 메아리들이며 공포와 불안에 떠는 절규들입니다.

● ● ● ● ● ● ● ● ● ●

영의 눈을 떠서 하나님의 나라를 보십시오. 산천초목의 풍성함과 온 갖 새소리와 바람 부는 소리와 벌레의 미세한 움직임까지도 그 안에서 하나님의 창조주 되심에 대한 경외심과 창조주의 능력과 신성과 지혜의 풍성함을 헤아릴 길 없는 감동과 환희가 넘쳐 나게 됩니다. 삶의 고통과 아픔을 통과하면서 구원의 은혜가 흘러넘치고 영으로 성숙하는 신비로운 간섭을 봅니다. 영의 눈으로 보면 오늘의 고통이 장차 받을 영광의 상급과 비교가 될 수 없고 오히려 고통의 순간에 하나님을 의지하는 법을 배우는 은혜의 기회가 됨을 오직 감사할 뿐입니다. 눈을 뜨고 사는 자는 이제는 아버지 뜻에 자신을 맡깁니다. 아버지의 기쁘심을 위해 나를 기꺼이 드리는 행복을 갖습니다.

(요 9:26-41)

"저희가 가로되 그 사람이 네게 무엇을 하였느냐
어떻게 네 눈을 뜨게 하였느냐 대답하되 내가 이미 일렀어도 듣지 아니하고 어찌하여
다시 듣고자 하나이까 당신들도 그 제자가 되려 하나이까 저희가 욕하여 가로되 너는
그의 제자나 우리는 모세의 제자라 하나님이 모세에게는 말씀하신 줄을 우리가 알거니와
이 사람은 어디서 알지 못하노라 그 사람이 대답하여 가로되 이상하다 이 사람이 내 눈을
뜨게 하였으되 당신들이 그가 어디서 왔는지 알지 못하는도다 하나님이
죄인을 듣지 아니하시고 경건하여 그의 뜻대로 행하는 자는 들으시는 줄을 우리가 아나이다
창세 이후로 소경으로 난 자의 눈을 뜨게 하였다 함을 듣지 못하였으니 이 사람이 하나님께
로부터 오지 아니하였으면 아무 일도 할 수 없으리이다 저희가 대답하여 가로되 네가
온전히 죄 가운데서 나서 우리를 가르치느냐 하고 이에 쫓아내어 보내니라 예수께서 저희가
그 사람을 쫓아냈다 하는 말을 들으셨더니 그를 만나사 가라사대 네가 인자를 믿느냐
대답하여 가로되 주여 그가 누구시오니이까 내가 믿고자 하나이다 예수께서 가라사대
네가 그를 보았거니와 지금 너와 말하는 자가 그이니라 가로되 주여 내가 믿나이다 하고
절하는지라 예수께서 가라사대 내가 심판하러 이 세상에 왔으니 보지 못하는 자들은 보게
하고 보는 자들은 소경 되게 하려 함이라 하시니 바리새인 중에 예수와 함께 있던 자들이
이 말씀을 듣고 가로되 우리도 소경인가 예수께서 가라사대
너희가 소경 되었더면 죄가 없으려니와 본다고 하니 너희 죄가 그저 있느니라"

날 때부터 소경된 자가 눈을 뜨고 다닙니다. 이 사건은 큰 이적입니다. 예루살렘성 안에는 온통 소문에 꼬리를 물고 일대 소동이 일어났습니다. 8절, "이는 앉아서 구걸하던 자가 아니냐?" 혹자는 9절, "그 사람이라 아니라 그와 비슷하다" 받은 충격과 경이로움이 어떤가를 설명해 주는 장면입니다. 그러나 당사자인 소경의 "내가 그로라"라는 말은 더욱 놀랍게 합니다.

이 사건은 안식일에 일어났습니다. 바리서인들이 개입하기에 좋은 빌미를 제공한 셈입니다. 사람들은 눈뜬 자를 데리고 율법주의자들인 바리새인들에게로 왔습니다. 어떻게 눈을 뜨게 된 것인지에 대해 경위

를 묻는 도중에 눈을 뜨게 한 사람이 예수라는 사실을 확인하고 분개하
기 시작했습니다.

이윽고 장본인에게 묻습니다. 17절, "그 사람이 네 눈을 뜨게 하였으
니 너는 그를 어떠한 사람이라고 하느냐 대답하되 선지자니이다"— 바
리새인들은 만천하에 이미 일어난 사실 곧 소경이 눈을 뜨게 된 이적을
놓고 이를 행하신 이가 예수라는 것을 반박하고 율법의 잣대로 죄인으
로 몰아 부치면서 예수님과 이적을 무산시켜 버릴 온갖 방도를 강구하
고 있었습니다.

18절 이하에서 이제는 부모를 불러 "이 사람이 네 아들이냐"고 확인
시킵니다. 그리고 두 번째 본인을 불러 "너는 하나님께 영광을 돌리라"
"네가 이야기한 예수는 죄인이므로 그를 높이지 말라"고 위협을 가합
니다.

심문을 하는 자들은 생사여탈권을 가지고 있는 바리새인들입니다.
정치권의 막강한 권력을 가진 자들입니다. 하나님의 율법을 엄격히 지
킴과 동시에 율법에 대하여 정죄할 권한을 가진 자들입니다. 어긋나면
출교를 명할 수도 있습니다.

출교는 무시무시한 형벌입니다. 유대인 사회는 회당 중심입니다. 회
당에서 쫓겨난다는 것은 유대인 사회와의 단절을 의미합니다. 명부에
서 제명되는 것이니까 모든 법적 혜택으로부터 제외되는 고립입니다.
물건을 사고 팔 수도 없는 외톨이가 됩니다. 누가 때리고 설사 죽인다
하여도 할 말이 없는 자가 됩니다. 그런데 출교 당할 수도 있는 무서운
상황에서 눈뜬 자가 뭐라 합니까?

"대답하되 그가 죄인인지 내가 알지 못하나 한 가지 아는 것은 내가 소
경으로 있다가 지금 보는 그것이니이다"(요 9 : 25).

　　바리새인들의 위협 속에서 눈을 뜬 자는 무엇을 배우고 있습니까? 그
는 아직 예수라는 사람이 하나님의 아들인지 메시아인지 전혀 알지 못
하고 있습니다. 다만 아는 것은 전에는 안 보였는데 지금은 보인다는 것
입니다. 눈을 뜨고 보는 현란한 색깔들, 모든 살아 있는 것들의 세미한
움직임들과 그 신비로운 조화들, 그의 앞에 펼쳐지는 모든 만상이 경이
롭고 충격적이기만 할 뿐입니다. 눈뜬 자로서는 모든 것에 기쁨과 감격
일 뿐이며 은총의 순간들이 아닐 수 없습니다. 이를 보게 하신 이가 예
수라는 사실을 부인할 수가 없습니다.

　　눈 여겨 봐야 할 것은 바리새인들의 정치적인 위협이 오히려 눈뜬 자
로 하여금 그로 보게 하신 자 예수님에 대하여 더 깊은 신뢰와 호기심을
갖게 하는 결과를 가져 왔다는 것입니다. 눈뜬 자는 바리새인들의 권위
에 대하여 가소로움을 갖게 됩니다. 예수가 죄인이라고 우겨대는 자들
이 가련하고 빈곤해 보입니다. 예수가 더 높아 보이고 더 권위 있으시고
존경스러워 보입니다. 그가 눈을 뜨고 보고 있기 때문입니다. 눈을 뜨고
난 다음 모든 경험은 눈뜨게 해 주신 자를 알아 가는 소중한 순간들입니
다. 예수 믿고 난후 모든 인생은 하나님을 배우는 기회입니다.
　　다음 사건은 더욱 흥미롭습니다. 이렇게 전개됩니다.
　　바리새인들은 저들의 생각을 관철시키고자 26절, "그 사람이 네게 무
엇을 하였느냐?" "어떻게 네 눈을 뜨게 하였느냐?" 고 다그칩니다. 이미
여러 번 반복되는 질문입니다. 이에 대하여 소경되었던 자의 대답은 이
미 조롱이 섞여 있었습니다.
　　27절, "내가 이미 일렀어도 듣지 아니하고 어찌하여 다시 듣고자 하
나이까 당신들도 그 제자가 되려 하나이까" - 지금 출교를 당할지도 모

르는 위협 속에서 예수를 죄인으로 정죄했던 장본인을 향하여 뭐라고 합니까? "당신들도 예수의 제자가 되려 하는가?" "당신들이 정죄한 그 사람이 그렇게도 대단한 사람입니까?" 라는 역설을 퍼붓습니다. 이에 대해 바리새인들의 발뺌하는 모습은 몹시도 다급해 보입니다.

28절과 29절 말씀, "너는 그의 제자이나 우리는 모세의 제자라 하나님이 모세에게는 말씀하신 줄을 우리가 알거니와 이 사람은 어디서 왔는지 알지 못하노라"라고 합니다.

우리는 이 장면에서 하나님이 행하신 일의 교훈을 받아 낼 수 있습니다. 바리새인들의 괴롭힘, 우기고 위협하는 것 등 이 세상의 힘으로 가해 오는 횡포와 같은 것들은 오히려 눈뜬 자에게는 영성을 자극하는 동기가 되었다는 것입니다. 하나님은 우리를 반대하는 사람들을 통하여 우리 내면에 잠재해 있던 영성을 불러일으키십니다. 신앙은 핍박이 있을 때 더욱 강해집니다.

소경 되었던 자, 그러나 이제는 눈을 뜬 자의 마지막 고백을 들으십시다. 30절 이하의 말씀, "이상하다 이 사람이 내 눈을 뜨게 하였으되 당신들이 그가 어디서 왔는지 알지 못하는도다 하나님이 죄인을 듣지 아니하시고 경건하여 그의 뜻대로 행하는 자는 들으시는 줄을 우리가 아나이다 창세 이후로 소경으로 난 자의 눈을 뜨게 하였다 함을 듣지 못하였으니 이 사람이 하나님께로부터 오지 아니하였으면 아무 일도 할 수 없으리이다"라고 하였습니다.

소경으로 있던 자는 예수님에 대하여 점점 깊이 알아 가고 있었습니다. 하나님께로서 온 자임을 담대히 증거하고 있습니다. 누구 앞에서 입니까? 막강한 권력자들 앞에서입니다.

33절 "이 사람이 하나님께로부터 오지 아니하였으면 아무 일도 할 수 없으리로다" – 바리새인들의 괴롭힘이 영적 눈을 더욱 밝게 보게 하는 결과를 낳게 하였습니다.

　　결국 이 일로 인하여 세상의 권력은 눈을 뜬 소경을 출교시키고 말았습니다. 세상은 주어진 권력으로 자신의 영광이나 유익을 위해 사용하지, 하나님의 법이나 하나님의 영광에는 동원하지 않습니다. 자신의 정치적인 지지기반이 허물어질 위험이 있으면 무엇이나 하는 사람들입니다. 눈앞에 훤히 보이는 사실마저도 왜곡시켜 버립니다. 오히려 눈뜨고 본 자들마저 죽여 버립니다. 세상은 생명이니 진리니 영혼이니 하는 문제에는 관심이 없습니다. 오직 세상문제를 풀어가는 일에는 생사를 겁니다. 나의 권력, 명예, 자존심, 삶의 윤택함, 편안함 등 거기에 운명을 걸고 싸웁니다. 기꺼이 경쟁하여 모든 것을 동원합니다.

　　이젠 눈뜬 자는 가련하게도 세상으로부터 얻을 아무것도 없어진 상태입니다. 유대사회로부터 쫓겨나서 살 길이 없습니다. 그러나 우리의 눈길을 모으고 있는 구절입니다.

　　"예수께서 저희가 그 사람을 쫓아냈다 하는 말을 들으셨더니 그를 만나사 가라사대 네가 인자를 믿느냐 대답하여 가로되 주여 그가 누구시오니이까 내가 믿고자 하나이다 예수께서 가라사대 네가 그를 보았거니와 지금 너와 말하는 자가 그이니라 가로되 주여 내가 믿나이다 하고 절하는지라"(요 9 : 35 - 38).

　　하나님은 세상길이 막힌 자에게 찾아오셨습니다. 35절, "네가 인자를 믿느냐" 그는 기꺼이 응답했습니다. 36절, "그가 누구오니이까 내가 믿고자 하나이다" 이제 마음이 열려 있었습니다. 37절, "네가 그를 보았거니와 지금 너와 말하는 자가 그이니라"에 38절, "주여 내가 믿나이다"하는 즉각적인 응답입니다. 주저함이 없습니다. 증거를 요구하지 않아도 됩니다. 육신의 눈을 뜨게 해주신 이십니다. 이제는 예수님을 하나님의 아들로 보는 순간입니다. 하나님이 그 앞에서 계십니다. 눈을 뜨게 해주신 분이 하나님이심을 아는 순간 세상문제가 더 이상 문제될 수 없습니다. 하나님만 함께 계시면 모든 것에서 형통함을 믿게 되었습니다. 나를 통치하시는 하나님, 나의 생명이시며 나의 주되신 하나님께 무릎을 꿇었습니다. 경배를 드립니다.

요한복음 9장의 사건을 통해서 우리에게 전하는 마지막 메시지는 이렇습니다.

날 때부터 소경된 자는 눈을 뜸으로 인하여 출교를 당하는 어려움에 처하게 되었습니다. 그렇다면 한 가지 질문이 분명해집니다. 눈을 뜨고 쫓겨나는 것과 눈을 감은 채 거지로 사는 것 중 어느 것이 행복하겠느냐 하는 것입니다. 어떤 설교가는 세상의 비리와 모순 그리고 꼬여 있는 현실을 차라리 보지 않았더라면 좋았을 뻔 했다고 합니다. 그러나 그것은 윤리적인 문제이며 철학자의 의식입니다. 생명의 문제는 아닙니다.

이 문제는 근원적으로 눈을 감고 있던 장님의 불행이 무엇이었는가를 심각하게 생각하게 하는 문제입니다. 하나님이 시작하셔야 할 만큼 인간으로서는 해결이 불가능한 날 때부터 소경된 상황입니다. 하나님이 풀어야 할 문제입니다. 하나님이 어떻게 해주시지 않으시면 영원토록 캄캄한 죽음의 상태에서 그것이 형벌인지 저주인지 그 마지막이 심판인지도 모른 채 살아가야 하는 인간의 본질적인 불행을 지적하는 사건입니다. 하나님을 떠난 인간의 운명적인 비극이요 비참함입니다.

예수님이 오셔서 십자가의 대속으로 우리의 눈을 뜨게 해주셨습니다. 영의 눈이 열려진 것입니다. 하나님에 대하여 눈을 뜬 자가 된 것입니다. 안보이던 하늘나라가 보이는 사람입니다. 죄와 죄사함의 길인 십자가의 길이 보이고 부활의 생명이 갖는 능력과 영광을 보고 성령의 신령한 은사와 능력을 보는 사람이 된 것입니다.

우리가 예수 믿고 구원을 확인한 다음 이제는 가만히 앉아 있어도 모든 세상문제가 해결되고 죽어서 천국 가는 정도로 세월을 보낼 수 있는 입장이 아닙니다. 눈을 뜨고 본 새로운 세계를 배우며 완성해야 할 사명을 불태우며 살아가는 것입니다.

우리는 여기서 성경에서 말하는 구원의 계획과 배열을 이해할 필요
가 있습니다.

> "내가 내려와서 그들을 애굽인의 손에서 건져 내고 그들을 그 땅에서
> 인도하여 아름답고 광대한 땅, 젖과 꿀이 흐르는 땅에 이르려 하노라" (출
> 3:8).

하나님의 약속한 땅을 묘사할 때 풍성함, 부요함, 아름다움, 광대함,
안식, 평강 등 한마디로 복이 가득한 곳, 영광이 가득한 땅이라고 서술
하고 있습니다. 이스라엘을 왜 출애굽시켰습니까? 그 땅에서 살게 하려
하는 목적으로 한 것입니다. 그래서 이스라엘은 그 땅에 들어가서 첫 번
째로 해야 할 일로서 그 땅의 사람들과의 단절을 요구받고 있었습니다.
이는 그 땅의 풍습에 젖지 못하도록 하는 일련의 조치였습니다. 그 땅에
들어가거든 이방신을 섬기지 말라, 모두 다 몰아내라, 진멸하라고 명하
셨던 것입니다. 단 한 가지 이유, 하나님의 이름이 더럽혀질 가능성 때
문입니다. 하나님의 거룩하신 이름을 두신 곳으로 보존되어야 할 땅이
기 때문입니다.

이렇게 하여 이스라엘에게 그토록 복되고 영광스러운 땅을 자기 기
업으로 소유하고 누리기 위해서는 특별한 생활양식이 요구되었던 것입
니다.

> "내가 오늘날 명하는 모든 명령을 너희는 지켜 행하라 그리하면 너희가
> 살고 번성하고 여호와께서 너희 열조에게 맹세하신 땅에 들어가서 그것을
> 얻으리라" (신8:1).

언약은 축복이 내용입니다. 그 땅의 모든 것을 얻으리라, 내가 네게
명하는 것을 모두 지켜 행하라, 그리하면 얻게 됩니다.

땅은 단순한 영토 이상을 의미합니다. 그 땅은 여호와 하나님의 땅입니다. 그 땅을 차지하게 될 장본인들은 하나님의 백성들입니다. 그 땅을 번영과 안식으로 지키고 발전시켜 나갈 사회적 도덕적 책임이 있는 자들은 구속받은 하나님의 백성입니다. 그러나 만일 불순종하면 땅은 더럽혀질 것이며 땅의 소유권도 박탈당하게 될 것입니다.

구원받은 자들은 하나님 나라를 기업으로 약속 받고 있는 자들입니다. 동시에 지구와 역사에 대하여 책임을 지는 자리입니다. 하나님과 관련지어 이웃과 사회, 모든 삶의 환경을 보존하고 지켜야 합니다. 영적인 나라는 마음의 평화나 심리적 기쁨 정도로 확보되는 영역이 아니라 하나님의 관심은 전인간, 전사회, 전자연과 환경에 이르는 영역까지입니다.

그 지구와 역사에 대한 모든 사회적 도덕적 책임이 있는 장본인으로서 우리를 구원해 주셨습니다. 눈을 뜨고 보게 하신 가장 큰 목적은 하나님의 나라의 일을 맡기시려는 것입니다. 하나님의 영광을 회복하고 싶으신 목적으로 하나님 자신이 하실 수 있는 모든 가능성을 다 동원하셔서 우리의 눈을 뜨게 해 주신 것입니다.

죄로 가리어지고 파손된 하나님의 신성과 영광을 가장 선명하게, 구체적으로 이 땅과 역사와 관련지어 회복하시고자 하셨습니다. 그 주역이며 핵심으로서 우리가 눈을 뜨고 보게 된 것입니다. 그러므로 우리는 가만히 앉아서 날짜만 지워 가는 세월을 살 수가 없습니다.

불신자와 신자의 차이는 무엇입니까? 삶의 목적이 다릅니다. 불신자는 자기 자신이 목표인 사람입니다. 즉, 보이는 것 외형적이며, 물질적이며, 감각적인 것, 그 이미 있는 기존의 것을 아름답게 꾸미고 치장하는 것 등입니다. 이것에 실패하면 더 이상 삶의 가치와 의미를 잃어버리고 좌절하고 맙니다.

그러나 신자는 겉모양을 치장하는 것보다 세상에는 보이지 않는 것, 하나님과 관련된 것들, 즉 생명과 진리 그리고 하나님의 영광과 존귀하심을 위하여 주어진 환경을 아름답게 꾸미고 풍족케 하는 삶을 추구합니다. 예수 안에서는 오히려 겉으로 장식되어 있는 세상의 것이 무너지더라도 낙망하지 않습니다. 왜 그럴까요? 그 안에 보다 존귀하고 보배로운 가치가 빛나기 때문입니다.

눈뜬 자는 그 다음에 따라오는 환난이나 괴로움이나 고통의 문제로 좌절하거나 자신을 잃어버리지 않습니다. 하나님이 눈뜨게 하신 이상 그것은 더 이상 재앙이나 형벌이 아니라 장래에 약속하신 보다 웅장하고 영광스러운 미래를 붙들게 하려는 손길임을 알기 때문입니다.

이 땅에서 당하는 고통과 환난은 눈뜨고 난 다음에 살아가는 세계와 역사가 얼마나 아름다운가, 얼마나 놀라운 은혜의 기회들인가, 살만한 가치가 있는 땅인가를 배우는 과정입니다. 이 땅의 경험들은 모두 하나님의 은혜와 사랑을 배우는 기회들입니다.

학생이 시험 답안지를 받고 문제를 풀기 시작합니다. 문제가 어렵다고 판단되면 일찌감치 포기하고 덮어두고 나가 버립니다. 그러나 끝까지 그것도 시간이 모자라서 안타까워 씨름하는 학생이 있습니다. 문제를 풀 가능성이 있기 때문입니다.

● ● ● ● ● ● ● ● ● ●

눈뜬 자, 하나님을 아는 자는 세상문제에 대하여 책임 있는 자리에서 끝까지 끙끙거리며 고통 때문에 신음하며 하나님의 보좌 앞에 엎드려 간구합니다. 이 현실이 무슨 뜻입니까? 이 생명이 무엇이며 어떻게 살아야 합니까? 나로 살게 하신 이유가 무엇입니까? 왜 하필이면 여기 이 땅입니까? 하나님께서 맡기신 삶과 공동체의 역사가 안고 있는 문제들을 하나님과 더불어 풀어 가는 배역들임을 자각하는 은혜가 마땅히 일어나야 할 것입니다.

제 10장
선한 목자 되신 예수 그리스도

양의 우리를 넘어가는 자

> "내가 진실로 진실로 너희에게 이르노니 양의 우리에 문으로 들어가지 아니하고
> 다른 데로 넘어가는 자는 절도며 강도요 문으로 들어가는 이가 양의 목자라"

양의 우리에 들어가는 두 부류가 있습니다. 하나는 문으로 들어가는 자이며 다른 한쪽은 문 이외에 울타리를 넘어 들어가는 자입니다. 정문으로 들어가는 이가 양의 목자요 정문이외 담을 넘어 들어가는 자는 양의 목자가 아니라 양을 도둑질하는 절도며 강도라고 묘사하고 있습니다.

이 비유는 9장에서 주님께서 날 때부터 소경된 자를 고쳐 주심으로 야기되는 바리새인들의 반응에 대하여 예수님께서 저들의 행위를 정죄하고 난 후 이어지는 이야기입니다. 날 때부터 소경 된 자가 눈을 떴다는 것 때문에 눈뜬 자의 감격과 기쁨에도 불구하고 바리새인들의 권력

에 의하여 유대사회로부터 쫓겨나는 비참함에 처하게 됩니다. 바리새
인들의 입장에서는 예수라는 사람이 눈을 뜨게 했다는 데에 적개심을
품었던 것입니다. 예수님은 이러한 종교 지도자인 바리새인들의 탐욕
과 율법주의자들의 거짓과 위선을 들춰내는 비유로 양과 목자 그리고
양 우리의 관계를 꺼내신 것입니다.

예수님의 지적은 이미 유대인들을 비판하심으로 드러난 바 있습니다.

> "예수께서 가라사대 너희가 소경 되었더면 죄가 없으려니와 본다고 하
> 니 너희 죄가 그저 있느니라."(요 9:41).

바리새인들은 우리가 소경인가? 하고 격분하고 있었습니다. 그런데
예수님은 "너희가 본다고 하니 너희 죄가 그저 있느니라"고 책망하셨습
니다. 스스로 본다고 하는 자들은 유대주의 자들입니다. 율법의 규모와
가르침을 안다고 하는 자들입니다. 또 스스로 가르치는 자요 훈도訓導
라고 자랑하는 자들입니다. 예수님은 그들을 가리켜 너희가 바로 양의
우리를 문으로 들어가지 않고 다른 데로 넘어 들어가는 절도며 강도라
고 신랄하게 정죄하셨습니다.

이스라엘은 유대주의라고 하는 울타리에 갇혀 있습니다. 문은 율법
입니다. 예수님은 이 율법을 따라 이스라엘 집의 잃은 양들에게 오셨습
니다. 그런데 유대인들은 율법을 가지고 율법의 규모를 알고 율법의 지
침을 가르치는 자들이었지만 율법의 울타리를 넘어 다른 방법으로 들
어가고 있었습니다. 다시 말하면 하나님께서 맡기신 율법을 오해한 나
머지 절도와 강도가 된 것입니다. 유대인들의 오해는 율법의 규모를 알
고 이를 가르치는 훈도로서 자신들은 율법 이외의 사람들, 즉 이방인에
대하여 선민이라는 우월감의 올무에 빠져 버린 것입니다. 율법이 자랑
거리가 되고 결국 율법주의라고 하는 선민사상이 싹트게 하는 요인이
되었던 것입니다. 그들은 다른 민족에 비해 구별되었고 율법을 지킬만

한 탁월한 민족이라는 선민의식으로 인해 극도의 오만한 자리에 앉고 말았습니다.

율법의 기능에 대하여 로마서에서 바울은 이렇게 증거 하였습니다.

> "우리가 알거니와 무릇 율법이 말하는 바는 율법 아래 있는 자들에게 말하는 것이니 이는 모든 입을 막고 온 세상으로 하나님의 심판 아래 있게 하려 함이니라."(롬 3 : 19).

사도 바울이 율법 아래 있는 자들에게 율법의 기능에 대해 설명하고 있는데 가장 명료하게 이렇게 단언하고 있습니다. "이는 모든 입을 막고 온 세상으로 하나님의 심판 아래 있게 하려 함이니라" 이는 무슨 뜻입니까? 율법으로는 죄를 규명하고 온 세상이 하나님의 심판을 피할 길이 없음을 선언하는 것이라고 합니다. 그리고 이어지는 말씀 "그러므로 율법의 행위로는 그의 앞에서 의롭다 하심을 얻을 육체가 없나니 율법으로는 죄를 깨달음이니라"라고 하였습니다.

율법은 하나님 앞에서 모든 인간이 죄인임을 깨닫게 하려는 목적으로 주어진 것입니다. "모든 입을 막고" 입니다. 변명이나 핑계할 수 없다는 것입니다. 율법을 주신 핵심 되는 이유는 모든 입으로 하나님 앞에서 얼마나 죄인인가 얼마나 무능하며 연약한 존재인가? 하나님 앞에서 아무 변명도 구실도 붙일 수 없을 만큼 할 말이 없는 죄인임을 알게 하기 위한 조치입니다.

> "율법이 가입한 것은 범죄를 더하게 하려 함이라 그러나 죄가 더한 곳에 은혜가 더욱 넘쳤나니"(롬 5 : 20).

구원이 얼마나 은혜인가? 그 은혜 안에 나타난 하나님의 사랑이 얼마나 크고 놀라운가를 설명하기 위해서는 구원받기 이전의 상태가 하나님 앞에서 얼마나 큰 죄인인가를 규명하지 않으면 설명할 수 없습니다. 인간의 죄를 규명하지 않고는 구원을 이야기할 수 없습니다. 구원을 받아서 기쁘다, 감동이라고 하기 전에 구원을 필요로 했던 인간 상황이 얼마나 형벌이며 비참한 저주인가를 알아야 더욱 은혜를 깨달을 수가 있습니다. 다시 말하면 인간의 죄인 됨과 그 죄책의 형벌이 얼마나 처참한가를 확인하지 않고서는 구원의 감동을 가질 수가 없습니다.

율법이 왜 가입했습니까? 이미 정죄된 상태를 더욱 죄 되게 함으로 죄를 깨닫고 돌이키게 하기 위한 것입니다. 율법을 알면 알수록 인간에게는 구원이 있을 수 없고 전적으로 좌절과 절망의 존재임을 자인할 수밖에 없습니다.

사도바울의 고백은 더욱 실감케 합니다.

> "…율법으로 말미암지 않고는 내가 죄를 알지 못하였으니 곧 율법이 탐
> 내지 말라 하지 아니하였더면 내가 탐심을 알지 못하였으리라"(롬 7 : 7).

'살인하지 말라' 는 율법이 없었을 때에는 그 행위가 양심으로 가책을 느끼고 있었지만 하나님 앞에서 얼마나 큰 죄인인가 하는 것은 몰랐었습니다. "형제에게 노하는 자마다 심판을 받게 되고… 지옥 불에 들어가게 되리라" (마 5:22) 는 율법이 오고부터 그것이 그토록 심각한 죄인 줄을 드디어 알게 되었다는 것입니다.

하나님께서 우리를 왜 이토록 심각한 율법의 울타리 안에 가두어 두었을까요? 이스라엘의 역사를 우리에게 보이시면서 전하고 싶으신 말씀이 무엇입니까? 이스라엘의 율법과 그 행적을 보고 우리로 하여금 저들과 동일하게 하나님 앞에서는 피할 수 없는 죄인이며 형벌의 심판에 대하여 어떤 변명도 핑계도 댈 수 없는 절망의 존재임을 깨닫게 함으로 구원은 전혀 인간의 힘으로가 아니라 예수 그리스도의 대속의 길 이외

에는 다른 방도가 없음을 알게 하려는 것입니다.

예수님께서 이토록 심각한 율법의 문을 통해서 우리 안에 갇혀 있는 우리에게 찾아 오셨습니다. 하나님께서 율법의 요구 앞에 예수 그리스도를 세우신 것입니다. 양의 우리 안에는 구원해야 할 이스라엘 집의 잃은 양들이 있습니다. 우리가 그 대상이 된 것입니다.

여기 양의 우리에 문으로 들어가지 않고 다른 데로 넘어가는 자는 누구입니까? 율법의 규모와 훈도를 가지고 있으면서 자신이 율법 앞에서 무능한 죄인임을 알아서 하나님께 구원을 요구하며 항복하는 것이 아니라 오히려 율법을 가졌다는 것으로 타인에 대하여 특권을 행사하고 의인으로 자부하여 남을 정죄하며 율법으로 선민의식을 가져 극도의 교만에 빠져 버린 자들입니다. 그들이 바로 바리새인들입니다. 그들은 율법사들이며 율법주의자들이었습니다. 성경에서 율법에 충실한 자의 경우로서 율법사의 이야기는 율법의 한계를 드러내 보여주는 대표적인 예가 됩니다.

> "어떤 율법사가 일어나 예수를 시험하여 가로되 선생님 내가 무엇을 하여야 영생을 얻으리이까 예수께서 이르시되 율법에 무엇이라 기록되었으며 네가 어떻게 읽느냐 대답하여 가로되 네 마음을 다하며 목숨을 다하며 힘을 다하며 뜻을 다하여 주 너의 하나님을 사랑하고 또 네 이웃을 네 몸과 같이 사랑하라 하였나이다 예수께서 이르시되 네 대답이 옳도다 이를 행하라 그러면 살리라 하시니" (눅 10 : 25 - 28).

율법의 중심 사상은 위로 하나님을 사랑하고 또 이웃을 내 몸과 같이 사랑하라는 것입니다. 하나님 사랑, 이웃사랑이 율법의 내용입니다. 율법사는 율법의 중심 사상인 사랑을 잘 파악하고 있었습니다.

그런데 문제의 발단은 누가복음 10장 29절에서 일어났습니다.

"이 사람이 자기를 옳게 보이려고 예수께 여짜오되 그러면 내 이웃이 누구오니이까"(눅 10:29).

율법사는 지금 하나님을 사랑하고 있습니다. 하나님의 영광을 위하여 그분만을 섬기고 자기 이웃을 자기 몸과 같이 사랑할 생각도 품고 있었습니다. 그러나 우리가 눈여겨보아야 할 대목은 율법사의 관심입니다. "내 이웃이 누구오니이까?"입니다. 율법사는 하나님을 사랑하고 이웃을 사랑하는 마음과 열정을 가지고 있었으나 그의 한계는 자신이 책임져야 할 사랑의 대상이 누구냐 하는 것이었습니다. 그 대답으로 나온 비유가 선한 사마리아인의 이야기입니다.

선한 사마리아인의 이야기에서 마지막 결론은 이렇습니다. 예수께서 율법사에게 내리시는 질문이자 대답입니다.

"네 의견에는 이 세 사람 중에 누가 강도 만난 자의 이웃이 되겠느냐 가로되 은혜를 베푼 자니이다 예수께서 이르시되 가서 너도 이와 같이 하라 하시니라"(눅 10:36, 37).

율법사의 요구는 내 이웃이 누구오니이까? 다시 말하면 내가 사랑할 범위와 책임을 정해 달라는 것이었습니다. 이에 대한 예수님의 대답은 율법사의 생각을 바꾸어 버립니다. 강도 만난 자의 편에서 볼 때 누가 이웃이 되겠느냐로 대답하신 것입니다. 요약하면 이렇습니다. 도움이란 필요로 하는 쪽에서 권리가 있는 법이지 주는 쪽의 권리일 수가 없다는 것입니다. 도움은 주는 편에서 대상을 정하면 그것은 이미 도움이 아니라 오직 자기 자랑이요, 자기 생색이요, 자기 치장이나 변명일 뿐이라는 것입니다. 율법사의 행위 속에는 율법을 가지고 자기 자랑과 특권을 휘두르는 오만과 교만의 가치들이 도사리고 있었습니다.

인간이 얼마나 하나님의 율법이 요구하는 것에 어긋나 있는 존재인가를 지적해 주는 이야기가 선한 사마리아인의 비유입니다. "가서 너희도 이와 같이 하라"는 것에 율법사는 실패하고 말았습니다. 인간의 죄성을 단적으로 노출시켜 주는 대목입니다.

율법은 구원을 위한 은혜의 선물입니다. 율법을 알면 십자가의 은혜를 알게 됩니다. 십자가의 구원은 율법 앞에 자신의 죄인 됨과 하나님 앞에서 형벌의 존재임을 처절하게 깨닫는 데서부터 이루어집니다. 인간 자신의 절대 절망과 좌절의 벽에 부딪친 자가 십자가의 은혜를 바라고 더욱 넘치도록 경험케 됩니다.

그런데 유대인들은 율법을 가진 것을 자랑삼았고 율법을 이용하여 자신의 정욕과 탐욕의 도구로 삼았습니다. 예수님의 지적은 바리새인들의 탐욕과 거짓을 만 천하에 들추어내는 무서운 말씀으로 율법을 이용하여 양들을 늑탈하는 자로서 절도며 강도로 규명하셨습니다.

그리스도인은 누구라도 자기 행위의 자랑으로 예수님을 만날 수가 없는 자들이었습니다. 모두 좌절과 절망 가운데서 그리스도를 구세주로 만난 자들입니다. 자포자기나 체념 같은 절망이 아닙니다. 자신의 더럽고 냄새나는 죄인임을 아는 자리에서 하나님 앞에서 체념도 버릴 것도 없는 무용지물의 상태에서 예수 그리스도를 나의 주, 나의 하나님으로 만납니다. 율법으로는 나의 자랑과 변명만이 한계였던 자에게 율법의 요구를 완성하신 예수 그리스도께서 찾아오심으로 구원을 알게 되었습니다.

● ● ● ● ● ● ● ● ●

성경상의 고백들은 모두 하나님이 찾아오시고 나를 불러내심으로 율법의 정죄에서부터 풀려나는 자유를 힘껏 외친 내용들입니다. 그래서 우리 모두의 공통된 감격은 "하나님이 나를 불쌍히 여기셨구나, 나를 미리 알고 찾아오셨구나!" 인 것입니다. 하나님이 찾아오심으로 이루어진 구원이 우리로 삶을 감격과 승리로 외치게 합니다.

"너희가 그 은혜로 인하여 믿음으로 말미암아 구원을 얻었나니 이것이 너희에게서 난 것이 아니요 하나님의 선물이라" (엡 2 : 8).

(요 10:1-6)

"내가 진실로 진실로 너희에게 이르노니 양의 우리에 문으로 들어가지
아니하고 다른 데로 넘어가는 자는 절도며 강도요 문으로 들어가는 이가
양의 목자라 문지기는 그를 위하여 문을 열고 양은 그의 음성을 듣나니
그가 자기 양의 이름을 각각 불러 인도하여 내느니라
자기 양을 다 내어 놓은 후에 앞서 가면 양들이 그의 음성을 아는고로 따라 오되
타인의 음성은 알지 못하는 고로 타인을 따르지 아니하고 도리어 도망하느니라 예수께서
이 비유로 저희에게 말씀하셨으나 저희는 그 하신 말씀이 무엇인지 알지 못하니라"

본문은 9장의 사건과 연결되는 내용입니다. 9장에서 길 가시다가 주
님은 날 때부터 소경된 자를 만나시고 침을 뱉아 진흙을 이겨 그의 눈에
발라 주시면서 실로암 못에 가서 씻으라 하심으로 소경이 눈을 뜨게 되
는 기적이 베풀어졌습니다. 눈을 뜨게 된 소경은 그때로부터 유대관원
인 바리새인들에 의해 핍박을 받게 되고 드디어 출교 당하고 마는 고통
에 처하게 됩니다. 눈을 뜨게 됨으로 당하는 고통의 현실은 그에게 더
이상 형벌이나 저주일 수 없는 것은 예수님이 친히 그에게 찾아오심으
로 경험하는 메시아의 영광 때문입니다.

눈을 뜨고 보는 감동과 환희는 눈을 뜨게 해 주신 자가 예수 그리스

도라는 사실을 알고 난 후부터 더욱 깊어 가고 있었습니다. 그리고 눈 뜬 자의 행복을 알지 못하고 자신들의 입지만을 계산하고 있는 자들에 대하여 주님이 내리신 결론의 말씀, 9장 41절에 "너희가 소경 되었더면 죄가 없으려니와 본다고 하니 너희 죄가 그저 있느니라" 는 것이었습니다. 바리새인들의 오만과 무지에 대하여 정죄하는 말씀입니다.

10장에 들어오면서 바리새인들의 탐욕에 관하여 예수님 자신의 참 목자 되심을 증명해주는 내용으로 목자와 양과의 관계를 이야기로 꺼 내시는 장면이 나옵니다. 우리는 여기서 팔레스타인의 목축업에 대하 여 이해할 필요가 있습니다. 팔레스타인의 목축업은 매우 특이합니다. 낮에는 목동들이 자기 양들을 데리고 꼴을 먹이러 나갔다가 저녁이 되 면 모두들 한 우리 안에 가두어 놓고 사나운 짐승이나 도둑으로부터 양 떼를 지키기 위해 문지기를 세운다고 합니다.

동리마다 공동으로 소유하고 관리하는 양의 우리가 있습니다. 밤에 는 그렇게 한 우리에서 보호하다가 낮이 되면 목자들은 제각기 자기 양 을 찾아 초장으로 데려갑니다. 어젯밤 목자들이 몇 마리의 양을 맡겼는 지 문지기로서는 확인할 필요가 없습니다. 왜냐하면 양들은 제각기 자 기 목자의 음성을 알아듣고 목자의 뒤를 따르기 때문입니다. 목자도 양 을 알고 양도 목자를 알아봅니다. 이러한 배경을 가지고 주님은 바리새 인들의 탐욕과 거짓과 위선에 대하여 신랄하게 지적하고 있습니다.

1절 말씀은 이렇게 시작됩니다. "내가 진실로 진실로 너희에게 이르 노니 양의 우리에 문으로 들어가지 아니하고 다른 데로 넘어가는 자는 절도며 강도요" – 여기서 너희는 바리새인들입니다. 바리새인들에게는 소경이 눈을 뜨고 본다는 것이 문제가 아니라 군중의 지지를 한 몸에 받 고 있는 예수가 눈을 뜨게 했다는 것에 격분한 것입니다. 저들에게는 생 명과 진리에 대해서는 관심이 없고 오직 자신들의 정치적 기반이 어떻 게 유지되느냐 에만 관심이 있을 뿐입니다.

이미 9장 39절에서 주님이 바리새인들에게 "내가 심판하러 이 세상에 왔으니 보지 못하는 자들은 보게 하고 보는 자들은 소경 되게 하려 함이라"고 지적하신 바가 있었습니다. 그 때 '우리가 소경인가' 하고 격분하던 자들에게 최후통첩과 같은 말씀으로 41절, "너희가 소경 되었더면 죄가 없으려니와 본다고 하니 너희 죄가 그저 있느니라"고 저들의 탐욕과 거짓에 대해서 찔러주었던 것입니다.

예수님의 지적은 이것입니다. 너희가 바로 양의 우리에 문으로 들어가지 아니하는 자다, 문으로 들어가지 아니하고 다른 통로로 들어가는 것을 보니 너희들이야말로 절도며 강도가 아니고 무엇이냐는 뜻입니다.

양의 우리는 유대 민족이 되는 구분입니다. 율법으로 구분한 민족으로서 여기서 우리는 유대주의 내지는 율법주의의 벽을 가리킵니다. 다시 말하면 지금 이스라엘 백성들은 유대주의라는 율법의 울타리에 갇혀 있습니다.

요한복음 10장에서 예수님은 거짓 목자와 참 목자를 바리새인들과 예수님 자신과의 사이에서 대조를 이루면서 양의 우리에 들어가되 정문으로 들어가는 자가 있고 다른 데로 들어가는 자가 있다고 설명하고 있습니다. 지금 율법주의의 벽에 갇혀 있는 이스라엘 백성 중에 구원의 대상들이 있습니다. 예수님은 성부 하나님의 뜻을 따라 한 영혼을 구원하시려고 이스라엘 백성이 사는 땅에 오셔서 율법과 전통 속에서 함께 어울려 살고 있습니다. 예수님은 한 영혼을 구원하시기 위하여 가장 선명하고 합법적인 방법을 통하여 이스라엘에 오셨습니다.

2절, "문으로 들어가는 이가 양의 목자라" - 예수님은 예언된 하나님의 말씀을 따라 합법적인 절차와 방법을 가지고 오셨다는 것입니다. 주님은 율법이 정해놓은 모든 규례대로 오셨습니다. 동정녀의 몸에서 나셨고 유대의 혈통을 지니셨고 왕의 고을 베들레헴에서 나셨습니다.

그는 율법 아래 나셨고 8일 만에 할례를 받으셨고 결례의 날에 성전에서 하나님께 바쳐졌습니다. 특히 본문과 관련하여 갈라디아서 4장 4절은 분명하게 묘사하고 있습니다.

"때가 차매 하나님이 그 아들을 보내사 여자에게서 나게 하시고 율법 아래 나게 하신 것은 율법 아래 있는 자들을 속량하시고 우리로 아들의 명분을 얻게 하려 하심이라"(갈 4:4,5).

예수님의 태어나심부터 성장 과정에서도 율법의 정한 규례대로 행하셨습니다.

"할례 할 팔 일이 되매 그 이름을 예수라 하니 곧 수태하기 전에 천사의 일컬은 바러라"(눅 2:21).
"모세의 법대로 결례의 날이 차매 아기를 데리고 예루살렘에 올라가니 이는 주의 율법에 쓴바 첫 태에 처음 난 남자마다 주의 거룩한 자라 하리라 한 대로 아기를 주께 드리고 또 주의 율법에 말씀하신 대로 비둘기 한 쌍이나 혹 어린 반구 둘로 제사하려 함이더라"(눅 2:22-24).

예수님은 율법에 말씀하신 바대로 오셨고 양의 우리 안에 있던 우리에게 그렇게 정문을 통하여 오셨습니다. 더욱 분명한 것은 문지기의 역할입니다.

3절, "문지기가 그로 인하여 문을 열고…" 이렇게 문지기는 양의 문을 지키는 자입니다. 문지기는 양의 목자임을 보증해 주고 목자를 소개하는 사람입니다. 이는 분명하게 예수님을 이스라엘에게 소개해 준 인물로 세례요한을 가리키고 있습니다. 이스라엘의 목자로서 예수 그리스도를 공식적으로 소개하고 그 길을 안내하는 역할로서 세례요한임을 짐작할 수 있습니다. 요한은 일찍이 세례요한을 이렇게 증거 하였습니다.

"···내가 와서 물로 세례를 주는 것은 그를 이스라엘에게 나타내려 함이
라"(요 1:31).

우리가 살펴보았듯이 문은 양떼에게르 가는 합법적이고도 이미 정해
진 절차이며 길입니다. 이는 예수님께서 구약의 모든 예언의 말씀대로
하나도 빠짐없이 그 율법의 정한 규례와 법도는 물론이거니와 예언을
성취하시는 주체자로서 오셨습니다. 하나님께서 선지자들의 입을 의탁
하사 말씀하신 대로 계획된 길을 따라 양의 우리에까지 오셨습니다. 이
때 문지기는 양떼에게 자기 목자를 소개해 주었습니다. 그가 오셨을 때
그의 길을 예비하는 선구자요, 전령자로서 세례요한은 그의 앞서 6개월
을 먼저 왔던 것입니다.

참 목자가 나타나셨을 때 이스라엘의 양들은 그의 음성을 들었습니
다. 양은 목자의 음성을 듣고 그의 뒤를 따랐습니다. 목자는 그가 불러
낼 양들의 이름을 알고 있었습니다. 주님은 양의 우리의 문으로 들어오
셔서 자기 양을 가려내시고 그들을 불러 문밖으로 인도하여 내셨습니
다. 푸른 초장이 펼쳐져 있고 물이 넉넉히 흐르는 곳으로 인도하여 양들
로 더욱 배부르며 풍성케 하기 위하여서입니다. 복음서에서 그가 아는
양들을 하나하나 불러내시는 장면을 더할 때마다 구원으로 인도하시는
하나님의 음성을 듣는 듯 하는 감동을 금할 수가 없습니다.

"예수께서 거기서 떠나 지나가시다가 마태라 하는 사람이 세관에 앉을
것을 보시고 이르시되 나를 좇으라 하시니 일어나 좇으니라"(마 9:9).

마태는 홀로 떨어져 있던 양이었습니다. 목자가 그를 부를 때에 그
음성을 알아듣고 하던 일을 멈추고 재빨리 주님을 따랐습니다.

"예수께서 그 곳에 이르사 우러러 보시고 이르시되 삭개오야 속히 내려 오라 내가 오늘 네 집에 유하여야 하겠다 하시니"(눅 19 : 5).

목자의 부르는 음성을 들은 이스라엘의 잃어버린 양들은 "급히 내려와 즐거워하며 영접하거늘"(눅 19:6)과 같이 목자의 뒤를 따랐습니다.

"이튿날 예수께서 갈릴리로 나가려 하시다가 빌립을 만나 이르시되 나를 좇으라 하시니"(요 1 : 43).

우리가 각각 그렇게 예외 없이 이렇게 부르심을 받았습니다. 베드로야, 안드레야, 마리아야, 수가성 여인아, 아무개야, 이렇게 말입니다. 이사야 43장 1절은 부름 받은 우리에게 한없는 감동을 줍니다.

"…너는 두려워 말라 내가 너를 구속하였고 내가 너를 지명하여 불렀나니 너는 내 것이라"(사 43 : 1).

본문 3절, "문지기는 그를 위하여 문을 열고 양은 그의 음성을 듣나니 그가 자기 양의 이름을 각각 불러 인도하여 내느니라" 여기에 조건이 있음은 더욱 은혜롭습니다. 그가 자기 양의 이름을 각각 부르신다고 기록되어 있습니다. 자신의 양이 따로 있다는 이야기입니다. 영원 전에 아버지께서 그에게 주셨던 자들입니다. 예수님은 이스라엘 집의 잃은 양에게 오셨습니다. 유대 민족 전체가 아닙니다.

26절에 보면 더욱 분명해 집니다. "너희가 내 양이 아니므로 믿지 아니하는도다" 라고 못 박으셨습니다. 그러므로 아버지께서 만세 전에 그리스도의 양으로 택하신 자들은 어떤 경우에라도 예수님께 나아와야 합니다. 주님이 말씀하신 대로입니다.

"아버지께서 내게 주시는 자는 다 내게 올 것이요…" (요 6 : 37).

하나님의 택하심을 받은 사람들에게는 어느 시대나 어떤 경우를 막론하고 그의 부르심에는 후회함이 없으십니다. 하나님의 부르심에는 항거할 수 없는 은혜가 있으므로 언제나 창조적이며 효과적입니다.

"하나님이 미리 아신 자들로 또한 그 아들의 형상을 본받게 하기 위하여 미리 정하셨으니 이는 그로 많은 형제 중에서 맏아들이 되게 하려 하심이 니라 또 미리 정하신 그들을 또한 부르시고 부르신 그들을 또한 의롭다 하 시고 의롭다 하신 그들을 또한 영화롭게 하셨느니라" (롬 8 : 29, 30).

모든 사람이 의롭게 되는 것이 아니고 모든 사람이 부름 받는 것도 아닙니다. 하나님이 미리 정하신 자가 따로 있었습니다. 어떤 자를 미리 정하셨습니까? 미리 아신 자들이 있었다고 합니다.

● ● ● ● ● ● ● ● ● ●

오늘 우리가 목자의 음성을 듣고 그가 인도하시는 대로 양의 우리 밖으로 나왔습니다. 우리는 율법의 벽에 갇혀 있던 자들이었으나 아버지의 뜻을 따라 우리에게 찾아오신 참 목자이신 예수 그리스도의 부르시는 음성을 듣고 여기 푸른 초장인 교회로 인도되어 온 것입니다. 우리는 목자의 음성을 듣고 그가 인도하시는 대로 장차 하나님의 나라에까지 가게 될 것입니다. 그러나 아직도 한 우리 안에 살면서 목자의 음성을 듣지 못하는 많은 사람들이 우리의 가족과 이웃 중에 남아 있음은 가슴 속 깊이 스며드는 안타까움이 아닐 수가 없습니다.

오늘 우리와 대조를 이루는 사람들의 상태를 성경은 이렇게 표현하고 있습니다. 그들은 목자의 음성을 듣지 못하는 귀머거리들입니다. 만세 전부터 불러내지 않기로 되어 있는 버림받은 자들입니다. 그들은 계속하여 자신들이 쌓아올린 의와 자랑으로 세상을 누빌 것입니다.

"예수께서 이 비유로 저희에게 말씀하셨으나 저희는 그 하신 말씀이 무엇인지 알지 못하니라"(요 10 : 6).

양의 문

(요 10:7-10)

> "그러므로 예수께서 다시 이르시되 내가 진실로 진실로 너희에게 말하노니
> 나는 양의 문이라 나 보다 먼저 온 자는 다 절도요 강드니 양들이 듣지 아니하였느니라
> 내가 문이니 누구든지 나로 말미암아 들어가면 구원을 얻고 또는 들어가며 나오며
> 꼴을 얻으리라 도적이 오는 것은 도적질 하그 죽이고 멸망시키려는 것뿐이요
> 내가 온 것은 양으로 생명을 얻게 하고 더 풍성히 얻게 하려는 것이라"

양의 우리 안에는 팔레스타인의 모든 양들이 밤을 지내고 있습니다. 양을 짐승이나 도둑으로부터 보호하고 지키는 문지기가 문을 지키고 있습니다. 문지기의 임무는 밤에는 둔을 지키고 아침이 되면 목자들이 와서 자기 양들을 찾아가도록 문을 열어 줍니다. 양들은 자기 목자의 음성을 알아듣고 목자도 자기 양을 알아봅니다. 목자가 와서 양을 불러내면 양은 자기 목자의 음성을 듣고 따라 나옵니다.

이 비유는 구원의 주권이 전적으로 하나님께 있음을 내용으로 하는 이야기입니다. 양의 우리에 문이 있으나 문으로 들어가는 자가 있는가 하면 울타리를 넘어 들어가는 자가 있다고 하시면서 참 목자와 거짓 목

자를 비교하여 비유로 말씀하신 것입니다.

유대인들은 이 비유를 듣고 깨닫지 못했습니다. 예수님의 이야기를 이해하지 못하는 가장 큰 이유는 우리 안에 있는 양들을 하나하나 불러내는 목자에 관해서입니다. 유대인들의 생각 속에는 우리 안에 있는 한 모든 양들은 다 목자의 인도함을 따라 푸른 초장에서 가장 풍요롭게 사는 것으로 믿고 있었습니다. 메시아가 오면 유대인들 중에 한 사람이라도 제외되리라는 생각이 추호도 없었습니다. 기다리던 메시아가 오면 그 때가 바로 지상 천국이 이루어질 것이며 모든 민족들을 다스리는 영광이 주어질 것이라는 기대에 차 있었습니다. 그러니 참 목자가 와서 하나씩 불러내는 것에 대해서는 이해가 갈 리가 없었습니다.

예수님은 유대인들의 오해와 무지를 깨우치시고자 다음으로 꺼내신 이야기의 핵심이 자신을 가리켜 "양의 문"이라고 천명하고 있습니다. 예수님은 양과의 관계에 있어서는 어느 누구라도 자신을 통과하지 않고는 만날 수 없음을 일러주시는 말씀입니다. 유대인들에게 국한된 이야기가 아니라 메시아는 전 인류로 확대되어 오신 것임을 선포하시는 내용입니다. "양의 문"이라 한 것은 오직 하나의 문이 있을 뿐이라는 것입니다 예수님만이 유일한 길입니다. 구원에 있어서는 다른 길이 없다는 말씀입니다.

7절, "나는 양의 문이라"는 말씀은 기독교의 핵심이 되는 내용입니다. 이와 동일한 내용으로 요한복음 14장 6절에서도 "내가 곧 길이요 진리요 생명이니 나로 말미암지 않고는 아버지께로 올 자가 없느니라"고 선언하셨습니다. 구원은 하나님과 화평을 이루는 것인데 죄인인 인간으로서는 절대로 불가능한 일입니다. 죄가 없으신 분으로서 우리의 죄를 대속하는 길 이외에는 다른 방법이 없습니다. 예수님만이 하실 수 있는 역사입니다. 예수님만이 대속의 십자가를 지실 수 있습니다. 성경은 예수 그리스도를 가리켜 "새롭고 산 길"(히 10:20), 또는 "하나님께 나아가는 길"(엡 2:18) 이라고 못 박아 증거하고 있습니다.

오늘날 신자들의 모습 속에는 구원의 길이신 예수 그리스도를 옹호하고 증거하는 데 있어 다분히 옹색함이 보입니다. 하나님과의 화평을 외면합니다. 오히려 세상 보기에 아름다운 가치로서 화해나 평화의 길을 모색하고 있습니다. 사회 계층 간의 화평이나 정치적 집단 간의 화해 및 종교와 종교 사이의 일치 등 사람들의 눈에 보기에 고상하고 호소력이 있는 길을 중심으로 기독교를 증거하려고 합니다. 그래서 기독교 신앙 세계 안에 혼합주의 사상이 널려져 있고 거기에 세상은 힘을 실어 주고 있습니다.

이러한 현상들은 기독교 신앙이 타종교에 비해 너무나 독단이고 편협하여서 싫다는 이야기가 됩니다. 좀 더 관대해 보이기 위해서는 상대적 진리를 존중해야 하는 입장일 수밖에 없습니다. 세상은 세상의 가치밖에는 모르니까 화해, 화평, 일치를 이루는 곳에 박수를 보냅니다. 거기에 영합하는 사고는 기독교 신앙을 세속화로 퇴락하게 합니다. 하나님의 말씀이 힘을 잃고 영성이 고갈되어 하나님이 친히 촛대를 옮기시는 저주의 심판을 모면할 길이 없게 됩니다.

진리와 생명은 권위를 주장하는 법입니다. 이는 상대적이지 않습니다. 절대적입니다. 그래서 이 길 이외에는 다 부정하고 정죄할 뿐 아니라 이를 지키고 증거 하는데 있어 필요하다면 순교도 기꺼이 받아들이는 것입니다. 하나님은 진리의 문제를 사람에게 맡기시지 않으셨습니다. 다른 이로서는 구원 얻을 이름을 주신 적이 없습니다. 그토록 우리의 신앙도 독단적일 수밖에 없습니다.

십자가의 복음은 사람들의 이해와 납득 그리고 감명을 불러일으키는 내용이 아닙니다. 오히려 복음을 전하다가 오해되어 사도들이 사람들로부터 수많은 조롱과 멸시 천대를 받던 말씀이었습니다. 그렇게 오해 받던 복음인데도 불구하고 사도들은 불어 닥치는 핍박과 환난을 당연한 것으로 알고 감수하면서 증거하였습니다. 사도 바울은 "내가 복음을 부끄러워하지 않는다”고 강변하면서 그 이유를 이렇게 외쳤습니다. “복음이 모든 믿는 자에게 구원을 주시는 하나님의 능력이기 때문”(롬 1:16)이라고 말입니다.

다른 한편 우리의 눈길을 끄는 대목은 8절입니다. “나보다 먼저 온 자는 다 절도요 강도니 양들이 듣지 아니하였느니라” 여기서 “다 절도며 강도”라는 말은 예수님에게 반대하는 무리들에 대한 강렬한 표현입니다. 나보다 먼저 온 자는 다 절도며 강도라면 모세를 비롯하여 사무엘도 다윗도 선지자들도 다 절도요 강도가 된 셈이 됩니다. 그러나 절도나 강도는 어떤 사람입니까? 절도는 어떤 일을 남몰래 자기의 것으로 훔쳐가는 사람입니다. 강도는 폭력을 사용하여 탈취하는 자입니다. 도적은 모두 이렇게 남의 것을 자기의 것으로 소유하기 위하여 남몰래 훔치거나 아니면 죽이고 멸망시키는 폭력을 휘두르는 행위를 가리킵니다.

이런 의미에서 도적은 예수 그리스도를 빙자하여 자기 스스로가 진리요 생명이요 길이라고 주장하는 사람들을 총칭하는 단어입니다. 이러한 사람들을 성경은 적그리스도라고도 묘사합니다. 유사 그리스도란 말입니다. 나보다 먼저 온 자들 곧 당시 율법을 빙자하여 자신의 탐욕을 채우고 있던 바리새인들이었습니다.

신앙 세계에서 절도와 강도로 구분되는 두 종류의 도적들이 있습니다. 한 종류는 남몰래 미혹하는 도적입니다. 초기 에덴동산에서 여인에게 찾아와 간교를 부리던 뱀의 미혹이 바로 그것입니다.

“하나님이 따먹지 말라하더냐? 아니다, 따 먹어라 너도 하나님과 같이 될 수 있다” 고 꾀어내던 마귀의 수법입니다. 하나님을 떠나도록 미혹하는 여러 가지 형태의 거짓 선지자들이나 교사들이 이 범주에 속합니다. 결국 예수 그리스도를 자신의 탐욕과 정욕의 수단으로 응용하려는 속임의 명수들입니다.

또 한 종류는 포악한 모습을 공공연하게 드러내는 자들입니다. 그는 교회의 권위를 자기의 자리로 군림하면서 사람들로 하여금 따를 것을 강요합니다. 교회를 집어삼키는 폭군으로서 모든 교권을 한 손에 쥐고 자신이 마치 하나님인 양 행세하는 자들입니다. 성경은 이와 같은 강도를 니골라당의 교훈이라고 경계하면서 하나님이 제일 미워하시는 적그리스도로 판 박아 놓고 있습니다.

"내가 문이니 누구든지 나로 말미암아 들어가면 구원을 얻고 또는 들어가며 나오며 꼴을 얻으리라"(요 10 : 9).

예수님께서 "나는 양의 문이라" 하셨을 때 그 문은 양들에게는 이미 열려져 있는 문이라는 것입니다. 닫혀 있는 문이 아니라 양들이 자유로이 드나들 수 있는 문입니다. 그 문의 소유가 양들에게 있습니다. 예수님은 하나님의 나라가 갖는 풍요로운 삶을 예비해 놓으시고 그 길이 되시고자 십자가에서 양들의 대속물이 되셨습니다. 양들이 얼마든지 예수 그리스도를 통하여 하늘나라의 양식을 먹고 마실 수 있도록 말입니다. 그러나 "누구든지 나로 말미암아 들어가면"입니다. 인간은 스스로 들어갈 수 없습니다. 왜 입니까? 죄와 허물로 죽어 있어서 본질상 하나님의 진노 아래 있던 자들이었기 때문입니다. "오직 나로 말미암아서" 가능한 것입니다.

● ● ● ● ● ● ● ● ● ●

"내가 문이니 누구든지 나로 말미암아 들어가면 구원을 얻고 또는 들어가며 나오며 꼴을 얻으리라" - "들어가며 나오며" 라는 말은 완전한 자유를 비유적으로 표현한 것입니다. 하나님과의 단절로 인하여 죽음과 저주의 벽에 갇혀 있던 자들이 이제는 예수 그리스도로 말미암아 하나님의 보좌 앞으로 자유로이 출입할 수 있게 된 것입니다. 누구든지 예수 그리스도의 이름으로 하나님께 담대히 나아가는 특권이 주어진 것입니다. 신앙은 하나님께 나아가는 싸움입니다. 하나님과 함께 사귀며 사는 것으로 이미 영광입니다.

"꼴을 얻으리라" – 양들에게 줄 풍요로운 초장이 준비되어 있음을 약속하는 내용입니다.

하나님이 목자 되시고 우리가 그의 기르시는 양이 될 때에 양으로서 우리가 누리는 삶의 만족을 마땅히 가질 것이라는 말씀입니다.

"그가 나를 푸른 초장에 누이시며 쉴 만한 물가으로 인도하시는도다"
(시 23 : 2).

(요 10:10)

"도적이 오는 것은 도적질하고 죽이고 멸망시키려는 것뿐이요 내가 온 것은
양으로 생명을 얻게 하고 더 풍성히 얻게 하려는 것이라"

예수님이 오셔서 싸우신 대상은 당시 교권을 가지고 있던 바리세인들이었습니다. 예수님의 분노는 하나님의 율법이 바리세인들의 탐욕을 위한 응용재료로 사용되고 있는 죄의 문제였습니다. 당시 율법을 맡은 교권주의자들은 하나님의 법을 이용하여 사람들을 죽이고 멸망시키고 있었습니다. 율법을 응용하여 자신들의 욕심을 채우고 있었습니다. 주님은 그들을 가리켜 도적이라고 정죄하셨습니다.

10절, "도적이 오는 것은 도적질하고 죽이고 멸망시키려는 것뿐이요 내가 온 것은 양으로 생명을 얻게 하고 더 풍성히 얻게 하려는 것이라" – 생명을 근거로 하지 않고는 어떤 경우도 풍성해질 수 없음을 단정하

셨습니다. 율법은 사람을 살리는 법입니다. 그리스도에게로 인도하는 몽학선생이라고 하였습니다. 그런데 바리세인들은 율법을 가지고 자신들의 유익을 탈취하고 결과적으로 사람들을 죽이고 멸망시키고 있었습니다. 우리에게 생명을 일으키지 않으면 세상의 그 어떤 것도 우리의 것을 도적질하는 격이 됩니다.

오늘날 우리가 속고 있는 것 중에 가장 심각한 것은 철학의 속임수입니다. 논리적이며 윤리적인 것은 상당히 호소력이 있습니다. 아름답고 경이로운 이상형의 삶을 이야기합니다. 이방 종교를 한 곳에 불러 모아 놓으면 한결같이 우리가 가지고 있는 기존의 것을 개발하여 빛을 냅니다. 열반이니 해탈이니 윤리니 선이니 하는 것을 마치 생명인 냥 붙들고 있습니다. 그러나 이것들은 삶의 가치일 수 있으나 생명일 수는 없습니다.

현대사상의 중심을 이루는 성향은 상대주의입니다. 상대적인 가치를 인정 해주는 것을 고상하다고 합니다. 절대적인 진리를 주장하면 옹졸하고 편협된 사람으로 소외시킵니다. 상대적인 가치를 가진 자를 관대한 사람, 수용력이 태평양과 같은 사람으로 높이 평가합니다. 화합과 평화를 도모하는 사람들을 우리는 인격적이라고 대우합니다.

어떤 사람이 돈이 떨어진 상태에서 기차를 탔습니다. 검침원이 개찰을 하고 있었습니다. 당장 들키면 벌금 뿐 아니라 도중하차당해야 합니다. 궁리한 끝에 모신문사 정치부 기자라고 속였습니다. 검침원이 차표를 보자고 하자 모신문사 정치부 기자인데 취재차 급한 나머지 표를 사지 못하였다고 양해를 구하였습니다. 검침원이 옆 칸에 당신네 정치부 부장이 타고 있는데 확인하러 가자고 합니다. 가짜 정치부 기자의 간이 떨어지는 순간입니다. 그런데 정치부 부장이 자기를 알아보고 수고한다고 격려까지 하면서 옆 자리에 앉으라고 권하는 것이었습니다. 위기를 모면하였습니다. 합석하는 영광도 얻었습니다. "부장님, 저를 어떻게 알아보셨습니까?” “이 사람아 척 보면 알지. 나도 가짜일세”

이방 종교들이 기독교를 편협된 종교라고 비방하는 것도 자기들끼리는 관대할 수밖에 없는 입장이기 때문입니다. 가짜는 관대해도 상관이 없습니다. 싸울 이유가 없습니다. 같은 처지이기 때문입니다.

화평이면 다 좋은 것입니까? 에스키모들은 자기 집에 찾아온 손님과의 화평의 표시로 아내를 준다고 합니다. 진리와 생명의 문제는 화합의 장을 열어서 얻을 수 있는 것이 아닙니다. 진리는 절대 권위를 주장하는 법입니다. 타협이 불가능합니다.

예수님은 나는 양으로 생명을 얻게 하려고 왔다고 선포하셨습니다. “나는 길이요 진리요 생명이니 나로 말미암지 않고는 아버지께로 올 자가 없느니라” (요 14:6)고 다른 길이 없다는 것을 못 박았습니다. 나 이외에는 길도 진리도 생명일 수 없다고 선포하셨습니다.

생명이란 무엇입니까? 창세기 5장에 나오는 에녹의 생애를 살펴보면 알 수 있습니다. 아담의 계보가 나오는 데 몇 세를 향수하고 죽었더라는 것이 공통적인 표현입니다. 한 사람의 경우를 빼놓고는 다 죽었다는 표현을 썼습니다.

> “에녹이 하나님과 동행하더니 하나님이 그를 데려가시므로 세상에 있
> 지 아니하였더라” (창 5 : 24).

이와 동일한 내용인데 히브리서에는 더욱 분명하게 묘사되고 있습니다.

> “믿음으로 에녹은 죽음을 보지 않고 옮기었으니 하나님이 저를 옮기심
> 으로 다시 보이지 아니하니라 …” (히 11 : 5).

우리의 경우에도 적용되는 말씀, “그가 우리를 흑암의 권세에서 건져

내사 그의 사랑의 아들의 나라로 옮기셨으니"(골 1:13)입니다.

"…내 말을 듣고 또 나 보내신 이를 믿는 자는 영생을 얻었고 심판에 이르지 아니하나니 사망에서 생명으로 옮겼느니라"(요 5:24)라는 말씀도 있습니다.

에녹이 죽음을 보지 않고 옮기었다는 것과 우리가 생명으로 옮기었다는 것이 다 같은 경우입니다.

이 세상 사람들이 다 죽음 아래 놓여 있는 채 살다가 영원한 심판에 이르게 되는 길을 가고 있는데 우리가 그 처참한 심판의 사망의 길에서 영원한 생명의 나라로 옮겨 살고 있습니다. 사망에서 생명으로 옮겼다는 것, 그 상태가 이미 천국입니다. 죽어도 살고 영원히 죽지 아니하는 곳입니다.

에녹의 생애를 설명한 말씀, "…저는 옮기우기 전에 하나님을 기쁘시게 하는 자라"(히 11:5)와 "에녹이 하나님과 동행하더니 하나님이 그를 데려가시므로 세상에 있지 아니하였더라"(창 5:24)는 생명으로 옮긴 자의 삶의 내용을 설명하는 대목입니다. 하나님의 기쁘심을 위하여 사는 자들입니다. 우리는 선행을 하되 하나님의 기쁘신 뜻이기 때문에 열심을 내는 것입니다. 이웃을 사랑하되 하나님의 기쁘신 뜻이기 때문에 남달리 섬기고 헌신하는 것입니다.

요한복음 17장 3절, "영생은 곧 유일하신 참 하나님과 그의 보내신 자 예수 그리스도를 아는 것이니이다" 이와 같이 영생은 그리스도를 아는 것 자체입니다. '안다' 는 단어는 인지하다, 기억하다, 이해하다 등의 개념입니다. 인간의 인식능력에 속한 것으로 어떤 정보를 가지고 있는 상태를 말합니다. 그러나 한 단계 더 나아가 성경에서 독특하게 사용하는 안다는 단어는 인식이나 지식정보에 국한된 뜻으로가 아니라 감정적이며 경험적인 차원의 지식으로 설명하고 있습니다.

"아담이 아내와 동침하매 하와가 잉태하여 가인을 낳고…"(창 4:1) – '동침하매' 가 원래는 '알매' 라는 뜻입니다. '안다' 는 말은 상호 교류,

영어는 더욱 실감이 갑니다. 바로 'Interchange' 입니다. 경험을 가지고 서로를 깊이 사귀는 상태를 말합니다. 기쁨과 슬픔을 함께 나누며 서로를 깊이 이해하는 상태입니다. 부부간의 교제와 같습니다. 하나님과 우리 사이가 간격이 없이 속속들이 다 이해하고 경험하고 마음과 뜻을 같이 나누며 살아가는 사이를 영생이라고 합니다.

예수님은 우리에게 영생을 주려고 오셨습니다. 하나님과 교류가 가능하도록 십자가에서 우리의 죄를 대신 걸머지셨습니다. 하나님을 아는 지식을 넣어주시려고 오셨습니다. 창조주, 구속주, 심판주 하나님을 알려주시기 위하여 오셨습니다. 이러한 신지식을 근거로 우리로 하여금 하나님과 사귐이 있게 하시기 위하여 오셨습니다.

생명은 하나님과의 관계에서만 파악할 수 있습니다. 어떤 경우라도 생명을 가지고 있는 한 영생이며 천국이고 구원이기 때문에 그에게는 어떤 형태로든지 삶 자체가 형벌이나 저주일 수 없습니다.

우리의 삶이 고통과 상처로 얼룩진 발자국들입니다. 누구나 예외일 수 없습니다. 그럼에도 불구하고 고통의 순간은 하나님과 더욱 가까이 살게 하시는 하나님의 간섭이지 세상으로 쫓는 형벌은 있을 수가 없습니다. 모든 삶의 경우를 종합하면 결과적으로 우리에게 영생의 풍성함을 누리게 하시는 하나님의 간섭입니다.

성경상의 인물들이 한결같이 쏟아 놓는 삶의 이야기 속에는 행복과 감격과 기쁨이었습니다. 모두가 다 하나님의 일을 하다가 당하는 고통과 아픔 중에 고백한 내용들입니다. 생명이 풍성하게 활동하는 모습입니다. 절망하거나 체념하는 탄식이 아니라 솟구치는 기쁨과 환희의 기도와 찬송이었습니다.

바울의 경우, 예루살렘에 가면 죽을 것이 뻔한 위험한 길인데도 이렇게 고백합니다.

"오직 성령이 각 성에서 내게 증거하여 결박고 환난이 나를 기다린다 하

시나 나의 달려갈 길과 주 예수께 받은 사명 곧 하나님의 은혜의 복음 증거
하는 일을 마치려 함에는 나의 생명을 조금도 귀한 것으로 여기지 아니하
노라"(행 20 : 23, 24).

스데반이 돌에 맞아 처참하게 죽어 가는 마지막 순간에 이런 기도를
합니다. "주 예수여 내 영혼을 받으옵소서 하고… 이 죄를 저들에게 돌
리지 마옵소서 저들이 알지 못하나이다"(행 7:59,60) 이와 같이 그는 이
미 저 높은 곳으로 뛰어 오르고 있었습니다. 우리와 전혀 다른 세계에
들어간 것입니다.

욥이 인생 최대의 절망의 순간에 쏟아 놓은 신앙고백입니다. "내가 모
태에서 적신이 나왔사온즉 또한 적신이 그리로 돌아가올지라 주신 자도
여호와시요 취하신 자도 여호와시오니 여호와의 이름이 찬송을 받으실지
니이다"(욥 1 : 21).

다윗의 경우는 단연 으뜸가는 신앙의 표본입니다. 가장 억울하게 당
하는 오해와 핍박으로 사울왕의 추적을 피하여 거칠고 난폭한 광야 생
활 십여 년 동안을 피신하며 도망치며 살고 있을 때에 그의 심령 내면에
서 분출된 신앙고백적인 시와 찬미입니다.

"여호와는 나의 목자시니 내가 부족함이 없으리로다 그가 나를 푸른 초
장에 누이시며 쉴 만한 물가로 인도하시는도다"(시 23 : 1, 2).

'풍성' 이란 단어는 원뜻은 '파도를 일으키다' 는 동사입니다. 해변의
바위를 파도가 일어나 세차게 그리고 끊임없이 칩니다. 파도가 일어나
서 부딪치고 나면 다른 파도가 일어나서 또 부딪친다. 밀려오는 파도를
멈출 수 없습니다. 이 지구가 끝날 때까지 계속될 것입니다.

하나님의 은혜가 감동적으로 밀려오그 또 밀려오는 파도와 같이 우
리의 삶이 흘러넘치게 되는 상태를 가리킵니다. 생명을 근거로 하나님
이 베푸시는 은혜가 파도처럼 우리의 삶을 넘치게 할 것이라는 약속입
니다.

출애굽의 역사는 하나님께서 이스라엘 백성으로 가나안 땅의 풍요와
안식의 장소에서 살게 하고자 하는 것을 목적으로 단행된 구출 작전이
었습니다. 그곳, 가나안 땅에서 사는 법이 무엇입니까? 하나님을 사랑
하는 법입니다. 마음을 다하고 성품을 다하고 힘을 다하여 하나님을 사
랑하는 것, 그것이 이 땅에서 사는 조건일 뿐 아니라 목적입니다.

다시 말하면 하나님과 교류하며 하나님의 뜻을 따라 사는 일에 익숙
해지는 삶입니다. 그것이 삶의 표현 양식이며 문화로 자리 잡고 있어야
합니다.

출애굽은 하였는데 아직도 광야에서 살고 있으면 그 땅은 고통과 갈
등과 불평의 장소일 수밖에 없습니다. 하나님을 적극적으로 사랑하는
자리까지 가야 합니다. 사랑하기에 이제는 기꺼이 하나님의 명령과 계
명을 즐거이 지킵니다. 그 곳이 가나안 땅의 성격입니다. 동시에 풍성한
삶을 누리는 장소입니다.

가나안 땅의 삶은 물고기가 물을 만난 것과 같은 현상입니다. 물이
없는 곳에서 사는 상태는 애굽의 종살이입니다. 물이 있어도 오염된 수
질에서는 비틀거릴 수밖에 없습니다. 광야의 이스라엘과 같습니다. 물
이 없는 곳에 살아가는 고기는 썩습니다. 작은 벌레가 달려들어도 먹힐
수밖에 없습니다.

싱싱한 물에서 사는 고기를 보십시오. 번쩍이는 비늘, 힘있게 헤엄치
는 아름다운 모습, 이런 것들은 썩어 있는 물에서 사는 것과 비교가 안
되는 모습입니다.

우리가 알아야 할 것은 가나안땅의 축복은 보상으로 주어진 것이 아

니라는 것입니다. 이는 이미 종살이하는 백성을 이끌어 낼 때에 목적하신 장소입니다. 구원은 단순히 죄와 사망의 심판에서부터 구출하는 것으로 끝이 아닙니다. 십자가에서 구원을 받은 것은 이미 영생이며 천국이기는 하지만 그것은 보다 풍성하고 넘치는 행복이 보장되어 있는 미래의 삶을 얻기 위한 출발점이지 끝이 아닙니다.

예수님 안에는 삶의 풍요와 승리와 안식이 보장되어 있습니다. 꼭 기억해야 할 것은 하나님이 마련하신 곳이기 때문에 하나님이 원하시는 조건이 붙을 수밖에 없습니다.

나의 뜻을 따르고 나를 영화롭게 하며 나의 명령을 순종하라는 것이 조건입니다. 순종은 삶의 본질이며 뿌리입니다. 순종을 안 한다고 하여 저주하거나 쫓아내시지는 않으십니다. 왜냐하면, 그 땅은 우리의 노력이나 공로로 주어지는 보상의 조건이 붙은 땅이 아니기 때문입니다.

고기가 물 속에서 사는 것을 속박이라 할 수 없습니다. 물 밖에서 사는 것을 자유라고 할 수 없습니다. 고기가 맑고 깨끗한 물 속에서 살아야 드디어 자유로울 수 있듯이 우리는 하나님의 말씀대로, 그의 명령아래 살 때에 비로소 자유로울 수 있습니다. 번성할 수 있습니다.

꽃은 햇빛이 쬐이는 곳에서 아름다움을 간직할 수 있습니다. 햇빛을 볼 수 없는 곳에서는 시들어 버립니다. 천국의 비유 중, 가시덤불에 떨어진 씨앗처럼 말씀이 결실치 못하여 세상의 유혹에 넘어지는 경우와 같습니다.

물고기에게 물이 허락되어 있는 것과 같이, 꽃에게 햇빛이 허락되어 있는 것과 같이, 하나님의 백성인 우리에게는 하나님의 생명의 법, 곧 하나님을 사랑하는 법이 허락되어 있습니다.

하나님을 적극적으로 믿고 그의 법을 따라 사는 것이 바로 호흡하는 것이요, 해와 비를 맞는 것이요, 고기가 적당한 물을 만나는 것입니다. 우리는 죽어 가는 풀이었고 시들어 가는 꽃이었습니다. 혼탁하고 오염된 물에서 살고 있던 물고기였습니다. 그러나 하나님은 우리에게 예수 그리스도를 보내셔서 그로 하여금 우리의 물이 되게 하시고 햇빛이 되게 하셨습니다.

생명의 특징은 그 주변 환경이 모두 생명을 열매 맺게 하는 데에 필요조건이 된다는 것입니다. 햇빛이 쬐여서 잘 자라고 비가 와서, 바람이 불어서 생명은 잘 자랍니다. 반대로 시체는 모든 경우 그것으로 잘 썩는데에 좋은 환경이 됩니다. 삶을 풍성하게 하는 근거는 환경이 아니라 생명의 문제입니다.

● ● ● ● ● ● ● ● ●

생명을 주신 하나님으로 인하여 그 목적대로 우리로 살게 하신 삶은 마땅히 풍성한 양식을 먹어 살찌고 건강한 모습이어야 할 것입니다. 생애의 기쁨이나 가치나 감동이 물질에 있지 않음을 아는 지혜가 있기를 바랍니다. 물질이 물질 자체로 있으면 허무하게 됩니다. 썩는데 필요한 조건이 됩니다.

삶을 힘있게 하는 근거는 하나님이 함께 활동하시는 삶입니다. 삶의 근거를 하나님과 함께 출발하게 하신 하나님의 은혜를 기억하는 순간, 우리는 마땅히 그의 뜻으로 삶을 설계하고 그에게 자문을 구하고 그에게로부터 지혜를 얻고 때를 따라 기적과 표적을 구하면서 하나님과 함께 호흡하듯이 살아가야 할 것을 결심해야 할 것입니다. 영생의 풍성함을 누리는 약속을 굳게 붙드는 믿음의 분발이 일어나기를 기도합니다.

(요 10:11-18)

"나는 선한 목자라 선한 목자는 양들을 위하여 목숨을 버리거니와 삯군은 목자도 아니요
양도 제 양이 아니라 이리가 오는 것을 보면 양을 버리고 달아나나니 이리가 양을 늑탈하고
또 헤치느니라 달아나는 것은 저가 삯군인 까닭에 양을 돌아보지 아니함이나
나는 선한 목자라 내가 내 양을 알고 양도 나를 아는 것이 아버지께서 나를 아시고
내가 아버지를 아는 것 같으니 나는 양을 위하여 목숨을 버리노라 또 이 우리에 들지
아니한 다른 양들이 내게 있어 내가 인도하여야 할 터이니 저희도 내 음성을 듣고 한 무리가
되어 한 목자에게 있으리라 아버지께서 나를 사랑하시는 것은 내가 다시 목숨을
얻기 위하여 목숨을 버림이라 이를 내게서 빼앗는 자가 있는 것이 아니라
내가 스스로 버리노라 나는 버릴 권세도 있고 다시 얻을 권세도 있으니
이 계명은 내 아버지에게서 받았노라 하시니라"

예수님은 자신을 선한 목자로 계시하시면서 바리새인들을 절도와 강
도요, 특히 본 대목에서는 삯군으로 대치시켜 설명하고 있습니다. 바리
새인들도 이스라엘의 목자였습니다. 이스라엘의 목자는 양으로서 이스
라엘 백성을 지키고 보호하여 양들로 편안히 쉬도록 해야 하는데 그들
은 눈먼 걸인이 예수의 이름으로 눈을 떴다는 이유로 출교시켜 버렸습
니다. 이 사건으로 양을 자신의 탐욕을 위한 제물로 여긴 것임이 입증이
된 것입니다. 양은 자기들의 소유가 아니라 하나님께서 맡기신 양들입
니다. 그들은 하나님의 것을 도적질하는 강폭한 자들이었습니다.

구약에는 그리스도를 목자의 성격으로 상징해 주는 예들이 많이 있

습니다. 인류 사상 처음 희생되었던 아벨은 양치는 자로 증거하고 있으며 아브라함을 비롯하여 구약의 족장들이 다 양치는 목자들이었고, 출애굽의 대 주역으로 등장한 모세도 미디안 제사장의 양 무리를 치는 목자였습니다. 특히 다윗의 고백은 목자의 성격을 증명해 주는 가장 감동적이며 분명한 어조로 묘사하고 있습니다. 블리셋 장수 골리앗의 모욕에도 불구하고 겁에 질려 싸울 엄두를 내지 못하는 이스라엘 군대를 보고 다윗이 싸우러 나가겠다고 간청할 때 이렇게 자신의 신앙을 고백한 적이 있습니다.

> "다윗이 사울에게 고하되 주의 종이 아비의 양을 지킬 때에 사자나 곰이 와서 양 떼에서 새끼를 움키면 내가 따라가서 그것을 치고 그 입에서 새끼를 건져내었고 그것이 일어나 나를 해하고자 하면 내가 그 수염을 잡고 그 것을 쳐죽였었나이다"(삼상 17:34, 35).

소년 다윗의 진술에서 목자는 양을 지키기 위하여 자신의 생명을 위태롭게 하기까지 내어 주고 있음을 전달하고 있습니다. 양들을 지키느라 사자와 곰 그리고 이리와 같은 사납고 포악한 짐승과 싸우느라 온몸에 상처를 입고 고통당하는 목자의 모습을 그려 주고 있습니다. 예수님이 말씀하신 나는 "선한 목자"에서도 '선한'이란 '가치 있는', '좋은' 등의 뜻입니다. 목자는 마땅히 양들을 이리떼로부터 지키기 위하여 자기 생명까지도 희생시키는 자입니다. 그럴 때 목자의 가치가 존귀해 집니다.

이어서 주신 말씀 11절, "선한 목자는 양들을 위하여 목숨을 버리거니와"에서 목자의 선한 가치가 더욱 선명해집니다. "양들을 위하여"라는 말은 '양들의 유익을 위하여'란 뜻입니다. 선한 목자는 그의 백성을 사망의 심판에서부터 구원하기 위하여 그의 목숨을 내어 던집니다. 목자는 억지로가 아니라 아주 자발적으로 기꺼이 그의 몸을 대속물로 내어 줍니다. 양들의 생명을 멸망으로부터 구원하기 위한 일념일 뿐입니다. 그 몸을 대속물로 주기까지 선한 목자는 맡겨진 양들을 사랑하고 돌봅니다.

우리는 여기서 선한 목자의 성격이 속죄와 연결되어 있음을 깊이 이해하게 됩니다. 예수님은 자기희생의 도덕적 모범이나 어떤 숭고한 조치로서가 아니라 자기 백성을 형벌과 죽음의 심판에서부터 건져내고 구속하기 위하여 자기의 목숨을 버리는 구속주이십니다. 그는 양들로 생명을 얻게 하려고 죄와 허물로 죽어 있어 본질상 하나님의 진노 아래 있던 그 처음 양들의 비참한 장소로 내려가서서 속죄 양이 되셨던 것입니다. 그리스도의 희생은 죄를 지은 그의 특별한 백성을 위한 것입니다. 구속의 대상이 일반적으로 이해하는 인간이 아니라 하나님의 백성을 위하여 그의 목숨을 버리셨습니다. 염소들이 아니라 양들을 위해서입니다.

이와 같은 제한 속죄에 관한 말씀을 이미 구약의 선지자들을 통하여 선포하셨습니다.

"…그가 산 자의 땅에서 끊어짐은 마땅히 형벌 받을 내 백성의 허물을 인함이라 하였으리요"(사 53 : 8).

예수님이 최후의 만찬 때에 이를 뒷받침하는 말씀을 언급해 주셨습니다.

"이것은 죄 사함을 얻게 하려고 많은 사람을 위하여 흘리는바 나의 피 곧 언약의 피니라"(마 26 : 28).

구원을 위하여 십자가를 지셔야 할 대상은 내 백성이라는 조건이 따르고 언약의 피로 표현되는 한계가 분명해집니다.

"삯군은 목자도 아니요 양도 제 양이 아니라 이리가 오는 것을 보면 양
을 버리고 달아나나니 이리가 양을 늑탈하고 또 헤치느니라"(요 10 : 12).

주님은 더 깊이 바리새인들의 불충한 목자로서의 탐욕의 모습을 지
적해 주시고 있습니다. 목자는 양의 주인이 아닙니다. 맡겨진 양들을 돌
보는 자입니다. 여기서 삯군 목자는 마치 양들이 자기 소유인 양 자신의
이익에 따라 양들을 마음대로 처리합니다. 양들을 사랑하지 않고 오직
자신의 이익만을 챙기는 자입니다. 맡겨 주신 자, 하나님을 주인으로 섬
기는 충성과 열심으로 양떼를 거느리는 것이 아니라 그의 관심은 오직
삯에 있습니다.

이는 "일군이 그 삯을 얻는 것이 마땅하니라"(눅 10:7)하신 말씀과 견
주어 오해할 수 있는 대목입니다. 일군이 그 수고의 대가를 받는 것은
지극히 마땅한 일입니다. 교회의 일군도 복음으로 살리라고 주님께서
말씀하셨습니다. 그러나 삯군은 양을 치는 일보다 돌아올 대가를 더 사
랑합니다. 삯을 받지 않는다면 일을 하지 않는 사람, 그가 바로 삯군입
니다. 삯군은 세속적인 이익을 보장해 준다는 단순한 이유만으로 그 목
자의 지위와 자리를 고수하는 사역자들입니다. 삯군 목자에게는 오직
자기를 채우려는 탐욕 이외에는 다른 동기가 없습니다.

또 삯군의 특징은 이리가 오는 것을 보면 양을 버리고 달아나 버립니
다. 이리가 와서 양들을 늑탈하고 헤쳐 놓더라도 상관하지 않습니다. 이
리로 상징되는 것은 무엇입니까? 여기서 이리는 사탄이 아닙니다. 왜냐
하면 거짓 목자가 양을 버리고 달아나기 때문입니다. 만일 이리가 사탄
이라면 거짓 목자는 기꺼이 사탄과 협착함으로써 양떼의 형편이 더욱
낭패에 처하게 될 것입니다. 그런데 삯군 목자는 이리를 보고 양떼를 버
린 채 도망치고 맙니다. 그리고 이리가 와서 양떼를 늑탈하고 해치기는
하지만 완전히 삼켜 버리지는 않습니다. 하나님의 백성은 사탄의 공격
에 의해 잠시 상처를 받을 수는 있지만 그의 밥이 될 수는 없습니다. 거

짓 목자가 떠날지라도 하나님이 지켜 주시기 때문에 결코 멸망 받을 수가 없습니다.

13절, "달아나는 것은 저가 삯군인 까닭에 양을 돌아보지 아니함이냐" – 이리가 오는 것을 보면 양들을 지킬 각오로 대비해야 할 터인데 왜 먼저 달아나는가 하면 그가 삯군이기 때문입니다. 사람은 그 성격대로 행동하는 법입니다. 본성이 무엇이냐 하는 것이 그의 행동을 좌우합니다. 술을 마시기 때문에 주정뱅이가 아니라 그는 술을 마시기 전에 이미 주정뱅이였습니다. 거짓말쟁이는 거짓말하기 전부터 이미 거짓말쟁이였습니다. 도적은 그가 도적이기 때문에 도적질을 일삼습니다. 시험의 때가 오면 그가 어떻게 행동하는가에 따라 어떤 사람인지가 드러나게 됩니다.

우리가 어떤 사람인가 하는 것은 시험이 왔을 때 어떻게 행동하느냐에 따라 결정됩니다. 그러니까 우리는 먼저 진실한 그리스도인이 되어야 하는 것에 역점을 두어야 함을 한시라도 잊어서는 안 됩니다. 어떤 일을 하는 것보다 어떤 사람이 되느냐 하는 것이 신앙 훈련의 기본 원리입니다.

명분이 목자인데 왜 달아납니까? 그가 삯군이기 때문입니다. 다시 말하면 목자가 삯군이 된 것이 아니라 삯군이 목자의 탈을 쓴 것입니다. 삯군 목자가 달아나는 때는 언제입니까? 그가 이리가 오는 것을 보는 때입니다. 그가 삯군인 것을 알게 된 것은 이리가 오고 있었기 때문입니다. 이리가 삯군 목자의 본색을 드러내게 한 것입니다. 만일 이리가 오지 않았더라면 그의 정체는 드러나지 않은 채 여전히 목자의 명분과 지위를 누렸을 것입니다.

이리는 시련의 위기로 요약할 수 있습니다. 양들의 생명이 위협을 받는 두렵고 불안한 위기의 때입니다. 바울은 이리가 와서 양들을 어지럽히고 늑탈하고 해치는데 대하여 우려하는 심정으로 에베소 교회 장로

들을 불러 마지막 교회를 당부하는 장면이 나옵니다.

　　"내가 떠난 후에 흉악한 이리가 너희에게 들어와서 그 양 떼를 아끼지
　　아니하며 또한 너희 중에서도 제자들을 끌어 자기를 좇게 하려고 어그러
　　진 말을 하는 사람들이 일어날 줄을 내가 아노니" (행 20 : 29, 30).

　　지금 교회가 이리떼 가운데 노출되어 있습니다. 예수께서 제자들에
게 염려하시면서 전하신 말씀도 같은 경우입니다.

　　"보라 내가 너희를 보냄이 양을 이리 가운데 보냄과 같도다" (마 10 : 16
　　상반절).

　　이는 세상에 세워진 교회의 모습을 묘사해 주는 말씀입니다. 교회는
어느 시대를 막론하고 이리 떼 가운데 보내어진 어린 양과 같습니다. 세
상은 교회를 해치려는 온갖 난관과 시련들이 도사리고 있는 장소입니
다. 온갖 어그러진 말을 가지고 교회를 어지럽게 하고 해치고 있습니다.
　　교회에서는 이단의 문제가 제일 먼저 떠오르는 이리떼입니다. 극단
의 신비주의와 지성주의가 교회를 쓰러뜨립니다. 초대 갈라디아 교회
안에 벌써 가만히 들어온 이단이 있었습니다. 이단은 표시가 나지 않는
것이 특징입니다. 가만히 그리고 남모르는 사이에 스며듭니다. 왜 그렇
습니까? 그 기초가 인본주의이기 때문입니다. 이는 사람들이 갖고 있는
심리적, 종교적 열망들을 자극하는 온갖 형태의 것을 형식, 내지 프로그
램화한 것이기 때문에 표시가 확연히 드러나지 않습니다.
　　인간은 누구나 초월에 대한 진한 향수를 가지고 있습니다. 신비로운
세계를 문질러 주면 누구나 다 시원해 합니다. 반면에 신비롭고 초월한
것이 어리석고 천박하다는 느낌 때문에 극좌로 빠져 버린 이성주의와
합리주의와 같은 현대사상으로 물들어 버린 신앙도 있습니다. 이 두 가

지는 모두 인본주의로서 기독교 신앙과 반하는 경향을 갖게 됩니다. 이러한 것들은 기존의 것을 개편, 확대하는 것들이기 때문에 우리 자신도 모르는 사이에 교회 공동체 안으로 들어와 버립니다. 가만히 그리고 자연스럽게 스며들어 교회의 모습을 세속으로 물들게 합니다.

선교의 측면에서도 신앙의 토착화 현상을 나타낼 위험이 있습니다. 기독교가 성경의 원리를 떠나 미국식으로 혹은 한국식으로 토착화될 가능성이 많습니다.

성경에서 성도를 가리켜 양으로, 주님 자신을 목자로 묘사한 것은 그 특성을 보아 하나님의 지혜를 발견하게 됩니다. 양의 특성을 몇 가지로 요약할 수 있습니다.

첫째, 양은 깨끗한 짐승입니다. 양은 정결해진 하나님의 백성을 상징하는 동물입니다. 그래서 하나님께 드려지는 제물로 사용되고 있었습니다.

둘째, 양은 아무 힘이 없는 짐승입니다. 공격하거나 방어할 무기가 없습니다. 날카로운 발톱도 없고, 물어뜯을 이빨도 없습니다. 그와 같은 성도들은 스스로 아무 것도 할 수 없는 유약한 존재들입니다. 예수님도 말씀하시기를 "나를 떠나서는 너희가 아무 것도 할 수 없음이라"(요 15:5 하반절)고 하셨습니다.

셋째, 양은 전폭적으로 목자에게 의존합니다. 홀로 두면 스스로 풀이 있고 물이 흐르는 곳을 찾을 지혜나 능력이 없습니다. 목자가 이끌 때에 푸른 초장에 눕기도 하고 쉴 만한 물가에서 안식하기도 합니다.

넷째, 양은 흩어지기 쉬운 동물입니다. 주변에 성가신 분위기일 때에는 잠시도 안정할 수 없는 짐승입니다. 불안과 두려움이나 짜증스러운 때에는 틈만 나면 문밖으로 나가 버립니다. 성도는 틈만 생기면 분리와 이간과 당 짓는 일에 넘어지기 쉽습니다. 참으로 주님의 말씀대로 "시험에 들지 않게 깨어 있어 기도하라" (마 26:41, 막 14:38) 는 훈계가 절실한 존재들입니다. 우리는 모두 유약하고 스스로 일어설 수 없는 어리석은 양들입니다. 선한 목자의 간섭이 없으면 멸망할 자들입니다.

> "나는 선한 목자라 내가 내 양을 알고 양도 나를 아는 것이 아버지께서 나를 아시고 내가 아버지를 아는 것 같으니 나는 양을 위하여 목숨을 버리노라"(요 10 : 14, 15).

우리는 모두 예수 그리스도에게 맡겨진 그의 양들입니다. 그분이 우리를 아시는 만큼 우리도 그분의 음성을 듣습니다. 예수 그리스도를 공통분모로 하여 우리는 또한 서로에 다하여 이해하며 관용하며 사귀는 자들입니다. 세상이 우리를 알지 못합니다. 우리가 서로를 압니다. 유약한 양으로서 우리 자신의 가련한 처지를 압니다. 우리가 갖는 갈등과 번민을 알고 서로 이해하고 도와야 할 하나님의 백성이라는 인식을 같이 하고 있습니다. 그것은 성부 하나님과 성자 그리스도 사이에서 계속되던 사랑의 관계와 같습니다. 우리는 서로를 포용하고 환영하고 힘이 나도록 서로를 기도의 동역자로 만나야 하고 서로의 필요를 공급해 주는 친교가 이루어져야 할 대상들입니다.

15절, "나는 양을 위하여 목숨을 버리노라" - 주님은 우리를 위하여 대속물로 십자가에 못 박혀 죽으셨습니다. 그 일은 지금도 계속되고 있습니다. 십자가의 사랑만큼 더욱 열정을 가지고 우리를 대신하여 희생하고 계십니다. 성령을 보내시고 성령의 충만한 자를 통하여 지금도 우리를 도우십니다.

이 지점에서 돌이켜 보아야 할 것은 오늘의 나의 나됨을 이루기 위하여 누군가의 희생이 뒤따랐다는 것입니다. 하나님의 권고하심을 따라 나를 위하여 눈물로 기도한 신실한 분들이 있었습니다.

누가 이토록 이리떼 가운데 노출되어 있는 유약한 나를 그 위험으로부터 지켜줍니까? 주님은 지금도 목자의 심정으로 우리를 수많은 시련의 위기로부터 보호하고 지키시기 위하여 교회를 세우시고 거기에 말씀을 맡은 자와 치리자를 세우시고 온갖 좋은 은사들과 아름다운 직분을 허락하사 서로 서로에게 봉사와 섬김의 만남과 기회들이 제공되도록 해 주셨습니다.

●●●●●●●●●

"나는 선한 목자라 나는 양을 위하여 목숨을 버리노라" 이 말씀이 주님만의 사명이 아닙니다. 오늘 우리가 서로를 향하여 고백해야 할 사명인 것입니다. 우리도 주님이 자기 목숨을 버려 우리를 구원하셨듯이 우리도 이제는 서로를 살리는 가치로 존재할 줄 아는 성숙한 열매들이 되어야 할 것입니다. 선한 목자의 성품과 인격이 아니면 교회의 지체들을 살리는 길이 없음을 명심하시기 바랍니다.

양 한 무리, 한 목자

(요 10:16-18)

"또 이 우리에 들지 아니한 다른 양들이 내게 있어 내가 인도하여야
할 터이니저희도 내 음성을 듣고 한 무리가 되어 한 목자에게 있으리라 아버지께서
나를 사랑하시는 것은 내가 다시 목숨을 얻기 위하여 목숨을 버림이라 이를 내게서
빼앗는 자가 있는 것이 아니라 나가 스스로 버리노라 나는 버릴 권세도 있고
다시 얻을 권세도 있으니 이 계명은 내 아버지에게서 받았노라 하시니라"

11절, "나는 선한 목자라, 선한 목자는 양들을 위하여 목숨을 버리노
라" – 선한 목자가 되는 것은 양들의 소유권이 자기에게 없음을 알고
양의 유익을 위하여 자기 목숨을 기꺼이 버리기 때문입니다. 양의 주인
으로부터 부탁받은 책임을 하느라고 목자는 목숨까지라도 아끼지 아니
하는 그의 진심과 충성이 지극하다 하여 선한 목자라 규명했습니다. 반
면에 삯군 목자는 양이 자기 것인 냥 양을 이용해서 오직 자기 유익만을
챙기는 데에 혈안이 된 자들입니다. 바리새인들 곧, 율법주의자들을 겨
냥하는 말씀입니다.

이제 선한 목자가 목숨을 버리는 것은 이스라엘 백성들만을 위한 것

이 아니라 놀랍게도 세계에 흩어져 있는 하나님의 백성까지로 확대되
어 있습니다.

> "또 이 우리에 들지 아니한 다른 양들이 내게 있어 내가 인도하여야 할
> 터이니 저희도 내 음성을 듣고 한 무리가 되어 한 목자에게 있으리라"(요
> 10:16).

우리에 들지 아니한 다른 양들이 내게 있다고 하셨습니다. 예수님께
서는 이미 양들을 소유하고 있었습니다. 미래에 자기에게 올 양들이 아
니라 이미 만세 전에 하나님께서 구원하시기로 택정擇定하시고, 그 양
육을 위임받은 양들을 주님은 이미 손에 쥐고 계셨다는 것입니다.

소유하고 있는 상태가 현재 분사형이면서도 진행형입니다. 이미 예
수님께서는 이스라엘 밖의 다른 양들, 곧 우리들을 포함해서 오고 오는
세대에 만세 전에 택정하신 하나님의 백성들을 소유하고 계시고 있었
다는 것입니다. 다른 양들은 이스라엘 밖에 흩어진 하나님의 백성들입
니다.

구원의 대상이 전 인류입니다. 이스라엘에 국한되어 있지 않습니다.
이스라엘 밖에 있는 하나님의 자녀들까지 구원하기 위하여 예수님은
십자가를 지러 이 땅에 오셨음을 분명히 하는 표현입니다. 이스라엘 백
성은 구원을 설명하기 위하여 불려 나온 견본입니다. 구원이 이스라엘
의 전용물이 아닙니다.

구원은 처음부터 전 인류를 대상으로 계획된 것이었습니다. 구원의
복음은 인간이 죄를 범하자마자 곧 바로 등장된 단어입니다. 죄를 범하
기 전에는 구원을 이야기할 필요가 없었습니다. 하나님과 인간 사이에
어떤 것도 풀어내야 할 문제가 하나도 없었습니다. 모든 관계와 환경이
하나님 보시기에 좋으셨던 상태 그대로였습니다.

하나님께서 인간에게 복을 주셔서 인간은 피조 세계의 모든 것을 누리며 향유하며 즐거워할 일만 남겨 놓고 있었습니다. 초기 에덴에는 그렇게 하나님의 창조의 목적과 계획대로 하나님과 인간 사이, 인간과 인간 사이, 자연 사이가 모두 하나님의 거룩함과 의와 지식으로 흘러넘치는 장소였습니다.

하나님의 영광과 존귀와 권위가 확연히 드러나는 신성한 상태였습니다. 하나님에게 있어서는 이토록 초기 에덴의 지고의 조화와 거룩함과 영광은 어떤 경우에라도 빼앗기실 수 없는 창조의 목적이었습니다.

죄란 하나님의 기쁘심과 영광과 권위가 사라진 상태입니다. 만물의 주인이 하나님이셔야 하고 그 증거로 인간은 하나님을 경배하고 그에게 영광의 찬미를 드려야 하는 것이 정상인데, 하나님의 자리에 인간이 가로채어 스스로 하나님이 되어 버렸습니다. 그 배후에 사탄이 조종하고 있는 상황으로 떨어져 버린 것입니다.

인간이 주인이 되자 역사는 곧바로 형벌과 죽음의 길을 곤두박질하면서 진행되어 왔습니다. 그렇게 하나님과 단절된 타락의 현상은 마치 독극물로 오염된 강물과 같습니다. 생명이 유지될 수 없는 사해와 같습니다. 자연현상들은 옛날 같지 않습니다. 공기오염과 수질오염으로 인하여 생물들이 더 이상 번식할 수 없는 재해가 심각할 정도입니다.

하나님의 통치권이 인간의 타락으로 인하여 역사에서 밀려나자 이전에는 없었던 전쟁과 사회격동과 민족과 국경의 분쟁과 문화와 문명의 충돌과 갈등이, 인종차별이, 사상과 사상의 대립이 우리가 사는 땅에 짙게 그늘져 있습니다. 이 죽음의 회색 그늘 아래서 인간은 번뇌와 탁견卓見의 길을 갑니다. 구도의 길을 갑니다. 가서 도착한 곳이 결국은 절망의 자리입니다. 이 끝없이, 한 없이 우리 앞에 전개되는 역사의 비극적인 현상들을 우리는 외면할 길이 없습니다.

예수님께서 이 땅에 오신 목적은 상실한 하나님의 권위를 회복시키

려는 것입니다. 영광과 경배의 대상으로 하나님의 기쁘심을 회복하는
것을 목적을 삼으시고 죄의 문제를 해결하려고 십자가에 오르셨습니
다. 하나님의 나라를 이 땅에 세우시고 그의 통치권이 힘을 발휘하도록
모든 환경을 만드시기 위해 십자가를 지시러 오셨습니다. 십자가를 지
심으로 우리를 개인적으로 구원하시고 역사적으로는 하나님의 통치권
의 새로운 왕국을 건설하기 위해 오셨습니다.

십자가의 정신이 우리의 삶을 힘있게 합니다. 내가 죽고 남을 살리는
십자가의 가치가 우리 공동체를 신성하게 하고 아름답게 창조해 가는
근원이 됩니다. 십자가의 의미나 가치가 없으면 경제 논리에 의해서 우
리의 공동체가 힘을 발휘할 방법이 근원적으로 없습니다. 악랄하게 경
쟁하고 대립할 뿐입니다. 하나님의 나라를 이루려고 하는 첫 번째 발걸
음으로 우리를 죄와 처참한 사망의 심판에서 건져내는 것입니다.

타락한 본성으로 하나님을 떠난 자들을 예수 그리스도는 그의 가슴
에 쓸어안고 한 알의 밀이되어 썩어져 죽으셨습니다. 그 죽음의 형벌과
함께 묻히신 곳에서부터 영원히 썩지 아니하는 부활의 생명이 돋아난
것입니다. 역사 속으로 우리가 사는 이 땅에 영원히 썩지 아니할 생명의
첫 번째의 보증으로서 그가 죽음을 깨고 살아나셨습니다.

부활은 하나님 나라가 건설되는 첫 번째 보증물입니다. 영혼의 나라
가 임한 것입니다. 영으로 세워지는 하나님의 나라가 세계 도처에 확산
되어져 가고 있습니다. 경제 · 정치 · 사회 · 심리적인 기술로 연합한 나
라가 아니라 영으로 통일되는 왕국입니다. 신앙운동은 어떻게 하면 죄
를 짓지 않을까, 어떻게 내가 은혜로 받은 권원權原을 죄와 세상에게 빼
앗기지 않을까 하는 싸움이 아니라 보자 적극적인 형태로 어떻게 하나
님 나라를 이 땅에 세우느냐에 대한 열심과 진심으로 십자가의 길을 가
는 운동입니다.

16절, "우리에 들지 아니한 다른 양들이 내게 있어 내가 인도하려야
할 터이니 저희도 내 음성을 듣고 한 무리가 되어 한 목자에게 있으리

라"- 만세 전에 아버지께서 택정하신 자들은 필연코 예수께로 인도되어 올 것이라는데 대한 예언입니다. 아버지께서 맡기신 양들은 반드시 그리스도께로 옵니다. 그리스도의 음성을 들을 때가 온다 했습니다.

"나를 보내신 아버지께서 이끌지 아니하면 아무라도 내게 올 수 없으니
오는 그를 내가 마지막 날에 다시 살리리라"(요 6 : 44).

구원은 아버지께서 이끄시는 자로 한정하고 있습니다. 구원의 주체자가 하나님이심을 결정하는 대목입니다. 아무나 자기 판단이나 자기 의지로 구원함에 이를 수 없다는 것을 단호히 선포하는 말씀입니다. 누구든지 우리의 의지와 판단으로 믿음의 길을 걸을 수가 없습니다. 우리를 아무런 간섭도 없이 가만히 두면 어디로 갈 것 같습니까? 모두 자기의 정욕과 자존심이 이끄는 데로 가버립니다. 우리는 그 속성을 버릴 수가 없습니다. 우리는 다 분리, 이탈, 독립의 속성을 갖고 있습니다. 권위에 대한 저항심을 가지고 살아가고 있습니다. 누구나 통제와 간섭을 싫어하는 속성을 가지고 있습니다. 그 속 깊은 곳에 자존심이 도사리고 있기 때문입니다. 자존심의 근원은 하나님의 권위를 깨트리고 도망쳐 나왔을 때에 인간이 공통적으로 갖는 죄성입니다.

우리는 더 이상 자존심의 싸움을 하지 않도록 되어 있는 자리에 들어와 살고 있습니다. 우리가 하나님을 창조주, 구속주, 재림주로 알고 그가 약속하신 영원한 나라를 준비시키는 존재로 산다는, 이 변화가 우리의 힘으로 가능했으리라 생각합니까? 하늘나라에 가고 싶은 사람은 많습니다. 땅에 뼈를 묻고 싶은 사람은 없습니다. 이 땅은 더 이상 영원할 가치가 없음을 알기 때문입니다. 어젠가는 하나님의 심판을 받아 멸망할 이유가 있는 곳임을 인정하는 사람들입니다.

그리스도인들의 특성이 무엇입니까? 세상은 우리의 명예와 상급을

쌓을 곳이 아니며 이 물질과 육체의 것이 삶의 목적이 아니라는 것을 살아 있을 동안에 깨닫는 자들입니다. 이 세상은 영원을 준비하는 과정이라는 것을 내가 살아 있을 동안에 다 깨닫고 뉘우치고 하나님의 뜻을 따라 살도록 지음 받은 사람들입니다. 특별한 존재들입니다. 천국을 향하여 가는 순례자의 길을 가는데 우리는 현실이라는 장벽을 넘어서 갑니다. 비록 고통과 이별이 있는 현실이지만 이 영원한 천국을 준비하는 일에는 이모든 것이 합력하여 우리에게는 유익이 될망정 절망일 수가 없습니다.

우리가 어떻게 교회란 이름으로 여기 신령한 지식과 함께 살게 되었습니까? 하나님께서 우리가 경험하는 모든 고통과 슬픔의 사연들과 함께 이끌어다 놓은 장소가 교회입니다. 이 교회는 혈육이 만나는 즐거움과 희열 이상의 기쁨과 소망을 창조하는 관계임을 놓쳐서는 안 됩니다. 교회생활에 흥미와 열심이 붙으면 이보다 더 풍성한 삶이 없습니다. 내 혈육을 만나는 것 이상으로 교회에서 영원한 형제, 자매들을 만나는 행복이 넘칩니다. 나의 믿음의 벗들이 모여 있는 장소입니다. 만세 전에 하나님께서 구원하시기로 예정하신 대로 하나님의 소유된 자들이 그 수없이 많은 삶의 애환과 비탄의 사연들을 가지고 온 만남과 동역의 공동체가 교회입니다. 하나님이 친히 인정하시고 불러주신 이름, 참으로 황공하옵게도 거룩한 백성이요 왕같은 제사장들입니다. 그렇게 불려나온 자들이 한 무리를 이루어 교회를 형성한 것입니다.

이젠 그리스도 안에서 전 인류가, 온 세상과 우주 전체가 화목하며 하나님을 섬기는 일에 하나 되는 법을 배우며, 거룩한 공동체를 이뤄가는 하나님의 경륜에 대한 이해를 넓히며 하나님의 나라를 확대하는 역사에 주역으로서 커 가는 훈련에 임하는 것입니다. 교회라는 이름으로 모인 이상 이제 우리의 사고를 바꿔야 합니다. 그렇다면 하나님께서 이끌어다 놓으신 이 교회라는 이름으로 만난 장소와 관계는 더 이상 혈통이나 문화나 민족이나 국경 같은 배경들을 다 벗어 던져야 할 것입니다.

지난날의 인간적이고 사회적인 차별이나, 반목의 벽들을 다 허물어 버려야 됩니다. 교회는 마땅히 부한 자나 빈한 자가 함께 만나 말씀을 중심으로 대화가 가능한 영성이 넘쳐흘러야 할 것입니다. 교회는 비지식인이나 지식인이 함께 만나 하나님의 지식에 관한 신령한 대화의 문이 활짝 열려져야 할 것입니다. 허약한 자와 건강한 자가 함께 친교가 가능한 장소여야 합니다.

하나님께서 그리스도 안에서 하나의 왕국을 건설하셨습니다. 하나님의 뜻을 받들어 섬기는 하나님의 백성이라는 인식이 있는 자들이 여기와서 서로 만나고 화답하고 친교하는 성령공동체라는 특별한 만남과 관계를 형성해 주셨습니다. 성령의 역사하심에 따라 행동하는 배움과 훈련의 장소로서 교회가 허락되었습니다. 성령의 열매를 맺도록 간섭하는 훈련이 익숙해지는 장소여야 합니다. 사랑과 희락, 화평, 오래참음, 자비와 양선과 충성과 온유와 절제와 같은 품성이 돋보이는 인격자로 성장해야 하는 장소여야 합니다.

그러나 홀로 있으면 이룰 수 없습니다. 서로가 상대를 필요로 하는 훈련들입니다. 사랑 혼자서 못합니다. 이 안에 원수가 있어야 원수를 사랑하는 법을 익힐 수 있습니다.

> "너희는 유대인이나 헬라인이나 종이나 자주자나 남자나 여자 없이 다 그리스도 예수 안에서 하나이니라 너희가 그리스도께 속한 자면 곧 아브라함의 자손이요 약속대로 유업을 이을 자니라"(갈 3 : 28, 29).

교회는 인종차별이 없습니다. 빈부의 갈등이 없고 혈통, 지연, 출신 등의 반목이나 대립이 없는 곳임을 선포하고 있습니다. 여기 모든 이들이 그리스도의 목숨과 바꾸어 다시 살아난 자들인 만큼, 그 만큼 존귀하지 않는 자들이 하나도 없습니다. 사회계층으로 만나는 값으로가 아니라 하나님이 보실 때에 여기 교회에는 나보다 못난 사람은 적어도 한 사람도 없습니다. 다들 하나님의 영광을 위한 가치로서 유일한 존재들입니다. 괄시받을 사람 하나도 없습니다.

> "아버지께서 나를 사랑하시는 것은 내가 다시 목숨을 얻기 위하여 목숨을 버림이라 이를 내게서 빼앗는 자가 있는 것이 아니라 내가 스스로 버리노라"(요 10 : 17, 18).

이스라엘 밖에 다른 양들까지 다함께 한 무리를 지어서 한 목자에게 맡기시기 위하여 하나님께서 친히 이루신 일이 얼마나 크고 놀라우냐라는 것을 표현한 내용입니다. 자기 목숨을 기꺼이 버리는 정도였다는 것입니다. 만세 전에 예정하신 아버지의 뜻을 따라 오직 순종의 길을 걸으셨던 십자가로 탄생시킨 교회라는 얘깁니다. 예수님은 힘이 없어서 인간들로부터 조롱과 멸시를 받은 것이 아닙니다. 마지막 십자가에 못 박히실 때에도 세상의 권력에 의해서 어쩔 수 없이 붙잡히신 것이 아닙니다. 마지막 죽으실 때에도 기운이 다하여 죽음아래 내려가신 분이 아닙니다. 예수님의 생애는 아버지의 뜻을 좇아 자발적으로 기꺼이 자의에 의해서 진행되는 삶이었습니다. 어느 누구도, 어느 사건도, 예수님이 동의하지 아니하시면 예수님을 십자가로 이끌어 갈 권세가 없었습니다. 때가 이르면, 스스로 잡혀주셨고, 때가 이르면 죽음 아래로 스스로 내려가셨습니다. 그가 죽음을 허락하시니 드디어 죽음이 왔을 뿐입니다. 그가 동의하지 아니하시면 죽음이 그를 붙잡을 수가 없었습니다. "내가 스스로 내 목숨을 버리노라, 나는 버릴 권세도 있고 얻을 권세도 있느니라"고 말씀하십니다.

● ● ● ● ● ● ● ● ●

이토록 교회를 얻기 위해서 자기 몸을 십자가에 못 박히시는 강렬한 의지와 사랑의 열정을 쏟아 부으셨다는 것을 한시라도 잊지 마시기 바랍니다. 하나님 자신이 갖는 강렬한 의지로 세우신 이 교회의 영광을 우리에게 맡기셨습니다. 우리가 보존하고 지키고 이를 확대, 부흥케 해야 할 책임이 있다는 것을 마음속에 다짐하는 분발이 있으시기를 바랍니다.

내 양은 내 음성을 들으며

(요 10:22-29)

"예루살렘에 수전절이 이르니 때는 겨울이라 예수께서 성전 안 솔로몬 행각에 다니시니
유대인들이 에워싸고 가로되 당신이 언제까지나 우리 마음을 의혹케 하려나이까
그리스도여든 밝히 말하시오 하니 예수께서 대답하시되 내가 너희에게 말하였으되 믿지
아니하는도다 내가 내 아버지의 이름으로 행하는 일들이 나를 증거하는 것이어늘 너희가
내 양이 아니므로 믿지 아니하도다 내 양은 내 음성을 들으며 나는 저희를 알며 저희는
나를 따르느니라 내가 저희에게 영생을 주노니 영원히 멸망치 아니할 터이요
또 저희를 내 손에서 빼앗을 자가 없느니라 저희를 주신 내 아버지는 만유보다 크시매
아무도 아버지 손에서 빼앗을 수 없느니라"

11절, "나는 선한 목자라 선한 목자는 양들을 위하여 목숨을 버리느니라" 18절 하반절, "나는 버릴 권세도 있고 다시 얻을 권세도 있으니 이 계명은 내 아버지에게서 받았노라"라고 말씀하셨습니다.

이 계명을 듣고 유대인들 사이에서 극심한 분쟁이 일어났습니다. 예수님의 말씀을 받아들이는 사람과 반대하는 사람이 서로 갈라졌습니다. 어떤 사람은 20절, "저가 귀신들려 미쳤거늘 어찌하여 그 말을 듣느냐" 또 어떤 사람은 21절, "이 말은 귀신들린 자의 말이 아니라 귀신이 소경의 눈을 뜨게 할 수 있느냐 하더라" 하고 분쟁이 일어나고 있었습니다.

 생명의 빛, 그 경이와 환희에 잠기다

이는 9장에서 날 때부터 소경 된 자의 눈을 뜨게 한 사건을 본 후에 일어난 반응들입니다. 날 때부터 빛을 보지 못하는 불행한 인간을 눈을 떠서 보게 함으로 그의 앞에는 전에는 안 보이던 오색찬란한 빛들이 들어옵니다. 모든 것이 황홀하고 기쁘고 경이롭습니다. 어느 하나도 놓칠 수 없는 호기심으로 가득한 현상들입니다.

이토록 선하고 아름다운 사건을 일으켰다면 누구든지 그에게 나아와 엎드려 경배해야 마땅할 것입니다. 그런데 어떤 사람들은 '이 선한 목자'를 향하여 "귀신들려 미쳤다"고 합니다. 그 하나님이 일으켜 놓으신 선한 일을 전적으로 부정해 버립니다.

아인슈타인이 상대성 원리를 설명하였더니 11명 중에 2명만 믿더라고 합니다. 하물며 전혀 생소한 이야기인 하나님의 진리를 믿으리란 생각은 버려야 합니다.

요한복음 10장은 우리가 예수를 구주로 믿고 창조주로 믿고 의지하는 것이 얼마나 불가능한 일인가를 핵심으로 설명하는 것입니다. 오늘 사건은 하나님을 설명하였더니 더욱 반응이 엉뚱한 장면입니다.

"예루살렘에 수전절이 이르니 때는 겨울이라 예수께서 성전 안 솔로몬 행각에서 다니시니 유대인들이 에워싸고 가로되 당신이 언제까지나 우리 마음을 의혹케 하려하나이까 그리스도여든 밝히 말하소서 하니"(요 10 : 22 - 24).

수전절은 BC 170년경 안티오쿠스 에파피베스가 예루살렘을 침공하여 성전 안에 제우스 신상을 갖다 놓고 유대인들이 혐오하는 돼지를 잡아 제사를 드리게 하고 율법 책을 불살라 버리는 등 악행을 저질렀습니다. 이에 분노한 마카비 형제들이 3천 명의 정예군을 만들어 수리아군 6만 명과 싸워 승리를 거두었습니다. 자유를 되찾고 성전을 회복하고 율법을 다시 찾고 하나님께 제사 드리는 등 모든 것을 되찾게 된 성결을 기념하는 날입니다. 'Feast of the dedication,' 그 때가 BC 164년 12월 25일, 'Festival of Hanukkah' 입니다.

23절, "예수께서 성전 안 솔로몬 행각에서 다니시니" – 예루살렘 성전은 몇 겹의 층으로 구획되어 있습니다. 각 구획마다 벽이 있는데 맨 바깥벽으로 구분되어 있는 뜰이 있고 이방인의 뜰이 있고 이방인의 뜰보다 앞에 있는 뜰, 유대인 여자들이 들어가는 곳 그 안쪽으로 가면 갈수록 유대인 남자들, 제사장의 뜰이 있고 제일 끝에 지성소가 있습니다.

솔로몬 행각은 어디에 위치하고 있느냐 하면 맨 바깥쪽 뜰에 있습니다. 아무나 드나들 수 있는 이방인의 뜰입니다. 지금 예수님이 어디에서 다니시느냐 하면 솔로몬 행각에서 다니십니다.

성전은 하나님을 경배하는 곳입니다. 그런데 경배를 받으실 하나님에 어디에 계시느냐 하면 유대인들이 생각했던 것처럼 제사장 뜰이나 지성소에 계신 것이 아니라 이방인의 뜰에 계십니다. 예수님이 율법에 의하면 제사장의 뜰에서 다니셔야 하는데 지금 이방인의 뜰에서 거닐고 계십니다. 유대인으로서는 용납할 수 없는 행동입니다.

유대인은 수전절이 닥칠 때마다 성전 안과 밖을 보수하고 깨끗이 청소 정리하면서 율법에 따라 하나님께 제사를 드리고 있었습니다. 이에 반하여 예수님이 바깥뜰에 거니신 것은 참 성전은 보이는 그 건물에 있지 않고 심령 속에 있다는 것을 암시해 주는 장면입니다.

이는 무슨 뜻입니까? 복음이 이스라엘의 벽을 뛰어넘어 전 인류를 향하여 밖으로 나아가야 함을 보여 주시는 모습입니다.

24절 "유대인들이 에워싸고 가로되 당신이 언제까지나 우리 마음을 의혹케 하려나이까 그리스도여든 밝히 말하시오 하니" – 성전 바깥뜰에서 거니시던 예수님께 나아와 그를 에워쌌습니다. 그리고 이구동성으로 던지는 질문, 당신이 그리스도냐, 그리스도가 맞느냐 이 질문은 매우 적대적인 감정이 섞인 질문입니다. 분명히 말씀하시면 듣고 따르겠다는 것이 아닙니다. 유대인은 이미 예수님을 죽이기로 모의하고 기회를 노리고 온지 오래입니다. 붙잡아 죽일 빌미가 생기면 즉각적으로 행동으로 옮기기로 결심한 자들입니다.

이 질문이 지금 수전절에 솔로몬 행각에서 던져진 것입니다. 사람이라면 어느 누구라도 들어갈 수 있는 이방인의 뜰에서 율법적인 자들로부터 힐문을 당하고 있습니다. 유대인으로서는 절대로 들어가서는 안되는 곳에서 예수님이 지금 "나는 그리스도라, 나는 하나님 아버지와 하나다"라고 하십니다.

유대인으로서는 예수님을 잡아 죽일 빌미로는 충분한 이유가 성립되는 장면입니다. 그러나 예수님을 잡기에는 아직은 의심스러운 데가 있습니다. 유대인의 입장에서는 예수님의 행동이 혼란스럽습니다. 갈피를 못 잡을 만합니다. 왜 그렇습니까? 메시아다운 표적이 엿보이기 때문입니다. 범상치 않습니다. 하나님만이 하실 수 있는 일이 그에게 따릅니다.

이때가 예수님의 3년 공생애에서 마지막 부분으로서 십자가를 앞에 둔 때입니다. 그 동안 그의 메시아 되심에 대한 증거로 수없이 많은 표적을 나타내 주셨습니다. 표적은 예수님이 오셔서 행하신 일이 모두 초월한 것들인데 그 비상한 능력과 권세와 지혜를 통해 그가 바로 하나님이심을 알도록 어떤 증거를 나타내는 것입니다. 표적이 수없이 있었습니다. 가는 곳마다 기적이 베풀어졌고 사람들이 감당할 수가 없었습니다. '이 분이 메시아구나' 하는 표적이 제우스의 심중에 새겨져 있습니다.

요한복음에서만 대표적인 기적이 첫째, 가나 혼인 잔치에서 물로 포도주를 만드신 것 둘째, 왕의 신하를 고치신 것 셋째, 베데스다 연못가에서 자리 깔고 누워 있는 불구자를 고치신 것 넷째, 오병이어 사건 다섯째, 날 때부터 소경 된 자를 고치신 것 여섯째, 나사로를 무덤에서 살리신 것, 이것뿐입니까? 이것으로는 아직도 부족합니까?

요한복음 마지막 부분 21장 25절, "예수의 행하신 일이 이외에도 많으니 만일 낱낱이 기록된다면 이 세상이라도 이 기록된 책을 두기에 부족할 줄 아노라" 그리고 20장 31절, "오직 이것을 기록함은 너희로 예수께서 하나님의 아들 그리스도이심을 믿게 하려 함이요 또 너희로 믿고 그 이름을 힘입어 생명을 얻게 하려 함이니라"라고 말씀하십니다.

예수님께서 그 분 자신의 메시아 되심을 증명하기 위한 모든 일을 하실 수 있는 데까지 다 행하셨습니다. 더 이상 보여줄 표적이 필요치 않습니다. 만일 사람들의 요구대로 더 많은 표적을 보여준다 할지라도 그들은 여전히 또 더 많은 것, 더 확실한 증거를 보여 달라고 할 것입니다. '당신이 그리스도이거든 밝히 말하시오' '왜 우리로 의혹하게 하는가?'

사람들은 흔히 기독교를 초월하는 종교로 오해하고 있습니다. 초월에다 두고 기독교를 증명하려는 경향이 있습니다. 그러나 성경은 처음부터 역사 자체를 기록해 놓고 있습니다. '천지를 창조하시니라', 누가 창조했습니까? 바로 하나님입니다.

구약은 이스라엘의 역사, 신약은 예수 그리스도의 생애, 서신서는 초대 교회의 행적을, 계시록은 앞으로 이루어질 미래에 대한 기록들입니다. 이 모든 기록들 속에는 전쟁, 살인, 간음, 거짓, 술수, 부모 거역, 우상숭배 등 보편적으로 우리가 이해할 수 있는 역사와 인물 사들이 열거되어 있습니다.

그러나 반드시 기억해야 할 것은 이 더럽고 냄새나는 세상에 하나님이 친히 오셔서 행하신 일은 다 선하신 일들로서 초월한 사건들이 도입되어 있다는 것입니다. 기적이 자연 속에 도입됨으로 하나님이 무엇을 말씀하고 싶으신가에 대한 이해가 있지 아니하면 기적, 초월만을 기독교로 오해할 가능성이 있습니다.

요한복음의 주제는 빛이 어둠 가운데 왔고 생명이 죽음의 땅에 왔다는 것입니다. 그가 예수 그리스도라는 것입니다. 예수님이 행하신 이적 속에는 어두움을 밝히고 빛의 활동이 죽음을 살리는 생명의 활동들이 핵심이요, 주제입니다. 어둠과 빛이, 죽음과 생명이 한 시공간에서 맞부딪혀 갈등하고 있습니다. 앉은뱅이가 일어나고, 눈먼 자가 눈뜨고, 죽을 자가 살아나고, 오병이어에 이르기까지 많습니다. 지금 빛이 왔고 생명이 오셨다는 것을 강력하게 증거해 주는 말씀입니다. 죄를 없이하며 죄의 결과인 사망과 저주의 권세를 밀어내고 사람들로 하여금 생명을 얻게 하고 더 풍성케 하시려 하고 있습니다.

이 세상이 전부가 아니라 하늘나라가 있고, 육체가 전부가 아니라 영혼이 있고, 죽음만이 끝이 아니라 영생하는 능력과 영광이 있다는 것입니다. 이를 알리는 수단으로 동원된 것이 기적입니다. 눈에 보이는 기적보다 더 긴요하고 충격적인 것은 영생이며 천국임을 설명하는 장면입니다.

인간이 갖고 있는 인식의 기능은 이성 밖에 없습니다. 시간과 공간 안에 있는 것만을 포착하는 폐쇄성을 갖고 있습니다. 소위 폐쇄 체계(Closed system)입니다.

하나님이 지금 시간과 공간을 초월하는 기적을 통하여 하나님을 알리십니다. 공중에 뜬 사건이 꿈이나 환상으로가 아니라 구체적으로 우리 눈앞에 펼쳐지는 사건들입니다.

자연 속에 초자연이 나타나서 하나의 역사적인 사건을 만들어 진행되고 있습니다. 하나의 역사입니다. 이원론이 아닙니다.

이것은 분명히 우리의 이성으로도 인식할 수 있는 사건입니다. 그럼에도 불구하고 이를 나타내신 이가 전능하신 하나님, 창조주 하나님이시란 사실을 알지 못합니다. 왜일까요? 폐쇄사고 체계에 갇혀 있기 때문입니다. 말이 안 되는 것은 못 믿습니다. 기적을 보았고 기적을 또 요구하고 기원하고 있으면서 정작 기적을 일으켜 놓으면 기적의 장본인

그리스도를 하나님으로 믿지 않더란 이야기입니다. 능력 있는 선지자, 용한 의사 정도로 오해하고 있었습니다.

왜 못 믿습니까? 어떤 이는 믿는데 말입니다. 말이 안 되면 안 믿어야 되는데 왜 그 기적의 주인공을 메시아로, 구세주로, 하나님으로 믿되 순교까지 할 정도냐 말입니까?

26절, "너희가 내 양이 아니므로 믿지 아니하는도다" – 예수님은 이 세상을 사랑하셔서 그 몸을 대속물로 주러 오셨지만 그 대상은 어디까지나 영원 전에 아버지께서 그의 백성으로 택정하신 자들을 위하여서입니다.

성경에서 구원을 이야기할 때 만세 전에 하나님이 예정하신 자 선택을 기준으로 설명합니다. 우리의 시각에서 보면 하나님이 불공평한 자가 됩니다. 누구는 선택하고 누구는 아닙니까?

선택이란 구원이 인간의 편에서는 얼마나 불가능한가? 우리가 스스로 깨달을 수 없고 스스로 판단하여 얻을 수 없는 것, 구원의 근거가 우리 인간에게는 전혀 없다는 것을 설명하는 단어입니다. 반대로 구원이란 하나님 편에서 시작하셔야 하는 하나님만이 행하실 수 있는 사안임을 강조하는 단어가 선택, 예정입니다. 인간으로서는 예수님을 믿고 구원을 얻을 수 없다는 것의 확실한 표현이 선택입니다. 오늘 믿는 우리들에게 감동적인 말씀입니다.

"내 양은 내 음성을 들으며 나는 저희를 알며 저희는 나를 따르느니라"
(요 10 : 27).

당시 유대인들은 저들 앞에 전개된 수많은 표적들에도 불구하고 예수님을 구주로 영접치 못했습니다. 아는 것이란 율법뿐이었습니다. 정해진 법률 이외에는 인정할 수 없는 폐쇄 체계 속에 갇혀 있었습니다.

오직 자기 자신들의 정치 기반을 어떻게 유지하는가, 세상의 부귀영화를 어떻게 누릴까에만 관심이 있었습니다. 기회만 생기면 자신들의 정치 기반을 흔들고 있는 예수를 잡아 죽일 심사로 가득합니다. 메시아의 표적이 없는 것이 아니라 자기 욕망을 채우려는 계획뿐입니다.

서민들도 마찬가지로 "우리의 왕이 되소서!" 영혼의 문제, 생명과 진리에는 관심이 없었습니다. 그 초월한 사건을 본 자들의 요구가 무엇입니까? 세상과 육체의 것을 채워 달라, 세상 밖에는 보이는 것이 없었습니다. 폐쇄 체계에 갇혀 있었습니다. 빛이 어두움 가운데 오매 어두움이 깨닫지 못하더라. 예수님께서 하나님의 뜻을 이루려고 행하신 일과 그 일을 놓고 인간들이 요구하는 것과의 괴리가 바로 십자가입니다. 인간의 무지함을 말하는 사건입니다. 십자가를 보라 우리를 얼마나 사랑하시는가 하는 것입니다. 구원하기로 확정된 자는 반드시 구원하시겠다는 강한 의지입니다.

"나는 선한 목자라, 선한 목자는 양떼를 위하여 목숨을 버리노라" 하고 말씀하신 것처럼 그래서 우리가 지금 여기 하나님께 경배하고 있습니다. 목자가 아니었더라면 나는 이 구원을 누릴 수가 없습니다. 그가 성령을 보내서 우리의 폐쇄 체계를 깨뜨리시고 영혼의 눈을 뜨게 하사 전인격적으로 하나님을 보게 하셨고 말씀을 듣게 해 주셨습니다.

그가 죽으심으로 우리가 살아났습니다. 그가 징계를 받음으로 화평을 누리고 그가 채찍을 맞음으로 우리가 나음을 입었도다. 이제 하나님은 우리를 버리실 수가 없습니다. 더 이상 죄에게 사망에게 빼앗기지 아니하십니다.

> "내 양은 내 음성을 들으며 나는 저희를 알며 저희는 나를 따르느니라
> 내가 저희에게 영생을 주노니 영원히 멸망치 아니할 터이요 또 저희를 내
> 손에서 빼앗을 자가 없느니라"(요 10 : 27, 28).

하나님이 빼앗기지 않는 자, 하나님이 편들어 주시는 자, 하나님이 기뻐하시는 자가 누구입니까? "내 양은 내 음성을 들으며 나는 저희를 알며 저희는 나를 따르느니라"는 말씀처럼 우리는 마땅히 하나님의 백성이라는 자각과 함께 마땅히 주님의 말씀대로 살기로 결심해야 할 것입니다.

어찌 참람하다 하느냐

(요 10:30-39)

"나와 아버지는 하나이니라 하신대 유대인들이 다시 돌을 들어 치려하거늘
예수께서 대답하시되 내가 아버지께로 말미암아 여러 가지 선한 일을 너희에게 보였거늘
그 중에 어떤 일로 나를 치려 하느냐 유대인들이 대답하되 선한 일을 인하여 우리가 너를
돌로 치려는 것이 아니라 참람함을 인함이니 네가 사람이 되어 자칭 하나님이라 함이로라
예수께서 가라사대 너희 율법에 기록한바 내가 너희를 신이라 하였노라 하지 아니하였느냐
성경은 폐하지 못하나니 하나님의 말씀을 받은 사람들을 신이라 하셨거든 하물며
아버지께서 거룩하게 하사 세상에 보내신 자가 나는 하나님의 아들이라 하는 것으로 너희가
어찌 참람하다 하느냐 만일 내가 내 아버지의 일을 행치 아니하거든 나를 믿지 말려니와
내가 행하거든 나를 믿지 아니할지라도 그 일은 믿으라 그러면 너희가 아버지께서
내 안에 계시고 내가 아버지 안에 있음을 깨달아 알리라 하신대
저희가 다시 예수를 잡고자 하였으나 그 손에서 벗어나 나가시니라."

"나는 양의 문이라" "누구든지 나로 말미암아 들어가면 구원을 얻고
또는 들어가며 나오며 복을 얻으리라 나는 선한 목자라, 선한 목자는 양
들을 위하여 목숨을 버리노라 나는 버릴 권세도 있고 얻을 권세도 있느
니라"고 말씀하십니다.

예수님의 일련의 발언은 유대인 사이에서 의견 분열을 일으켰습니
다. 어떤 사람은 귀신들려 미쳤다고 하고, 어떤 사람은 귀신이 소경의
눈을 뜨게 할 수 있느냐 반박하기도 하고, 사건마다 유대인들 사이에 물
의를 일으켰습니다.

예수님의 행하신 일과 발언 내용으로 예수님에 대한 여론이 정립되

지 않고 예루살렘 당국자들에게 큰 혼란을 던지고 있었습니다. 예수님은 수수께끼 인물 같은 존재입니다.

유대인에게 있어 최고의 국가 절기 수전절에 유대인으로서는 들어가서는 안 되는 성전 바깥 이방인의 뜰을 거니시는가 하면 "나와 아버지는 하나이라"는 파격적인 발언을 하십니다.

"나는 아버지 하나님과 하나다, 같다." 뜻이 같다는 정도가 아니라 본질이 같다는 것입니다. 유대인이면 잘 이해하고 있는 단어입니다. "I and the Father are one, in which, accompanied by "– 함께 존재하고 함께 동행한다는 뜻입니다.

예수님 이외에는 감히 아버지와 내가 함께 있고 함께 행동한다는 말을 할 사람이 없습니다. 이 엄청난 언어는 유대인으로서 사용할 엄두도 못 낼 아주 비상한 발언입니다.

10장 28절, "내가 저희에게 영생을 주노니 영원히 멸망치 아니할 터이요 또 저희를 내 손에서 빼앗을 자가 없느니라" 이와 같이 예수님의 말씀은 연거푸 하나님 아버지와 능력이 같다는 것을 설교하십니다.

이러한 청천벽력과도 같은 예수님의 발언에 유대인이 돌을 들고 예수님을 치려고 달려들기에 이르렀습니다. 분노가 치민 것입니다. 요한복음에 네 번이나 돌을 들고 치려고 한 사건이 묘사되어 있습니다. 네 번 다 예수님 자신이 하나님이라고 주장하셨기 때문입니다. 참람 죄에 해당하는 경거망동한 행위입니다. 그러나 눈여겨봐야 할 것은 그 위협 중에서도 예수님은 유대인의 오해를 수정하려 하지 않으셨습니다. 하나님의 말씀만을 가지고 설명할 뿐 자신을 보호하고 옹호하기 위한 설득이 없습니다.

이에 대한 답변은 34절, "너희 율법에 기록한바 내가 너희를 신이라 하였노라 하지 아니하였느냐"입니다. 구약의 구절들은 이미 주님의 말씀을 뒷받침하고 있습니다.

"여호와께서 모세에게 이르시되 볼지어다 내가 너로 바로에게 신이 되
게 하였은즉 네 형 아론은 네 대언자가 되리니"(출 7:1).

"너희는 다 신들이며 다 지존자의 아들들이라 하였으나"(시 82:6).

하나님의 말씀을 받은 사람을 신이라 하였던 구약 시대의 예가 있지
않느냐? 하물며 하나님으로부터 보냄을 받은 증거가 뚜렷한데도 불구
하고 내가 하나님의 아들이라 하는 것을 어찌 참람하다 하느냐?

그리고 예수님의 논조가 더욱 실제적으로 깊어집니다. 내 말을 믿지
못하겠거든 내가 행한 일을 보고 믿으라 하나님 아버지만이 행하실 수
있는 일을 지금 내가 하고 있지 아니하냐? 그 일을 보면 아버지께서 내
안에 계시고 내가 아버지 안에 있음을 깨달아 알 것이 아니냐 하는 것입
니다.

유대인의 입장에서는 예수님의 언행이 점점 미궁에 떨어지는 의혹과
번민을 일으키고 있습니다. 만일 예수님의 말씀대로 자신이 하나님이
라면 지금쯤 하나님의 백성이 사는 나라인 만큼 온 민족들을 다스리는
왕국이 세워져야 할 것입니다. 예수님이 행하신 일과 말씀이 유대민족
으로 의의 나라로 구별하여 세우신 만큼 권위롭습니다. 그러면서도 유
대인의 기대에는 상반되는 모습이 역력합니다. 예수님의 행동이 유대
인의 기대와는 전혀 다르다는 데 충격이 있습니다.

예수님에 대한 유대인의 기대와 평가는 이렇습니다. 첫째, 다윗 왕통
의 문벌을 갖춘 자로서 외모로도 출중하여야 하는데 예수님은 다윗의
동네에서 나셨지만 목수의 집안에서 천박한 살림을 꾸려나가던 사람이
라는 것입니다. 둘째, 율법의 규모대로 살아야 하는데 율법대로 행동하
지 않는다는 것입니다.

셋째, 정치적 사회적 혁명가로서 위용을 갖추어야 하는데 정치적 뜻
이 없습니다. 로마를 억누를 만한 기세가 없습니다. "회개하라 천국이

가까웠느니라"(마 4:17) 라고 외치십니다. 심령의 가난을, 애통을, 의에 대한 주림과 목마름을 호소합니다. 베푸신 권능의 기사들, 이적들은 분명 저분이 이 나라를 로마의 압제에서 해방시켜 주실 메시아로서 충분한 표적이 나타나는데 유대인의 정치적 왕이 되기를 거부하고 있다는 것 등입니다.

유대인의 기대는 예수님이 그 정도로 초월한 권능과 기적을 베푸셨다면 이제는 같은 동족으로 이스라엘의 국권을 회복하고 민중들로 하여금 자유와 평화를 누리도록 민족의 지도자로 나서 주시는 것이었습니다.

'우리의 마음을 의혹케 말고 그리스도이면 분명히 말하시오.' 참으로 그랬어야 할 것입니다. 엘리야와 같은 혁명가다움이라던가, 모세와 같이 구국의 열정이 있다던가 했어야 합니다. '내가 바로 이스라엘을 해방시킬 메시아다' 하고 공식 성명을 발표해 주었어야 합니다.

이에 대한 예수님의 대답은 이렇습니다. 25절, 26절, "내가 너희에게 말하였으되 믿지 아니하는도다 내가 내 아버지의 이름으로 행하는 일들이 나를 증거하는 것이어늘 너희가 내 양이 아니므로 믿지 아니하는도다" 였습니다.

그리고 내린 결론은 27절과 28절 "내 양은 내 음성을 들으며 나는 저희를 알며 저희는 나를 따르느니라 … 또 저희를 내 손에서 빼앗을 자가 없느니라"였습니다.

다 같은 교훈이며, 다 같이 보는 앞에서 베풀어진 기적인데 믿는 자가 있고 믿지 않는 자가 있습니다. 회개란 180도로 돌아오는 것, 누구에게 해당되는 말씀이냐 하면 하나님의 백성에게입니다. 회개하면 용서하겠다는 뜻이 아니라 이미 용서했으니 돌이키라는 요구입니다. 돌이키면 구원하겠다가 아니라 구원이 이미 주어졌으니 하나님께로 돌아오라, 회개는 구원을 결실케 하는 게 아닙니다. 구원된 우리를 온전케 합니다. 믿지 않는 자는 내 양이 아니기 때문입니다. 하나님의 백성이 아니기 때문에 안 믿습니다. 하나님의 소유된 백성이 아니면 하나님의 뜻을 따르지 않습니다. 하나님을 안 믿는 것이 아니라 믿을 수가 없습니다. 본질상 하나님에 대하여 귀머거리며, 장님인 자들이며 하나님에 대하여 죽어 있는 시체와 같은 존재들이기 때문입니다.

예를 들어 사람이 사물을 보려면 보는 안목이 있어야 그 깊은 뜻을 깨닫게 됩니다. 어둠 속에 있으면 아무리 눈이 밝아도 보이지 않습니다. 보이지 않는다고 없는 것은 아닙니다. 눈이 있어도 빛이라는 환경이 이루어질 때에야 눈의 역할을 하는 것입니다. 사람들은 처음부터 하나님에 대하여 모른 채 태어났기 때문에 하나님이 없는 상태에서 잘 발달된 눈을 가지고 있습니다. 어두움 속에서 발달한 눈이므로 보이는 것은 어두움 밖에 없습니다. 보이는 것은 모두 자신의 욕망을 채워 줄 돈, 명예, 인기, 자유, 평화, 즐거움 밖에는 없습니다. 하나님과 그의 나라를 보려면 성령의 빛이 들어와야 하는데 이는 인간의 힘으로는 불가능하고, 하나님이 친히 그에게 찾아 오셔야 되는 문제입니다.

그래서 사람들은 하나님의 이적을 보고, 무엇을 얻으려고 따라 다녔느냐? 먹고 배부른 까닭이었다고 주님이 꾸짖으셨습니다. 믿지 못하는 어두움의 자식들이라 그렇다 칩시다. 오늘 우리의 바람은 무엇입니까? 우리도 유대인과 동일하게 우리를 해하는 원수들이 다 물러가고 우리를 압제하고 고통케 하는 원수의 나라가 완전히 무너져 멸망하고 오직 예수님 안에서 우리들만 정당하며 복을 받으며 형통하기를 요구하고 있지는 않습니까?

예수를 따르던 제자들마저도 예수님의 이적을 보고 기대하던 것들이 다 세상적인 것들이었다는 것은 참으로 충격이 아닐 수 없습니다. 승천하시기 전 "예루살렘을 떠나지 말고 내게 들은바 아버지께서 약속하신 것을 기다리라"(행 1:4 하반절) 하셨더니 제자들의 반응은 엉뚱하게도 "주께서 이스라엘을 회복하심이 이 때니이까 하니"(행 1:6 하반절), 이 정도였습니다.

　제자들의 소망은 주님이 부활하시고 자신들 앞에 나타나신 것만도 가슴 벅찬 감동이요, 충격입니다. 이제 무언가 행하실 것 같은 흥분과 경이로움 속에 있는데, 보혜사 성령을 기다리라 하십니다. 제자들은 그 때가 바로 예수님이 로마를 물리치고 그 압박에서 해방시켜 주고 가난과 고통의 사슬을 풀어 주실 것이라는 기대감에 꽉 차 있었습니다. 이스라엘을 회복하심이 이 때니이까? 라고 질문하고 있습니다.

　제자들은 자신들에게 돌아올 세상에서 누릴 부귀와 영화와 권력을 바라고 있었습니다. 이토록 3년 동안 제자들은 이기심에서 주님을 따랐고, 자기 유익을 위한 다툼을 일관하며 살아왔습니다. 제자들의 요구가 무엇입니까? 요약하면 이렇습니다. "주여, 성령을 보내소서, 성령의 권능을 받고 원수들을 흩어지게 하사 우리로 복을 받게 하소서, 권력과 부를 주사 그 동안 받았던 설움과 아픔에 대하여 상급을 내리소서, 우리의 정당함을 만민에게 증명케 하소서"하면서 모두 자기 자신을 요구하고 있습니다.

　제자들은 예수님의 가는 길에 대해서 아직까지 어두움 상태에 놓여 있었습니다. 하나님의 뜻에 대해서는 눈이 어두운 상태에 있었습니다. 예수 그리스도를 하나님의 아들로 고백은 했지만 십자가 이후에 펼쳐질 부활로부터 시작되는 하나님의 나라의 비밀에 대해서 모르고 있었습니다. 하나님의 나라에 대한 환상이나 꿈을 갖질 못했습니다. 왜 그렇습니까? 눈은 있었지만 빛이 환하게 비추어진 상태가 아니었기 때문입니다. 희미하게 멀리 아물거리는 상태에서 아직은 세상의 것에 더 큰 확신이 있을 뿐 하나님의 뜻에 대해서는 희미한 그림자로 비치고 있었습니다.

　제자들은 예수님의 말씀을 받을 만한 충만한 상태에 있지 않았습니다. 들어도 그 뜻을 알아듣고 이해할 만한 지혜나 능력이 없었습니다. 예수님은 많은 것을 주시려 했지만 제자들은 감당할 능력이 없었습니다. 계시를 받을 만한 그릇이 못된 상태였습니다.

예수님의 약속은 진리의 영이 임할 것이니 그가 오시면 더 높고 더 영광스러운 계시를 받도록 하실 것이라는 것입니다. 성령은 진리의 영이십니다. 진리에 대해서 완전하십니다. 아버지와 아들을 아시고 그 깊은 뜻을 통달하신 상태에서 누구든지 갈급해 하는 심령에 임하셔서 자의로 말하지 않고 보고 들은 바를 깨닫게 하십니다. 성부 성자의 말씀과 깊은 관련을 갖고 역사하십니다.

하나님께서 그리스도 안에서 우리를 더욱 충만케 하시고 풍성케 하시기를 바라십니다. 영의 것뿐만 아니라 세상의 것을 다 우리에게 맡기시고 싶으십니다. 거룩한 정치권을 세상을 무대로 행사하시기를 바라십니다. 30배, 60배, 100배의 결실을 갖고 살기를 원하십니다.

그런데 우리가 가만히 있으면 그 수많은 약속을 감당할 수가 없습니다. 성령을 구해야 하고 하나님의 나라의 비밀에 대하여 많은 것을 알게 해 달라고 매어 달려야 합니다. 구하는 자에게 성령을 주시지 않겠습니까!

우리가 그토록 간절히 구해야 할 이유는 그만큼 우리는 아직 영적 문제에 대하여 무지한 가운데 있기 때문입니다. 생리적으로 영적인 것에 대해서는 체질에 맞지 않습니다. 처음부터 하나님의 반대편에서 살았고 그 어두움에 익숙한 자요, 어두운 면을 좋아하는 기질로 훈련되었습니다.

성령이 강하게 임하시면 권능을 받고 그리스도인의 증인으로 서게 됩니다. 하나님의 사랑과 은혜를 체휼케 됩니다. 내 이기심, 내 정욕이 사라지고 하나님을 섬기려는 사랑으로 활활 타오르게 됩니다.

신앙의 핵심은 한 영혼을 사랑하는 것입니다. 내가 받은 은혜와 사랑을 나의 것으로만 가질 수 없어 나의 주변 사람들에게 전하고 싶은 열망을 갖습니다. 예수님의 눈으로 보십시오.

모든 사람이 목자 잃은 양같이 유리방황하고 있습니다. 이 세상이 전부인 양 찰나의 쾌락과 행복만을 추구하는 방종의 노예들이 마지막 도착할 지옥을 생각하십시오.

예수님의 탄식하시던 음성을 들으십시오. 회개치 않는 강퍅한 심령을 향하여 하신 말씀입니다. "너희가 율법에 기록된바 내가 너희를 신이라 하였노라 하지 않았더냐 하나님의 말씀을 받은 자를 신이라 하셨거든 하물며 아버지께서 보내신 자가 나는 하나님의 아들이라 하는 것으로 어찌 참람하다 하느냐 나를 믿지 아니할지라도 내가 행한 그 일을 믿으라"라고 하셨습니다.

● ● ● ● ● ● ● ● ●

오늘 우리가 예수님의 심정을 대변해 드려야 할 증인임을 잊지 마십시오. 성경에서 묘사된 주님의 안타까움을 대신할 배역들입니다. 우리가 예수님의 증인으로 예수님을 하나님이 보내신 그리스도라는 사실, 구세주요, 심판주시라는 것을 그의 행하신 일을 가지고 나아가 전파할 사명이 있음을 각성하는 분별이 있어야 할 것입니다.